릿LIT, 완전한 몰입

성공의 불을 밝히는 하버드 몰입 혁명

릿 *LIT,*
완전한 몰입

제프 카프 지음 | 김미정 옮김

비즈니스북스

옮긴이 | **김미정**

인문, 사회 분야의 책을 우리말로 옮기고 있으며, 번역 에이전시 엔터스코리아의 전문 번역가로도 활동하고 있다. 《불안한 마음을 줄여드립니다》, 《내 안의 무한 동기를 깨워라》, 《데일 카네기 인간관계론》, 《데일 카네기 자기관리론》, 《최소 노력의 법칙》, 《멘탈이 강해지는 연습》, 《감정 회복력》, 《고쳐쓰기, 좋은 글에서 더 나은 글로》 등 다수의 책을 번역했다.

릿 LIT, 완전한 몰입

1판 1쇄 인쇄 2025년 3월 5일
1판 1쇄 발행 2025년 3월 18일

지은이 | 제프 카프
옮긴이 | 김미정
발행인 | 홍영태
편집인 | 김미란
발행처 | (주)비즈니스북스
등 록 | 제2000-000225호(2000년 2월 28일)
주 소 | 03991 서울시 마포구 월드컵북로6길 3 이노베이스빌딩 7층
전 화 | (02)338-9449
팩 스 | (02)338-6543
대표메일 | bb@businessbooks.co.kr
홈페이지 | http://www.businessbooks.co.kr
블로그 | http://blog.naver.com/biz_books
페이스북 | thebizbooks
인스타그램 | bizbooks_kr
ISBN 979-11-6254-415-0 03190

비즈니스북스는 독자 여러분의 소중한 아이디어와 원고 투고를 기다리고 있습니다.
원고가 있으신 분은 ms1@businessbooks.co.kr로 간단한 개요와 취지, 연락처 등을 보내 주세요.

부족민들과 대자연에 봉사했으며, 모든 사람의 정신을 일깨우고 보살피고
튼튼히 하겠다는 터틀 로지Turtle Lodge의
꿈과 비전을 실현하는 데 헌신했던 아니시나베 부족의
고故 니타마비트/니 가아니 아키 이니니(박사 데이브 쿠첸 원로)에게 바칩니다.

차례

스위치 바꾸기
무엇이 나를 망설이게 할까?

경계를 받아들일까 아니면 다리를 만들까? | 아담 리폰: 영감의 원천인 꿈 | 나는 어떤 방식으로 생각하고 있을까 | 제임스 도티: 저항의 뿌리를 변화시키는 연민 | 수전 호크필드: 봉사하라는 소명에 응답하기 | 의식적인 리듬의 중요성 | 마음속에서부터 에너지를 분출하는 삶

실천 지침 상상력을 발휘하는 시간

질문에서 의미 찾기
조심성을 호기심과 더 깊은 탐구로 바꾸기

이제 나의 사고 과정에 질문을 던질 시간 | 내면으로 방향을 돌린 탐구 | 탐구와 발견에 불을 지피는 호기심 | 질문에서 행동으로 넘어가는 다리 | 더 큰 삶을 위한 더 큰 질문 | 성향과 경계에 걸린 자동조종 장치 멈추기

실천 지침 질문하는 마음 가꾸기 015

세상을 비추기
대담하고 애정 어린 문화를 만드는 노력

레지날드 슈포드: 가까운 곳에서 시작하고, 혼자 하지 말 것 | 스위치를 바꾸는 한 사람의 힘 | 공동체를 회복하고 되살리기 | 전례 없는 시대, 기술 그리고 기회 | 제임스 도티: 연민, 인간의 공통분모 | 영적인 자원을 활용하기 | 마리안 버드 주교: 반성하고 살피는 삶 | 릿 세계를 위한 저녁 식탁의 지혜 | 세상을 비추기: 가까이 있으면, 열정이 목적을 발견할 것이다

실천 지침 불꽃 되살리기: 릿 도구에 관한 질문들

당신이 가진 진화적 잠재력을 일깨우는 '릿'의 힘

우주는 신비한 것들로 가득하다.
그것들은 우리의 지혜가 더 예리해지기를 끈기 있게 기다리고 있다.[1]

_ 이든 필포츠 Eden Phillpotts

21세기 시민인 우리가 보기에 세상은 통제력, 적어도 우리의 통제력을 벗어나 걷잡을 수 없이 돌아가는 것 같다. 재해와 기능 이상에 대한 두려움이 우리 마음속에 은근히 파고든다. 불안과 우울[2]은 공중보건 전염병이라고까지 발표되었다. 때로 우리는 도저히 우리 삶을 뜻대로 주도할 수 없을 것 같다는 생각에 그만 항복해버린다. 내가 바라는 방식으로 집중하거나 그때그때 일어나는 방해 요소와 요구들에 저항할 수 없을 때, 우리는 휘몰아치는 흐름에 자신을 그저 내맡긴다. 끔찍한 뉴스에, 비수를 던지는 트윗이나 문자에, 광고와 인플루언서들의 메시지에, 어디서든 각자의 의제들을 선전하며 우리를 끌어당기는 매체와 소셜미디어 알고리즘에 맥없이 반응한다.

이렇게 말하고 있기는 하지만, 사실 나는 인간이 근본적으로 선한 특성을 지녔고 (동료 인간을 포함해) 다른 창조물과 지구의 안녕을 진심으로 위한다고 믿는 낙관주의자다. 뜻을 품고 행동하면서도 진심으로 내가 바라는 삶을 만들어낼 수 없다고 느낄 때도 물론 있지만 그럼에도 내가 낙관적인 데는 두 가지 이유가 있다. 먼저, 오늘날 우리는 전지구적 차원에서 문제 해결사로서 우리의 위치와 잠재력을 깨닫고 있다. 토착 지식 및 깊이 있는 전문성과 새롭게 결합한 과학은 지구 생명체들이 복잡하게 서로 연결되어 있다는 새로운 증거를 꾸준히 내놓고 있다. 우리는 이러한 지구 생태계 그리고 우리의 선택이 낳은 복잡한 사태(종종 피해를 낳기도 한다)에서 우리가 어떤 역할을 하는지 인식하기 시작했고, 이에 따라 새롭고 혁신적인 사고방식이 필요하다는 것을 깨달았다. 더 이상 우리는 결과를 무시하고 우리의 직관적인 감각을 흐트러뜨리며 우리의 손발을 꽁꽁 묶는 문화적 규범을 용인하면서 무슨 일이 벌어지는지, 무엇이 위태로운지 모르는 척 행동할 수 없다.

점차 깨닫고 있는 또 한 가지는 상황이 어떻든 우리 자신의 삶에 의미와 목적이 있기를 바란다는 것이다. 우리는 만족스러운 일과 인간관계 역시 바라며 여기에 행복도 조금 깃들어 있기를 원한다. 누군가 다른 사람이 나서서 그렇게 만들어주기를 기다릴 수 없다는 것도 물론 우리는 알고 있다. 이 일은 우리 스스로 해야 한다.

무엇보다도, 신경과학을 살펴보면 우리 뇌가 그 일을 충분히 해낼 능력이 있다는 사실을 알 수 있다. 우리 뇌는 유연하고 적응력 있으며 적절한 도전에 목말라하므로, 나이가 들더라도 창의성을 발휘하고 새로운 지식을 습득하며 성장을 이룰 수 있다. 이 정도는 우리 손으로 충분히 해낼 수 있다. 이는 진화적으로 우리가 물려받은 것이자 자연의 작동 원리다. 우리는 우리 뇌를 흔들어 깨우고, 스위치를 켜서 감각에 생기를 불어넣고, 이제껏 상상했을 법한 것을 넘어서까지 생각이 뻗어나가도록 자극하는 신경망을 활성화하겠다고 선택할 수 있다.

그러면 어디서부터 시작해야 할까? 어떻게 하면 잡음과 방해 요소를 걸러내고, 타성을 비롯한 장애물을 극복해 원하는 삶을 설계할 수 있을까? 어떻게 하면 통제력을 회복하여 우리의 타고난 능력에 불을 켜서 가장 중요한 일에 집중하고, 현대 생활의 잡음 속에서도 삶을 누릴 수 있을까?

그 대처 방법을 일러줄 가장 좋은 사람은 주의력과 학습에 관계된 문제를 붙잡고 가장 분투했던 당사자들일 것이다. 끝없는 자극과 방해 요소 그리고 스트레스로 가득 찬 세상에서도 자기 삶을 꽃피우는 데 필요한 요령을 갈고닦은 사람들이 많다.

어떻게 아느냐고? 나도 그들 중 하나이기 때문이다.

학습 장애를 겪던 내가 릿을 만나기까지

나는 운 좋게도 하버드대학교 의학전문대학원과 매사추세츠공과대학MIT의 교수라는 직책을 맡고 있다. 덕분에 의학, 과학, 기술 분야에서 가장 혁신적인 사고방식을 지닌 사람들을 보고 배우며 그들과 협업할 기회가 있다. 그러나 나는 본래 여기 '있어야' 할 사람이 아니었다. 내가 이 자리에 있으리라고는 누구도 예측하지 못했을 것이다.

캐나다 시골 초등학교에 다니던 어린 시절, 나는 집중 시간이 매우 짧았던 터라 뒤처지지 않으려고 안간힘을 썼다. 읽기, 쓰기, 학급 토론, 선생님의 설명이 내게는 하나도 이해되지 않았다. 단순히 내가 쉽게 산만해지고 내 뇌가 일반적인 방식으로 상황을 처리하지 못했기 때문이 아니다. 나의 정신은 끊임없이 우주와 융합되며 그저 이 세상에 존재한다는 사실에 완전히 열려 있다고 느꼈다. 나로서는 사물을 따로 떼어내 정의하고, 갖가지 개념을 분명히 하며, 내가 보기에 정보 조각에 불과한 것들로 배움을 제한하는 일이 이상하게 느껴졌다. 끊임없이 새로운 지식이 등장해 낡은 개념을 쓸모없게 만든다면, 모든 것은 끊임없이 변화하고 있다고 가정하는 편이 더 이치에 맞아 보였다. 우리를 둘러싼 세계뿐 아니라 그 세계에 대한 우리의 이해도 그렇다고 생각했다. 내가 보기에 학교는 공장보다는 박물관에 더 가까웠다. 그런 내가 초점을 좁혀서 배운 내용을 머릿속에 넣고 잘 붙잡아두려면 어마어마한 노력이 들었다.

게다가 나는 불안한 아이였다. 나는 느긋하게 나 자신으로 행동하면서 '별난 아이'여도 괜찮다고 느껴본 적이 없다. 나란 사람은 그보다 나쁜 외계인이나 인간 변종처럼 느껴졌기 때문이다. 내가 '마땅히' 해야 할 일들이 많다는 건 일찍부터 깨달았지만, 그중 어느 것도 당연하게 다가오거나 논리적으로 보이지 않았다. 더 골치 아팠던 점은, 그중 대다수가 옳은 일이기는커녕 명백히 잘못된 일처럼 느껴졌다는 것이다. 시험에서든 수업에서든 선생님이 내게 뭔가를 물어보면 나는 대체로 그 질문이 당황스러웠고, 때로는 답할 수 없는 내용이라고 생각했다. '적절한' 대답이란 그저 수많은 가능성 중 하나인 것만 같았다. (이 점은 오늘날까지도 나를 괴롭혀 우리 아이들의 숙제를 도와줄 때 별로 도움이 되지 못한다.) 이렇듯 나는 다른 사람들이 기대하는 것을 파악하고, 해석하고, 거기에 맞추려고 애쓰면서 학창 시절 대부분을 보냈다.

유치원 시절에는 날마다 오래된 벽돌 건물의 계단을 걸어 올라가 원장실을 지나서 복도를 내려가 우리 교실로 들어갔다. 교실에는 이야기 시간을 위한 커다랗고 네모반듯한 카펫이 깔려 있었고, 책과 학습용 장난감도 많았다. 대다수 아이처럼 나도 넘치는 호기심과 에너지 때문에 가만히 앉아 있지 못했다. 모든 것이 흥미진진했다. 나는 탐색하고, 돌아다니고, 눈으로 보고, 만지고 싶었다. 내가 몇 시간 동안 자리에 앉아 귀를 기울이는 것은 불가능했다. 유치원 선생님은 "여러분 엉덩이가 의자에 딱 붙었다고 생각해보세요."라며 독려했다. 그러면 나는 '좋아, 할 수 있어!'라고 생각하고는, 손가락으로 의자 바닥을 감싸 엉덩이에 딱 붙인 채 자리에서 일어나 교실 여기저기를 어기적어기적 걸어 다녔다. 다른 아이들은 키득키득 웃었고, 선생님은 나를 원장실로 보냈다. 그해 나는 원장 선생님을 꽤 잘 알게 되었다.

2학년이 되자 우리 반 아이들은 책에 쓰인 이상한 글씨들을 해독하는 초능력을 소유하게 된 것 같았다. 하지만 내 머리로는 그 글자들이 이해되지 않았다. 다른 학생들은 어떻게 그 글자들을 발음하고 써서 단어를 만드는지 이해할 수 없었다. 어머니는 파닉스 교재, 플래시 카드 등 온갖 것을 내게 써봤지만, 학년이 끝날 즈음 담임 선생님은 유급을 권했다.

나를 도와야 한다는 마음으로 절박해진 어머니는 학습 장애가 있는 아이들을 위한 여름학교에 등록했다. 거기서 나는 일대일 관리를 받았다. 나의 강점을 고려해 가르치는 선생님들 덕분에 나는 마음껏 나래를 펼칠 수 있었다. 여름이 끝날 무렵, 사설 교육 컨설턴트는 내가 정규학교로 돌아가 다른 학생들과 함께 3학년으로 올라가는 편이 좋겠다고 하면서, 소음 방해 없이 조용히 머물 수 있는 공간이 마련된 교실을 추천했다.

하지만 3학년 담임 선생님은 여름학교 선생님들이 포착한 나의 가능성을 보지 못했다. 그 선생님은 이후 학교생활 동안 줄곧 나를 따라다닌 '문제아'라는 꼬리표를 달아주었다. 언젠가 시험을 치르던 날, 그분은 가림막 하나를 내 책상 위에 둘러놓고 이렇게 말했다. "자, 이러면 다른 데로 눈을 돌릴 수 없으니 절대 산만해지지 않을 게다." 그러더니 스톱워치를 꺼내 내가 문제 푸는 시간을 쟀고, 나는 불안해졌다. 반 아이들이 보는 앞에서 선생님이 이렇게 행동하자 모두가 선생님을 따라 나를 비웃었다. 나는 참 많이도 놀림을 당했다.

어느 날, 수학 문제로 힘들어하는 다른 학생이 눈에 들어왔다. 나는 도와주고 싶은 마음에 그 친구에게 다가가서 문제 푸는 법을 가르쳐주려고 했다. 그러자 선생님은 이렇게 빈정거렸다. "이거 원, 맹인이 맹인을 인도하는 격이네?" 나는 혼란스러웠다. 눈먼 사람이 눈먼 사람을 인도한다는 게 무슨 말인가? 나는 눈이 멀지 않았다! 왜 그런 말을 했을까?

그날 밤, 어머니에게 물었다. 어머니는 나를 침대 가장자리에 앉히고 숨을 고른 뒤, 이렇게 말씀하셨다. "너희 선생님은 멍청한 사람이야. 그래도 너는 선생님을 존중해야 해. 최선을 다하렴."

나는 어머니의 충고를 따르려고 노력했고 때로는 훌륭하게 해냈다.

웅변대회에 나가 우승하기도 했다. 한번은 어머니가 컴퓨터 프로그래밍 수업을 듣게 해주신 적이 있다. 첫 수업을 마친 후에 담당 선생님이 문 앞에서 어머니와 만나 이렇게 말했다. "다시 데려오지 않으셔도 됩니다. 이미 제가 아는 것보다 많이 알고 있는걸요."

그렇지만 다른 기술, 특히 암기에는 젬병이었다. (지금도 나는 조금 전까지 내가 무슨 생각을 했었는지 곧잘 잊어버리는 탓에 같은 것을 스무 번은 읽어야 충분히 이해할 수 있다.) 나는 늘 어딘가에 주의를 빼앗겼다. 언제나 무언가를 이해하려고 애쓰느라 속도가 느려서 보상을 얻을 기회가 크게 줄었고 자신감도 무너져내렸다.

나를 가르치는 선생님들에게 나는 퍼즐 같은 존재였고, 일반적인 학습 양식에 맞지 않는 아이였으며, 사회적으로 완전히 소외된 사람이었다. 해마다 많은 선생님이 나를 포기했다. 어떤 선생님은 나더러 '게으른 사기꾼'이라고 했고, 또 다른 선생님은 내게 "너는 현실 세계에서 절대로 성공하지 못할 거야."라고 말했다. 4학년 성적표에는 C, D가 수두룩했다. 5학년, 6학년에 올라가도 상황은 변하지 않았다. 나는 몹시 풀이 죽었다. 포기를 모르는 나의 어머니와 7학년 담임이자 과학 교사인 라일 카우치 선생님이 아니었다면 나는 그만 포기했을지도 모른다. 카우치 선생님은 나만의 장점을 눈여겨보고 나를 격려해주었다.

그해에 어머니는 학교의 지휘 체계를 우회하여 내 문제를 학교 이사회에 직접 제기했다. 나는 공식적으로 '의사소통 장애'로 진단받았다. 즉 한 매개(예컨대 칠판이나 책)로부터 정보를 추출한 뒤 그것을 소화하고 이해하여 질문에 답하거나 또 다른 매개(노트나 연습장)에 그 정보를 옮기는 데 어려움을 겪는다는 것이다. 이사회는 학습 장애 진단을 받아들였고, 그토록 오랫동안 거부당했던 충분한 시간과 내게 맞는 시험을 승인해주었다.

오늘날 우리 사회는 그때 내가 받았던 최종 진단의 일부인 주의력결핍 과잉행동장애Attention-Deficit Hyperactivity Disorder, ADHD에 대해 훨씬 잘 이해하고 있다. 덕분에 근거 기반 접근법으로 아동(그리고 성인)이 자기 조절 기술을 습득하도록 돕고 있다. 그러나 그때 당시 교육 기관에서 쓸 수 있는 유일한 방법은 그런 특성을 가진 사람을 쳐내는 것뿐이었다.

몇 년이 지나면서 나는 서서히 동기를 얻었고 전보다 끈기 있어졌다. 그때는 몰랐지만[3] 학습자로서 내가 발전한 과정은 뉴런(신경세포)이 변화하고 성장하는, 즉 학습하는 방법에 관한 두 가지 근본 개념을 그대로 보여주었다. 이후 신경과학자 에릭 캔델Eric Kandel은 이것이 학습과 기억에서 군소(민달팽이)와 인간이 공통으로 가진 토대라고 지적했다. 다시 말해, 반복적으로 자극에 노출되면 이에 반응하여 습관화habituation와 민감화sensitization가 일어난다는 것이다. (군소가 지닌 뉴런은 2만 개에 불과하지만, 인간은 860억 개에서 1,000억 개의 뉴런을 가졌다고 추산된다. 이 뉴런들을 연결하는 시냅스는 무려 100조 개에서 1,000조 개로 추산된다!) 습관화란 창문 밖에서 나는 자동차 소음에 대한 반응처럼, 어떤 자극에 대한 반응성이 약해지는 것을 의미한다. 민감화는 예를 들어 어떤 대상의 소리나 냄새, 심지어 어떤 생각이 자극이 될 때처럼 우리의 반응이 더 강해지는 것을 의미한다.

나는 나 자신을 대상으로 실험하면서 습관화와 민감화를 모두 이용하는 법을 배워나갔다. 뇌를 사용하여 어떤 자극(나의 주의를 흐트러뜨리는 일상적인 것들)에는 익숙해지고 다른 자극에는 민감해지게 함으로써(나의 주의력을 예리하게 만들어), 방황하는 마음을 가다듬고 의도적으로 시냅스 메시지를 재조정하는 몇 가지 기본적인 방법들을 발견했다. 언젠가 내가 공부하던 방에는 책상 옆에 핀볼 기계가 있었고, 뒤에는 TV가 있었다. 나는 이 둘을 전부 무시하는 법을 배웠고, 숙제를 마치면 핀볼 게임을 보상으로 즐겼다.

시간이 지나면서 나는 의도적으로 뇌에서 일어나는 과정을 가로채서 필요에 따라 덜 반응하거나 더 예리하게 집중하는 방법을 자세히 인식하게 되었다. 그 결과 가장 중요한 목적에 집중하고, 기회가 생기면 이를 실행하면서 영향력을 극대화할 수 있었다. 이를 가다듬고 정교하게 만든 끝에, 나는 이 강력한 도구들을 활용함으로써 한껏 높아진 인식과 깊은 몰입 상태에 접근하는 방법을 배웠고 이 상태를 가리켜 '릿'lit이라 불렀다.(릿lit은 사전적으로 '불이 밝혀진' 상태를 뜻함과 동시에 구어 표현으로 '멋진', '대단한'이라는 뜻도 있다. 이 책에서는 강렬한 몰입 상태를 가리켜 소문자 lit으로 표현한다. 한편 우리를 몰입으로 이끄는 도구들을 가리켜 삶에 불을 지피는 도구들Life Ignition Tools의 약어로 대문자 LIT을 사용한다. 이러한 다층적 의미를 감안해 한국어 단어로 대체하지 않고, 몰입 상태lit를 '릿'으로, 몰입으로 이끄는 도구들LIT을 '릿 도구'로 옮겼다.—편집자)

몰입 상태를 '릿'이라고 부르는 데는 두 가지 이유가 있다. 첫째, '릿'은 번득 일어나는 영감의 느낌을 적절히 설명한다. 이는 마치 어두운 곳에 밝은 빛이 막 들어왔을 때와 같다. 또는 어떤 불꽃 하나가 생각에 불을 지핀 것과도 같다. 어떤 깨달음을 얻었을 때, 경이감에 휩싸였을 때, 아니면 그저 극도로 흥분했을 때, 그 불꽃을 느껴봤을 것이다.

둘째, '릿'은 몰입 상태를 연구하는 과학자들에게 그것이 어떻게 보이는지를 잘 설명해준다. 어떤 일에 몰입하면 뇌(그리고 장) 안에 있는 뉴런이 활성화된다. 이에 따라 뇌에서는 혈류가 증가하는데, 신경과학자들은 기능성 자기공명영상Functional magnetic resonance imaging, fMRI 을 활용해 이를 확인한다. 모니터에서 보면, 산소화된 이 혈액이 다른 때라면 회색으로 보일 뇌 곳곳을 노란색-주황색으로 밝게 빛낸다. 최근 부상하는 과학[4]은 신경 활성화가 특정한 인지 활동이나 두려움, 분노와 같은 감정뿐만 아니라 사랑, 경이감, 행복, 즐거움, '절정 상태'peak state 또는 몰입과도 연관된다는 것을 보여준다.

릿은 자연과 우주 그리고 우리 한 사람 한 사람 안에서 울림을 일으키는 생명력이자 에너지라고 나는 생각한다. 이 에너지는 우리 종이 선천적으로 지닌(그러나 우리만 지닌 것은 아닌) 연결성과 호기심을 자극한다. 우리의 DNA에는 릿이 프로그램화되어 있어 놀라움 또는 '일체감'oneness에 해당하는 회로가 존재한다. 이것이 영유아들에게서 아주 잘 표현되는 것을 볼 수 있다. 아낌없이 '릿 상태'를 누리는 어린 시절이 지나고 나면, 우리는 갇혀 있던 이 에너지를 다시 풀어내어 그 흐름을 활용하기 위해 노력해야 한다. 놀랍게도 우리는 각자 삶의 경험을 통해 이를 매우 쉽게 해낼 수 있다. 모든 삶의 여정이 그렇듯, 우리는 살아가면서 극복해야 할 어려움, 장애물 또는 다양한 상황 등 릿 상태에 도달하지 못하게 하는 일들을 경험한다. 그렇지만 그런 장애물들은 극복할 수 있다. 릿 상태를 온전히 작동시킬 비결은 삶이라는 모험속에 들어 있다. 우리에게 필요한 것은 첫 시동을 걸어줄 작디작은 불꽃이다.

릿을 일으키는 이 불꽃은 우리의 감각과 사고 과정을 활성화하는 중대한 변형 에너지를 활용하는 뇌의 메커니즘을 말한다. 릿 상태에서 우리는 자기 능력을 최고로 발휘하며 몰두한다. 이 상태에 들어가면 집중력을 유지하는 정신의 근육이 자랄뿐더러 즉석에서 새로운 정보를 창조해내는 자신감과 민첩성도 자란다. 또한 자신의 비판적 사고력을 활용할 가능성이 커짐에 따라 누군가에게 들은 것 또는 믿으라고 지시받은 것—특히 내 직관이 동의하지 않을 때—을 맹목적으로 받아들이지 않게 된다. 사람들과 더 수월하게 소통하고, 자신을 둘러싼 갖가지 가능성에 더 생생하게 반응하며, 그것들을 더 잘 활용하게 된다. 계속해서 보충되는 에너지의 흐름 속에서 끊임없이 배우고 성장하고 창조하며 이를 반복한다. 최고의 기량을 발휘하는 동시에 자신의 역량을 쌓아간다.

나는 이렇게 내 뇌를 자유자재로 활성화하는 요령을 갈고닦는 과정에서 10여 가지 방법을 알아냈다. 간편하게 활용할 수 있는 이 방법들을 통해 나는 무엇이 됐든 필요한 방식으로 생각을 활짝 여는 데 매번 성공했다. 내 주의를 한곳에 모으든지 흐트러뜨리든지, 초점을 예리하게 만들든지 폭넓게 펼치든지, 뭔가 자극이 되는 일을 하든지 정신을 고요히 가라앉히든지, '릿 도구'는 언제나 내게 효과를 안겨주었고, 이를 전해 받은 다른 사람들에게도 효과를 가져다주었다.

나의 의지대로 릿 상태에 들어갈 수 있다는 사실을 발견하자 갖가지 장애물을 대하는 내 태도가 달라졌다. 관성inertia 이라는 물리학 용어가 있다. 관성이란 물질의 한 속성으로서, 속도나 방향의 변화에 대한 수

동적인 저항을 가리킨다. 외부의 힘이 개입하지 않는다면, 움직이지 않는 물체는 계속 그대로 있고 움직이는 물체는 계속 움직인다. 중력과 마찰은 구르는 공의 속도를 늦추고, 공을 빠르게 걷어차면 속도가 빨라진다. 비유하자면, 릿은 관성을 깨뜨리는 재빠른 발차기와 같아서 공을 움직이게 만든다. 내 경험에 비추어볼 때 외부의 저항, 습관, 무관심 때문이든 수년에 걸쳐 지금까지 계속된 소강상태 때문이든 그러한 관성이 생겼다고 해도, 일단 내 뇌가 릿 상태에 들어가면 아무것도 나를 막지 못한다. 릿 덕분에 불이 켜지기 때문이다.

　나의 뇌는 일반적이지 않은 신경적 특성을 지녔고 호기심도 가득했지만 무질서했다. 이런 나의 뇌와 협력하는 방법을 배우고 난 후, 나는 생명공학자이자 기업가로서 글로벌 수준에서 질문하고, 창조하고, 혁신하는 한편, 다른 사람들도 이를 실천하도록 도와줄 무한한 기회를 발견했다. 캐나다 시골의 특수교육 교실에서도 소외당하던 산만하고 풀이 죽은 아이였던 나는, 릿 도구들 덕분에 미국 발명가 아카데미, 왕립화학회, 미국 의생명공학원 펠로우 협회, 의생명공학 협회, 캐나다 공학 아카데미의 펠로우로 선출된 생명공학자이자 의료 혁신가가 되었다. 내가 교수로서 지금까지 훈련한 사람은 200여 명인데, 그중 많은 사람이 현재 전 세계 기관의 교수이자 업계의 혁신가로 일하고 있다. 또한 내가 발표한 130편의 동료 심사 논문은 3만 회 이상 인용되었다. 이 밖에도 내가 취득했거나 출원 중인 국내외 특허가 100여 개에 이른다. 릿 도구들은 제품을 시판했거나 개발 중인 회사 12곳을 공동 설립하도록 나를 도와주기도 했다. 마지막으로 이 도구들은 내 연구실을 능률적이고, 지지적이며, 역동적이고 활기찬 곳으로 만드는 데 중요한 역할을 했다. 최근 이 연구실은 카프 랩Karp Lab에서 의료 혁신 가속화 센터Center for Accelerated Medical Innovation로 탈바꿈했다.

릿 도구들은 아무 가망도 없어 보이던 아동기를 지나 수년간 좌절과 낙담에 빠져 지내던 청년에게 효과가 있었다. 그렇게 나는 2011년 고등학교 졸업 연설을 맡았고, 학교 명예의 전당에 처음으로 이름을 올렸다(나보다 먼저 이름을 올린 두 학생은 캐나다의 대표적인 록밴드 아이 마더 어스I Mother Earth의 멤버들이다). 바로 이 학교에서 나를 가르쳤던 많은 교사가 한때는 내 미래의 성공에 거의 기대를 걸지 않았다.

지금도 여러 면에서 날마다 분투하기는 하지만, 릿 도구들 덕분에 나는 희박했던 초반의 기대를 충족할 뿐 아니라 훨씬 뛰어넘었다고 말할 수 있어 감사한 마음이다. 하지만 내가 가장 뿌듯하게 여기는 것은 그 도구들이 다른 사람들에게 발휘한 효과다. 우리 연구실에 몸담았던 구성원 중에는 자기만의 연구실을 차리거나 다른 기업을 시작한 사람들도 있다. 그들은 더 나은 세상을 만들기 위해 노력하며 자기가 속한 분야를 발전시키고, 수백만 명의 삶을 개선하는 등 헤아릴 수 없는 영향력을 끊임없이 보여주고 있다. 그중 몇몇 사람은 뒤에 여러분에게 소개하려고 한다.

과학과 의학 분야의 획기적인 발전을 원한다면, 모든 영역에서 기존 질서를 허무는 성공적인 혁신을 이루어 더 건강한 공동체를 뒷받침하기를 원한다면, 잡음은 다 걷어내고 가장 중요한 일에 집중하기를 원한다면, 자연의 작동 원리에 담긴 모든 도구, 즉 진화를 거치며 우리가 보유하게 된 무기를 활용하는 법을 배워야만 한다. 우리의 생각을 흔들어 깨워야 한다. 이따금 그럴 것이 아니라 날마다 그렇게 해야 한다.

실제로 릿 도구를 활용하면 우리에게 프로그램화된 모든 것 —여기에는 바람직하지 않고 쓸모없는 행동과 습관도 포함된다 —을 얻을 수 있고, 그 속에 담긴 에너지를 나의 의도대로 이끌어 긍정적인 결과를 만들어낼 수 있다. 이는 여러분이 생각하는 것보다 수월하다. 이 방법을 실천하면 할수록 보상과 추진력도 늘어나고 당신의 선한 영향력도 커지기 때문이다. 이런 방식으로 뇌를 움직이기에 너무 늦은 나이도, 너무 이른 나이도 없다는 것 또한 분명한 사실이다. 릿 도구들은 진정 아이들에게 삶의 은인이 될 수 있다. 내게 그랬듯이 말이다.

각자가 지닌 고유한 재능 발견하기

어떤 사람들은 높은 창의력과 집중력을 발휘하거나 고도의 생산성과 절제력과 몰입을 유지하는 데 필요한 자원이 자기에게는 없다고 생각한다. 사람들이 이런 거짓말을 곧잘 믿는 것은 어릴 때 받은 메시지 때문이다. 인터넷에서 '유명인의 실패 이야기'를 검색해보면 알베르트 아인슈타인을 교육자들이 형편없는 학생으로 여겼다거나, 토머스 에디슨을 머리가 '뒤죽박죽'해서 학교에 둘 가치가 없다고 생각했다는 사실을 금세 알 수 있다.[5] 월트 디즈니는 '상상력이 부족하고 좋은 아이디어라곤 도무지 떠올리지 못한다'는 이유로 상사에게 해고당하기도 했다. 오프라 윈프리의 고용주는 그녀에게 '텔레비전 뉴스에 어울리지 않는다'고 말하기까지 했다.

이는 누군가가 연대순으로 기록한 몇몇 이야기에 불과하다. 이 밖에도 한때 실패자다, 성과가 미흡하다, 배움이 느리다, 다르다, 뭔가 부족하다, 의욕이 없다 등의 이야기를 듣다가 나중에는 위대한 일들을 성취한 사람들이 무수히 많다. 분명 여러분 주변에도 그런 사람이 더러 있을 것이다. 이제 우리는 많은 학생이 대다수 학생과 배우는 방식이 다른 까닭에 분투한다는 것을 알고 있다. 한편으로 수학이나 읽기를 못한다는 이야기를 듣고 자신은 절대로 배우지 못할 것이라는 잘못된 믿음이 생긴 탓이기도 하다. 그 결과에 대해 지금은 고인이 된 영국 출신의 저자이자 강연자, 교육과 예술 부문의 국제 자문인 켄 로빈슨Ken Robinson 은 '학교가 창의성을 죽이는가?'라는 제목의 강연에서 이렇게 지적했다. "우리는 사람들이 창의적인 역량을 잃어버리게끔 교육한다." 그의 이 강연은 테드TED 역사상 최고 조회수를 기록한 강연 중 하나다. 정치적 압력은 상황을 악화시켜 학생의 비판적 사고력을 길러줄 콘텐츠와 지침이 꾸준히 줄어들었다. 여기에는 학생들이 충분한 역량을 갖춘 학습자이며, 다양한 측면에서 서로 다르고, 저마다 가치 있는 기여자가 될 선천적인 잠재력을 지녔다는 점을 이해하는 것이 포함된다.

놀랄 수도 있겠지만, 아이들에게 노력만 하면 지적 능력을 기를 수 있다고 가르치는 데는 한 시간 정도밖에 걸리지 않는다.[6] 일단 아이들이 이 중요한 진실을 배우고 나면 성적이 눈에 띄게 향상한다는 것이 전국 학습 마인드 연구National Study of Learning Mindsets, NSLM 의 발표 내용이다.[7] 많은 젊은이에게 필요한 것은 멘토와 추가적인 자극이다. 지식에 이르는 유일한 길이란 없다.

사회 자체 그리고 사회적 존재로서 적응하면서 소속감을 느끼려는 우리의 욕구 역시 창의성과 비판적 사고에 불리하게 작용할 수 있다. 우리가 태어나 자라나고, 교육을 받고, 직장생활로 접어드는 환경의 많은 부분은 우리의 직접적인 통제를 넘어서는 문화적 힘의 산물이며, 이 환경들은 몹시도 느리게 변한다. 학교가 비판의 대상이 되는 이유 중 하나는[8] 다양하고 때로는 분열을 일으키는 교육과 정치와 여론이 학교에서 아이들 그리고 그들에게 영감을 불어넣는 교사들을 위한 공간을 앗아가기 때문이다. 사실 신경다양성neurodiversity 이란 별난 사람만을 지칭하는 말이 아니다. 신경다양성은 모든 정신, 모든 아동을 아우르는 용어다. 여러분을 포함해 우리는 거대한 연속체 위에서 저마다 조금씩 다른 곳에 있다. 우리가 천재라고 부르는 사람들이 소수의 유명인을 넘어 전체 인류 안에서 각양각색의 노력을 기울인 사람들을 가리키는 것도 이런 이유에서다. 귀한 잠재력이 개발되지 않는 것은 그저 우리가 그것을 알아차리지 못하기 때문이다.

　동물 행동에 관한 연구로 유명한 세계적인 과학자이자 저술가인 템플 그랜딘Temple Grandin 은 자폐인으로서 자신의 일과 삶에서 복잡한 도전과제를 마주할 때 발휘했던 특별한 집중력과 강도를 이렇게 설명했다. "자폐인들은 단순한 것을 봐요." 그랜딘이 이 이야기를 해줄 당시, 우리 두 사람은 그녀가 어떻게 과학 분야에서 경력을 쌓았고, 동물 행동과 같은 복잡한 문제를 더 많은 사람에게 더 쉽게 전달할 기회가 생겼는지에 관해 대화했다. 그랜딘은 교육 활동가로서 신경다양성의 가치, 특히 시각을 통한 학습에 더 많은 주의를 기울여야 한다고 강조해왔고, 학습자들을 실망시키는 교육 관행은 우리 사회에 실망을 안겨준다고 경고했다. 〈뉴욕타임스〉에 기고한 논평에는 이렇게 썼다. "오늘날 우리는 두루 균형 잡힌 학생을 원합니다. 그러므로 우리가 제공하는 교육도 그런 성격을 가지도록 확실히 하는 데 신경을 써야 합니다."[9] 확산적 사고divergent thinking (주어진 문제를 폭넓게 탐색하며 다양한 해법을 모색하는 사고―옮긴이)에 해당하는 특성들과 일련의 능력은 "혁신과 발명에 결정적"이며, "갖가지 사회 문제를 해결할 실질적인 해법을 찾는 데 필수적"이다.

그랜딘처럼 흔치 않은 정신적 특성을 가져 때로 결함이 있다는 취급을 받았던 다른 이들도 그런 특성이 실은 자신의 가장 큰 자산이 될 수 있다는 것을 발견했다. 생물체들이 다양성을 이루고 있다는 것 그리고 모든 종이 생태계에 이바지한다는 것은 지구 생명체가 지닌 진화적 장점이다. 우리 뇌가 세상을 해석하는 방식에서 나타나는 다양성의 가치는 우리 모두에게 적용된다. 다양성은 똑똑한 집단을 더욱 똑똑하게 만든다.

언젠가 켄 로빈슨은 "모든 아동은 반짝이는 상상력, 비옥한 정신 그리고 자기가 생각하는 것에 대해 기꺼이 위험을 무릅쓰려는 의지를 품고 학교생활을 시작한다."라고 했다.[10] 그는 저서 《엘리먼트》에서 이렇게 논했다. "중요한 것은 교육을 표준화하는 것이 아니라 개인화하는 것이다. 이로써 아동이 지닌 고유한 재능을 발견하여 성취감을 쌓게 하고, 학생 스스로 배우고 싶어 하고 자연스럽게 자기만의 열정을 발견할 만한 환경에 있도록 해야 한다."[11]

학교가 커리큘럼, 지침, 시험, 평가를 동원해 효율성 중심으로 엔진을 돌리는 학습 공장이 된다면 모두의 능력이 충분히 발휘되지 못한다. 특히, 가장자리로 밀려나 꼼짝할 수 없는 아동들은 더욱 그렇다. 다양성을 무시하는 곳에서는 우리 모두가 창의성을 발휘하는 데 필요한 촉매제를 잃게 된다.

당장 이루기 어려운 구조적 변화를 위해서도 노력해야겠지만, 우리 자신과 모든 아동의 역량을 펼쳐낼 삶의 전략을 만드는 일에도 집중해야 한다. 우리가 직접 나서서 호기심, 창의성, 세상에 적극적으로 참여하는 태도를 기르는 방법을 모색할 수 있다. 로빈슨은 이를 채굴에 비유했다. "인간의 자원은 천연자원과 같아서 때로는 깊은 곳에 묻혀 있다. 여러분 스스로 그것을 찾아 나서야 한다. 표면 위에 드러나 있지 않기 때문이다. 그것들이 모습을 드러내도록 여러분 스스로 환경을 만들어야 한다."[12] 우리의 대화[13]에서 그랜딘 역시 아동을 학습자로 성장시키고, 그들에게 선택과 그에 따른 결과를 제공하며, 잠재력을 발휘하는 아동의 능력에 신뢰를 심어주는 환경을 만들어야 할 필요성을 논했다. 그랜딘은 말했다. "아이들을 성장시켜야죠. 수영장 저 깊은 곳에 던져넣지 말고요." 우리도 그런 성장을 이루어 우리의 배움과 삶에 활기를 불어넣어야 한다.

릿의 핵심, 에너지 전환

릿의 마음 상태를 과학적으로 설명하거나 근본적인 차원에서 이해해보려고 노력하는 과정에서 과학자, 심리학자, 철학자, 활동가, 그 외 여러 사람의 다양한 생각을 들었다. 맹인들이 자기가 만진 부위로 코끼리를 설명했다는 우화처럼, 그들도 자신의 전문 분야나 경험을 바탕으로 '릿 현상'을 바라보고 이에 관해 나름의 중요한 진실을 말해주었다. 내 생각에 그 모든 진실을 아우르는 원리는 '에너지'라는 단순한 개념이었다.

나는 과학자인지라 공학의 업적이든, 자연 생태계이든, 결혼이든, 영감의 파급력이든, 사물의 작동 원리를 이해하는 방식으로 에너지 전환이라는 개념에 관심이 많다. 식물은 광합성을 통해 태양 에너지를 자신의 성장 에너지로 전환하고, 우리는 그 식물을 먹음으로써 그 속에 저장된 에너지를 섭취하므로 결국 그 에너지는 우리의 에너지로 전환된다. 여기서 그치지 않고 모든 에너지 전환은 또 다른 전환으로 이어진다. 우리가 섭취하는 에너지가 우리를 지탱하고, 이를 바탕으로 우리가 일하고 살아가면서 다른 사람 그리고 환경과 상호작용하면 그 에너지는 행동으로 변한다. 이 모든 상호작용을 통해 우리는 에너지를 전달한다. 즉, 에너지를 움직이게 한다. 에너지 전환은 우리를 포함한 모든 생명체의 본질적인 특성이다.

기본적으로 우리는 에너지를 다루는 존재다. 인체, 심장, 뇌, 피부, 간, 장 그리고 우리가 지닌 원자 수준의 모든 구성 요소 안에서 끊임없이 에너지장이 작용하고 있다. 우리가 환경, 다른 사람의 존재나 그들의 언행 혹은 자신의 생각에 대해 반응할 때마다 우리 몸의 원자 운동이 달라지고, 뒤이어 우리 내부의 에너지장, 나아가 우리가 생성해서 외부로 전환하는 에너지도 달라진다. 목표를 이루기 위해 노력하든, 친구를 만나든, 뭔가를 실천할 '활력이 난다'energized고 말할 때 이는 어떤 감정이나 기분을 넘어 생리적인 사실을 뜻한다. 따라서 새로운 잠재력에 불을 댕기는 활기찬 뇌 상태로서 '릿'을 말할 경우, 이때의 에너지 전환은 광합성이나 공을 차는 행위만큼이나 실제적이다.

우리는 말의 내용이나 말을 전달하는 방식을 통해 다른 사람들에게 일상적으로 정서적인 에너지를 전달한다. 심지어 영성(어떤 방식으로 경험하든지 간에)도 에너지 전달에 관여한다. 이로써 우리의 기운을 북돋운 어떤 것이 우리의 표현을 통해 다른 사람을 지지하거나 격려하게 된다. 영성, 사랑, 심지어 슬픔도 에너지가 변화한 형태들이다. 어떻게 그렇게 되는지 과학적으로 밝히려면 아직 시간이 필요하겠지만, 어쨌든 이 모든 에너지는 서로 교차하면서 시너지를 일으킨다. 그 교차점에서 일어나는 에너지 불꽃, 즉 릿 불꽃은 이 역동적인 체계 속에서 촉매로 작용하여 지구에 동력을 제공하고, 지구상에 존재하는 다양한 생명의 그물에 활력을 불어넣는다. 우리가 처한 상황 때문에 그 연결성이 매우 둔해진다 해도, 우리 모두의 내면 깊은 곳에는 그 불꽃이 자리 잡고 있다.

살아 있는 모든 것은 진동이다.[14]

_ 알베르트 아인슈타인

최근 몇 년 사이에 신경과학은 우리의 의식적인 의도에 따라 변화하고 성장하는 뇌의 선천적 능력을 밝혀냈다. 연구 결과, 우리는 자기 의지에 따라 절정 경험peak experience 또는 최적의 정신 상태에 들어갈 수 있으며, 이 상태를 유지하고 확장하고 이를 바탕으로 행동하도록 우리 뇌를 개조할 수 있는 것으로 나타났다. 이는 뭔가 즐거운 일에 참여할 때만 가능한 것이 아니다. 어쩌면 그렇지 않을 때—이를테면 꽉 막혀 있거나 맥이 빠지거나 낙담했을 때—도 가능하다는 사실이 더 중요할 것이다. 이런 순간이야말로 성장, 변화, 혁신을 위한 호된 시련의 장이 될 수 있다. 여러분이 부딪히는 모든 경험 속에서 원하는 만큼 온전히 참여하거나, 그 경험을 변화시킬(또는 단순히 개선할) 수 있다고 상상해보라. 우리는 그렇게 할 수 있다. 우리 모두 릿을 가지고 태어났다. 지금 이야기하는 것 중 여러분의 뇌에 이미 프로그램화되지 않은 것도 없고, 그 방법을 배울 수 없는 것도 없다.

릿을 경험해야 살아남는다

진화의 이야기는 원시의 늪을 빠져나와 시간을 가로질러 온 여정을 백미러로 유심히 들여다보는 것처럼 표현될 때가 많다. 대개는 변화하는 환경에 대응하지 못한 종들이 겪은 적응과 멸종의 위협에 관한 이야기들이다. (그렇다고 그 종들이 자연적인 의미에서 진화적으로 태만했다거나 실패한 종이라고 생각지는 말라. 우리 인간이 그들의 서식지에 끼친 파괴적인 영향을 극복하지 못해 사라지는 경우가 점점 더 많아지고 있다.) 생존한 종들 중에서 우리가 다른 종보다 반드시 더 나아서 그들과 매우 다른 형태로 적응해 성공을 거둔 것은 아니다. 우리는 진화적으로 장수의 상을 받지 않았다. 수많은 곤충, 식물, 동물이 우리보다 오래 살아왔다. 우리가 할 수 있는 모든 것을 훨씬 능가하여 날고, 뛰고, 헤엄치고, 보고 들을 수 있는 종도 많다. 오히려 우리는 동물, 식물 그리고 모든 종이 지닌 다양하고 고도로 정교화된 지능의 형태를 늦게야 깨닫고 있다.[15] 과학 저술가 에드 용Ed Yong은 이를 가리켜 '이토록 굉장한 세계'an immense world라고 일컫고 자신의 책 제목도 그렇게 달았다. 제임스 브리들James Bridle은 그의 저서 《존재의 방식》Ways of Being에서 이를 가리켜 '행성 지능'[16]이라고 불렀다. 이 책에서 그는 이렇게 논했다. "아주 최근까지도 인류는 유일하게 지능을 소유한 종으로 이해되었다. 지능은 많은 생명체 중에서 우리를 고유하게 만드는 속성이었다. 실제로 지능을 설명하는 가장 그럴듯한 정의는 '인간이 할 수 있는 것'이었을지도 모른다. 더는 그렇지 않다." 뒤이어 브리들은 이렇게 덧붙였다. "우리는 전혀 다른 형태의 지능, 사실 다양한 종류의 여러 지능을 이해하는 문을 이제 막 열기 시작했을 뿐이다."

우리가 다른 종들과 차이 나는 점은 이것이다. 인간의 뇌는 끊임없이 자신을 재구성해 새로운 정보에 통합할 수 있는 놀라운 정보처리 네트워크로 진화했다는 사실이다. 이 과정을 가리켜 가소성plasticity이라고 부른다. 뇌 가소성과 감정의 신경생물학에 관해 광범위한 글을 쓰는 신경과학자 리사 펠드먼 배럿Lisa Feldman Barrett은 이렇게 지적했다. "당신의 신경세포 속의 미세한 부분들은 매일 조금씩 변한다. 나뭇가지 모양의 수상돌기 덤불이 점점 더 많아지면서 그와 연관된 신경 연결들도 효율성이 높아진다. 당신이 타인과 상호작용하는 동안 당신의 뇌는 조금씩 조금씩 조정되고 다듬어진다."[17]

새로운 경험, 정보, 통찰에 대한 반응으로 일어나는 두뇌 회로의 신속하고 대대적인 개조는 우리에게 창조적 표현, 전략적 계획, 문제해결 능력을 선사한다. 그 덕분에 인류는 달까지 갔다가 돌아왔고, 위대한 예술 작품을 남겼으며, 자연적인 치료법과 관행을 개발할 뿐 아니라 첨단 의약품, 임플란트, 수술 기법으로 병을 치료하며 질병의 확산을 줄일 수 있었다. 이러한 진화적 장점 덕분에 우리는 환경 변화에 적응할 수 있었고, 우리 환경을 우리 뜻에 맞게 의도적으로 그리고 신속하게 조성할 수 있었다. 이는 다른 종들이 쉽게 해내지 못하는 일이다.

여기에 이야기를 만들어내고, 우리 자신에게 하는 이야기를 조정하고 바꿀 줄 아는 능력을 더해보라. 개인과 집단 차원에서 우리가 자신과 세상에 관해 만들어내는 서사는 우리의 신념과 행동 그리고 우리가 세상을 인식하고 자신에게 가장 중요한 것을 판단하는 데 영향을 끼친다. 우리는 그 서사를 둘러싼 현실을 창조하고 조정하면서 자신의 욕구와 가치에 따라 행동하며, 우리 뇌는 그 새로운 환경에 적응한다.

한 예로, 내 과거를 향해 백미러를 비춰보자. 나는 경력 초기에 수년간 밤낮을 가리지 않고 일하고, 주의를 흐트러뜨리는 것들에 쉽게 넘어갔고, 여러 이유로 가족들 앞에 나타나지 않았다. 그때 내가 자신에게 했던 이야기는 이랬다. '나는 놀랄 정도로 여러 일을 동시에 처리하는 사람으로서, 미친 듯이 움직이기는 해도 효과적으로 일과 가정생활의 균형을 잘 잡는 사람'이라고 말이다. 그러다 몇 가지 사건을 겪고 정신이 들고 나서야 그 이야기가 거짓임을 깨달았다. 나는 우선순위를 바꾸고 최선을 다해 가족 중심의 삶을 살겠다고 마음먹었다. 나에 관한 이야기를 바꾸는 것은 내가 수년간 쌓아온 기대들의 표면적인 우선순위를 바꾸는 일에 그치지 않았다. 그것은 가족, 나 자신, 나의 일을 대하는 방식을 바꿔주었고, 덕분에 나는 내 행동과 의도를 일치시키는 선택을 내리기 시작했다. 의도에 따라 행동할수록 내 생각과 그에 따른 행동이 더 자연스럽고 활력이 넘친다는 사실을 발견했다. 이야기를 바꾸자 내 뇌가 달라진 것이다.

사회적 차원에서 이야기를 바꿀 때도 같은 효과가 나타난다. 갖가지 크기의 공동체의 일원으로서 우리가 자신에게 말하는 이야기를 재구성하고, 문제를 짊어지고 사는 것을 넘어 문제를 해결하는 쪽에 주의력과 에너지를 집중할 때, 우리 뇌는 신선하고 새로운 방식으로 우리의 노력을 조정하고 발전시킬 준비가 되어 있다.

내가 놀랍게 여기는 것은 다양성, 적응성, 시너지, 관계, 이 모두가 자연이 진화를 통해 번성하는 과정을 그대로 보여준다는 점이다. 버섯을 비롯한 균류가 필수적인 환경 정보와 영양분을 나무에 전달하는 방식은 실로 무한한 자연 세계의 한 예에 불과하다. 자연이 지닌 다양성은 시너지 관계를 통해 적응하는 온갖 방식을 드러낸다. 이러한 특성 덕분에 자연은 쓰러져도 다시 일어날 줄 안다. 그렇다고 자연이 잃어버렸거나 돌이킬 수 없이 훼손된 것을 언제든지 회복할 수 있다는 말은 아니다. 다만 자연이 지닌 체계와 과정들은 적응과 성장을 위해 안정적으로 활성화된다.

자연의 작동 방식을 우리 것으로 활용했을 때의 묘미는 단순히 자연으로 들어가 경치를 감상하거나, 두 눈을 감고 좋은 일이 일어날 거라고 기대하는 데 있지 않다(좋은 일이 일어날 수도 있겠지만). 실질적인 의미에서 우리 자신을 자연 속에 푹 담그면, 우리 뇌는 자연의 겉모습이나 느낌뿐만 아니라 우리의 건강과 생존에 도움이 되는 자연의 본질적인 과정도 경험하게 된다. 릿 도구들은 이러한 경험을 안겨주는 쪽으로 주의를 기울이도록 훈련한다. 이로써 우리는 우리의 감각을 열고 매우 아름답고 강력하게 만물(우리도 포함)에 활력을 불어넣는 적응성과 서로 연결된 과정들을 경험하게 된다. 우리 힘으로 그런 경험을 만들어낼 수 있다. 후성유전학이 보여주듯이, 우리의 경험은 계속해서 우리의 유전자 발현—어느 유전자의 스위치가 켜지고, 어느 것은 그렇지 않을지—에 영향을 줄 수 있다. 의도적인 경험과 선택에 따른 변화는 우리가 자연의 진화 과정에 가장 가까이 다가갈 수 있는 방법이다.

뇌가 우리의 환경 및 경험과 상호작용하는 적응력 있는 네트워크라는 사실을 알고 나면, 현재 우리 뇌가 상호작용하고 있는 환경—우리가 '인간화한' 환경—이 우리의 적응력을 망치고 있다는 것도 깨닫게 된다.

월트 디즈니 테마파크 중 한 곳인 매직 킹덤에 있는 '카루셀 오브 프로그레스' Carousel of Progress (진보의 회전목마라는 뜻—옮긴이)가 생각난다. 이는 거대한 회전식 극장 무대로, 그 위에서는 실물 크기의 기계화된 캐릭터들이 '전형적인' 미국 가족을 묘사한다. 이 가족은 20세기에 등장한 전기와 기술의 발전 덕분에 즐거운 삶을 누리고 있는 모습이다. 1964년 세계 박람회를 위해 만든 이 전시는 그동안 우리 삶을 변화시킨 새로운 기술 혁신의 물결을 반영해 꾸준히 업데이트되었다. 1980년대에는 나 자신이 꼬마로서, 2000년대 초반에는 아버지로서 아이들을 데리고 가서 그 회전식 극장에 앉아 전시를 관람했는데, 이때 놀랐던 점이 있다. 그 무대가 진보를 향한 인간의 열정을 이상화해서 보여준다는 것이다. 가상의 혁신만 보여줄 뿐, 그에 따른 부정적인 결과는 전혀 고려하지 않았다. 진보를 향한 순수한 욕구가 불러올 영향에 관해 그 무대가 무심코 전해주는 더 거대한 이야기에는 뭔가 소름 끼치는 것이 있었다. 그 진보는 자연과 동떨어져서 자연과 어떤 관계도 맺지 않는 것으로서, 우리가 자연 생태계 일부임을 전혀 인식하지 않았다. 이는 인간 문화를 주된 환경으로 축하하고, 인간이라는 종으로서 자연과 분리된 삶을 설계하는 것으로 우리의 포부를 축소하고 말았다. 그 결과로 우리는 가장 좋은 모습의 자연적인 우리 자신과도 분리되고 만다.

이것이 세계 대다수—적어도 인간이 모여 있는 대다수 지역—에서 지배적으로 나타났던 이야기다. 그 결과, 우리는 주로 제조된 환경, 편의를 추구하는 구조, 소비주의, 과잉 경쟁을 만들어냈다. 이는 우리 존재를 위협하는 한편, 우리가 점점 더 자연과도 분리되고 우리에게 꼭 필요한 상호연결성도 끊어지게 만든다. 사실 더 많은, 더 좋은, 더 수월한 것을 추구하는 욕구가 여러 외적인 부문에서 삶을 개선했을지는 모르지만, 우리 정신의 내적인 작동은 방해해왔다. 온라인 생활과 디지털 기기, 소비재와 편의에 대한 우리의 욕구는 이제 우리 삶을 크게 지배하는 나머지 디지털 환경과 소비자 문화는 모든 실용적인 차원에서 우리의 서식지가 되었다. 경제가 우리의 생태계가 되었다. 우리는 이 만들어진 환경에서 시장의 단서에 반응하는 데 익숙해진 탓에 우리를 대신하는 자연의 신호를 종종 무시한다. 기술 혁신이 추진하는 이 인공의 생태계가 얼마나 빠르게 진화해왔는지, 우리 뇌는 이 생태계가 우리에게 가할 위협을 제대로 인식하는 역량을 미처 개발하지 못했다. 자연과 단절된 우리는 태초부터 우리의 생존을 위해 의존하고 참조할 만한 단서의 원천이었던 원시 관계에 매여 있던 밧줄을 풀어버렸다.

길고 긴 진화를 거치며 원시의 늪을 오르내리던 도중, 인간의 뇌는 적대적인 환경에서 온전히 생존을 위한 원시적인 욕구를 추구하던 쪽에서 더 정교한 역량을 갖추는 쪽으로 진화했다. 이에 따라 우리는 지성을 활용해 우리의 환경을 바꾸었는데, 결과적으로 이것이 우리의 건강과 미래 그리고 지구라는 행성 자체의 미래에 불리하게 작용하고 있다. 더 나은 것을 누리도록 우리에게 자유를 선사하는 흥미로운 기술, 풍부한 기회와 편의, 효율성에 본질적으로 잘못된 것은 없다. 문제는 우리 뇌 일부가 여전히 석기 시대의 반사작용에 따라 움직인다는 것이다. 즉, 행동하는 데는 빠르나 행동의 결과를 숙고하거나 미리 계획하는 데는 미흡하다. 디지털 시대를 살아가는 뇌가 적응하고 유리한 미래를 만드는 데 필요한 회로가 뒤섞여 엉망이 되었다. 우리의 독창성이 지금은 도리어 우리의 생존을 위협하고 있다.

"분명 우리는 기술 진화에 발맞추어 진화하지 못했습니다. 인간의 진화는 수백만 년까지는 아니라도 수십만 년을 두고 일어나는 데 반해, 기술의 진화는 순식간에 일어나니까요. 결국 우리는 이 세계를 살아갈 준비가 잘 되어 있지 않습니다." 이는 신경외과 의사이자 교수이며, 스탠퍼드대학교의 '연민과 이타심 연구 및 교육 센터'Center for Compassion and Altruism Research and Education, CCARE 의 창립자인 제임스 도티James Doty 가 내게 한 말이다. "그 결과, 현대가 아닌 세계에 살 때 유용했던 모든 메커니즘은 이제 우리 상황을 악화하고 스트레스, 불안, 우울을 높일 뿐입니다."

이제 과거를 돌아보며 진화를 살펴보던 것에서 벗어나, 우리가 우리 자신과 지구를 위해 만들어놓은 환경을 똑바로 내다볼 때가 되었다. 그리고 우리의 가장 현명한 선택이 제조된 환경에 적응하는 것일지, 아니면 그 환경을 바꾸는 것일지 곰곰이 생각해봐야 한다.

에너지를 적게 쓰는 뇌는 해롭다

초기 조상들이 살았던 삶과는 대조적으로 우리의 삶은 비교적 수월하고, 덜 까다로우며, 더 안전하고 안정적이다. 하지만 여전히 뇌는 잘 단련된 메커니즘과 습관 중에서도 가장 단순하고 에너지 효율이 큰 선택지를 선호한다. 신경과학자들은 이를 가리켜 '에너지 절약' 모드라고 부른다.[18] 뇌는 에너지 절약 모드를 사용해 정보처리량을 줄임으로써 에너지 소비를 줄인다. (정보를 처리하려고 전기적, 화학적 신호를 생성하는 것은 에너지가 많이 드는 일이다!) 만일 효율적인 작동을 위해 뇌가 필수적으로 거쳐야 하는 과정을 하나하나 고려해야 했다면 우리는 절대로 살아남지 못했을 것이다. 그러나 이렇게 에너지를 절약하는 유지 모드에 의존할수록─나는 이를 가리켜 렙low-energy brain, LEB(에너지를 적게 쓰는 뇌)이라 부른다─우리 뇌는 틀에 박힌 반응 패턴에 더욱 안주하고 만다.

감각적인 자극으로 우리 주의력을 빼앗아 묶어두려는 편의, 보상, 디지털 방해 요소들은 우리 뇌에 나쁜 사탕과 같은 존재들이다. 손쉬운 해결책들은 설령 그것이 우리 의도와 어긋나고, 우리가 이 사실을 알고 바꾸고 싶어 할 때조차 쉽게 습관으로 자리 잡는다. 이런 습관들은 뇌의 보상 체계를 겨냥하여 렙을 촉진하는 까닭에 깨뜨리기가 어렵다.

너무 많은 시간을 렙 모드로 보내다 보면, 뇌가 습관적인 반응을 선택하기 때문에 목적을 가지고 몰두하는 행동 능력을 잃어버릴 위험이 있다.[19] 우리 뇌는 뉴런들의 연결고리인 시냅스 중에서도 사용이 뜸한 것은 가지를 쳐내기 때문이다. 사실, 이 사라져가는 연결들이야말로 우리 뇌가 더 복잡하고, 창조적이며, 자극제가 되는 사고를 하는 데 필요한 에너지를 켜는 조광 스위치 역할을 한다. 이것이 바로 릿이다!

이렇게 낮은 전력 모드로 세상을 바라보면 저화질 이미지를 얻기 쉽다.[20]

_ 자히드 패덤세이Zahid Padamsey. 신경과학자

숙달에 관한 연구들은 놀라운 통찰을 제공한다. 과학자들은 한 사람이 새로운 기술에 숙달할 때 뇌에서 일어나는 일을 fMRI로 연구한 결과 실제로 이때 전두 피질의 불빛이 꺼지는 것을 발견했다. 신출내기가 새로운 과제를 시도하면 그의 전두엽이 활동하며 점화되고, 이는 fMRI 화면에서 노란색-주황색 불빛으로 나타난다. 미숙한 사람들은 배우는 일의 모든 단계에 주의를 기울인다. 그러나 똑같은 일을 전문가에게 요청하면, 그의 전두엽은 노란색보다는 회색에 가까운 불빛을 띤다. 이미 알고 있는 일에는 똑같은 종류의 정신 에너지를 기울일 필요가 없기 때문이다. 대신, 그들은 뇌의 다른 영역에 저장된 습관에 의존한다. 뇌 성장이 가장 활발하게 일어나는 아동기에도, 한 가지 활동—축구든 비디오 게임이든—에 많은 시간이 투여되면 뇌의 가지치기 경향이 발동한다. 이에 따라 일찍이 전문성은 생기겠지만, 가장 튼튼하고 균형 잡힌 성장을 이루기 위해 설계된 폭넓은 신경 연결망을 그 대가로 치르게 된다.

렙은 우리의 더 많은 주의를 받을 가치가 있는 문제에서도 가장 수월하거나 빠른 쪽으로 기울곤 한다. 예를 들어 인간관계, 소속감, 나 자신보다 더 큰 뜻을 위해 이바지하는 것, 우리 삶에 좋은 변화를 만들

어내는 것, 세상을 더 나은 곳으로 만들기 위해 내 몫을 하는 것 등은 에너지와 주의력을 기울여야 성공할 수 있다. 렙은 다른 무엇보다 효율성에 가치를 두는 까닭에, 우리의 낡은 습관을 넘어서려는 동기에 제동을 건다. 그 결과, 시간과 함께 성숙하는 보람 있는 관계 속에서 다른 사람과 소통하는 능력을 제한한다. 그리고 나 자신을 넘어 자연과 다른 사람에게서 영감을 얻지 못하게 하며, 더 나은 자기 인식과 풍부한 내면 생활을 위해 자신을 들여다보려는 자연스러운 경향성을 약하게 만든다.

한편, 우리 뇌는 먼저 학습한 것 또는 반복적으로 들은 것이 진실이라고 추정하는 타고난 경향이 있다. 그래서 소셜미디어에서 흔한 일이 된 그릇된 정보, 허위 정보, 정교한 선전의 홍수 속에서 우리를 불리한 처지에 놓이게 한다. 이는 노스웨스턴대학교 커뮤니케이션학부 교수인 네이선 월터_{Nathan Walter} 그리고 그릇된 정보가 불러오는 결과 및 이를 바로잡기가 그토록 어려운 이유를 연구하는 여러 학자가 지적한 바이다. 네이선 월터는 우리가 헤쳐 나가는 세계는 새로운 곳인데, "우리가 타고 있는 선박, 즉 우리의 뇌는 너무 오래됐다."고 말했다.

렙은 더 이상 우리에게 큰 도움이 되지 않는 패턴들에 우리를 가둬 놓았다. 개인의 삶과 전 지구적 공동체에 일어나는 숱한 긴장과 갈등은 인간 행동을 주도하는 렙 세대의 유산이다. 타성에 젖은 일상생활, 그보다 더 나쁘게는 편향과 편견, 자기 이익, 탐욕, 권력 장악 등 이미 오래전에 철저히 점검했어야 할 잘못된 행동들이 그것이다.

렙이 사회 전반을 지배하기 시작하면 위험할 수 있다. 현대 사회에서 우리는 어마어마한 양의 정보와 허위 정보에 묻혀 지낸다. 아마존,

애플, 인스타그램 등의 기업들은 수십억 달러를 투자해 우리의 렙 행동을 이용하려 든다. 그렇게 해야 더 많은 수익이 생기기 때문이다. 온라인 소셜 네트워크들은 슬롯머신에서 사용된 바로 그 기술을 활용한다. 이를테면 다양한 인기 게시물에 '좋아요'라는 보상을 안겨줌으로써 우리 뇌를 가로채 붙잡아두는 식이다. 사람들이 빠른 반응을 보이면 우리는 그 꾐에 빠져 끊임없이 피드백을 확인하며 네트워크에 더 오래 머문다. 끝없이 올라오는 게시물과 유혹적인 방해 요소들을 '그저 확인'하는 것을 스스로 멈추려면 어떤 노력이 드는지 우리 모두 알고 있다. 그럼에도 여기서 딱 멈추고 무엇을 해야 할지 알아내기보다는 그저 계속 스크롤을 움직이는 것이 훨씬 편한 느낌이 든다. 사용자들이 페이스북, 스냅챗, 인스타그램, 틱톡을 떠나 음모론과 폭력을 양산하는 더 은밀한 플랫폼으로 이동함에 따라 플랫폼도 진화하고 브랜드 활용도 달라지지만, 그들의 전략과 목표는 변함없다. 렙 행동을 부추기고 이용하는 것이다.

  에너지를 많이 쓰는 사고력을 발휘하지 않을 때, 우리는 거대 기업과 정치인들이 우리에게 원하는 대로 행동하게 된다. 몸에 좋은 음식과 불량식품의 차이를 알면서도 불량식품에 손을 뻗는다. 내가 속한 지역사회를 지원하는 상인들을 돕기 위해 지역 상품을 구매하는 대신 멀리 떨어져 있는 온라인 도매상의 물품을 보고 '구매' 버튼을 누른다. 국제적 사건에 대해 여러 출처—특히 책임감 있고 사실에 기반한 매체—의 의견을 찾아 읽는 대신, 한 사람의 의견을 받아들여 내 의견을 수립한다. 이렇듯 우리는 더 의미 있는 상호작용을 택하는 대신 아무 생각 없이 소셜미디어 화면에서 스크롤을 움직이는(또는 어슬렁거리는) 사람들로 구성된 사회가 되어간다. 렙은 복잡한 문제를 해결하거나 새로운 가능성을 모색할 때 필요한 혁신적인 생각에 제동을 건다. 어떤 도전과제를 맞닥뜨리면 많이 가본 길로 즉시 고개를 돌려 똑같은 도구와 접근법을 반복해서 찾도록 슬쩍슬쩍 우리를 유도한다.

이런 방식으로 소비하고 상호작용하는 시간이 길수록, 우리 뇌는 그 짧은 '흥분' 또는 피상적인 소통에 익숙해지고 여기에 더욱 의존하게 된다. 사람들의 '좋아요'를 기대하는 마음이 커질수록 그것을 필요로 하는 욕망이 더 커지고, 여기에 묶여 있는 우리의 주의력을 풀어내는 데 더 많은 에너지가 든다. 이러한 렙 피드백 순환은 우리를 짓누르는 일종의 정신적인 중력이자 릿을 가로막는 장애물이다. 이 과정에서 우리는 의도적인 결정을 내릴 때 우리에게 중요한 것이 무엇인지를 다른 사람이 정의하도록 넘겨주고 만다. 물론 우리에게 유익한 습관들도 있다. 숙달은 새로운 기술을 배우고, 꿈꾸고, 혁신하고, 개선하도록 우리의 주의력에 날개를 달아준다. 하지만 이는 그렇게 하도록 우리가 끊임없이 의식적으로 자신을 유도할 때에만 그러하다. 릿 도구들은 (점화 플러그의 불꽃이 하는 것처럼) '렙'에서 '릿'으로 옮겨가 순식간에 재구성되는 유연한 네트워크에 온전히 참여하게 한다.

알츠하이머병을 비롯해 신경과학 분야의 여러 미스터리에 관한 선구적인 업적으로 꾸준히 새 지평을 열고 있는 과학자 루돌프 탄지Rudolph Tanzi 박사는, 진화하는 인간 뇌의 이야기가 새롭고 중대한 진화적 단계에 진입하고 있다고 말한다. 그는 뇌의 정서 중추인 변연계가 원시적인 뇌간이 주도하는 일차적이고 본능적인 싸움-혹은-도주 반응에서 진화하여, 정서적 인식과 더 고등한 사고를 특징으로 하는 미묘한 반응과 피드백 순환으로 옮겨가고 있다고 말한다. 그는 "이 기심을 벗어나 자기 인식으로 넘어가는 거대한 진화적 방향성이 있습니다."라고 하면서, 우리의 생각과 행동과 경험이 우리의 유전적 표현을 조성하는 방식을 말했다. 그는 이것들이 우리의 유전적 유산으로서 우리의 발달, 건강, 웰빙을 조성한다고 했다. "오래된 뇌는 이기심으로 향하고, 새로운 뇌는 자기 인식으로 향합니다. 우리는 그 사이에서 살고 있으므로 늘 선택은 자기 몫이죠. 나는 나 자신을 인식하여 내 뇌가 지금 무슨 일을 하는지 알아차릴 것인가, 아니면 뇌간이 본능에 따라 나를 채찍질하면서 내가 욕망하는 것을 전부 실행하도록 종노릇을 하면서 매일 두려움, 욕망, 억압 속에 살 것인가? 이것이 우리가 날마다 내리는 선택입니다."[21]

자동 조종 상태에서 벗어나 스스로 운전대를 잡아라

릿의 마음 상태는 우리 각자에게 내재해 있고 언제든 꺼내 쓸 수 있다. 일단 이를 자기 의도에 따라 활용하는 법을 배우고 나면, 언제든지 어느 상황에서든지 그 마음 상태를 활용할 수 있다. 여러분이 이 책에서 만나게 될 릿 도구들은 우리 삶의 어떤 측면에서든 불을 붙여줄 에너지를 일으킨다. 짧은 기간에 이 도구들을 활용해 순간순간 활력을 일으킬 수도 있고, 오랜 기간에 걸쳐 이를 활용해 자기만의 전략을 만들어 원하는 삶을 창조할 수도 있다. 자연의 에너지는 하나의 형태에서 또 다른 형태로 변화하며, 저장되어 있거나 잠재된 에너지는 활동 에너지로 변화한다. 이와 비슷한 의미에서, 릿을 다음과 같이 생각할 수 있다.

- 생태계와 나의 내면에서 끊임없이 교류하는 자연적인 에너지 흐름으로, 언제든지 활용할 수 있다.
- 자연적으로 고조된 뇌 상태. 유동적이고 계속 진화하며, 활발한 호기심, 창의적이고 지적인 각성, 집중된 정서적 참여를 특징으로 한다.
- 우리에게 내재되어 있는 프로세스이자 원리 체계. 릿 도구들을 활용하면 구체적이고 실용적인 방식으로 이 프로세스에 시동을 걸고 유지할 수 있다.

가장 중요한 것은 생각에만 빠져 있어서는 안 된다는 것이다. 그러지 말고 어떤 것이든 간단한 실천에 나서보자. 어디에서든 시작하자. 릿 도구들을 활용하기 위해 여러분의 호기심을 따라가도 좋고, 아무 도구나 하나 골라서 하루를 시작하고 어느 순간에든 활용해도 좋다. 자주 활용할수록 더 자연스럽게 릿 상태에 들어갈 수 있다.

무엇보다 좋은 점은, 릿 도구들이 사용하기 쉽고 습관 형성에 유익하다는 것이다. 시간이 지남에 따라 여러분은 릿 불꽃이 계속 타오르고 있다는 사실을 발견할 것이다. 뇌에서 신경세포를 점화하는 에너지 전환은 자가 촉매 작용을 한다. 다시 말해, 그런 전환이 많이 일어날수록 이와 관련된 신경 경로가 수립되고, 계속 진동함에 따라 신경세포를 점화하기가 더 수월해진다. 우리 뇌를 빼앗아 창의력과 호기심을 발휘하는 데 필요한 에너지를 흐릿하게 만드는 습관들과 달리, 릿은 그 경로에 활기를 불어넣고, 우리를 자동조종 상태에서 놓여나게 하고, 우리가 정신을 차리고 현재에 머무르며 온전히 몰입하도록 돕는다. 릿은 설득력 있는 설계 원리—뇌가 갈망하는 것을 꾀어내어 붙잡아두는 방식의 보상—를 활용한다고 말할 수도 있다. 하지만 이는 이익을 목적으로 여러분의 선택을 좌우하는 마케터가 아니라, 여러분 자신이 운전대에 앉아서 여러분에게 가장 중요한 일에 에너지의 방향을 돌리는 것이다. 아이디어를 구상하는 일, 창의력을 발휘하는 일, 일상의 경험에 깊이를 더하는 일, 내 삶의 무언가 또는 세상의 무언가를 바꾸는 일에 빠짐없이 릿이 관여한다.

혁신을 부르는 진화

릿 상태에 도달하는 프로세스와 릿 도구들은 이제 우리 연구실에서 실행하는 거의 모든 일에 영향을 미친다. 우리의 목적은 생명을 살리고 모두의 삶의 질을 향상하는 새로운 방법을 찾아내되, 최대한 이를 신속하고 철저하게 해내는 것이다. 우리는 의약품 전달, 의료 기기, 진단법, 재생의학 부문의 여러 도전과제를 해결하고자 한다. 우리는 글로벌 수준에서 혁신을 이루겠다는 뜻을 품고 있다. 매번 하나의 진전을 이룰 때마다 우리는 한 걸음 물러서서 이렇게 묻는다. 어떻게 하면 이 진전을 훨씬 더 크게 만들 수 있을까? 어떻게 하면 더 많은 사람을 도울 수 있을까? 어떻게 하면 우리가 배운 내용을 가지고 거대한 변화를 만들어낼까?

우리는 회의, 발표, 의사결정, 가벼운 대화 가운데 릿 도구들을 활용해 창의력과 흥미를 불러일으키려고 노력한다. 심지어 우리는 릿 전략의 하나로 빈둥거리는 시간을 포함하기도 한다(제11장, '멈춤' 버튼 누르기 참조). 우리 업무에 직접적으로 적용되는 무언가를 발견했든 그렇지 않든, 자연으로부터 전달된 에너지는 새로운 아이디어, 에너지, 도구를 풍부하게 가져다줌으로써 우리가 문제를 해결하도록 돕는다. 내 생각이 막혀 있다고 느낀다면 그 순간은 실패를 앞두고 있다고 볼 수 있다. 이때 어떤 방식으로든 자연으로 눈을 돌리면 완전히 새로운 사고방식이 열린다.

이 과정은 우리가 혁신적인 의료 해법을 개발하는 데 중요하게 작용했다. 우리는 민달팽이와 모래성에서 영감을 얻어 개발한 수술용 접착제 외에도, 자연 중심의 창의적인 프로세스를 활용하여 해파리의 촉수를 기반으로 하는 암 진단법, 고슴도치의 가시를 기반으로 한 수술용 스테이플, 구두충의 주둥이를 기반으로 한 미세한 니들 베드(진단 목적으로 조직액 일부를 추출하기 위해 바늘 끝이 부풀게 만든 것) 등을 개발할 수 있었다. 이렇게 생물체에서 영감을 받은 해법들 — 색다른 방식으로 생각을 자극해 아이디어를 떠올리고자 자연에서 얻은 것들 — 은 우연히 찾아낸 것이 아니다. 우리는 모든 시대를 통틀어 가장 성공적인 연구자인 진화와 자연에 수시로 눈을 돌린다. 이로써 문제와 해법을 다르게 보는 방법을 의도적으로 찾아내고, 더 창의적으로 여러 가능성을 모색한다.

연구실을 열고 초반에 이곳을 '의료 혁신 가속화를 위한 연구실' Laboratory for Accelerated Medical Innovation 이라고 불렀다. 짧게 줄여 부르기도 쉽지 않고 너무 긴 이름이라 기억하기도 어려웠지만, 처음부터 혁신을 가속하는 것은 우리의 사명이었다. 당시 나는 의료 혁신을 가속하기 위해 우리가 개발하는 프로세스가 에너지와 집중력, 행동이 필요한 모든 사람이 어떤 상황에도 활용할 수 있다는 사실을 깨닫지 못했다. 이것이 내가 이 책을 쓰게 된 이유다.

릿, 위대한 인물들의 비결

릿에 관해 써봐야겠다고 처음 생각했을 때, 이런 경험을 나만 하는 것인지 궁금해졌다. 혁신에 불을 지피는 프로세스와 도구를 중시하는 이 태도를 다른 사람들에게도 보편적으로 적용할 수 있을까? 학습 장애를 극복하려고 오랜 시간 동안 개발한 도구들이 내게 효과를 안겨주는 것을 보고 나니 과학자이자 공학자, 발명가로서 그 도구들을 공유하고 싶었다. 그렇지만 나는 뭔가가 효과를 내면 조금이라도 이를 개선시키려는 사람이기에 다른 사람들도 이런 도구가 있는지, 만약 있다면 그 전략들을 하나의 토대로 삼을 수 있는지 먼저 알아보고 싶었다. 이에 다양한 종류의 개인적, 사회적 영향력을 발휘한 각양각색의 사람들을 찾아보았다. 이 책에서 그들을 소개할 예정이다. 나는 과거의 성취와 전문 지식에 안주하기 쉬울 때, 자기만의 렙에서 벗어나기 위해 다른 사람들은 어떤 도구를 활용하는지 이해하고 싶었다. 내가 알고 싶었던 것은 다음과 같다.

- 다른 사람들은 어떻게 자기에게 중요한 것(자신의 열정)을 찾아내 갈고 닦았는가?
- 그들은 어떻게 자기 노력을 최대한 활용하여 그 영향력을 극대화했는가?
- 그들은 어떻게 (생산성에 휘둘리기보다는) 변함없이 목표를 위해 매진했는가?
- 그들은 어떻게 좌절 속에서도 꿈과 포부를 지켰는가?
- 그들은 어떻게 이전의 성취를 넘어 계속 배우고 성장하고 진화했는가?
- 그들은 어떻게 자연을 자기 삶의 일부로 경험했는가?
- 그들은 자기 삶 그리고 영적이며 거의 마법적이라 할 수 있는 자기 이야기의 측면들, 생각을 자극하며 때로는 호기심을 유발하는 통찰에 관해 어떻게 생각했는가?

나와 대화한 다양한 사람들은 자신의 이야기를 들려주기도 하고, 내가 대화를 나눌 만한 다른 사람들도 추천해주었다. 그 인터뷰들은 언제나 좋은 자극이 되었고 매우 흥미로웠기에 ─ 릿 상태에 들어가게 했기에 ─ 대화를 멈추고 책 쓰는 작업에 들어가기가 몹시 어려웠다.

알고 보니, 그들 중 몇몇은 나와 같이 신경다양성에 속하는 다양한 특징이나 그 외 문제로 분투한 경험이 있었다. 난독증, 양극성 장애, 자폐, 주의력결핍 장애를 비롯한 문제들이 그들의 인격 형성기에 어려운 과제로 작용했다. 그런가 하면 아주 어릴 때부터 자신의 열정을 따르도록 격려받았던 사람들도 있다. 그들은 일찍이 내면의 자원을 정신적 도구로 활용하는 법을 배웠다. 사실 모든 위대한 인물들이 똑같은 방식으로 생각하는 것은 아니다. 그들은 다양한 특성을 지녔고, 저마다 다른 이유로 동기를 얻으며, 우리처럼 취약하고 불완전하다. 그럼에도 그들이 공유하는 한 가지 공통된 특징은 다양한 원천과 경험으로부터 배우고, 결정을 내리고, 자신의 시간과 에너지와 주의력을 어떻게 쓸 것인지 의식적으로 선택했다는 것이다. 그들은 끊임없이 자기 생각에 활력을 불어넣을 뿐만 아니라 그에 따라 행동하는 비결을 알아냈다. 그 전략들이 릿 도구상자의 핵심 요소들이다. 여러분이 읽는 이 이야기들 속에 흐르는 비슷한 점들을 발견하고, 여러분만의 릿 여정에 불을 옮겨줄 영감을 얻기 바란다.

루돌프 탄지는 의무 기록사medical transcriptionist(의사들의 의무 기록 등을 컴퓨터에 입력하는 사람―옮긴이)인 어머니에게서 환자 그리고 그들의 분투에 관한 이야기를 들으며 자랐다. 이것이 그의 호기심을 자아냈고 의학 연구에 대한 흥미를 돋웠다. 그는 자신이 사용하는 간단한 프로세스를 말해주었는데, 이것은 과학 문제에 관한 국회 소위원회 연설을 준비할 때도, 그의 저서에 관해 이야기하는 TV 토크쇼에 출연할 때도, 그룹 에어로스미스Aerosmith의 멤버 조 페리Joe Perry와 함께하는 공연에서 키보드 연주를 위해 무대로 오를 때도 그가 늘 사용하는 방법이다. 그는 자신이 준비하고 목표한 것을 곱씹으며 자신에게 이렇게 말한다. "네가 할 일은 멋진 인상을 남기는 것이 아니야. 이기는 것도 아니야. 네가 얼마나 훌륭한지 보여주는 것도 아니야. 네가 할 일은 준비한 것을 '섬기는 데' 쓰는 거야."

나도 동의한다. 나는 내게 영감을 준 다양한 원천 그리고 내 경험에서 배운 것을 전달하고자 이 책을 썼다. 그 전략들을 읽으며 곰곰이 생각할 하나 당부하고 싶다. 이 방법들을 섬기는 데 쓰길 바란다. 여러분의 가족, 친구, 동료, 여러분이 속한 지역사회와 세계를 섬기는 데 말이다. 우리가 생존하기를 원한다면 오늘날 우리가 당면한 거대한 문제와 질문들을 해결해야 하는데, 그러기 위해서는 높은 에너지를 사용하는 가장 열의 있고 깊이 깨우친 뇌의 사고력이 필요하다. 의미 있고, 나아가 즐거운 삶을 지향하는 우리의 개인적인 탐구에서도 마찬가지다.

인간의 잠재력은 단순한 효능이나 안락함을 훨씬 뛰어넘는다. 그러나 우리의 일상 대화가 목표보다는 생산성을, 창의적이고 비판적인 사고보다는 순응을, '우리'보다는 '나'를 중심으로 한다면 그런 잠재력을 놓칠 수 있다. 주어진 가정에 의문을 던지지 않는 이런 태도는 결국 우리가 가진 에너지를 가장 큰 영향력과 가장 큰 선의─우리에게 가장 큰 만족감을 줄 수 있는 원천─로 흐르게 하는 우리 능력을 제한한다. 렙은 우리가 가진 최대 잠재력을 흐릿하게 만드는 스위치다.

지질학적 시간 속에서 앞으로 인간의 운명이 어떻게 될지 예측할 수는 없다. 우리는 그저 인간 진화의 한 단편을 포착하고 있을 뿐이다. 미래의 인간은 지금의 우리와는 전혀 다른 방식으로 사태를 바라보고 살아갈 수도 있다. 그러나 전보다 개선되는 쪽으로 나아가는 진화는 일생 동안 이루어지는 개인의 발전에 참고할 유용한 모델이다. 한 가지 분명한 점은, 불이 꺼지는 것을 가만히 앉아 지켜보는 데 만족할 필요가 없다는 것이다. 여전히 우리는 눈앞의 문제를 해결해나가도록 자연이 선사한 놀라운 뇌를 그대로 가지고 있다. 우리 모두는 자신을 표현하는 데 사용할 도구 모음을 가지고 있다. 그 도구들을 오랜 시간 동안 갈고닦고 진화시켜 가장 효과적인 내가 되는 것은 각자의 몫이다.

영감을 받고 → 배움을 얻은 뒤 → 행동하고 진화하라. 이 책에서 제시하는 릿 도구들을 활용해 여러분의 뇌가 지닌 가소성, 여러분 자신 (그리고 사회)의 진화적 잠재력을 일깨우고 가꾸길 바란다.

세상은 문제와 가능성을 새로운 눈으로 바라보는 사람들을 필요로 한다.

세상은 당신을 필요로 한다.

이제 릿에 도달할 때다!

활성화 에너지 낮추기

이 책이 제시하는 여러 릿 도구를 제대로 알아보자. 내 머릿속에 잠자고 있는 에너지, 흥분, 창의력, 열정에 불을 붙인다는 생각이 처음에는 그럴싸해 보여도 금세 벅차다고 느껴질 수도 있다. 멋진 말 같은데 한편으로는 일처럼 들릴지도 모른다. 실제로 여러분의 뇌에는 일이 맞다. 어떤 것이든 의도적인 행동을 하려면 뇌의 노력이 요구된다. 자동 조종 상태로 행동하기가 훨씬 쉬운 법이다. 기존의 행동 패턴을 새로운 것으로 바꾸려 할 때는 더 큰 노력이 든다. 하지만 사소한 변화라도 충실히 이행한다면 시간이 지남에 따라 뇌가 스스로 프로그램을 바꾸게 됨으로써 새 일을 실행하는 데 드는 정신 에너지가 줄어든다. 그러다 어느 지점에 다다르면 새롭게 익힌 행동이 익숙해져서 더욱 자동적으로 이루어지고 필요한 노력도 크게 줄어든다. 릿 도구를 생각의 습관으로 삼는 것의 묘미는 활용하기가 더 쉽고(이 도구들은 쉽게 머릿속에 떠오른다), 자기 생각에 새로운 에너지를 불어넣는다는 데 있다. 앞서 말했듯이 마음속으로 말하는 내용을 바꾸기만 해도 뇌에 기반한 변화를 촉발하는 데 충분하며, 그 변화가 나머지 일들을 발동시킨다.

릿 도구를 앞세워 일을 시작하는 장소가 어디든, 또 여러분의 목표나 의도가 무엇이든 간에 다른 모든 일을 발동시키는 데 보편적으로 따라야 할 단계가 있다. 활성화 에너지activation energy를 낮추는 것이다. 과학에서 말하는 활성화 에너지는 다른 모든 것을 작동시키는 데 드는 최소 에너지를 가리킨다. 점화 플러그는 전기 스파크로 연소용 연료나 공기의 혼합물을 점화시켜 자동차를 움직이게 한다. 자연 촉매제인 효소는 체내 화학 반응의 속도를 높이지만 이 과정에서 자신이 소모되거나 영구적으로 변하지는 않는다. 그저 같은 반응을 반복해서 일으키는 촉매 역할을 할 뿐이다. 이러한 것들이 추진력으로 작용해 활성화 에너지를 떨어뜨린다. 릿 도구도 같은 방식으로 작동한다.

일상생활의 어떤 목표든 이를 달성하기 위한 첫발을 내딛는 데 필요한 활성화 에너지를 낮출수록, 일을 시작하여 완료할 가능성이 커진다. 규칙적으로 달리기를 하거나 나름의 루틴을 유지하고 싶을 때, 문 앞에 러닝화를 두는 것처럼 쉽고 간단한 일도 이에 해당한다. 현관에 놓인 신발을 보기만 해도 단박에 자기 목표가 떠오르므로 달리기하러 나가기까지 드는 정신적 노력의 양이 줄어든다.

활성화 에너지는 일상의 선택에 끊임없이 영향을 끼친다. 즐겨보는 프로그램을 시청하거나 좋아하는 쿠키를 봉지에서 몇 개 꺼내 먹는 일을 떠올려보자. 온라인에서 쇼핑하고 끊임없이 소셜미디어 플랫폼을 훑어보는 일도 마찬가지다. 이런 것들은 이미 내 마음이 쏠려 있는 행동이므로 활성화 에너지가 낮다. 미디어 사용은 더더욱 그렇다. 기술 및 사용자 경험과 관련된 모든 것은 우리의 주의력을 낚아채 붙잡아놓도록 교묘한 꾐으로 정교하게 설계되어 있다. 지난 6개월간 외면했던 옷장 청소 또는 휴일에 굼뜬 몸을 이끌고 헬스장에 가는 일은 어떨까? 별로 내키지 않는가? 이처럼 애초에 구미에 당기지 않는 일은 타성이나 저항을 이겨내야 하므로 활성화 에너지가 높다. 사실 우리에게는 이 모든 일을 추진할 에너지가 있다. 그럼에도 각각의 일에 드는 활성화 에너지가 높다고 느끼는 것은 동기가 부족하기 때문이다. 로빈 월키머러Robin Wall Kimmerer의 말을 빌리자면, 활성화 에너지 수준을 낮추는 것은 '마음의 의지'를 높이는 일이다.[1]

목표를 향해 첫발을 내디딜 때 드는 에너지가 높을수록 그 일이 어렵게 느껴지거나 혹은 추진이 더디다. 두 경우 모두 우리의 기운을 꺾어놓는데, 이런 낮은 의지는 필요한 노력에 더해 또 다른 짐이 되어 어떤 활동의 시작과 지속을 훨씬 더 어렵게 만든다. 일례로 나는 어린 시절에 학교 공부를 따라가느라 애를 먹었다. 당시에 내가 극복할 것은 수업 내용이나 나의 학습 장애만이 아니었다. 학교에서 배우는 내용이야 결국에는 익히게 되지만, 이보다 힘들었던 점은 수치심을 극복하고 불안을 다스리는 것이었다. 이렇듯 내가 세운 목표들은 하나같이 활성화 에너지가 높은 탓에 도무지 달성할 엄두가 나지 않았다. 릿 도구는 일을 대하는 내 사고방식을 대체하는—즉 나의 사고 과정을 바꿔놓는—방식으로 도움을 주었다. 이를테면 나 자신을 어떻게 생각하는지, 어떻게 하면 작은 걸음들을 내디디며 의미 있는 진전을 이룰지 생각해본 것이다.

기본적으로 릿 도구는 타성을 끊어내고 곧장 행동에 돌입하도록 뇌에 신호를 보낸다. 어떤 첫발을 내딛든지 간에 활성화 에너지를 낮출 방법을 찾는다면 항상 수월하게 시작할 수 있다.

다음은 활성화 에너지를 효과적으로 낮춰주는 네 가지 '빛나는 릿' 전략이다. 이 중 어느 것을 앞세우더라도 효과를 거둘 수 있다.

- **장애물을 최소화하기**: 우선, 내가 무엇 때문에 저항하게 되는지 파악한 후, 바꿀 수 있는 것은 바꾸고, 그렇지 않은 것은 다른 사람에게 도움을 부탁해 변화를 이룬다.
- **보상을 최대화하기**: 나를 흥분하게 하는 것, 내게 기쁨을 안겨주는 것, 내게 에너지를 불어넣는 것, 내 마음을 차분하게 또는 고요하게 해주는 것, 내게 성취감을 안겨주는 것이라면 무엇이든 보상이 될 수 있다.
- **추진력을 최대한 활용하기**: 내가 '의도의 속도'라고 일컫는 것을 활용해 추진력을 높이자. 일단 여러분의 의도를 인식하고 이를 실현하기 위한 행동에 돌입했다면 그것만으로도 추진력이 생겨 속도가 붙는다. 이미 움직이고 있다면 속도를 높이기가 더 쉬운 법이다. 그러므로 자신에게 유익한 환경 또는 의욕 넘치는 주변 사람들의 에너지를 이용하라. 그들이 바로 의욕을 북돋는 촉진제다. 무위의 습관보다는 행동하는 습관을, 비의도적인 행동보다는 의도적인 행동을 실천하는 습관을 기르는 데 주의를 기울이자.

- **페이스 조절하기**: 모든 것은 진자의 추와 같다고 생각하자. 여러분의 에너지 수준, 신진대사, 주의력, 기분, 그 외 신체적 정신적 기능 하나하나가 어떤 영향을 끼치고 있는지 살펴보자. 이 진자의 추 또는 주기에서 내가 어디에 있느냐에 따라 각기 다른 방식으로 활성화 에너지를 낮출 수 있고, 릿 도구를 활용해 행동 경로를 바꿀 수 있다.

정리하면, 동기와 추진력 그리고 적절한 시기 선택이 활성화 에너지를 낮춘다.

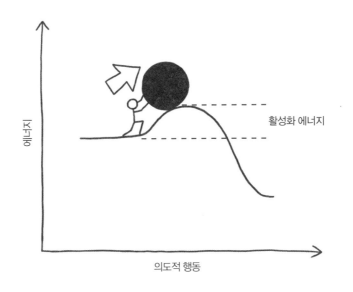

일단 공을 움직여 활성화 에너지를 낮추기

활성화 에너지는 목적을 가지고 무언가를 시작해 이를 지속하는 데 드는 에너지의 양이다. 위 그래프에서 활성화 에너지는 공을 경사면 꼭대기로 밀어 올리는 데 드는 노력이다. 꼭대기에 이른 공은 한 번만 밀어주면 꼭대기를 넘어 반대편 경사 아래로 내려간다. 어떤 분야에서든 일단 공이 굴러가도록 만들어놓으면, 내 게 유리한 방향으로 추진력이 생겨 다음 단계들이 한결 수월해진다. 이를 위해서 는 우선 큰 목표를 작은 단계들로 나눈 다음, 각 단계에 드는 활성화 에너지를 낮 추면 된다.

자연은 우리에게 유리한 방향으로 작동한다. 이를 위해 신경화학적 보상을 인센티브로 이용하기도 하고, 최적의 시기를 택하도록 우리 스스로 조율할 수 있는 리듬을 이용하기도 한다. 우리 모두는 즐거움과 관련된 감각(또는 그 감각을 경험하리라는 기대)과 경험을 촉진하는 신경전달물질(도파민, 세로토닌, 옥시토신, 엔도르핀 등)을 만들어내는 세포를 가지고 있다. 이에 따라 그런 감각과 경험을 반복해서 얻으려 한다. 이 물질들은 우리의 기분을 좋아지게 하고 동기와 주의력을 높인다. 연구 결과, 새로운 환경을 탐색하거나 참신한 것을 경험하면 도파민 수치가 높아지면서 학습 문턱이 낮아져 기억력이 좋아지는 것으로 나타났다. 이러한 보상은 일에 대한 동기를 제공하고, 다른 상황이었다면 발휘하지 않았을 노력을 발휘하게 한다. 덕분에 우리는 타인들 그리고 더 넓은 세계와 긴밀히 관계를 맺고 배움을 얻어, 의도적인 결정을 내리는 능력을 최대화한다. 가장 중요한 점은 이것들이 우리에게 활력을 불어넣어 행동하도록 이끈다는 것이다. 모든 릿 도구는 다양한 방식으로 이 보상 체계를 활용하지만, 모든 과정의 시작은 그 첫발을 쉽게 만드는 것이다. 그러고 나면 뒤이은 단계들이 수월해진다.

마케터들은 이러한 우리 뇌의 보상 체계를 자신들의 목적에 맞게 이용한다. 즉, 도파민이 풍부한 환경을 만들어 우리가 행동에 나서도록 갖가지 방식으로 자극하고 이로써 이익을 얻는다. 우리도 자신의 선택에 따라 도파민이 풍부한 환경―창의성, 호기심, 유의미한 관계들―을 조성해 이를 활용하고, 우리 목적에 맞도록 뇌의 보상 체계를 동원할 수 있다.

여러 연구에 따르면, 우리는 사회적 종으로서 가장 단순한 연결―다른 사람과 협력하여 과제 수행하기, 다른 사람들과 함께 노래 부르기 또는 춤추기 등―조차 우리의 신경세포를 점화해 서로 일치하도록 유도할 수 있다. 까다로운 목표를 함께 달성하자고 누군가에게 제안하고,[2] 이로써 높아진 에너지 전환을 활용해 일을 시작하고 유지하는 데 드는 활성화 에너지를 낮추자. 다른 사람들과 주파수가 잘 맞는다는 느낌―과학자들은 이를 동시성synchrony이라 부른다―은 말 그대로 진실일 수도 있다. 연구자들은 동시성이 다음 사실을 보여줄 수 있다고 생각한다. 즉, 어떤 경험을 공유하면 인지적 처리를 위해 뇌에서 일어나는 화학적, 전기적 신호―주어진 환경을 이해하고, 의사소통하며, 학습하도록 도와주는 것―가 사람들 사이에서 동시에 일어날 수 있다는 것이다.[3] 나는 이 점이 충분히 이해된다. 우리는 물질로 이루어져 있고, 모든 물질은 분자로 구성되어 있다. 모든 분자는 에너지를 가지고 끊임없는 움직임 속에 진동하고, 우리가 생각하거나 실행하는 모든 활동에서 신경 동기화가 일어난다. 놀랍게도 우리는 뇌의 똑같은 영역을 동시에 활성화함으로써 다른 사람들과 연결되어 정신 건강에 유익한 긍정성을 급격히 높일 수 있다.

이를 사회적 유대라고 생각하자. 사회적 유대는 서로 관계를 맺고 있는 사람들, 혹은 다양한 분야에 속하거나 전문 지식을 가진 사람들이 마음 깊이 같은 가치관을 품고 한데 모일 때 발견된다. 우리 연구실에서도 그런 모습을 볼 수 있다. 우리는 폭넓은 다양성을 지니고 있지만, 핵심적인 뜻—함께 노력해 중요한 일을 수행하고 문제를 해결하겠다는 의지—에서는 깊은 차원에서 일치되어 있다.

자연의 리듬을 활용해 뇌의 보상 체계와 에너지를 최적화할 수도 있다. 모든 생명체의 번성을 뒷받침하는 리듬에 주의를 기울이고, 내게 유익하도록 그 직관적인 타이밍을 조정해보자. 우리 유전자는 신체 상태를 주변 환경에 일치시키도록 설계되어 있고, 우리가 지닌 24시간 주기 리듬은 수면보다 훨씬 더 많은 영향을 미친다.[4] 우리 몸의 장기 하나하나(심장, 폐, 간, 근육, 신장, 눈 등)는 환경 변화에 적응하도록 돕는 24시간 주기 리듬을 지니고 있다. 이 리듬 그리고 이것이 우리 기분에 일으킨 효과는 특정 시간에 흥미롭거나 즐겁다는 느낌에도 영향을 미치고, 어떤 일에 참여하는 데 드는 에너지양에도 영향을 준다. 나아가 우리의 보상 체계가 반응하는 방식에도 영향을 미친다. 따라서 '적절한 타이밍'은 상승세를 타는 리듬과 보상을 이용해 그 일에 드는 활성화 에너지를 낮춘다.

마지막으로 자연은 우리의 체화된 지능이 품은 필수 회로를 가지고 있다. 진화 속에 발전해온 이 복잡한 '지능'은 우리 종이 주변 환경 및 수많은 감각 경험과 상호작용하는 과정에서 생겨났는데, 그중 일부는 우리의 의식 수준에서 알아차릴 수 없다. 이미 지능의 개념은 종래의 신념들을 훨씬 넘어선 수준까지 발전했다. 지능이 뇌에서만 생겨난다는 개념은 철 지난 생각이다. 오늘날 우리는 마음과 몸의 강력한 상호연결성을 인식하고 있으며 마음, 몸 그리고 영혼의 상호연결성까지 어느 정도 이해하고 있다. 이제 남은 것은 이 각각의 영역이 자연에 뿌리를 두고 있다는 사실을 인정하는 것뿐이다. 자연 세계는 만물이 생겨나는 원천이며, 온갖 에너지들이 온전히 실현되기 위해 반드시 거쳐야할 회로다. 궁극적으로 자연 자체가 핵심축이다. 내가 생각하기에 우리의 체화된 지능이 온전히 몰입할 수 있으려면, 완전한 통합을 이루는 이 필수 회로의 도움을 받아야 한다.

자신의 기분과 에너지 수준을 확인하고, 저항의 원천을 식별한다.

↓

장애물을 최소화한다.

↓

보상과 긍정적인 피드백을 최대화한다.

↓

추진력을 최대로 높인 뒤, 추진한다!

이제부터 장별로 하나씩 소개할 릿 도구들은 불꽃이나 효소처럼 작용해 어떤 활동을 시작하고 꾸준히 몰입할 때 드는 활성화 에너지를 줄이는 데 유익한 요령을 담고 있다. 연구실에서 중요하게 여기는 문제해결의 원칙은 극도의 단순성이다. 우리가 생각하는 극도의 단순성이란, 주어진 해법을 실용화하는 데 필요한 과학적 원리와 절차가 지닌 복잡성을 파악하고, 핵심을 가려낸 뒤, 이를 실행할 가장 단순한 방법을 찾는 것을 말한다.

릿 도구를 써서 빠르게 일을 시작하려 할 때, 다음과 같이 한다면 극도의 단순성이 주는 효과를 얻을 수 있다.

- 뇌의 화학적 특성을 이용해 즉각적으로 보상 효과를 일으킨다.
- 의도적으로 참신한 것들을 접해 뇌에 흥미를 돋운다.
- 무위보다는 행동, 습관적 행동보다는 의도적 행동을 택하는 습관을 기른다.
- 목적과 직관으로부터 힘을 얻는다.
- 부정적인 내면의 목소리를 줄인다.
- 자연이 내게 활력을 불어넣도록 허락한다.

릿을 유도하는 사소한 행동을 오전에 실천하면 그날 하루의 토대가 마련된다. 다음과 같은 간단한 행동도 좋다. 차에 타자마자 팟캐스트나 음악을 틀고 싶은 충동을 흘려보내고, 대신 조용히 그 순간을 의식한다. 지금 내 마음을 차지하고 있는 불편한 일을 인식하는 것도 좋다. 이 의도적인 실천 덕분에 하루를 덜 산만하게 시작할 수 있고, 그 토대 위에서 남은 하루가 펼쳐질 것이다. 누군가를 서둘러 지나치기보다는 잠시 걸음을 멈추고 아침 인사를 건네거나 그 사람을 알아봐준다면, 아무리 짧은 순간이라도 사회적으로 연결되었다는 기분 덕분에 릿 에너지가 일어난다. 더 단순한 예로, 잠시 현재 순간에 머물며 자연 세계의 어떤 대상—창밖에 펼쳐진 하늘, 창턱에 놓인 식물, 반려견들, 심지어 자신의 어떤 점—에 감각을 일깨울 수도 있다. 이로써 자연과 교류하며 더 든든한 하루를 보낼 수 있다. 이렇게 해서 온종일 자신과 전투를 벌인다거나, 뭔가 더 해내지 못한 자신을 부끄러워하라는 것이 아니다. 그저 작은 걸음을 한 발짝 내딛고 잠시 그 흐름을 따라가면서 어떤 결과가 나타나는지 보라는 것이다.

우리에게는 날마다 원하는 것과 해야 하는 것—그날, 그 순간 우리를 움직이는 것—을 결정할 기회가 있다. 이를테면 업무상 선택을 내려야 하거나 인간관계에 대한 고려사항일 수도 있다. 어쩌면 감자튀김과 찐 브로콜리 중 무엇을 먹을지 선택하는 간단한 일일 수도 있다. 운동을 할까 아니면 오늘은 그냥 넘어갈까? 이때 긍정적인 기분 속에서 전에 멈췄던 것을 의욕 있게 다시 시작하는 쪽을 택하는 올바른 마음 상태에 있으려면 어떻게 해야 할까? 모든 사람은 최선의 생각이 불러오는 유익을 거두고 싶어 한다. 활성화 에너지를 낮춘다면 앞으로 소개할 모든 릿 도구에 시동을 걸 수 있다. 자신의 사고 과정에 적극적으로 개입할 수 있다는 사실을 알게 된 지금, 여러분은 자기 생각을 땜질할 준비가 되었는가?

1
chapter

스위치 바꾸기

: 무엇이 나를 망설이게 할까?

일상적인 패턴을 깨고, 단순하면서도 의도적인 변화를 만들자

잠깐이라도 '원래 그런 거야'라는 태도를 기꺼이 내려놓고
원래 그렇지 않을 가능성 또는 색다른 가능성을 생각할 줄 알아야 합니다.
우리는 행동 방식을 선택할 수 있고, 상황에 맞는 선택을 할 수 있습니다.[1]

_린 트위스트 Lynne Twist, 국제 환경 활동가

조이스 로셰Joyce Roché는 자신의 실체가 드러날까 봐 늘 두려웠다. 인정받거나 승진하거나 눈부신 성과를 거둘 때마다 이 두려움이 로셰를 조여왔다. 그런 일이 빈번했다.

미국 기업에서 25년 넘게 근무한 로셰는 예리한 전략가이자 리더이자 개척자라고 인정받으면서 카슨스 프로덕츠 컴퍼니Carson Products Company에서 대표와 최고운영책임자COO로 일했고, 에이본 프로덕츠Avon Products에서는 글로벌 마케팅 부사장으로 일했다. 특히 에이본 프로덕츠에서는 부사장 자리에 오른 최초의 아프리카계 미국인 여성

이자 글로벌 마케팅 부서의 첫 부사장이었다.《포춘》Fortune 지는 그녀를 표지에 싣기도 했다.

로셰의 기억은 달랐다. "매번 새로운 성과를 낼 때마다 기운 빠지는 의심이 들었습니다. 나는 이런 성공을 누릴 자격이 없어, 조만간 내가 사기꾼이라거나 내 자리에 '걸맞지 않은' 사람이라는 게 드러나겠지, 곧 있으면 '사람들이 날 밝혀내겠지' 하는 생각이 들었죠." 이제 그녀는 수십 년간 자신이 거둔 눈부신 성공을 되돌아보며 그 속에 은밀한 두려움이 있었다는 것을 인정한다. 그런 시절을 지난 몇 년 후, 로셰는 다른 사람에게 도움 되는 책을 쓰려고 이 주제를 깊이 들여다보았다. 그때 이런 만성적인 두려움과 자기 의심이 높은 성취를 거두는 사람들, 특히 젊은 여성, 그중에서도 유색 인종 여성을 괴롭힌다는 것을 관련 분야의 전문가에게 듣게 되었다. 이 만성적인 두려움의 명칭이 '가면 증후군' impostor syndrome 이라는 것도 알게 되었다.

결국, 두 번의 '아하!' 하는 순간이 로셰를 도왔다. 이로써 그녀는 자기가 사기꾼이라는 말에 켜두었던 스위치를 옮겨 더 진실한 빛 아래 자신을 보게 되었다. 그녀는 이렇게 설명했다. "처음으로 저의 능력과 유능함을 온전히 인식했던 순간을 기억해요. 제가 충분히 자격을 갖췄다고 생각한 승진 기회를 놓칠지도 모른다는 것을 알았을 때였죠. 고위 경영진은 백인 남성 동료들을 훨씬 편안하게 생각했어요. 자신을 옹호하려면 저의 능력과 성과를 '후계자'로 여겨지는 사람들 그리고 다른 남성 동료들과 비교해봐야만 했죠. 그제야 제가 쌓은 경험을 제대로 이해하고 제가 회사에 어떤 가치를 지니는지 깨달았습니다."

두 번째 '아하!' 하는 순간은 에이본에서 19년 가까이 근무한 뒤에 찾아왔다. 당시 로셰는 자신이 유리천장에 부딪혔고, 고위 경영진으로 승진하려면 회사를 떠나야 할지도 모른다는 사실을 깨달았다. 로셰는 이렇게 말했다. "그 순간 갑자기 내가 누구며 무엇을 성취했는지 깨달으면서 안도감이 들더군요. 그동안 제가 거둔 모든 성공과 인정이 제가 무심한 사이에 가라앉아버린 듯했습니다. 그제야 저는 저의 능력과 경영 기술이라면 제가 받아들일 준비가 된 기회를 찾아나서기에 충분하다는 것을 믿게 되었죠." 로셰는 기업 영역에서 이름난 개척자가 되었지만, 그녀의 가장 큰 성공은 이 타이틀을 내려놓고 자기 마음을 좇아 걸스Girls Inc.의 CEO 역할을 맡은 날이었을 것이다. 걸스는 그녀가 큰 관심을 두던 비영리 단체로서 젊은 여성들이 자기만의 기술을 개발해 경제적, 성적, 사회적 장벽을 헤쳐나가도록 직접적으로 협력하는 곳이었다. 로셰로서는 비영리 기업 운영은 처음이었기에 이것이 올바른 변화인지 의문이 들기도 했다. 그러나 자신의 목적과 깊이 연결되자 자기 의심이라는 낡은 목소리는 자취를 감췄다.

1970년대 후반에 직장 용어로 자리 잡은 '가면 증후군'은 많은 여성이 경력 개발의 장애물로 묘사한 자기 의심을 의미했다. 그런데 이 가면 증후군의 변형은 많은 사람을 괴롭히며 전 세대를 덮치는 불행이 되었다. 초보 부모, 분투하는 청소년, 초조해하는 대학생, 불안에 휩싸인 중년, 이 밖에 살면서 한두 번쯤 자기만의 불안한 상황이나 초조한 기대 때문에 갇힌 기분이 드는 사람 모두가 이를 느낀다. 가면 증후군에 관한 연구들을 검토한 결과, 성별 영향이 있었다는 연구의 절반에서 가면 증후군을 겪은 남녀 비율에 차이가 없었다. 나 역시 불안정과 불안의 문제와 싸운 적이 있다. 하지만 오랜 시간을 보내면서, 특히 멘토로서 깨달은 점이 있다. 우리는 한 걸음 내딛거나 위험을 감수하면서라도 배우고 성장할 능력을 시험해보겠다고 생각하면서도 이내 주저할 때가 많다. 자신의 정체성과 자기 가치를 외부의 인정 원천—업무 성과, 인기, 지위, 다른 사람의 인정—과 연결 짓고, 갖가지 불안 요소를 고민하느라 내면에 있는 더 중요한 힘의 원천은 꺼뜨린다. 불안에 매몰된 나머지 자기 잠재력뿐만 아니라 세상을 뒤덮은 시급한 문제를 풀 수 있는 폭넓은 잠재력마저 제한한다.

스위치를 바꾸는 태도는 전체적인 틀에서 릿에 도달하는 것이다. 즉, 겉으로 보기에 사소한 또는 일상적인 것들이 매 순간 내 잠재력을 온전히 활용하지 못하게 할 때 대처하는 방법이 된다. 한 걸음 내딛고, 위험을 감수하고, 자신을 시험해보는 것이다. 간단히 표현하면, 조금 더 목적의식을 가지고 다음 질문에 해답을 찾는 것이기도 하다. '어떻게 하면 활성화 에너지를 낮춰 한 걸음 앞으로 내딛고 실제로 이 일을 해낼 수 있을까?'

신경외과 의사이자 스탠퍼드대학교 우차이 신경 과학 연구소Wu Tsai Neurosciences Institute의 부속 기관인 연민과 이타심 연구 및 교육 센터의 창립자 겸 총괄자인 제임스 도티는 이렇게 말했다. "사람들은 현실의 참모습과 완전히 동떨어진 일들에 지나치게 얽혀 있다. 우리는 내면의 정신 작용이 외부 세계에 심대한 영향을 끼친다는 사실을 알고 있다. 이를 인정하고 내가 만들 수 있는 최상의 내면세계를 가꾼다면 세상에 어마어마한 영향력을 발휘할 수 있다."

경계를 받아들일까 아니면 다리를 만들까?

나는 어릴 때 사물의 작동 방식에 늘 매료되었다. 여기서 '사물'이란 단순한 기계를 넘어 모든 것을 가리킨다. 나는 '왜?'를 끊임없이 물었고, 우리 삶을 규정짓는 틀이 어떤 이유로 어떻게 만들어지며, 그것을 누가 만드는지 궁금했다. 학교에서 겪은 어려움 때문이었을 테지만, 학교에서 배우는 것을 누가 정하는지도 궁금했다. 왜 신호등은 그런 색깔인지, 보도는 왜 그렇게 생겼는지, 사람들은 왜 일정한 시간에 출퇴근하는지, 주말은 왜 이틀인지, 왜 도로는 그런 너비로 되어 있는지, 왜 한때는 비행기에서 흡연이 위험하지 않다고 여겨졌는지 등등. 내가 어떤 아이였는지 충분히 짐작될 것이다. 또한 나는 중요한 순간에 머릿속에 떠오르는 것을 왜 그냥 내뱉을 수 없는지도 궁금했다. 왜 인간은 꼭 말해야 할 순간조차 말할 내용을 걸러야 하는지 말이다. 이런 것들을 끝까지 추적해보곤 했다. 이 끝없는 물음은 내가 살면서 만난 대다수 성인의 인내심을 시험했고, 때때로 나의 어머니마저 시험에 들게 했다.

시간이 지나면서 인간이 정한 모든 것은 일면 제멋대로라는 사실을 깨달았다. 삶의 방식이란 우리와 같은 개인들이 한데 모여 다른 사람들과 시너지를 내고, 추진력을 만들며, 지지 기반을 다지는 것을 토대로 구축된다. 그런 가운데 일이 벌어지고, 의사결정이 내려지며, 규칙이 생겨나고 선이 그어진다. 또한 많은 것들이 완전한 효과를 내지 않는다는 것도 깨달았다. 그것들은 가진 잠재력만큼(또는 마땅히 해야 할 만큼) 훌륭하지 않다. 어떤 것이 ─우리 모두를 위해─이 정도면 충분하다고 판단하는 것은 누구일까? 왜 더 낫게 만들지 않을까?

인간은 사회적, 지적 체계와 규범에 맞춰 선택을 내리곤 한다. 그런 체계가 도움이 될 때도 있다. 다만 어느 지점에 다다르면 그 참조틀(다수가 제멋대로다)이 의심할 바 없는 경계가 되어 생각을 제한할 수 있다. 소셜미디어를 비롯해 알고리즘이 조종하고 인공지능AI 도구가 만들어내는 온라인 콘텐츠가 보편화됨에 따라 이런 현상이 점차 커지면서 나날이 우려를 낳고 있다. 이런 체계들은—자연스럽게 생겼든 인공적으로 만든 것이든—우리가 바라보거나 상상하는 세계에 대한 지각 능력을 좁혀서 주체성과 가능성을 축소한다. 우리가 알다시피 렘(에너지를 적게 쓰는 뇌)은 익숙하고 구조화된 패턴 쪽으로 기울고, 변화의 가능성보다 노력이 덜 드는 '원래 그런' 것들을 늘 더 선호한다. 신경과학에 따르면, 뇌에 기반한 보상 체계에서 이루어지는 신경화학적 프로세스와 연속성을 선호하는 경향은 강한 신념이나 확신을 내려놓아야 하는 변화에 더욱 저항하게 만들 수도 있다.

내가 틀렸다는 증거가 있음에도 자기 신념을 고수할뿐더러 이를 더 파고들 때(신념 집착belief perseverance이라고 부르는 현상), 우리 뇌는 변화를 차단하기도 한다. 이를 해결하려면 배움에 열린 태도로 내 사고방식을 바꾸겠다는 의식적인 노력을 기울여야 한다. 많은 사람이 여성은 엔지니어, 변호사, 의사, 우주 비행사가 될 수 없다고 믿던 시절이 있었다. 남성은 간호사, 아이들을 돌보는 일차 보호자, 그 외 전통적으로 여성이 담당했던 직종에 몸담을 수 없다고 간주했다. 여기에 핵심이 있다. 이 일들은 개인의 진정한 잠재력이 아니라 가능성의 경계를 규정짓는 신념, 편견, 해로운 전통에 따라 할당된 역할들이었다. 이것이 바로 뒤틀린 규범이 지배하는 힘이다.

혁신의 방법을 놓고 토론하는 연구실에서든 일상생활과 관계에서든, 우리 생각에 놓인 경계들을 받아들이면 더 풍성한 가능성을 인식하기가 어려워진다. 기존의 생각들이 지닌 한계를 따져 묻지 않을수록 그래야 할 필요성이 덜 느껴지고, 결국 가장 바람직한 가능성들은 줄어들고 만다.

아담 리폰: 영감의 원천인 꿈

아담 리폰Adam Rippon은 2018년 평창 동계 올림픽 피겨스케이팅 단체전 동메달리스트로서, 올림픽 피겨스케이팅 사상 최초로 자신이 동성애자임을 공개한 운동선수였다. 그는 은퇴할 때까지 기다리기보다는 3년 일찍 커밍아웃해야겠다는 생각이 컸다고 말했다. 다른 사람들이 진정성 있게 살아가며 자기만의 꿈을 추구하도록 격려하고 싶었기 때문이다. "진정한 나 자신을 편하게 느끼고 나면 일종의 초능력이 생겨 뭐든 할 수 있다는 생각이 듭니다. 이를 얻으면 스스로 힘을 북돋는 능력도 생기죠. 정말 놀랍습니다." 그는 커밍아웃의 효과를 이렇게 설명했다. "말도 안 되는 것들을 해보고, 전에는 해보지 않은 방식으로 저 자신을 밀어붙일 자신감이 생겼습니다. 다른 사람들이 저를 어떻게 볼지 두렵지 않았거든요."

그는 모든 사람이 꿈을 좇다가 어려움에 부딪히고 저마다 마주하는 어려움도 다르지만, 자기가 품은 가장 높은 포부에 뜻을 맞추면 묶여 있던 에너지가 분출되어 수월하게 노력할 수 있다고 했다. "내가 가능

하다고 생각하는 것에 한계를 두지 않는 것이 중요합니다. (스스로) 한
계선을 그어놓으면 그게 내 최고치라는 생각에 이를 넘어서도록 밀어
붙이기가 어려우니까요. 반대로 한계가 없다고 여기면 끝없는 가능성
이 열립니다. 결국 자기가 가능하다고 생각했던 것보다 훨씬 멀리까지
자신을 밀어붙이게 되죠."

불확실성을 편하게 대할 줄 알면, 무한한 가능성이 당신의 삶에 펼쳐진다.[2]

_에크하르트 톨레Eckhart Tolle

릿 상태가 되려면 깜빡거리며 꺼져가는 관점을 버리고 문제, 아이디
어, 잠재력을 포함해 내가 안다고 생각하는 모든 것에 대해 끊임없이
새로운 관점과 놀랍더라도 대안적인 관점을 찾아야 한다. 우리는 널리
퍼져 있는 정신의 경계를 돌파할 수 있다. 그것들은 실선 같으나 실제
로는 점선일 때가 많으므로 생각보다 쉽게 다시 그릴 수 있다. 우리가
자주 놓치더라도 삶은 꾸준히 이런 기회를 제공한다.

예를 들어 타인을 향해 조급하게 반응하는 대신, 잠시 멈추고 좀 더
사려 깊게 반응할 수 있다. 남을 탓하는 대신에 나의 선택에 주인의식
을 가지고, 다른 사람들이 나의 선호도와 다른 선택을 하더라도 더 유
연하게 받아들일 수 있다. 계속 휴대전화를 확인하며 멀티태스킹을 하
기 위해 서두르는 대신, 현재에 머무르며 함께 있는 사람들에게 주의
를 기울일 수 있다. 자신과 타인에게 연민을 발휘할 수 있다. 언뜻 보기
에 이것은 행동을 선택하는 문제이지만, 뇌 자체로 보면 신경가소성이
발휘되는 과정이다. 뉴런이 자라고, 변하고, 재조직되어 꾸준한 성장

을 이루면서 새로운 연결을 견고하게 만들고, 신경의 경로들을 확장해 나가는 것이다.

렙 모드에서는 오래된 필터를 통해 새로운 정보를 지각하고, 친숙한 경로를 따라 그 정보를 처리해 익숙한 결론에 도달한다. 그러다 보니 이미 아는 정보나 그 다양한 형태를 경계로 인식하고 거기까지만 이해한다. 결국 그 내용은 그간 의문 없이 받아들여온 이야기의 일부로 스며든다. 실제로 이는 어떤 대상에 작은 손전등을 비추고 밝게 보이는 좁은 영역을 전체 그림이라고 오해하는 것과 같다. 이와 달리 방의 불을 켜거나 햇빛이 들어오게 한다면 훨씬 폭넓은 관점을 가질 수 있다. 렙은 무수한 방식으로 자신을 드러내 우리의 발목을 잡기도 하고, 더 나은 성공을 거두는 데 불리하게 작용하기도 한다. 종종 우리는 자신과 다른 사람들에게 해로운 방향으로 상황과 사람들을 오판한다. 제한적인 신념을 받아들이고 이를 토대로 중요한 의사결정을 내리기도 한다. 어떻게 하면 이 모든 것에서 놓여나 꽉 막힌 사고방식과 반복된 사고 과정을 확 열어젖힐 수 있을까? 물론 우리는 습관에 따라 움직이도록 설계되어 있지만, 낡은 패턴의 스위치를 바꿔 새로운 것을 붙들고 씨름하면서 평생 배우고 성장할 수 있다. 자연은 우리 편이다.

나는 어떤 방식으로 생각하고 있을까

조이스 로셰가 자기 분야에서 충분한 자격을 갖췄을 뿐 아니라 탁월한 사람이라는 증거가 가득한데도, 다년간 경력을 쌓는 동안 그토록 무거운 자기 의심에 짓눌렸던 까닭은 무엇일까? 그녀를 격려하는 소중한 원천으로 친구들과 동료가 있었지만, 그들이 아무리 안심시켜주어도 내면의 부정주의자를 잠재우지는 못했다고 한다. 로셰는 시간이 지나면서 자기 인식과 객관적인 프로세스를 활용해 스스로를 다독이고 두려움을 다스렸다고 했다. 그녀는 자신의 강점과 약점을 헤아려보며 상황을 분석하는 태도를 길렀다. 외부의 장애물은 그녀가 만들어낸 것이 아니라는 사실도 인정했다. 이렇게 자기 생각을 분해해 장애물을 없애고, 더 신중하고 진정성 있게 상황에 대처할 수 있었다.

나는 어떤 방식으로 생각하고 있을까? 로셰처럼 자기 생각을 들여다보기 시작하면 전에는 접근하지 못했던 생각의 시스템을 해킹할 갖가지 방법을 발견하게 된다. 컴퓨터 키보드의 단축키들을 발견하듯 말이다.

나는 운 좋게도 인생의 꽤 이른 시기에 중대한 시점에서 이 질문을 떠올렸다. 그러나 이 모든 것은 내 사고방식이 학교생활에 많은 문제를 일으켰기 때문이었다. 5학년쯤 되자 학교생활의 문제들이 거의 가라앉았지만, 나를 가르쳤던 대다수 선생님은 나를 패배자로 치부했고 나 또한 그들의 생각을 믿었다. 그러자 어머니는 나를 지역 학습 센터 방과 후 수업에 등록하여 추가 도움을 받게 했다. 거기서 만난 강사들은 내게 일련의 질문을 던졌고, 내 대답을 듣고는 그 추론 과정을 다시 물었다. 그들이 던진 질문은 다음과 같다. "그럼, 그것에 관해서는 어떻게 생각했니?" 질문이 흥미로웠다. "그것에 관해서는 어떻게 생각했니?"라는 단순한 질문을 듣자마자 내면으로 들어가 나의 사고 과정을 들여다보게 되었기 때문이다.

나의 사고 과정을, 그것도 이른 나이에 살펴보도록 지도받은 후, 나는 생각이 해이해지거나 지나치게 머리를 써서 생각이 꽉 막혔을 때 자신과 대상을 인식하는 요령을 기르게 되었다. 연습을 거듭하자 당황하고 좌절했을 때 이 정신적 스위치를 써서 내가 당황하고 꽉 막히게 된 이유를 호기심 있게 살펴보고 내 생각을 헤아린 뒤, 대처 방법을 찾아 앞으로 나아갈 수 있었다. 이는 나이나 상황과 관계없이 누구든 배울 수 있는 요령이다.

이 새로운 기술은 뒤이어 다른 사람의 사고방식에도 호기심을 갖도록 불을 지폈다. 나는 사람들이 사안을 대하는 방식의 차이점, 그리고 그 차이가 우리의 이해와 행동에 끼치는 영향에 끊임없이 매료되었다. 예를 들어 여러분이 어떤 질문에 내놓는 대답은 그 질문을 해석하는 여러분의 생각에 전적으로 달려 있다. 수많은 질문에 갖가지 해석을 붙일 수 있다. 질문과 새로운 정보에 접근하는 다양한 방식을 이해함으로써 문제를 더 비판적으로 생각하게 되었고, 그러한 대화 속에서 다른 사람과 어울리는 법을 배웠다.

오늘날로 돌아와 한번 생각해보자. 연구실 활동을 정의하는 한 가지 — 우리만의 고유한 활동을 보여주는 단서 — 는 우리가 문제를 생각하는 방식에 있다. 문제를 정의하고, 탐구와 실험을 위한 구조를 설계하고, 다음 단계를 예측하는 우리만의 방식이 이를 보여준다.

나는 의학 기술을 중점적으로 연구하나 전통 방식을 따르지는 않는다. 이를테면 특정한 질병이나 기술에 초점을 맞춰 연구하지는 않는다. 우리 연구실은 X나 Y에 집중하지도 않고, 어떤 구체적인 연구 초점도 없다. 나는 교수직을 처음 맡을 때부터 연구 초점을 더 분명히 해야 한다—나만의 '브랜드'를 더 탄탄히 정의하라—는 말을 많이 들었다. 그러지 않으면 아무도 우리가 뭘 하는지 이해하지 못한다고 말이다. 하지만 나는 내 열정이 그보다 광범위하다는 것을 알았다. 우리의 사명도 마찬가지다. 우리는 거의 모든 문제에 적용할 수 있는 의학적 문제해결 방식에 집중하는 것을 임무로 여겼다. 이 과정에서 중요한 것은 질문이다. 모든 단계에서 토론을 이끄는 질문—문제해결을 대하는 생각의 스위치를 바꾸는 데 유익한 질문—은 "당신은 어떻게 해서 그 대답에 이르렀는가?"이다. 우리는 문제를 어떻게 생각할지 심사숙고하고, 자기 생각에 의문을 던진 뒤, 이것을 문제의 핵심과 연결한다. 누군가 실험실에서 X를 실험하는 이유를 물었는데 'Y를 배우기 위함'이라고 답했다면 이렇게 되물을 수도 있다. "그렇다면 Y를 아는 것이 우리가 찾고 있는 실질적인 답변을 어떻게 개선할 것인가? 여기에 어떤 연관성이 있는가?" 아무 연관성도 없다면 접근법을 달리해야 할 수도 있다.

실제로 이것이 연구실에서는 어떻게 나타날까? 보통 우리가 어떤 프로젝트를 맡을 즈음이면 다른 사람들이 시도한 방식들은 다 실패한 상태다. 결과를 바꾸려면 사고방식을 달리해야만 한다. 종래의 방식은 순차적일 때가 많다. 즉, 한 가지 문제에 대한 해법을 찾은 뒤, 다음 해법으로 옮겨가는 식이다. 이는 논리적이지만 편협한 절차다. 연구실에서 얻은 혁신적인 의료 기술을 치료 현장에서 쓰려면, 과학 자체를 넘어 더 많은 단계를 고려해야 하기 때문이다. 모든 기기나 치료법은 광범위한 테스트를 거친 뒤, 사람을 대상으로 임상시험을 실행한 후에야 제조 과정에 들어간다. 그 뒤에 포장, 시판, 유통, 특허 출원 등을 거쳐

장기간 뒷받침을 받는다. 과학을 널리 활용하기 전에 이 모든 문제를 고려해야 한다. 심지어 그전에도 어떤 프로젝트나 문제의 매개 변수들은 다른 사람들—과학자부터 자금지원 위원회까지—이 가능하다고 여기는 것에 따라 크게 달라진다. 누군가 우리에게 자금을 지원하지 않는다면 프로젝트 자체를 진행할 수 없는데, 그런 자금은 비교적 좁은 범위의 연구를 지원할 때가 많다.

결과를 바꾸려면 주어진 문제의 모든 측면을 대하는 우리의 사고방식을 수정해야 했다. 그런 뒤에야 목적을 정했다.

릿을 활용하는 삶을 살려면 해묵은 습관을 바꾸고, 많은 것에 관한 자신의 추정을 탐구하고 질문하고 다시 생각해야 한다. 좋다, 모든 추정을 다시 생각해보자. 이로써 성패를 판단하는 자기 생각을 재구성하고, 내면을 깊이 들여다봄으로써 내게 가장 중요한 것을 찾아야 한다. 스위치를 바꾼다는 것은 (1) 추정에 이의를 던지고 (2) 의도를 찾은 뒤, (3) 행동에 집중하는 것을 뜻한다.

나와 협업하는 알리 타바꼴리Ali Tavakkoli 의 이야기는 내게 깊은 영감을 준다. 그는 보스턴에 있는 브리검 여성병원Brigham and Women's Hospital 의 비만 치료 외과의와 일반 및 위장 외과장을 겸하고 있다. 타바꼴리는 위 우회술—비만의 외과적 치료—이 2형 당뇨 환자들에게 도움이 된다는 것을 알게 되었다. 다만 선뜻 수술을 고려하는 환자가 많지 않았고, 대다수 환자에게 이만 한 혜택을 안겨주는 다른 의학적 선택지는 없었다.

기존의 위 우회술은 위와 소장의 구조를 조정해 두 장기가 음식물을 흡수하고 소화하는 방식을 바꾼다. 전통적인 방식대로라면 타바꼴리와 같은 외과의들은 외과적 접근방식을 떠올리는 편이 논리적이었을 것이다. 이와 달리 타바꼴리는 비외과적인 접근법을 상상해보았다. 알약으로 '수술'을 하는 것이다! 그는 우리를 찾아와, 위 우회술을 썼을 때 경로가 막혀 음식물이 닿지 않는 바로 그 소장 부위에 막을 형성하는 알약을 만들 수 있겠냐고 물었다. 게다가 이런 역할을 '일시적'으로 수행해 필요한 치료 장점은 얻되, 수술로 인한 영구 부작용은 일어나지 않도록 해줄 수 있느냐고도 물었다.

이에 대해 흔쾌히 좋다고 대답하면, 간단한 혁신을 이루어 2형 당뇨 환자들의 치료법을 바꿀 잠재력이 생기는 것이다. 타바꼴리는 당뇨 환자들을 염두에 두고 새로운 선택지를 개발할 기회를 포착했다. 비만 치료 외과의라는 그의 전문성, 끊임없이 '왜?'를 묻는 그의 성향이 획기적인 아이디어를 떠올리게 했다. 수술과 같은 효과를 내되 구강으로 전달되는 비침투적인 방법을 생각해낸 것이다. 물론 이 기술을 개발해 시제품을 만들 만한 재료 과학적 전문 지식은 그에게 없었다. 하지만 연구실은 그 가능성을 시험해볼 많은 모델을 가지고 있었다. 특정 분야의 전문 지식이 없다는 이유로 아이디어가 묻히지 않도록, 해당 전문 지식을 가진 사람, 즉 연륜 있는 생체 접합 물질 전문가에게 찾아가 도움을 구했다. 그 사람이 결국 타바꼴리와 우리를 연결해주었다.

"길을 가로막고 선 그것이 곧 길이 된다."[3] 마르쿠스 아우렐리우스Marcus Aurelius가《명상록》에 쓴 말이다. 장애가 있으면 그것을 극복하는 데 에너지를 쏟게 되므로, 장애가 되는 바로 그 아이디어가 행동을 일으키는 자극제가 된다는 것은 불교의 핵심 교리이기도 하다. 단, 이런 방식으로 에너지를 집중할 수 있으려면, 무엇이 길을 가로막고 서 있는지부터 알아내야 한다. 나는 어릴 때 내 학습 장애를 분명히 알지 못했던 것이 학교생활에 크나큰 걸림돌로 작용했고, 이를 해결하려던 나와 부모님의 노력도 가로막았다. 진단을 받은 후 적절한 자원을 구하기 위해 노력하면서 나의 노력은 초반에 놀라운 진척을 이뤘다.

장애물은 자신을 어떻게 생각하느냐에 있는 경우가 매우 많다. 난 경험이 부족해 … 지금 와서 경로를 바꾼다는 건 불가능해 … 나는 절대로 성공하지 못할 거야. 이런 갖가지 이유가 진전을 멈추게 한다. 얼굴을 한 방 얻어맞은 듯한 초반의 느낌을 극복하고 다시 털고 일어나는 것은 우리 몫이다. 어쩌면 정보나 전문 지식이 부족할 수도 있다. 약간의 안내, 적절한 멘토, 더 지지적인 환경이 필요할지도 모른다. 이때 우리는 선택할 수 있다. 나를 고립시킬 것인가, 아니면 이러한 저항의 순간들을 변곡점으로 삼아 나만의 진화를 이룰 것인가?

자신의 사고방식을 들여다보고 그 과정을 분석하면 문제의 뿌리를 발견해 이를 해결하는 행동에 나설 수 있다. 그러지 않고 전략이나 전술 하나를 바꿀 수도 있겠지만, 결국에는 또 다른 곳에서 저항의 원천이 솟아날 것이다.

실질적인 장애를 겪을 때, 그 문제들에 주의를 기울이면 대개는 장애가 해법으로 바뀐다. 정원을 비유로 생각해보자. 삽 아래 돌이 느껴지면 그 돌을 파내면 된다. 때로는 그리 깊게 파고 들어가지 않아도 내면의 대화와 부정적인 혼잣말이 내 앞을 가로막고 있다는 것을 쉽게 발견할 수 있다.

제임스 도티: 저항의 뿌리를 변화시키는 연민

우리 뇌에는 생존 본능이 내장되어 있지만, 자신에 대한 부정적인 신념은 그렇지 않다. 이는 신경외과 의사이자 연민 연구가인 제임스 도티의 말이다. 이 신념들은 외부 환경이 주는 부정적인 영향, 이를테면 인격 형성기에 다른 사람들에게 받은 비판적인 말들이나 자신감을 꺾어놓는 문화적 메시지가 심어둔 것들이다. 한 번 그렇다고 '학습되고' 나면 그 신념을 옳다고 내면화하게 된다. 물은 축축하고 불은 뜨겁다는 것을 아는 것처럼 말이다. 실제로 자기 의심은 주변 환경을 위협적으로 느끼게 하여 뇌에서 경보가 울리게 만든다.

도티는 말한다. "이렇게 우리는 머릿속에 부정적인 대화를 만들어놓습니다. 내가 만들어놓은 부정적인 대화는 곧 나의 현실이 됩니다. '나는 못 해'라고 말하면 정말로 못 합니다. 수많은 사람이 날마다 이런 생각을 머릿속에 갖고 다니죠. 제 생각에 이것은 단순히 무시한다고 해결되는 문제가 아닙니다. 그 신념을 바꿔야 하죠."

도티는 자기 연민을 기르면 스위치를 바꿀 수 있다고 말한다. 연구가 보여주듯이 의도를 가지면 부정적인 대화를 자기 확신의 대화로 바꿀 수 있다. 자기가 가치 있는 존재임을 이해하고 자기가 마땅히 사랑받을 사람이라는 점을 인정할 수 있다. 나의 '그림자 자아'에는 사라졌으면 하는 껄끄러운 측면이 있다는 점도 인정할 수 있다. 도티는 이렇게 말한다. "이 점을 받아들이면 내면의 대화가 바뀝니다. 이렇게 해서 외부 세계를 바라보는 시각이 바뀌고, 현실의 참모습을 보게 되죠. 그러면 생각을 곱씹으며 자책하는 데서 벗어나 바깥을 바라보고, 모든 사람이 고통당하고 있다는 것을 체감하게 됩니다. 나는 혼자가 아니고, 모두가 사랑받아 마땅하며, 누구나 인정받을 자격이 있으며, 누구나 마땅히 아껴줘야 한다는 것을 깨닫습니다. 이것이 … 세상을 바라보는 나의 관점을 바꿔놓습니다."

내면의 비판자는 현재 순간을 살지 않는다. 그것은 끝없이 과거를 곱씹는 생각에 달려 있다. 우리는 형편없는 영화를 250번이나 빌려보지 않으면서, 자기 마음에 대해서는 그렇게 행동한다.[4]

_잰 초즌 베이Jan Chozen Bays,
의사이자 선승, 위대한 서약 선禪 수도원Great Vow Zen Monastery 의 공동 수도원장

도티 자신의 고통스러운 아동기는 훗날 그가 과학자로서 연민의 효과에 집중하며 들여다본 초기 경험을 제공했다. 그가 자신의 저서《닥터 도티의 삶을 바꾸는 마술가게》에 썼듯이, 그는 어린 소년 시절에 마술가게 주인을 처음 만났을 때 나쁜 길에 서 있었다. 집은 어려운 형편에 놓여 있었고, 그는 자기 삶과 자기 자신을 몹시 나쁘게 여겼다. 시간이 지나면서 마술가게 주인이 나눠준 삶의 교훈들이 도티의 내면을 변화시키기 시작했다.

그의 집이 처한 상황은 그대로였지만, 확신을 주는 마술가게 주인의 따뜻한 지지를 받자 도티 내면에서 변화가 일어났다. "마술가게의 그 여성과 시간을 보내는 동안 저의 개인적인 상황은 달라진 게 없었습니다. 전혀 없었죠. 제가 돌아간 환경은 전과 같았으니까요. 달라진 것은 세상을 바라보는 제 눈이었습니다." 그는 표정, 어조, 몸의 습관, 심

지어 풍기는 냄새를 통해 사람의 정서 상태를 파악하는 인간의 비언어적 의사소통 능력이 꽤 강력한 진화적 자산이며, 일상의 상호작용에서 실제로 놀라운 영향을 발휘한다고 말한다. "누군가 분노, 적대감, 절망, 무력감이라는 짐을 지고 있을 때, 사람들은 그것을 감지해냅니다. 그 결과 상대를 피할 때도 있고 도울 때도 있죠. 세상을 바라보는 제 시선을 바꿨더니 저를 바라보는 세상의 시선이 달라졌습니다. 덕분에 제 삶을 변화시킬 수 있었습니다."

> 너무도 많은 아이가 자기에게 붙은 꼬리표대로 살아간다.
>
> _ 템플 그랜딘

조이스 로셰가 깨달음을 얻기까지는 오랜 시간이 걸렸지만, 그녀는 그동안의 여정을 존중한다. 그 기간을 거치면서 그토록 극복하려고 오래 씨름했던 내면의 부정적인 목소리를 무력화하는 데 성공했을 뿐 아니라, 자신의 진심과 열정도 찾았다는 것을 이제는 알기 때문이다. 로셰의 말을 빌리면, 스위치를 바꾸는 것은 '진정하고 본질적인 자아'에 목소리를 부여하는 일이다.

로셰는 말한다. "여러분의 온전한 자아로 삶에 임하세요. 여러분의 본질이란 여러분을 여러분답게 만드는 것을 말합니다. 안전하게 나 자신이 될 수 있는 내면의 조용한 공간을 찾으세요. 그곳에서 여러분만의 가치를 명확히 밝히고, 주변 사람도 그런 가치를 공유하는지 물어보세요. 그리고 그런 가치를 가진 사람들과 연결고리를 만드세요."[5] 이렇게 타인과 영적인 본질을 나누는 것은 로셰가 가면 증후군을 극복하는 데 중요하게 작용했다. 자신의 의도대로 행동하고자 택한 실질적인 요령들도 큰 도움이 되어 결국 걸스라는 단체로 옮기도록 이끌었다.

당시 로셰는 몇 년간 개인적인 성찰을 위해 목록을 작성하고 일기를 썼다. 그리고 '내가 누구이며 어떤 성취를 이뤘는지' 보여주는 철저한 기록을 남겼다고 했다. 그 목록을 검토하면서 '내가 지금의 자리에 있기까지 거쳐온 여정을 되새기기' 시작했다. 그리고 이 목록을 확장했다. "저는 제가 누구고 어떤 일에 미숙한지 고통스러울 만큼 자신에게 솔직했어요. 제가 좋아하는 것, 딱히 좋아하지도 않으면서 그런 척하는 것들을 구분하려고 자신을 밀어붙였죠. 가장 중요한 것은 제가 인생에서 진심으로 가치 있다고 여기는 것들을 생각해봤다는 거예요."

이렇게 성찰하는 가운데 자신의 목표가 달라졌다는 것을 깨달았다. 과거에는 자신에게 증명해 보이는 것을 몹시 원했으나 이제는 달라졌다. "더는 그게 목표가 아니었어요. … 제가 원하는 건 다른 (종류의) 도전이었고, 그 밖의 모든 것—위치, 분야—은 활짝 열어뒀어요. 그러자 갑자기 일반 기업의 세계를 떠나서 제가 중요하다고 여기는 사회적 사명에 헌신하는 저를 보게 됐죠."

자신의 여정, 가치, 강점과 약점, 실적 기록을 놓고 숙고할 때마다, 로셰는 자신이 몸담은 일에 능숙하다는 것을 확인하고 생각의 스위치를 바꿀 수 있었다. 새로운 가능성을 포착하고, 자신을 자유롭게 풀어놓아 새로운 환경에 도전하도록 의미 있는 곳에 에너지를 투자했고 거기서 큰 성공을 거뒀다. 자신의 사고방식과 이에 따른 행동을 인식하면, 자기에게 가장 중요한 것을 짚어내어 더 목적의식 있게 삶의 방식을 정할 수 있다.

결국, 로셰는 자신의 소명이라고 느낀 분야—여성들이 자기 목소리를 찾고 자신감 있게 이를 활용하도록 돕는 일—로 경력을 옮길 수 있었다. 걸스에서 CEO로 활동하는 동안 그녀는 조직을 발전시켜, 제한적인 기대를 심어주는 부정적인 사회 분위기에 대항하도록 여성들과 협력할 수 있었다. 더불어 '여성들의 시야를 열어 그들의 가능성을 보여주는' 일을 해냈다. 로셰는《황후는 옷이 없다》The Empress Has No Clothes라는 책을 써서 가면 증후군의 문제를 세상에 공개했고, 오늘날에도 유효한 폭넓은 대화의 물꼬를 텄다. 로셰는 다른 사람들이 자신과 같은 실제 사례 및 행동을 위한 도구를 활용해 훨씬 빨리 자기 삶의 스위치를 바꾸기를 바란다.

수전 호크필드: 봉사하라는 소명에 응답하기

때로 변화를 위한 추진력은 속담에 나오듯 뜻하지 않는 갈림길에서 불쑥 찾아온다. 수전 호크필드Susan Hockfield는 8년간 매사추세츠공과대학MIT 최초의 여성 총장을 지냈고, 그전에는 예일대학교에서 예술 및 과학 대학원의 교무처장과 학장을 역임했다. 늘 과학에 관심이 많았으나 리더의 위치에 서리라고는 전혀 생각지 못했다. 그러던 중 예일대학교 총장이었던 리처드 레빈Richard Levin에게 학장을 맡아달라는 요청을 받았다. 호크필드는 그의 말을 곰곰이 생각해보고 남편과도 상의해보았다. 이 과정에서 다른 사람들의 헌신 덕분에 자신에게 필요한 환경과 기회가 열렸던 과거를 새롭게 돌아보게 되었다.

"저는 분명 과학자이지만 과학 분야에서 사람들을 이끌 계획은 없었습니다." 그녀는 이렇게 회상했다.

대학교 총장님이 제게 그 역할을 맡아달라고 부탁하셨을 때, 처음에는 대뜸 "아니요, 저는 과학자예요."라고 답했어요. 사실 그때는 제가 한 뼘 더 성장하는 매우, 매우 중요한 순간이었죠. 집에 가서 남편에게 그 일을 이야기했어요. 그리고 저의 이기심에 숨이 막힐 정도로 놀랐어요. 저의 소명을 발견할 수 있는 환경을 만들고자 많은 사람이 시간과 노력을 투자했다는 것을 그때까지는 깨닫지 못했거든요. 그런 사실을 여태 깨닫지 못했고, (과학에 대한) 소명뿐만 아니라 봉사에 대한 소명도 있다는 사실을 알지 못했던 저 자신이 매우 안타깝다고 생각했어요. 갑자기 스위치가 확 바뀌는 느낌이 든 저는 이렇게 말했죠. "아, 내가 나서야 할 시간이구나." 저는 헌신적으로 그 일을 수행했고, 이를 어마어마한 특권이라고 느꼈어요.

그것은 과학자로서 받은 소명이 아니라 봉사에 대한 소명이었어요. 전에는 이것이 얼마나 강력한 소명이 될 수 있는지 전혀 이해하지 못했죠. 경력을 쌓으면서 다른 종류의 소명을 듣는 데 마음의 주파수를 맞추는 것은 매우 중요한 일이에요. 봉사라는 부름에 기꺼이 응답하고, 내 어깨에 놓인 책임을 다한다는 것은 타인들을 위한 책임을 받아들였다는 뜻이에요. 인간 사회는 이런 유형의 조직 원리에 의존하죠. 이런 책임을 포기한다면 우리 사회가 어떻게 조화를 이루고, 이 세상이 어떻게 응집력을 갖겠어요? 지금 내 능력을 넘어서는 무언가를 이루고자 노력하는 사람들이 있죠. 우리는 그런 동기를 품은 운동선수들에게 박수를 보내곤 해요. 그러면서도 이런 생각을 다른 문제에 적용하는 일은 드물어요. 여기서 다른 문제란 탐험의 자세를 갖는 거예요. 현재 자신이 서 있는 곳 너머에 있는 자신을 생각해보도록 말이죠.

'레지'라는 이름으로 불리는 레지날드 슈포드Reginald "Reggie" Shuford는 멘토로서 조언하거나 자기 삶을 대할 때, 진정성을 통해 삶을 안팎으로 정렬하라고 촉구한다. 2019년 마틴 루터 킹 주니어 리더십 개발원 졸업식 연설에서, 그는 졸업생들에게 "피가 끓는 곳으로 가라."고 격려했다. 그는 다음과 같이 말했다.

오스카 와일드는 유명한 말을 남겼습니다. "그대 자신이 되어라. 다른 모든 사람은 이미 있으니까." "피가 끓는 곳으로 가라."는 말은 여러분의 진정한 자아에 진실하라는 뜻입니다. 결국, 다른 사람이 되고자 노력하는 것은 공연한 시간 낭비이며 헛걸음입니다. 여러분은 여러분이 되기로 의도된 바로 그 사람입니다. 자신을 받아들이세요. 더 빨리 자신을 받아들일수록 여러분이 살기로 되어 있던 바로 그 삶을 더 빨리 만날 수 있습니다. 저는 일찍부터 남들과 다른 점을 최대한 줄이고 무리에 맞춰 살아가려고 노력했고, 저 자신에게는 거의 주의를 기울이지 않았습니다. 젊은 사람들에게는 꽤 흔한 일이죠. 장차 여러분도 자신의 남다르고 고유한 점들이 여러분만의 강점이 된다는 것을 깨닫게 되실 겁니다. 다른 누군가가 되려는 노력을 멈추고, 자신을 받아들여 그 에너지를 긍정적인 방식으로 활용한다면, 여러분의 영향력이 늘어날 것입니다.[6]

의식적인 리듬의 중요성

자연에 존재하는 항상성homeostasis은 각각의 유기체에서 복잡한 시스템에 걸쳐 나타나는 역동적인 평형 상태로, 자신을 조정해 균형을 이루는 과정을 말한다. 갑작스러운 변화(지구에 부딪히는 유성, 화재, 홍수)로 균형이 깨지면 평형 상태가 바뀌기도 한다. 자연은 이에 대응해 빈 곳을 채우는데, 대개 새로운 성장은 느리고 꾸준한 속도로 일어난다. 우리의 삶도 이와 매우 비슷한 방식으로 진행된다. 이때 타이밍은 인생 전체에 걸쳐 새로운 성장이나 변화를 위해 노력하는 데 영향을 미친다.

자연 세계에서 일어나는 모든 프로세스에서와 같이, 타이밍은 인생 전체에 걸쳐 경로를 바꾸거나 새로운 방식으로 적응하기 위해 속도를 조정하는 방법과 시기를 고민할 때, 자신에게 장점을 안겨줄 수 있는 요소다. 나는 이를 가리켜 '의식적인 리듬'이라고 부른다.

사색하는 상태일 때는 내면의 초점을 이용해 내면의 대화를 잘 살펴볼 수 있다. 직장 동료와 함께 있거나 가족과의 약속으로 외부적 관계를 맺고 있을 때는, 자신이 다른 사람과 어떻게 어울리는지, 다른 사람들은 나와 어떻게 어울리는지 관찰하는 이상적인 기회로 삼을 수 있다. 이때 외부 세계를 경험하며 통찰을 얻겠다는 의도를 품을 수 있다.

젊은 시절 대학원에서 또는 그보다 이른 시기에, 나는 매사에 전략을 가진 듯 앞서 나가는 사람들을 보았다. 그들은 질문하는 방법, 행동하는 방법, 목적을 발견해 자기 연구에 집중하는 방법, 아이디어를 잘 걸러내 최고로 영향력 있는 아이디어를 발견하는 방법, 자기 영향력을 평가하는 방법 등등 모르는 것이 없어 보였다. 그때까지 내가 가진 전략은 나의 호기심을 따라가는 것이었다. 그런데 갑자기 내가 가지지 않은 많은 기술, 이를테면 발표와 의사소통 기술, 자금 조달, 시간 관리, 그 외 많은 기술을 요령껏 쓸 줄 아는 사람들 사이에 있게 되었다.

나는 무엇보다도 생활 전략을 갖고 싶었다. 나는 아무 일도 일어나지 않아서, 아무 일도 일어나지 않는 듯해서 좌절했다. 내가 딱히 연마하는 전략이 없고, 어떻게 전략을 얻어야 할지 모른다는 것도 좌절의 이유였다. 지금은 전체 과정에서 내가 투자하는 에너지가 실마리와 결과를 불러오는 촉매임을 잘 안다. 더 긴 시간을 놓고 되돌아보니, 사실 나는 전략 하나를 가꾸고 있었다. 단지 그 사실을 인식하지 못했을 뿐이다. 내가 간절히 이루고 싶어 했고 꼭 실현하겠다며 고군분투하던 삶의 목표들은 결국 제 모습을 드러냈고, 몇몇은 최근에야 확인할 수 있었다. 내가 바라던 시간표대로는 아니었다. 나는 늘 일을 빨리 성사시키려고 서두르고 있지만, 각자에게 그리고 자연 전체에 깃든 삶의 리듬이 있다.

우리는 자주 숨 가쁜 시간표, 삶의 요구들, 당장 시급한 일들에 휩쓸려 지낸다. 그 결과 나 자신과 나의 길을 조성하는 느린 변화들을 알아차리지 못한다. 주변의 나무를 보라. 매일, 매주 그 나무는 대체로 같은 크기로 보인다. 그러다 몇 년이 지나면 갑자기 훌쩍 자랐다는 것을 알게 된다. 내면의 리듬의 소리는 속도를 늦추고 잠시 멈춰서 자신을 어떤 일에 투여하고 있는지 곰곰이 생각해보라고 권한다. 그리고 내가 진짜로 말하고 싶고 실행하고 싶은 것으로부터 나의 에너지가 분리되었을 때 이를 알아차리라고 권한다.

제도권 교육(그리고 많은 업종)은 우리에게 시간표(과제, 시험 기간, 때때로 주어지는 마감 기한)에 맞춰 일을 완수하라고 요구한다. 이 시간표는 우리의 자연적인 리듬과 일치하지 않는다. 그러므로 개인의 성장과 진화를 원한다면 그런 시간표에 맞추지 않아도 된다. 우리 생각에는 어서 빨리 발전을 이뤄야 할 듯하지만, 삶의 리듬에 대한 이해를 '얻는' 데는 마감 기한이 없다. 이 프로세스는 계속되며 종종 점진적이다. 자세히 살펴보면 발전도 마찬가지다.

기억에 남는 삶의 분기점에 관한 사람들의 이야기를 들어보면, 배경이 되는 어떤 사건이 반드시 선행한다. 아마 그들은 자기 경험이 평범하고 어쩌면 고정된 것이라고 오랫동안 스스로를 납득시켰을 것이다. 잠시 멈추고 일의 원인을 깊이 들여다보고, 빠른 해결책이 아니라 의미 있는 변화를 이루는 데 필요한 가능성을 고려하지는 못했다. 로세의 표현처럼 '행동은 많고 멈춤은 부족한 삶'이다. 어떤 사람들은 객관적으로 상황이 전혀 나쁘지 않았기에 색다른 길을 추구하려면 위험이 따랐다. 어느 경우가 되었든 주어진 길을 따라 멀리 가면 갈수록 미루는 습관과 타성이 커지고, 결국 자신이 달라질 수 있다는 것을 상상하기가 더 어려워졌다. 큰 변화를 이루는 데 드는 활성화 에너지가 너무 높아 보였을 것이다. 결국, 어떤 일이 벌어지면서 추진력이 생겼고, 이 분출된 추진력 덕분에 활성화 에너지가 낮아져 작은 한 걸음을 내디뎌 나머지 일을 추진했을 것이다.

가베 드리타Gabe DeRita는 스물아홉의 나이에 샌프란시스코에서 소프트웨어 판매 분야의 수익성 좋은 일자리, 해변 근처에 있는 콘도, 한 무리의 친구를 얻었다. 좋은 인생이었고, 드리타가 수용한 기존의 모든 잣대에서 보더라도 두루 성공적인 삶이었다. 그럼에도 그는 뭔가가 잘못되었다는 부정적인 느낌을 받았다. "저는 그저 제가 할 일을 하고 있다고 생각했습니다. 할 일 목록을 빠짐없이 완료하고 있다는 느낌이었죠." 그는 이렇게 말했다. 어느 날 저녁, 자전거를 타고 집에 돌아오는데 마치 환영처럼 사뭇 다른 그림이 갑자기 떠올랐다. "제 미래가 작아진다는 매우 선명한 느낌이 들었습니다. 이대로 가다가는 언젠가 탈진한 끝에 천천히 피가 말라 죽겠다는 생각이 들었습니다. 1년 뒤면 서른이 될 텐데 청춘이 이렇게 저무는구나 싶었습니다. 아무런 의미도 목적의식도 없었죠. 언젠가는 자전거를 타고 세계를 여행해야겠다고 늘 생각했는데 갑자기 그 생각이 함께 떠올랐습니다. 이 꿈을 또다시 미루면 다시는 기회가 없을지도 모르겠다고 말이죠."

이후 며칠간 그는 성공적인 삶에 관해 오랫동안 품었던 가정들, 받아들이긴 했으나 언제부턴가 그다지 진실하다고 느끼지 못했던 온갖 우선순위들을 다시 생각해보기 시작했다. 그때부터 몇 달 사이에 그는 자기가 알고 있던 직업과 안락한 삶을 내려놓고 가진 것을 판 다음, 자전거 세계 일주에 나섰다.

"제가 옳은 선택을 내렸다는 것이 첫째 날부터 분명히 느껴졌습니다." 그가 말했다. 이후 그는 18개월 동안 혼자 세계를 여행했고 대체로 자전거를 타고 돌아다녔다. 그가 만난 사람들, 낯설고 때로는 까다로운 곳에서 그가 겪은 일들은 삶의 중심을 크게 바꿔놓았다. 그는 목적과 충족감을 가지고 산다는 의미의 '이키가이'生き甲斐라는 일본 개념을 알게 되었고, 이 원리와 방법을 그의 내면 여정에 적용해 더 큰 목적을 가지고 삶을 살아가는 습관과 관행을 길렀다. 처음에 이룬 소소

한 변화들—일일 명상, 더 주의를 기울인 음식 선택, 적극적으로 감사하는 생활 등—이 그를 새로운 길 위에 올려놓았다.

행동하세요. 그 시작 속에 마법이 깃들어 있습니다. 저는 이것을 젊은이들에게 늘 말합니다. 그들은 제게 이렇게 말하죠. "당신의 열정이 무엇인지 알겠습니다. 제게도 그런 열정이 있어요. 다만 어느 방향으로 가야 할지를 모르겠어요." 저는 어디서든 한 걸음 내디뎌보라고 말합니다. 절대 후회하지 않을 거라고 말이죠. 그러다 마음이 달라졌다고 해봅시다. 여름 목수 학교에 지원했는데, 2주간 다녀보니 싫어졌다고 해보죠. 그럼 내 일이 아닌 거예요. 그래도 괜찮아요. 지레 포기하지 말고 한 걸음 내디뎌보세요. 손 놓고 앉아 아무것도 안 하는 것만은 하지마세요.[7]

_다이아나 니아드Diana Nyad, 방송기자이자 장거리 수영 세계기록 보유자

가능성을 향한 내면의 욕구를 알아차린다.

↓

내게 유익한 것, 내게 방해가 되는 것을 따져본다.

↓

새로운 사고방식과 다른 가능성들을 발견한다.

↓

의도를 담아 한 걸음 앞으로 내디디며 적극적으로 행동한다.

마음속에서부터 에너지를 분출하는 삶

사실 스위치를 바꾼다는 것은, 자신의 진화 스위치를 켜서 눈앞의 이익이나 일상의 예측 가능성을 넘어서는 새로운 가능성을 의식적으로 택하는 것을 말한다. 우리는 모두 갖가지 선택, 결정할 일들, 해결해야 할 문제들, 나의 목표를 성취하거나 새로운 목표를 발견하지 못하도록 방해하는 상황 앞에 서 있다. 모든 사람은 일과 자신의 열정 사이에서 균형을 잡아야 한다. 금전 상태를 관리하자. 육아 계획을 세우기도 하고, 육아에 뒤따르는 큰 질문들을 해결하며, 가족이나 친구와의 관계에서 일어나는 갈등을 풀어내자. 사는 곳, 먹는 것, 우리가 만든 공동체, 우리가 수용한 가치들에 관한 여러 결정을 신중히 고려하자.

인간에게는 습관적인 반응에서 벗어나 자기 뇌의 연결 상태와 유전자 발현을 근본적으로 조성할 수 있는 능력이 있다. 후천적 변화와 관련된 이 메커니즘은 주어진 환경 및 경험과 상호작용하는 방식에 달려 있다. 이는 유전자 발현과 관련된 '스위치를 바꾸는' 역할을 한다. 의도적으로 메커니즘을 실행할 때, 자신의 신경 연결을 끊임없이 새롭게 하고, 뇌의 가소성과 진화적 잠재력을 적극적으로 가꾸는 경로를 튼튼하게 한다. 드디어 진화적 성공을 위한 자연의 기본적인 프로세스에 참여하게 된다.

경력상의 분기점을 만난 로셰로부터 홀로 여행을 떠나기로 한 드리타를 거쳐, 혁신적인 위장관 수술을 알약으로 만든 타바꼴리를 넘어, 여러분을 기다리는 무한한 가능성에 이르기까지는 너무 멀어 보일지도 모른다. 그러나 이 모든 길에 한 가지 공통점이 있다. 생각의 스위치를 바꿔 그 길에 들어서겠다고 선택할 수 있다는 것이다. 20여 년간 잠재력 활성이라는 주제를 다뤄온 연구가 톰 래스Tom Rath 는 이렇게 말했다. "자신의 결함을 바로잡는 대신 강점을 개발하는 데 에너지를 쏟을 때, 몇 배 더 많은 성장 잠재력이 생깁니다."[8]

이제 여러분 인생에서 가장 건전하다고 할 만한 투자에 나설 때다. 자신의 잠재력에 투자하자.

┌ 실천 지침 ┐

상상력을 발휘하는 시간

살면서 무엇을 해야 하는지에 관해 자신이(또는 다른 사람들이) 했던 온갖 말들에서 잠시 물러나 다른 가능성을 스스로 탐색해보자.

조이스 로셰의 일기 쓰기 전략을 참고해 자신과 주어진 상황을 대하는 자기 생각을 살펴보고, 자신과 미래를 고려해 중심에 두었으면 하는 강점과 관심사를 하나하나 따져보자. 아래는 필라테스 강사인 내 아내 제시카가 권하는 간단한 연습이다. 여러분의 상상력만을 활용하라.

나에게 안경이 있고, 내가 원하는 대로 얼마든지 렌즈를 바꿀 수 있다고 상상한다. 무언가 나를 언짢게 만들 때마다 그것은 지금 착용한 '렌즈'를 통해 얻은 해석일 뿐임을 인식한다. 끈기를 발휘해 새 렌즈를 얻는다면 완전히 새로운 세계가 열리고 전혀 다른 이야기가 펼쳐진다.

분석적으로 접근하든 창의적으로 접근하든, 자기 생각을 탐색하고 자연 세계 곳곳에 존재하는 증거들을 살펴보면서 다음을 발견하자.

- **패턴:** 일 또는 일상생활에서 결정을 내릴 때, 익숙한 길로 걷게 하는 반복적인 패턴을 알아차린다. 자신과 타인에 대한 나의 신념일 수도 있고, 나를 한 자리에 묶어두고 다른 것은 상상하지 못하게 하는 두려움일 수도 있다. 잠깐이라도 그런 생각에서 벗어나 정해진 패턴을 깨고 새로운 공간을 여는 실험을 해보자. 이 토대 위에서 더 의도를 가지고 행동한다면 주어진 나날과 삶에서 덜 표류하게 된다. 자연 속의 패턴을 눈여겨보자. 반복적으로 진행되면서 구조나 목적을 실행하는 패턴도 있고, 자발성과 변화를 나타내는 일시적인 패턴도 있다. 이는 모두 자연적인 사물의 '질서'다. 진화와 함께 환경이 변함에 따라 자연의 패턴도 늘 변화한다. 이러한 자연의 교훈에서 영감을 얻어 자신의 오래된 패턴을 다시 살펴볼 수 있다. 대다수 패턴은 어느 시점에 이르면 조정이 필요하다.
- **잠재력:** 내가 변화의 공간을 만드는 곳마다 잠재력이 있다는 것을 인식하자. 자잘한 변화를 이루어 시간을 확보한 뒤 나만의 관심사를 따라가보거나, 나의 성장 잠재력을 담고 있을지 모를 새로운 관심사를 탐색해보자. 씨앗 하나가 모든 것을 움직이는 거대한 체계로 성장하듯, 잠재력은 자연의 근본적인 특징임을 눈여겨보자.
- **가능성:** 나의 사고방식에 새로운 방법이 있고, 활성화 에너지를 낮춰 목적의식을 가지고 행동할 새로운 방법이 있다는 것을 인정하자. 나의 사고방식을 바꾸거나 내 생각을 새롭게 하는 데 유익한 새

로운 사람들과 점심 식사나 커피를 함께하면서 주어진 하루에 신선한 영감과 에너지를 불어넣어보자. 자연 자체가 여러 구성요소의 역동적인 상호작용을 끊임없이 상기시킨다는 것을 알아차리자.

2
chapter

질문에서 의미 찾기
조심성을 호기심과 더 깊은 탐구로 바꾸기

탐구의 활력을 활용하자

내면에서 새로운 질문이 생겨나 가던 길을 멈추게 되는 삶의 순간들이야말로
중요한 전환점이다. 그 순간을 타고 발견과 새로운 가능성이 들어온다.[1]
_ 크리스타 티펫 Krista Tippett , 언론인이자 저술가, 프로젝트 '온 빙' On Being 의 창시자

몇 년 전 나는 도롱뇽, 특히 꼬리에 대해 생각하게 되었다. 도롱뇽은 꼬
리가 없어져도 몇 주 만에 다시 자라난다. 이러한 능력을 지닌 다른 동
물도 많다. 불가사리와 문어는 촉수를 다시 기를 수 있고, 열대어 제브
라피시는 지느러미와 심장을 재생할 수 있다.

　이런 생각을 하다 보니 궁금해졌다. 인간에게도 같은 반응을 유도할
수 있을까? 이 물음을 계기로 나와 나의 주된 멘토인 로버트 랭어 Robert
Langer 그리고 우리의 멘티 중 한 명인 샤오레이 인 Xiaolei Yin 은 해답을
찾아 다년간 탐구에 들어갔다. 그 해답 중 하나[2]는 다발성 경화증에 대

한 잠재적 치료제 개발로 이어졌다. 신체의 재생 잠재력을 활성화하는 이 치료제는 다양한 방식으로 응용할 수 있다.

실험실에서 이루어지는 연구와 혁신은 자연 세계를 참고해 얻은 해법에 뿌리를 두는 경우가 많다. 자연은 창의적 사고 과정의 기준이며, 자연에서 얻은 에너지는 해법을 찾게 할뿐더러 그에 앞서 새로운 질문을 떠올리도록 우리를 북돋운다. 우리는 관찰하고 질문한다. 한번은 고슴도치 가시가 조직을 쉽게 뚫고 들어가지만 제거하기가 어렵다는 것을 알게 되었다. 이 지식은 더 나은 수술용 스테이플을 개발하는 데 어떻게 도움이 되었을까? 또한 거미들은 거미줄에 달라붙지 않고도 그 위를 걸어 다니지만, 거미의 먹잇감이 된 동물에게 거미줄은 치명적인 덫이다. 무엇이 그렇게 만드는 것일까? 또 이 지식은 갓난아기의 연약한 피부에 잘 붙지만 뗄 때 아프지 않은 의과용 테이프를 만드는 데 어떻게 도움이 되었을까? 자연은 우리가 아직 물어보지도 않은 질문들에 대한 답을 가지고 있다. 진화가 만들어놓은 매우 다양한 종류의 견고하고 오래된 기능들은 때로 우리 인간이 의학적 진보를 이루는 데 길을 열어준다. 이를 발굴하는 것은 우리 몫이지만, 우선은 해결해야 할 문제를 제대로 정의함으로써 우리가 원하는 해답으로 이끌어줄 질문을 정해야 한다.

실험실에서 일하는 우리는 혁신이라는 중요한 세계에서 해답보다 질문에 훨씬 더 무게를 두어야 한다는 사실을 알게 되었다. 우리가 얻은 모든 성공과 실패는 연구 초반에 우리가 물었거나 묻지 않은 질문에 그 뿌리가 있다.

내가 몸담아온 전문 분야에서 겪었던 가장 주목할 만한 좌절 중 하나는 우리가 생각지도 않았던 질문에서 비롯되었다. 그것은 연구실을 열고 얼마 안 되어 우리가 개발한 새로운 기술을 진척시키던 중요한 순간이었다. 우리는 이 기술이 수많은 질병에 대한 의학적 치료법을 바꾸고 전 세계 수백만 명의 삶의 질을 높일 거라 생각했다. 그런데 이 프로젝트는 잠재적인 투자자 한 명을 만난 어느 오후에 갑자기 막다른 골목에 부딪혔다.

이 기술은 간단히 말해 환자의 혈류에 줄기세포를 주입해, 주입된 세포들이 특정 신체 부위로 이동해 염증성 장 질환, 관절염, 골다공증과 같은 질환을 치료하도록 프로그램되어 있었다.

그런데 이 잠재적인 투자자는 우리의 치료법이 '너무 복잡해서' 자금을 지원할 수 없다고 했다. 우리 팀은 이 아이디어를 의료 시장에 내놓으려면 어떤 과정을 거쳐야 하는지 전혀 생각해보지 않은 상태였다. 우리 중 누구도 이 질문―이 치료법은 어떻게 해서 환자들에게 도달할까?―을 고민하지 않았다. 과학 자체는 흥미진진했으나 이를 어떻게 임상 현장으로 옮길지는 전혀 고려하지 않은 것이다.

의료 과학을 실제 현장에 맞게 응용한다는 구체적인 과제에서 문제를 정의하고 해법을 찾기 위해서는, 우리가 고민하는 질문의 질에 모든 것이 달려 있다. 질문의 범위도 중요했다. 때로는 온갖 시급한 질문을 고민하며 유망한 길을 추구하다가도 결국에는 '빠진 단서' 때문에 어려움을 겪을 수 있다. 그 단서는 이를테면 임상시험이 실패해야 비로소 확연히 드러난다. 이런 실패는 인체 생물학과 관련된 몇몇 기초 연구가 밝혀지지 않은 탓에 생기곤 한다.

우리는 줄기세포를 겨냥한 이 아이디어가 너무 복잡하다는 이유로 자금을 지원받지 못했다는 데 낙담했다. 그렇지만 우리의 해법이 같은 이유로 또다시 막다른 골목에 부딪히게 하지는 말아야겠다고 다짐했다. 우리는 한 걸음 앞으로 나아갔다. 저 밖에 있는 누군가가 어떤 치료제의 제조, 포장, 유통 방법을 정해줄 것이라고 지레짐작하지 않았다. 우리는 풀어야 할 문제의 모든 부분을 도맡아 직접 조사하고, 필요한 전문 분야의 파트너들을 새롭게 영입해 전체 과정에서 생겨나는 난제를 함께 풀어나가기로 했다.

우리는 더 많은, 더 나은 질문을 고민하게 되었다.

> 어려운 물음을 던진다는 것은 간단한 일일 수 있다.
>
> _위스턴 휴 오든 W. H. Auden

질문들—그중 몇몇은 일부러 무작위로 떠올린 것들—은 우리가 해법을 찾고자 주어진 문제를 두루 조사하면서 의사, 과학자 등 여러 사람과 탐색하는 과정의 일부가 되었다. 다시 말해 우리는 탐색을 위한 질문을 겹겹이 던지면서 임상적 문제, 과학적 문제, 특허 문제, 제조 문제, 규제 문제, 실제 응용의 문제, 투자 문제, 시판 문제 등을 조사해야 했다. 나는 늘 연구 논문이나 교과서에서는 찾을 수 없는 실용적인 지식, 쓸모 있는 정보를 찾는다. 나의 질문들에 대해서도 질문한다. 나는 왜 이 질문을 고민하지? 이 질문은 어디로 이어질까? 놓치고 있는 것은 없을까? 문제해결 과정에서는 매우 다양한 각도를 궁리하는데 그중 다수는 결국 막다른 골목에 도달한다. 질문하기 자체가 일종의 탐정 활동이 되고, 이때 떠올린 질문들은 해결책으로 이어질 고유한 통찰을 얻는 데 쓰는 도구가 된다.

그 투자자가 줄기세포 치료에 건 우리의 희망에 찬물을 끼얹은 후, 지금은 명확히 보이는 프로젝트 실행 단계들이 그때는 왜 보이지 않았는지 고민해보았다. 여기에는 이유가 있었다. 역사를 통틀어 학문 연구란 기초 과학에 주된 관심을 쏟아왔다. 일반적으로 연구자들은 자신의 연구 결과를 활용해 제품을 만들고 유통하는 일에서는 제대로 된 훈련이 부족하다. 대개 그들은 특허, 규제 단계들, 제조 과정, 임상시험, 환자의 필요 사항에 관해 아는 것이 별로 없다. 초창기에 나도 예외는 아니었다. 오늘날에는 치료적 접근법을 개발하는 과정에서 이런 질문들이 연구실 활동 과정의 핵심을 이룬다.

갖가지 상황에 놓인 모든 사람이 교훈으로 삼을 점이 있다. 주어진 것을 뛰어넘어 생각해보도록 자신을 자극해야 한다는 것이다. 문제 삼지 않았던 추정과 신념들이 자기 생각을 제한하고 있을지도 모른다는 것을 이해하려고 노력해야 한다. 그것들이 틀렸다고 증명할 필요는 없다. 다만 그러한 추정과 신념에 의문을 던짐으로써 더 깊이 탐구하고 더 폭넓게 탐색하라는 것이다. 엄격한 질문은 과학적 탐구의 핵심이지만, 꼭 과학자가 되어야만 질문을 던지고 그것들을 일상적인 방법으로 개발하기를 좋아하는 것은 아니다. 호기심에서 나오는 질문들, 문제해결을 위한 질문들, 기본 기술에 관한 질문들, 인간으로서 품어야 할 목적과 삶의 의미에 관한 질문들을 던질 수 있다.

질문은 발굴 장비처럼 우리가 행동에 나서도록 돕는 다용도 도구와 같다. 질문은 낡은 추정들을 파내는 굴착기와도 같고, 고고학자들이 유물이나 보석을 발굴할 때 쓰는 흙손과 붓과도 같고, 조각가가 대리석 판으로 걸작을 만들 때 쓰는 끌과도 같다. 만능 도구인 스위스 군용 칼을 생각해보라. 예리한 질문은 대화의 문을 열고, 문제의 핵심을 찌르며, 느슨한 개념의 나사를 조인다. 질문을 활용해 대화의 속도를 높일 수도 있고, 반대로 대화의 속도를 늦춰 성찰할 시간을 가질 수도 있다. 나는 더 넓은 의미에서 '릿 질문'들이 점화기와 같다고 생각하곤 한다. 활성화 에너지를 낮추는 한편, 대화와 탐구, 비판적이고 창의적인 생각, 호기심을 위한 불꽃을 일으키기 때문이다. 좀 과한 비유일지 모르지만, 행동을 이끄는 도구로서 질문의 특성을 이렇게 강조하는 것이다. 다른 도구를 대할 때도 나름의 강점과 목적을 인정하듯 말이다.

> 질문은 익숙한 것을 다시 신비롭게 만든다. 즉, '안다'라는 안락함을 제거해준다.[3]
>
> _ 줄리아 브로드스키Julia Brodsky, 교육자 겸 교육 연구가

이제 나의 사고 과정에 질문을 던질 시간

과거에 내린 결정은 오늘의 내게 여전히 영향을 끼치는데, 우리는 그 결정들이 아직 유효한지 묻지도 않고 받아들일 때가 많다. 현재 순간의 경험과 환경을 토대로 어떤 가능성이 있는지, 무엇이 가능하다고 생각하는지 고민하다가 혼란에 빠진다. 따라서 현재의 추정을 질문할 뿐만 아니라, 그것들이 과거의 어떤 추정에서 불거진 것인지도 질문해야 한다. 충분히 재검토가 필요한 것들이니 말이다.

한 예로, 우리 연구실은 2014년 《네이처 바이오테크놀로지》Nature

Biotechnology 라는 학술 잡지에 인용 빈도가 높은 기고문을 발표했다. 이 글에서 우리는 특정 유형의 줄기세포에 관한 가정이 틀렸다고 밝혔다. 그동안 그 줄기세포는 한 사람에게서 다른 사람에게 이식했을 때 선천적 면역 반응이 없다고 가정했다. 우리는 이 논점을 반박하는 문헌 자료를 찾아냈다. 애초에 어디서 그런 가정이 나왔는지 더 조사해보니 몇몇 콘퍼런스 발표들이 있었다. 그로부터 수년 뒤에 그 가정이 과학 문헌에 각인되었던 것이다.

혹 우리는 부정확하거나 시대에 뒤떨어진 역사적 선례에 기반한 것을 무조건 옳다고 인정하고 있지 않을까? 관련된 가정에 의문을 던지면 깔끔하게 제거되는 어떤 요인 때문에 지금 하는 일이 가로막히고 있지는 않을까?

우리는 호기심 있는 존재로 태어났으므로 "왜?"라고 묻는 것은 자연스러운 일이다. 이는 유치원생의 말만 들어봐도 알 수 있다. 그러나 자극이 되는 전략적인 질문을 고안하는 기술은 타고나지 않는다. 그것은 배워서 알 수 있는 기술이며, 충분한 도전과 흥미를 준다는 점에서 우리 뇌에 극한 운동과 같은 역할을 한다. 자신의 사고 과정을 더 많이 다룰수록 질문하는 기술과 자신감이 늘 것이다.

한 가지 요령은 내가 우러러보는 사람이 유용한 질문을 어떻게 활용하는지 살펴보는 것이다. 그들의 접근방식 중 어떤 부분을 내 경우에 적용할 수 있을까? 나는 이 질문을 고민하다가 삶이 달라지는 것을 경험했다. 대학 생활 초기에 나는 기본적인 공부 요령을 숙달하려던 어린 시절의 분투를 극복하겠다고 결심했다. 더 나은 질문을 던지고 싶었다. 그 방법을 배우고자 매우 괴상한 것을 실천했다. 강의 끝 무렵에 사람들이 던지는 모든 질문을 받아 적으면서 패턴을 찾기 시작한 것이다. 그 결과 몇몇 중요한 패턴을 찾을 수 있었다. 과학과 관련된 예시가 아래에서도 계속 쓰이겠지만, 그 요점만은 어떤 맥락에도 적용할 수 있다. 영양가 있는 최고의 질문들은 다음과 같은 역할을 했다.

- **탄탄하게 뒷받침되지 않은 중대한 추정들을 분명히 해주었다.** 훈련 중인 과학자들은 한 회사의 웹사이트나 다른 사람의 논문에서 읽은 방법들이 절차만 잘 따르면 효과를 낼 것이라고 추측한다. 이에 진짜 효과가 있는지 확인하지도 않고 그 방법을 자기 실험에 활용한다. 나는 "당신이 사용하고 있는 측정법이나 키트가 실제로 올바른 효과를 낸다는 것을 어떻게 아는가?"와 같은 초기 질문들이 중요하다는 것을 깨달았다.

- **결함이 있거나 왜곡된 측면을 드러냈다.** 과학에서 말하는 결함이나 왜곡은 과장된 결론, 다른 결론, 통제군(연구에 포함했더라면 결과의 해석치를 좁혔을 사항) 결여 등을 말한다. 예를 들어 연구자들이 소금물(완충 식염수)에서 실험을 진행해 놀라운 결과를 얻어 강력하고 광범위한 결론을 냈지만, 단백질이 다량 함유된 더 복잡한 생체 시료에서 테스트를 진행하지 않는 경우가 그렇다. 이 테스트를 실행하면 다른 답을 얻을 수도 있다.

- **진척 정도를 추적하고, 결정을 내리며, 문제와 기회를 식별하는 우리의 방식에 이의를 제기한다.** 때때로 연구자들은 잘못된 통계를 사용하여 사물을 비교하기 때문에, 결과가 통계적으로 다른지 아닌지에 대한 편견을 갖게 된다. 종종 잘못된 통계적 접근법을 사

용하면 실제로 존재하지 않는 두 그룹 간의 차이를 발견할 수 있다!

- **흥미로운 결과와 중요한 결과를 구분한다.** 다시 말해, 좋은 질문은 단순히 흥미롭다고 여겨지는 차이점과 예상을 뛰어넘을 정도로 특정 환자나 잠재적 응용에 유의미하기에 중요한 차이점을 구분해준다. 어떤 차이점은 흥미로울 수 있지만, 중요한 차이점이야말로 우리 모두가 원하는 것이다.

이런 점을 인식한 덕분에 나는 내 호기심을 만족시키는 것이든, 어떤 문제에 대한 최선의 해법을 찾는 것이든, 목표를 자세히 들여다보게 하는 질문들을 개발하는 법을 배웠다. 또한 다른 사람들, 다시 말해 우리 연구실 사람들이 서둘러 해답과 해결책을 쫓지 않고, 자신을 다독여 더 나은 질문을 던지게 하는 환경을 만들어야겠다고 생각했다. 우리의 주요 임무는 우리가 풀고자 하는 문제와 가장 가능성 높은 성공이 무엇인지 정의하는 것이다. 정의한 뒤에는 그것을 뛰어넘고자 노력한다.

실험실에서 던지는 가장 중요한 질문 하나는 "사람들을 흥분시키려면 어떤 기준을 넘어야 할까?" 하는 것이다. 달리 말해, 이제껏 누군가가 성취했던 최상의 결과를 알아보고, 그보다 확실히 더 나은 영향을 끼치려면 얼마나 더 노력해야 하는지를 고민한다. 이것은 정의 내리기가 어렵다. 다른 사람들이 거둔 최상의 결과를 자세히 이해해야만 하기 때문이다.

나는 영양가 있는 질문에 관해 나의 멘토 로버트 랭어가 했던 말을 늘 기억한다. 중요한 문제를 다룰 때와 덜 급한 문제를 다룰 때 드는 시간은 같다. 우리의 성공 여부는 우리가 해결하려는 문제를 정의하는 질문에 달려 있다. 더 나은 질문을 던질수록 새롭고 영향력 있는 해법을 발견할 잠재력이 높아진다.

내면으로 방향을 돌린 탐구

연구실에서든 일상생활에서든 우리가 던지는 질문들은 변화를 위한 힘을 지니고 있다. 탐구의 방향을 내면으로 돌려 찬찬히 삶을 살펴볼 때, 자신에게 가장 의미 있는 것을 의식적으로 탐색하고 그 가치에 맞춰 살아갈 방법을 고민하게 된다. 결국 우리 삶은 같은 곳에서 살아가는 다른 사람과 자연 세계에 얽혀 있는 까닭에, 우리가 던지는 질문들은 자신을 넘어 생명 전체에 봉사하려는 욕구를 만들어내기 시작한다.

현실적으로 볼 때, 자기 탐구는 나의 생물학적 본성을 이루는 리듬과 차원을 깨닫는 데 유익한 동시에 어떻게 하면 내게 더 이롭도록 사고방식을 달리하고 변화시키고 나의 인식을 발전시킬지 알아내는 데 도움이 된다. 이것은 평생 이루어지는 연습이다. 그 무엇도 딱 떨어지는 원자적 진실을 담고 있지 않다. 그저 층층이 이루어진 프랙털(임의의 한 부분이 전체의 형태와 닮은 구조—편집자)과 상호 연결들이 시간에 따라 드러날 뿐이다. 또는 계속해서 그것들을 발굴해나가는 것이다. 질문을 던지면 지금 서 있는 곳—삶이라는 스펙트럼의 어디서든—이 어떤 점에서 좋은지 확인하고, 어떤 점을 바꾸거나 발전시키고 싶은지 인식하게 된다. 다른 사람들과 더 많이 상호작용하고, 다양한 목소리와 관점을 듣고, 자기 마음에 귀를 기울인다면 의도를 가지고 질문을 던지며 발전해나가는 능력이 자라날 것이다.

우리는 일과 삶에서 의미를 추구하는데, 스스로 질문을 던지면 이 점을 새롭게 생각하게 된다. 이 순간 의미 있는 것은 무엇일까? 오늘은 의미 있지만 시간이 지나면 변할 수도 있는 것은 무엇일까? 더 오랜 시간 동안 의미 있는 것은 무엇일까? 나는 자기 탐구의 과정을 밟으면서 나 자신을 더 많이 알게 되었다. 내 우선순위들을 따져본 후 나의 인간관계, 특히 가족과의 관계에 관심을 돌림으로써 가장 보람된 것이 무엇인지 알게 되었다. 내 가족이 나에게 에너지, 위안, 마음의 평화를 안겨주는 깊은 우물이라는 점을 깨닫고 나니 목적의식이 더 깊어졌다.

> 전혀 질문하지 않는다면, 결국 다른 이들의 상상력이 당신의 삶을 제한할 것이다. 생각하고 꿈꾸고 질문하고 다시 생각하는 데 시간을 들여라. 다른 사람의 꿈에 맞추려고 노력하기보다 내가 꾼 꿈의 제한을 받는 편이 더 낫다.[4]
>
> _제임스 클리어James Clear, 《아주 작은 습관의 힘》

탐구와 발견에 불을 지피는 호기심

분단유전자split genes와 RNA 접합을 발견한 공로로 1993년 노벨생리의학상을 공동 수상한 유전학자 겸 분자생물학자인 필립 샤프Phillip Sharp에게 성공의 비결을 묻자, 그는 간단히 이렇게 말했다.[5] "저는 신중하게 위험을 감수했고, 세상에 호기심을 가졌습니다." 그가 이룬 성과를 생각한다면 조금은 절제된 표현이다. 여러 업적 중에서도 샤프는 메신저 RNA(mRNA)의 생물학에 관한 우리의 이해를 한층 높였고, 이를 토대로 코로나바이러스에 대항하는 mRNA 기반의 백신을 만들 수 있었다.

호기심이 당연시되는 분야에서 활동하는 샤프는 남다른 용기와 창의력을 발휘해 질문한다는 찬사를 받는다. 그의 말대로 그를 "오늘날 가장 근본적인 질문"이라고 부르는 인간 생물학과 씨름하도록 만든 것은 그의 특징적인 호기심과 끈질긴 탐구심이었다. 이것이 분단유전자를 발견하도록 이끌었다. 분단유전자는 세포 구조의 한 측면으로서, 유전자 접합을 조작해 성숙한 mRNA를 만들 수 있게 한다. 노벨상을 공동 수상한 영국의 생화학자이자 분자생물학자인 리처드 로버츠Richard Roberts 와 샤프가 각각 해낸 발견들은 세포 구조에 관한 과학적 이해를 바꿔놓았고, 이는 암을 비롯한 여러 질환의 진행에 관한 새로운 의학 연구를 촉진했다. 노벨상 수상자 경력에서 가장 영향력 있는 것은 1970년대에 이루어진 RNA 접합 기술의 발견이었다. 이 발견은 수십 년 뒤에 코로나바이러스에 맞서는 mRNA 백신 개발의 길을 닦아놓았다.

샤프는 자신의 프로세스와 동기를 덤덤하게 설명했다. "이 모든 프로세스의 뿌리는 인생 여정과 개인의 고유한 특성에 있습니다. 저는 늘 곁에 누군가가 필요한 사람이면서도 혼자 있는 것이 편했고, 조금은 방만하게 제 마음이 방황하도록 놔두는 것을 편하게 느낍니다." 차분히 앉아 최고의 질문을 고민하는 것만으로도 일순간 어떤 분야 전체에 활력을 불어넣을 수 있다. 느리고 분명하고 주의 깊은 생각을 기울인다면, 질문이라는 열쇠로 세상의 가장 큰 자물쇠를 열 수도 있다. 샤프는 이렇게 말했다. "제가 몸담은 생물학이 그런 질문을 다룰 수 있는 벼랑 끝에 있다는 사실을 알았습니다. 꿈꾸듯 희망에 부푼 사고방식을 품자 이 중대한 과정에 뭔가 미지의 것이 있어야만 한다는 결론에 도달했습니다."

질문을 동원해 호기심을 키움으로써
직관적인 관심 영역의 자물쇠를 연다.

↓

내가 가장 흥미를 가지고 배우거나
탐구하는 것이 무엇인지 확인한다.

↓

몰입의 에너지를 받아들인다.

↓

새로운 질문을 가지고 앞으로 나아가면서
내게 가장 의미 있는 것을 탐색한다.

누구에게나 호기심이 질문을 낳고, 질문이 호기심을 낳는다. 이것은 릿 상태를 촉진하는 순환으로서 "왜?"라고 묻는 걸음마 아기에게나 노벨상 수상자에게 똑같이 중요하다. 뇌와 뇌 기반 행동을 연구하는 새로운 방법이 생겨난 이후, 연구자들은 호기심과 탐구 정신의 유익함을 더 가까이에서 관찰하기 시작했다. 연구에 따르면, 무언가를 배우거나 알고 싶어 하는 강렬한 욕망이라고 간단히 일컬어지는 호기심은—'정보를 추구하는'— 일종의 인지적 상태로, 뇌의 사고 과정과 보상 체계에 완전히 연결되어 있다.

신경과학과 교육 분야의 연구를 살펴보면 호기심을 느낄 때 뇌의 쾌락, 보상, 기억 중추에 모두 불이 들어오고, 그 결과 우리 뇌는 심화 학습과 발견 및 사회적 연결을 추구한다는 것을 알 수 있다. (퀴즈나 십자 말풀이가 보여주듯이 재미도 추구하게 된다.) 그 탐구가 흥미 때문이든 결핍(즉 우리가 메우려는 정보 격차) 때문이든, 신경 회로는 정보에 반응하면서 이를 본질적인 보상으로 여긴다. 심지어 그 정보 자체에 실용적 가치가 전혀 없거나, 그 정보가 우리를 실망시키거나 부정적인 결과를 안겨줄 수 있다고 예측될 때조차 '호기심의 유혹'[6]은 우리가 모든 것을 더 탐구하도록 계속 유도한다! 그 정보가 참신하거나, 놀랍거나, 직관에 반하거나, 그 외 다른 방식으로 어떤 대상에 관한 내 신념이나 이해와 모순될 때는 더욱 그렇다. 온라인에서 스크롤을 움직이는 것이 그토록 중독적이고, 그릇된 정보가 끈질기게 달라붙어 무시하기 어려운 것도 그런 이유에서다. 〈미래는 호기심 있는 자들의 것: 아동의 호기심을 쉽게 이해하고 알아차리기 위하여〉The Future Belongs to the Curious: Towards Automatic Understanding and Recognition of Curiosity in Children[7]라는 논문에서, 저자들은 호기심을 표현하면 대개 긍정적인 감정이 느껴지는 까닭에 호기심을 매력적으로 여긴다고 했다. 더불어 "주의 집중, 탐색, 행복은 호기심이 가장 빈번히 동반하는 정서 상태"라고 했다.

다른 연구에 따르면 우리는 놀라기 위해 태어났다. 영아를 대상으로 한 연구 결과, 영아들은 "소리와 단어를 시각적인 대상과 연결 짓되, 그 대상이 익숙한 물리 법칙을 위반할 때 둘을 더 강하게 연결했다."[8]

호기심은 학습을 위해 뇌를 활성화하고 뇌의 보상 체계에 입력될 정도로 우리에게 좋은 것이며, 호기심의 대변자는 바로 질문이다. 그렇다면 우리는 왜 질문을 던지면서 불안해하고, 초조해하고, 망설이는 것일까? 호기심이 정서적 각성을 일으키기 때문이다. 나의 무지를 드러낸다는 것 때문에 남을 의식하거나 질문한 것에 대해 어떻게 평가받을지 걱정하다 보면, 불안한 마음에 호기심과 탐구심이 쏙 들어가버릴 수도 있다. 아이들은 선생님, 부모님, 또래의 부정적인 반응을 보고 입을 꾹 닫을 수도 있다. 성인들의 삶에서도 마찬가지다. 질문을 적대시하거나 부끄러워하는 분위기 속에서는 질문할 의욕이 떨어진다. 이에 따라 혁신적인 아이디어로 이어지는 자유롭고 개방적인 토론이 가로막힐 수 있다.

매혹의 감각을 찾고 싶다면 당신이 가진 호기심의 선들을 따라가보라.[9]

_ 캐서린 메이Katherine May, 《인챈트먼트》의 저자

노르웨이 출신의 심리학자이자 신경과학자로서 2014년 노벨생리의학상을 공동 수상한 마이브리트 모세르May-Britt Moser는 내게 이렇게 말했다. 그녀의 경험상 연구실에서 '어리석어' 보이는 질문을 던진 것이 때로는 가장 흥미로운 질문으로 판명된다고 말이다. 적어도 그런 질문을 주제로 토론한다는 것은 질문자를 인정하는 한편, 질문자와 다른 사람들이 함께 위험을 감수하도록 격려하는 일이다. 계산신경센터Centre for Neural Computation의 창립 소장이자 카블리 시스템 신경과학 연구소Kavli Institute for Systems Neuroscience의 공동 소장인 모세르는, 그

녀와 같이 생산적이고 영양가 있는 질문을 던지는 것을 중요시하는 환경에서는 모든 질문—심지어 때로는 곤혹스러운 질문—의 가치를 인정한다고 했다. 나도 우리 연구실에서 같은 현상을 본다. 뻔히 내다보이는 반응을 유발하는 질문도 때로는 영감 넘치는 토론을 일으키는 에너지를 만들어낸다. 가끔은 내가 직접 토론 중에 그런 질문을 던지기도 한다. 그러면 누군가 이렇게 반응한다. "설마요. 그건 도저히 불가능하죠." 그러면 나는 "왜 안 되죠?"라고 묻는다. 사람들이 나름의 주장을 펼치는 동안 나는 새로운 관점—그들의 관점—에서 추론 내용을 듣는다. 이때 의심치 않았던 가정들 또는 연구할 가치가 있는 남다른 통찰이 드러날 수 있다.

그러니 살면서 어느 지점에선가 묻지 말라는 교훈을 얻었다면, 더는 그 말을 믿지 말자. 세상에는 여러분의 질문이 필요하다. 오늘날 우리가 부딪힌 난제들이 매우 복잡하다는 것을 고려하면, 특히 세상에는 여러분의 올곧은 신념, 생각을 자극하는 호기심의 표현, 즉 릿 상태를 촉진하는 여러분의 질문이 필요하다. '정신 나간 아이디어'를 꺼트린다거나, 어색한 분위기를 깨고 대화를 촉진할 질문을 던지지 못해 망설이는 대신, 자신의 탐구 본능—호기심과 탐색의 본능—을 믿고, 그것을 가꾸며, 사는 내내 이를 표현하는 법을 배워야 한다. 두려움은 제쳐두고, 크고 불편한 질문을 회피하기보다는 목적의식을 가지고 그것들을 궁리하려고 노력하자. 내면의 대화 또는 사람들과의 토론을 통해 숙고하는 행위 자체가 뇌를 자극해 심화 학습과 발견, 사회적 연결, 직관적이고 영적인 경험을 추구하도록 이끈다.

이렇게 얻을 것이 많은데, 왜 질문을 놓치겠는가?

자신의 본능과 아이디어를 대할 때는 진실로 용기를 내야 한다. 안 그러면 무릎을 꿇고 말 테니까 … 그렇게 되면 기억에 남았을지도 모를 것들이 사라져버릴 것이다.[10]

_프란시스 포드 코폴라Francis Ford Coppola

질문에서 행동으로 넘어가는 다리

질문은 개인적 통찰을 낳는 것부터 훗날 공공 정책의 틀을 잡는 것까지 다양한 변화의 실마리가 될 수 있다. 2014년 비벡 머시Vivek Murthy가 미국 공중보건위생국장에 임명되었을 당시(그 후 2021년에 재임명되었다), 미국에서는 오피오이드(마약성 진통제 — 옮긴이) 중독 위기가 심각해지고 있었다. 의사로서 이 문제의 복잡성과 규모를 직접적으로 알고 있던 머시의 목표는 오피오이드 중독을 대하는 방식을 바꾸는 것이었다. 물론 진단과 치료 기준도 중요했지만, 대응 과정에서 지역사회의 공감 그리고 문제에 맞서 싸우겠다는 의지가 있어야 했다. 머시는 맨먼저 간담회를 열었다. 전국을 돌며 사람들이 건강 문제의 어떤 부분을 가장 염려하는지 듣기 위함이었다. 그의 주된 질문은 "제가 어떻게 도울 수 있을까요?"였다.

그 결과 연방정부 차원에서는 처음으로 약물 오남용 및 중독의 규모를 공중보건 위기로 인정하는 보고서가 나왔다. 머시는 이렇게 말했다. "저는 틀을 벗어나서 문제를 바라보는 사람입니다. 그렇다고 제가 규칙을 무시한다고는 생각지 않아요. … 다만 그 규칙들에 질문을 많이 던지죠. 현 상태에 의문을 제기하고, '글쎄, 이런 식일 필요는 없는 것 같은데. 다른 방식으로도 할 수 있을 것 같은데.'라고 말합니다."

2020년에 출간한《우리는 다시 연결되어야 한다》에서 머시는 그가 사용해온 포괄적 관점에서 공중보건 문제의 틀을 다시 잡았다. 이로써 현대 생활의 모든 측면을 아우르는 여러 문제에 관한 담론을 바꿔놓았다. 그는 지금도 위생국장으로서 보건 영역의 경계를 넓혀 나가고 있다. 정신 건강을 공중보건의 근본이라 여기고 오랫동안 관심을 기울인 그는, 2021년 보고서를 통해 젊은 세대에서 심각하게 나타나고 있는 정신 건강 위기를 지적했다.[11] 이 보고서는 코로나 위기의 그늘 속에서 말 없는 팬데믹이 점점 커지고 있다고 했다. 과부하에 걸린 미국의 정신 건강 체계는 성인뿐만 아니라 젊은이들의 필요도 충족하지 못했다. 지금도 상황은 마찬가지다. 머시는 후속 보고서들[12]과 언론 인터뷰를 통해, 인종차별과 경제적 불평등부터 그릇된 정보와 양극화의 위험에 이르기까지 다양한 문제를 건강 문제로 부각했다. 그는 사람 간의 연결성이 건강의 공통분모이자 "우리 모두를 위한 강력하고 필수적인 치유의 원천"이라고 말했다.

질문을 던지면 사람 간의 연결이 만들어지고, 배움을 얻고자 귀를 기울이면 그 연결이 더 깊어진다.

의미 있는 행동을 유도하기 위해 머시가 던진 질문은 다음과 같았다. "지난 수십 년에 걸쳐 사회의 근본적인 토대가 망가지는 것을 목격해온 상황에서 연결성과 공동체를 다시 살리려면 어떻게 해야 할까?"

독일의 정신의학자이자 심리치료사인 게르하르트 그뢴더 Gerhard Gründer 가 최근 저서《우리는 어떻게 살고 싶은가?》How Do We Want to Live?

에서 제시한 질문도 생각해보자. 그의 질문은 반복되고 있다. 우리는 어떻게 살고 싶은 걸까?

> 지구가 선사한 이 놀라운 선물에 대한 답례로 자신에게 이렇게 말하라. "이 선물들을 가지고 나는 무엇을 할까? 모든 받은 것에 대한 보답으로 내가 실천해야 할 책임은 무엇일까?"[13]
>
> _로빈 월 키머러

더 큰 삶을 위한 더 큰 질문

나는 코로나 봉쇄 기간에 나의 인간관계를 되살려야겠다고 생각했다. 나의 ADHD 성향이 나를 갖가지 방식으로 휘젓고 있다는 것을 알았기에, 시간을 관리하고 의사결정을 할 때 조금 더 목적의식을 발휘하도록 도와줄 요령들을 찾아 나섰다. 내 도구상자에 새로운 전략을 담고 싶었다. 어떤 것들은 뚜렷하게 보였다. 예를 들어, 누이는 의도적인 노력을 기울여 인간관계를 유지하는 데 언제나 탁월했다. 인간관계라는 하나의 마을을 유지하는 것이 누이에게는 가장 중요한 일이었다. 나도 그 일을 할 수 있었다.

그중 한 가지 요령으로 내 마음의 작동 방식을 관찰하는 또 다른 방법인 명상을 실천했다. 지금도 나는 다양한 명상 수행을 실험한다. 명상을 하면서 내 속에 그렇게 편안한 고요함이 있었다는 것을 발견하고 놀라기도 했다. 때로는 색다른 질문들이 일어나 명상을 방해하기보다 오히려 명상에 몰입하도록 도와준다는 사실을 발견하기도 했다. 그런 질문 중 하나는 이것이다. 이 명상은 내 정신 또는 몸과 어떻게 상호작용할까? 그 상호작용 ─ 명상 중에 일어나는 생각의 패턴, 신체 감각, 몸과 마음 체험 ─ 을 인식하면 내 마음에서 일어나는 일, 내 생각을 이끄는 것, 내 생각이 이끄는 곳을 관찰하는 데 유익하다.

가까운 곳에서 일어나는 곤경부터 전 지구적 차원의 문제에 이르기까지, 우리가 던지는 질문은 우리가 해결하려는 문제를 정의한다. 그 질문들은 우리에게 가장 중요한 것을 확인하고, 우리에게 가장 의미 있는 것을 성취할 전략을 수립하는 방법이다. 오늘날 우리가 처한 도덕적, 윤리적 딜레마를 해결하려면 신선한 사고, 더 똑똑한 질문, 더 적극적인 해법을 추구해야 한다. 팬데믹은 까다로운 질문들을 던지게 했다. 미래의 전 지구적 보건 위기를 예측하려는 우리 마음속에 계속 울려 퍼지는 질문들은 다음과 같다. 정부는 어떤 기준으로 백신에 대한 우선 접근권을 지정해야 할까? 감염 사례가 급증하고 병원 자원이 힘에 부칠 때는 자원 분배 관리에 관한 질문이 떠올랐다. 산소 호흡기를 달거나 포화 상태인 병원에라도 입원시켜야 할 환자는 누구일까?

연구실에서 영양가 있는 질문을 던지면 혁신적인 해법이 나온다. 같은 원리를 자신의 삶과 지역사회에 적용할 수도 있다. 이때 개인적인 가치, 소망, 포부를 이해해야 한다. 단순히 삶의 목표를 달성하기 위해서가 아니라, 자신에 관한 새롭고 자극이 되는 질문을 던질 용기를 얻기 위해서다. 예를 들어 역사적으로 나타난 불평등에 이의를 제기하려면 새로운 질문이 필요하다. 시급한 생물다양성 프로젝트에 대한 국제적인 자금 지원 문제의 경우, 누가 계산을 치를 것인가를 놓고 다투느라 프로젝트 실행이 늦춰지고 있다. 한 보고서가 지적했듯이 우리는 다음과 같은 현실을 해결해야 한다. "부유한 국가들의 소비 습관은 생물다양성의 손실을 낳는 주요 원인에 속한다. 반면에 가난한 국가들은 생물다양성이 풍부한 지역들의 본거지일 때가 많은데 이를 보존할 수단이 적다."[14]

> 내 생각에 가장 먼저 물을 것은 "나는 무엇을 위해 최적화하고 있는가?"이다. 이 점을 분명히 해야 한다. 우리의 인생 목표와 결과 중에는 주변 사람에게서 이어받은 것이 아주 많다.[15]
>
> _ 제임스 클리어, 《아주 작은 습관의 힘》

시급한 예는 또 있다. 사람들의 진정한 다양성을 반영하는 더 풍성한 이야기를 만들기 위해 여러 공동체와 전 국민에 관한 역사적 내러티브를 질문하고, 재검토하고, 재서술하고, 확장하는 작업이 이제야 시작되었다. 이는 스미스소니언 미국여성역사박물관의 임시 소장이자 스미스소니언 아시아퍼시픽 아메리칸 센터의 전 소장을 역임한 리사 사사키Lisa Sasaki가 지적한 것이다. 사사키는 그 전통적인 내러티브를 사실에 근거한 균형 잡힌 서술로 그냥 받아들이지 않고 따져 묻는 것이 우리 각자가 마주한 도전이라고 했다.

"자신은 매우 명확한 방식으로 역사를 알고 있고, 그것이 사실에 기반했다고 여기는 사람들이 아주 많습니다. 이에 매개자가 있다는 사실은 잊곤 하죠. 역사를 기록하고 기억하고, 그것을 사람들과 공유함으로써 그들이 제시한 역사를 자기 것으로 이해하게끔 만드는 사람들이 있다는 사실 말입니다."

이 내러티브는 우리 각자가 그 핵심을 해석하는 방식에 따라, 우리 마음이 무의식적으로 만들어내곤 하는 임의의 연결 요소에 따라 발전한다. 일본의 유산을 간직한 미국인으로서 사사키는 자기가 속한 다세대 가족의 예를 들려준다. 미국에서는 반아시아 인종차별이 여러 세대에 걸쳐 존재해왔다. 그렇지만 사사키의 할머니는 사사키와는 전혀 다른 삶을 살아왔기에 다음과 같은 태도를 보였다. "할머니는 우리가 공유하는 똑같은 역사에 전혀 다르게 반응하셨어요. 자기 경험을 토대로 저와는 다르게 역사를 해석하신 거죠. 이렇듯 역사와 정체성은 놀랍도록 유동적이에요. 억압과 불평등이라는 생각 위에 나만의 생각을 덧입히니까요. 권력 구조의 특성상 우리는 발언권이 전혀 없을 때가 많아요. 이러한 유동성으로 인해 역사의 주인공이 바뀐다는 사실은 정말 큰 문제죠."

사사키는 이렇게 덧붙였다. "이것이 사람들이 받는 정보를 이미 바꿔놓고 있어요. 여기에 첫 단계가 있죠. 지금 우리가 할 일은 질문의 필요성을 인정하는 것입니다. 누가 우리의 역사를 말하고 있는가? 누가 그것을 기록하고, 누가 마이크를 잡는가? 그 역사를 해석하는 방식은 우리의 경험에 뿌리를 두고 있습니다."

역사적이고 조직적인 불평등에 관한 까다로운 물음을 던지자 공적 담론에서 더 큰 목소리를 얻었고, 그 질문들(그리고 토론)은 이제껏 한 번도 공개적이고 진솔하게 다뤄지지 않았던 역사적 사건들을 논하는 수많은 문서를 낳았다. 이것이 사실임을 아는 지금, 중요한 것은 문제의 존재 여부가 아니다. 이러한 인식을 바탕으로 우리가 무엇을 할 것인가 하는 것이다.

행동에 대한 촉구는 질문에 대한 촉구이기도 하다. 과거에 대한 책임을 어디에 물을지 뿐만 아니라, 앞으로 우리가 어떤 역할을 할 것인지를 그 어느 때보다 시급하게 물어야 한다. 앞으로 우리는 무엇을 할 수 있을까? 이것을 상상하면서 아이디어나 태도를 확산하고 알릴 방법을 모색해보자. 누구나 품을 수 있는 중요한 질문은 이것이다. "과거나 현재의 내 행동 중에서 불평등이나 부정성을 낳은 것은 무엇일까?" 나의 행동이나 침묵은 멈춰야 할 것이 유지되는 데 어떻게 작용했을까? 그것은 아마 인종차별, 성차별, 거짓과 그릇된 정보, 일상적인 험담이나 비열함 속에서 나타났을 것이다.

우리는 자신의 습관과 추정을 인식할 뿐만 아니라, 우리가 이의 제기나 검토도 없이 그것들을 받아들인다는 사실을 깨달아야 한다. 나아가 새로운 경험, 새로운 정보, 새로운 의도를 바탕으로 시간을 들여 그 생각들을 재검토해야 한다.

헨리 데이비드 소로는 이렇게 말했다. "우리가 한순간이라도 서로의 눈을 마주보는 것보다 더 큰 기적이 일어날 수 있을까?"[16] 이 말은 공감을 실천하라는 권유처럼 들릴지 모르지만, 내게는 호기심과 질문을 촉구하는 말로 들린다. 다른 사람과 그의 경험에 대한 호기심을 기르자. 그러면 더 의미 있는 질문이 자연스럽게 흘러나올 것이다. 중대한 질문이나 불편한 질문을 회피하기보다 이를 계기로 참여하고, 배우고, 책임 있는 행동을 위한 대화를 진전시키자.

학생은 주어진 질문에 얼마나 훌륭하게 답했느냐로 평가받는다. … 삶에서는 질문이 얼마나 훌륭한가로 평가받는다. 좋은 답을 내놓는 데서 좋은 질문을 던지는 쪽으로 옮겨가야 한다.[17]

_로버트 랭어

성향과 경계에 걸린 자동조종 장치 멈추기

때로는 자신에게 던지는 가장 간단한 질문이 전에는 있는지도 몰랐던 장애물을 없애주기도 한다. 선호도와 성향 그리고 추정된 경계―몇몇은 우리 스스로 만들었고, 몇몇은 전혀 의문시하지 않고 수용한 타인의 의견들―앞에 "왜 안 돼?"라는 간단한 질문을 던질 수 있다.[18] 내가 당연하다고 받아들인 조건들은 눈에 안 보일 때가 많지만, 생각보다 변화할 가능성이 더 높다. 그것들의 존재를 인식하고 이의를 던지고, 내 의도에 맞게 그것들을 바꿀 수 없는지 실험해본다면 말이다.

《습관의 힘》을 쓴 찰스 두히그Charles Duhigg 가 말하는 습관의 고리(신호, 반복 행동, 보상)를 틀로 삼아 생각해보자. 무엇이 신호이며, 무엇이 반복 행동(성향이나 경계)이며, 그것을 강화하는 보상은 무엇일까? 어떤 경우에서든 낡은 패턴을 따르는 쪽으로 기울게 만드는 요인은 무엇일까? 이 질문을 자신에게 던지기만 해도 기존 성향에 제동을 걸고 새로운 가능성 쪽으로 마음을 열 수 있다.

10년 전쯤 일이다. 나는 특별한 연설 기회를 거절할 만한 충분한 이유가 있었다. 나는 주제를 막론하고 외우는 데 서툴렀던 오래된 역사가 있다. 게다가 새로운 주제를 낯선 자리에서 발표하려면 불안한 탓에 새 연설을 준비하려면 족히 수백 시간은 걸렸던 터라 제의를 받고 주저했다. 그 불편한 세부 사항을 다시 들여다볼 필요도 없었고, 이와 관련된 뉴런들이 따끔거릴 때마다 즉시 알아차릴 수 있는 지름길을 이미 내 뇌에 만들어둔 상태였다. 공교롭게도 해외 출장과 시기가 겹쳐 어차피 할 수 없는 일이었다. 출장 일정을 바꾼다거나 나의 오래된 심리적 문제를 다시 들여다보는 대신, 사람들의 관심이 집중되는 그 연설을 간단히 거절했다. 운명은 그리 호락호락하지 않았다. 행사 주최 측에서 다시 생각해보라고 권한 것이다. 그들은 전 세계 청중에게 다가갈 좋은 기회라고 강조했고, 내가 그 연례 프로그램에 참여할 수 있는 최적의 시기를 마련한 그쪽 상황도 좀 봐달라고 사정했다. 해외 동료들에게 조언을 구하자 다들 무턱대고 기뻐해주었다. 출장 일정은 다시 잡으면 된다는 것이었다. 나는 빨리 답변해야 한다는 압박을 느끼면서 그 일을 고민해보았고, 우리 모두가 어깨를 으쓱이며 읊곤 하는 "가만, 못할 게 뭐람?"이라는 수사학적 질문에 다다랐다. 결국 그 일을 수락했다.

연설하겠다는 쪽으로 마음을 굳히자 내 모든 부분이 그 일을 실현하기 위해 하나가 되었다. 암기가 되지 않아 좌절되는 순간에는 "왜 안 돼?"라는 질문에 얼른 대답이 떠올랐다. 그토록 오랫동안 그런 자리를 피하려 했던 온갖 자괴감의 이유가 한꺼번에 생각난 것이다. 그렇지만 그런 회피 습관(잘 돌려 말하면 선호도)과 경계들은 내가 전진하는 것을 가로막으며 별다른 방해 없이 떡 버티고 있었다. 이번에 드디어 기회가 온 것이다. 큰 기회와 동기를 얻고 추진력을 높일 기회 말이다. 최선의 노력을 기울일 만큼 이미 활성화 에너지는 낮아져 있었다. 따라서 끝까지 시도하면서 최선을 다하고, 적어도 낡은 패턴을 뒤흔들어놓기에 완벽한 시기였다. 결과적으로 그 연설은 경이로운 경험(달리 말하면 '가장 기억에 남을 실패'였다. 이 이야기는 제9장 '실패 너머에 초점 두기'에 실어놓았다)이었고, 말 그대로 나를 기다리고 있던 기회의 세계로 들어가는 돌파구였다.

릿 에너지를 자신에게 유리하게 사용하고 싶다면, 성향대로 흘러가던 자동조종 장치에 제동을 걸고, 간단히 그 생각에 질문을 던져보자. 릿 도구 중 어느 것이든 여러분의 초점과 에너지의 방향을 조정하는 데 유익하지만, 특히 질문을 던지면 혼란과 참신함을 대하는 뇌의 자연스러운 반응을 활용할 수 있다. 질문을 던지면 성향보다 의도에 토대를 두고 행동할 기회가 생긴다.

여러분도 사용할 수 있는 이 에너지는 대전된 입자들이 서로 끌어당기거나 회피할 때 나타나는 자기장처럼 작용한다고 상상하자. 이 자기장의 방향을 바꾸고 싶다면 의식적으로 자기에게 보탬이 되는 선택을 내리면 된다. 현재 스스로 부여하는 성향이나 임의의 경계를 잘 생각해보자. 그중에서 비교적 간단하고 쉽게 다룰 수 있는 것―이를테면 즐겨 듣는 음악, 잘 어울리는 모임, 미디어 사용 습관―을 고르고, 그것 대신 시도할 만한 새로운 것을 선택하려고 노력해보자. 한번 해보고 어떤 생각이 드는지 살펴보라. 소셜미디어 또는 온라인에서 무한히 스크롤을 움직이는 것이 여러분을 끌어당기는 자력이었다면, 그 패턴을 흐트러뜨리기 위해 의식적으로 선택할 만한 것들을 목록으로 만들어보자. 우선 하루에 한 가지만 시도해도 좋고, 온라인에서 보내는 시간 또는 자신이 가는 장소를 더 자세히 관리하는 것도 좋다.

이때 목표는 모든 패턴을 바꾸는 것이 아니다. 다만 나의 생각, 선택, 행동에 담긴 패턴을 인식하고, 이런 성향이 나를 어디로 이끄는지 더 명확히 확인하는 데 유익한 질문을 던져보라는 것이다. 이 질문들을 물속에 밀어넣는 노처럼 활용하자. 그렇게 잠시 멈추면서 여러분이 품은 가장 높은 목적에 유익한 방향으로 그 순간을 활용해보자.

실천 지침

질문하는 마음 가꾸기

중요하고, 통찰력 있고, 심지어 영감을 주는 질문을 던지는 에너지 넘치는 사람들을 주변에 두고, 그들과 함께 일하거나 공부하도록 노력하자. 이는 첫째, 다른 사람들의 질문이 우리 뇌에 자극을 주어 생각을 촉진한다. 릿 도구들을 활용하면 그 질문들을 행동으로 변화시킬 수 있다. 둘째, 다른 사람들은 나의 기술을 갈고닦는 데 참고할 소중한 모델을 제공해 더 의욕적인 질문을 던지게 한다. 아래 요령을 실천해 나만의 기술을 예리하게 만들자.

- 질문 만들기를 연습하고, 만든 질문을 고민해보자. 예를 들어, 예/아니오 질문은 대화를 낳지 않는다. 어떻게, 왜, 왜 아닌가 등의 질문을 던지면서 상식적으로 얼른 이해되지 않는 것들을 탐색하자.
- 질문하는 과정을 활용해 자신의 호기심을 밝히고, 맹점을 드러내자. 흥미로운 대화를 즐기기만 해도 좋다. 마음속에 떠오르는 질문들과 그 질문들이 불러일으키는 다른 생각들을 관찰하자. 나는 이

렇게 할 때 흥미가 오르고 배움에 대한 긍정적인 감정이 높아진다.

• 잡담을 나눌 에너지를 확보하고 잡담 속에서 에너지를 얻자. 나는 잡담은 쓸데없다고 생각했고, 대체 잡담을 왜 하는지 모르겠다는 식이었다. 시간이 지나서는 잡담이 두 사람 사이의 에너지 통로를 열어주는 한 가지 방법임을 알게 되었다. 질문도 같은 작용을 하면서 에너지, 정보, 감정, 지식의 물꼬를 터준다. 질문을 통해 그러한 에너지 전환을 반갑게 맞이하는 것이다. 질문은 다른 때라면 제멋대로 방황할 나의 주의력을 단단히 지키는 데 유익하다. 이로써 누군가에게 더욱 주의를 기울이며 대화에 집중하고, 나의 질문을 통해 흥미를 드러내고, 관계를 더 돈독하게 만들 수 있다.

• 요즘 일어나는 일들이나 개인적인 경험을 실마리 삼아 큰 질문을 고민해보자.

3

chapter

성가신 문제에서 실마리 찾기

내가 원하는 것을 알아차리려면

우리가 할 수 있는 최선은 참여입니다.
자기 삶에, 이웃의 일에 참여하십시오.[1]
_다이아나 니아드

제임스 앙크럼James Ankrum 은 방황하고 있었다. 겉으로는 그렇게 보이지 않았을지도 모른다. 탄탄한 학업 성취를 바탕으로 하버드/MIT 합동 박사 과정에 들어오라는 제안도 받았으니 말이다. 나중에야 안 사실이지만 그때야말로 그가 바닥으로 내려간 순간이었다. 그는 집안에서 처음으로 대학을 졸업한 사람으로서, 케임브리지대학교에서 공학 설계를 전공해 얼마 전 석사 학위를 취득했다. 그것도 매년 열다섯 명에게만 수여하는 처칠 장학금을 받으면서 말이다. 그러나 앙크럼은 아버지가 돌아가신 후 미국으로 돌아와 지내면서 다음 행보를 정하기로 했다. 의학 치료 개선에 매진하거나 유익한 생명공학 분야의 발전을 가속하는 새 도구 개발에 힘쓰겠다는 막연한 생각은 있었지만, 정확히 어느 방향으로 가겠다는 뚜렷한 계획은 없었다. 이미 동료들은 열심히 자기 분야에서 전력 질주하던 상황에 홀로 출발선에 남겨진 기분이었다.

그는 뻔한 질문―내가 하고 싶은 건 뭘까?―을 두고 고민하고 또 고민했다. 잠재력으로 가득한 유망한 선택지가 하도 많아 어지러울 지경이었지만, 그것들을 곰곰이 생각해볼 때마다 김이 샜다. 뭔가가 빠져 있었다. 프로그램 참여 여부를 알려야 할 기한이 점점 다가왔고, 그는 선택을 내려야 했다. 생각해보니 그를 성가시게 하며 관심을 끈 것은 바로 그 빠진 조각이었다. 당연히 그는 뭔가 새로운 일에 착수한다는 들뜬 기분을 느끼고 싶었다. 자신이 가장 바라는 것―자신의 프로젝트에서 배우게 될 일에 한껏 흥분되는 것―이 무엇인지 갑자기 알아차린 덕분에 질문을 바꿀 수 있었다. 무엇을 하고 싶은지 고민하는 대신 무엇을 배우는 것이 가장 흥미진진할지 고민하자 갑자기 분명한 해답을 얻었다. 그는 생물학이 몹시 궁금했으나 이 학문에 관한 전문 지식은 부족했다. 지금은 그 전문 지식을 쌓을 때였고 이를 실천할 적기에 있었다.

질문을 바꾸자 눈앞의 선택지들이 사뭇 다르게 보였다. 이는 앙크럼이 자신을 성가시게 하는 것에 주의를 기울이고 이를 바탕으로 행동했기에 가능했다. 생물학에는 아무 경험이 없었으나 그것이야말로 그가 배우고 싶은 것이었다. 현재의 강점을 키우는 데만 집중하는 것은 별로 흥미가 없었다. 그는 내가 가르치는 수업을 들었고, 이렇게 우리는 수업에서 처음 만났다. 앙크럼은 이때 처음으로 피펫pipette(용액을 옮길 때 사용하는 기구—옮긴이) 쓰는 법을 배웠다. 나는 그에게서 번득이는 불꽃—자석처럼 끌어당기는 호기심과 배움에 대한 열정—을 보았다. 학기 말 즈음, 내 연구실로 오지 않겠느냐고 물었다. 합류하겠다는 답변을 듣고는 즉시 그를 줄기세포 프로젝트에 배정했다. 그는 우리의 연구 방법에는 전혀 경험이 없었지만 죽이 되든 밥이 되든 해보겠다는 각오를 보였다. 처음에는 잘될지 안 될지 알 수가 없었다. 앙크럼은 더 없는 열의로 배우려고 노력했으나 악전고투했다.

앙크럼은 말했다. "그 수업에 들어갈 때까지 저는 피펫을 한 번도 쥐어본 적이 없었고, 그 어떤 배양 세포도 다뤄본 적이 없었습니다." 첫 입문 수업에서 세포 기반 연구를 처음 접한 그는 물 밖에 나온 물고기가 된 기분이었다. 그럼에도 그는 끝까지 자리를 지켰다. "저는 새로운 지식을 창출하는 것 이상의 프로젝트에 참여하기를 늘 바라왔습니다. 치료법으로 이어지는 해결책이나 미래의 발견을 가속할 새 도구를 다루고 싶었죠."

이후 그는 5년간 세포 기반 치료법과 의료용 접착제를 연구했고, 줄줄이 실패하거나 완벽한 효과를 내는 시험 단계들을 두루 거쳤다. 과학 연구는 실패율이 높다. 이는 현장에서 자주 일어나는 일이며, 실패는 우리 모두를 성가시게 한다. 앙크럼은 높은 연구 실패율이 성가시다는 이유로 자리를 떠나지 않았다. 오히려 이런 경험은 그의 노력을 다각화하도록 의욕을 불어넣었다. 그는 자신의 괴로운 인식을 해결하기 위해 또 다른 프로젝트를 추가했다. 다양한 프로젝트를 다루면서 의욕을 높이려는 것이었다.

이에 관해 앙크럼은 이렇게 말했다. "저는 늘 두 프로젝트를 병행하는 것이 유익하다는 것을 알게 되었습니다. 무언가는 늘 효과를 발휘해서 제게 만족감을 줄 테고, 이렇게 이룬 진척 덕분에 프로젝트를 계속 밀고 갈 힘이 생기니까요." 자신을 성가시게 하는 에너지를 활용해 호기심을 따라간 결과, 그의 흥미(그리고 과정에서 발휘하는 끈기)에 꾸준히 불을 밝힐 수 있었다. 자신의 목적과 열정을 일치시키는 전략을 사용함으로써 그는 불타는 의욕을 지켜냈다.

행동을 견인하는 애로사항

우리는 작업 특성상 문제를 해결하려 할 때 항상 "애로사항이 무엇인가?"를 묻는다. 비즈니스와 마케팅─그리고 심리학─분야에서 '애로사항'이란 동기를 부여하는 '곤란한' 요인으로서 우리를 행동으로 이끄는 것들을 말한다. 행동을 바꾸거나 특정 제품을 구매하도록 만들 만큼 여러분을 성가시게 하는 구체적인 두려움이나 욕구는 무엇인가? 다시 말해, 여러분이 해결하려고 하는 문제는 무엇인가?

의학 부문에서 애로사항은 은유적이지 않다. 그것들은 질병, 부상, 통증, 장애 등 사람이 겪는 고통으로서 우리가 치료 또는 완화하려는 측면들을 가리킨다. 우리 연구실에서는 뭔가 새롭고 효과적인 것을 만들어낼뿐더러 이를 통해 최대한 긍정적인 효과를 거두고자 노력한다. 우리를 성가시게 하는 것은 하나의 기준이 되어 계속 우리에게 동기를 부여하고, 우리가 문제를 해결해야겠다는 시급성을 안고 움직이도록 이끈다. 한번 이 욕구가 생겨나면, 프로젝트에 쏟는 에너지가 다른 사람들에게도 불꽃을 일으켜 더 넓은 차원에서 문제해결을 위한 추진력이 생긴다.

일상생활에서는 성가신 것을 피하거나 밀어내려고 하기 쉽다. 이와 달리 오히려 질문을 던지면서 그 애로사항의 원인에 주의를 기울인다면, 잠시 멈추고 이를 고찰해 더 깊은 차원으로 들어갈 수 있다. 이 문제가 성가신 이유는 무엇일까? 어떻게 하면 이 에너지를 이용해 문제에 대처할 수 있을까? 어떻게 하면 나의 의도를 뒷받침하게 할까? 성가신 대상을 회피하는 대신, 그것을 직면하면서 목적의식을 가지고 행동하기 위한 불꽃을 찾아 나설 수 있다.

연구실에서는 우리가 해결하려는 모든 문제에 구체적이고 확실한 애로사항이 존재한다. 어떤 애로사항은 순수하고 분명한 에너지를 품고 있다. 그 에너지는 더 깊이 탐구하고, 문제를 재정의하고, 초점을 가다듬어 가장 신속하고 효과적으로 현실에 적용할 만한 새로운 것을 만들어내도록 꾸준히 우리를 압박한다. 앞서 말했듯이 우리는 이 힘을 사용하고자 문제해결을 위한 각 단계에서 회의를 열어 다음을 질문한다. "사람들을 자극하기 위해 반드시 넘어서야 할 기준은 무엇일까?", "다른 연구자들을 흥분시키고, 투자자들을 흥분시키고, 대중을 흥분시키려면?" 이렇게 목표가 세워진다. "그렇다면 무엇을 해야 할까?"라는 질문은 언제나 훌륭한 고민거리다. 이 질문은 이제껏 우리가 떠올렸던 모든 것을 능가하도록 자극한다. 내가 올바른 길 위에서 발전하고 있음을 깨닫기 시작하면 그렇게 신이 날 수가 없다. 그 결과 주어진 일에 전념할 가능성이 더 커진다. 이렇게 해서 추진력을 얻는다.

생물 물리학과 의학을 전공한 브라이언 라울리히트Bryan Laulicht 는 단추 전지를 삼킨 아이들의 부상을 줄이는 프로젝트에 착수했다. 단추 전지는 원반 모양의 작은 전지로 리튬, 아연, 은 또는 맹가이 들어 있고 카메라, 스마트키, 리모컨, 음악이 나오는 연하장, 온도계, 시계 등의 기기에 들어간다. 이 전지가 아동의 목구멍에 걸리면 두 시간 만에 식도를 지나가며 화상을 일으킬 수 있다. 해마다 미국에서만 평균 3,500명의 아동에게 일어나는 이 사고는 지금까지 계속 증가해왔다. 그동안 수십 명의 아동이 목숨을 잃었고, 그보다 많은 수의 아동이 영구적인 손상을 입었다.

라울리히트의 한 친구는 단추 전지를 삼킨 아동의 부상 사고가 증가하고 있다는 기사를 읽고 이를 브라이언에게 알렸다. 라울리히트는 이 문제가 남의 일로 여겨지지 않았다. "종종 저는 그런 일이 우리 가족 누군가에게 일어나면 어쩌나 하고 생각합니다. 그러다가 대개는 상황이 심각해지면 그 문제를 다시 생각해보죠. 이는 충분히 값어치 있는 일입니다. 내가 아끼는 누군가 또는 다른 사람들이 깊이 아끼는 누군가에게 도움이 될 수 있으니까요."

더 나은 전지를 만들고자 연구하던 우리는 표면이 젖으면 전지를 비활성화하여 전류가 조직을 손상하지 않게 하는 확장형 기술을 개발했다. 새로운 기술이 생겼다고 전지 성능이 떨어지지는 않는다.

라울리히트의 경우, 정서적 잣대가 높은 동기를 유지하도록 이끌었다. 누구든지 이런 방식으로 정서적 연결성을 사용하여 강한 동기를 유지할 수 있다. 나의 애로사항은 내가 시급히 움직여야 할 원인을 제공한다. 덕분에 내 의도대로 행동할 가장 강력한 동기가 생겨난다. 어쩌면 여러분은 특정한 습관 또는 기계적인 패턴이 성가시다는 것을 인식하고 변화를 원할지도 모른다. 어쩌면 되고 싶거나 그렇지 않은, 또는 하고 싶거나 그렇지 않은 무언가가 여러분의 애로사항일 수도 있다. 어쩌면 도달하고픈 목표가 있을지도 모른다. 애로사항은 새 일자리를 찾거나, 관계를 회복하거나, 적극적인 조치로 내가 속한 공동체의 문제를 해결하겠다는 동기를 심어줄지도 모른다. 더 넓은 관점에서 보면 애로사항은 우리를 무관심에서 관심으로, 무위에서 행동으로 옮겨놓는 주인공이다. 이때 내가 주어진 문제를 해결하려고 쏟는 에너지는 다른 사람들에게도 불꽃을 일으켜 더 넓은 수준에서 문제해결을 위한 추진력을 만들어낸다.

자연은 여러분에게 메시지를 보낼 겁니다. 아마 온화한 메시지겠지요. 여러분이 깨닫지 못한다면, 더 강해지거나 고통스럽게 다시 찾아올 겁니다. 고통은 더없이 훌륭한 교사이자 대스승입니다. 고통이 느껴지면 그것을 없애려고 온갖 것을 하게 되죠. 영적인 관점에서 볼 때, 고통은 이런 메시지를 전달합니다. "음, 뭔가를 생각해야 할 거야. 변화가 필요할 수도 있겠지. 네가 되어야 하는 것, 운명이 의도한 것을 따르지 않고 있을지도 몰라. 해야 할 것과 정반대인 것을 하고 있을지도." 제가 보기에 고통의 시간은 우리 모두에게 숙고를 요청하는 반성의 시간입니다. 과연 우리는 자신보다 더 높고 위대한 이해력을 품고 영향력을 발휘하는 저 지고한 힘, 지고한 영적 법칙의 진정한 도구로 살고 있을까요?[2]

_ 데이브 쿠첸 원로, 아니시나베 부족

의욕이 떨어질 때는 애로사항이 무엇인지 찾아내—필요하다면 하나 만들어내어─부담을 높이는 것도 방법이 된다. 이로써 이기든 지든 중대하게 걸린 문제가 많다는 것을 느끼게 된다. 복잡하게 생각할 필요는 없다. 끝까지 해내야겠다는 압박감은 다음 단계를 밟아─즉 목적의식을 가지고 행동함으로써─그렇게 하지 않았을 때의 결과를 피하도록 이끈다. 예를 들어 체육관에 가려는 마음은 있지만 실행하지 않고 있다면 파트너를 한 명 구하자. 이로써 내가 가지 않으면 누군가를 바람맞히는 상황이 생겨난다. 그것이 애로사항이다.

혁신, 특히 의학 분야의 혁신은 누군가 해결하고 싶었던 분투나 고통을 가까이에서 겪은 것이 계기가 되어 이루어지곤 한다. 암의 가족력이 있었다든지, 조부모님 중 한 분이 알츠하이머병을 앓았다든지, 가족이 모든 것을 잃어 오갈 데 없는 처지가 된 친구가 학교에서 낙제했다든지, 자신이 직접 비극적인 일이나 시련을 겪고 이를 극복하는 데 무언가가 필요했다든지 하는 경우 말이다. 결의에 차고 의욕에 넘치는 사람들은 자신과 타인을 위해 뭔가 다른 것, 더 나은 것을 창조하려는 열정과 소명 의식을 심어준 인생 경험이 있었다고 말한다. 오늘날 환경 문제부터 조직적인 인종 차별 및 사회적 불의에 이르기까지 우리가 부딪힌 가장 난해한 문제들을 해결하려 할 때도 같은 원리가 적용된다.

읽기, 조사, 연구, 실험실 작업도 지적인 능력을 제공하고 의욕도 심어주지만, 문제를 가까이에서 접하면 더 깊은 에너지 원천을 얻을 수 있다. 어느 분야에 몸담고 있든지 도움이 필요한 이들에게 꾸준히 시선을 보내야 하며, 그들을 보살펴야 할 이유를 계속 인식해야 한다.

진척이 더디고 고되며 때로는 용기가 사라질 때, 자신과 같은 사회

정의 활동가들이 변함없이 활동에 전념하는 비결을 마리안 버드Mariann Budde 주교에게 물었다. 버드 주교는 형사 사법 개혁가 브라이언 스티븐슨Bryan Stevenson 의 말을 인용했다. 그는 활동에 전념하는 사람들을 위한 간명한 조언으로 유명한 말을 남겼다. "가까이에 머물라." 버드 주교는 이 말을 마음 깊이 새긴다. "어떻게 하면 리더이자 시민으로서 초점과 의도를 잃지 않도록 확실히 할까요? 오랫동안 이 일에 종사하면서 진정한 변화를 일궈내고 싶다면, 가장 고통받는 사람들 가까이에 머물러야 합니다. 우리 사회의 불평등으로 인해 가장 큰 영향을 받는 사람들과 관계를 맺고 있다면, 게다가 그 관계가 진실하다면, 그들을 위해 싸우거나 노력하는 것보다 그들을 외면하기가 훨씬 어렵습니다. 저는 이것이 사실임을 잘 압니다."

때로는 어떤 순간, 어떤 계기, 어떤 문제 또는 상황이 한 사람을 리더의 자리에 올려놓습니다. 저는 늘 목소리를 높임으로써 소외된 사람들의 이야기가 전달되는 공간을 만들었습니다.[3]

_ 레지날드 '레지' 슈포드, 노스캐롤라이나 저스티스 센터North Carolina Justice Center 사무총장

어디서든 시작하기:
목적이 열정을 만들고, 열정은 목적과 기쁨을 키운다

"당신의 열정을 따르라."라는 조언은 우리가 그 열정을 저절로 파악하고, 열정을 따르는 길도 분명하고 확실하다는 것을 전제할 때가 많다.

극소수 사람들은 정말 그럴지도 모르겠지만, 대다수 사람은 그렇지 않다. 분명 어린 시절의 나에게는 그 길이 분명해 보이지 않았다. 물론 나는 뭔가를 만드는 것을 좋아했지만, 나의 레고 작품 또는 두루마리 휴지 심으로 만든 내 로봇이 공학 분야의 미래를 보여주지는 않았다. 나는 운 좋게도 숲 근처에 살아 그곳을 돌아다니기는 했지만, 자유분방한 아이로서 시내를 첨벙거리며 모험하는 것을 넘어서까지 자연에 대한 조숙한 열정이 있었던 것은 아니다. 내가 언젠가 과학자가 되리라고는 누구도 상상하지 못했을 것이다. 게다가 자연의 지혜를 참고해 의학 치료법을 개발하는 생명공학자가 되리라고는 더더욱 상상치 못했을 것이다.

성인의 삶에서는 자유분방함이 자유낙하처럼 느껴질 때가 있다. 동료들이 자기 길을 찾고 열정을 발견한 것처럼 보일 때는 더욱 그렇다. 나도 그것을 발견했다고 생각했는데, 뭔가가 발밑에서 나를 확 잡아당기는 일이 벌어질 때도 있다.

유명한 장거리 수영 선수이자 저술가이며 극작가이기도 한 다이아나 니아드는 우리에게 이렇게 말했다. 니아드는 어렸을 때 다방면에 엄청난 관심을 기울였다. 수영만 좋아했던 것은 아니었다. 열정적인 운동선수들을 다룬 책을 읽고 영화를 보는 것도 사랑했지만, 그녀만의 고유한 관심은 어린이로서는 놀라운 곳에 있었다. 즉, 언젠가는 죽을 테니 어서 인생을 진지하게 대해야 한다는 생각이었다. 친척들에 관해 잘 알고 있던 것은 아니었지만, 열 살쯤 되었을 때 할머니, 할아버지가 모두 80대까지 사셨다는 것을 알고 나서 계산을 해봤다. 그분들의 수명과 자기 나이를 따져본 그녀는 학교에 써낸 글에 이렇게 적었다. "이 말인즉슨 내게 칠십몇 년이 남았다는 뜻이다. 의사와 운동선수가 되고 싶다면 어서 서둘러 많은 사람을 돕고 세상의 모든 언어를 배우는 편이 좋을 것이다."

니아드는 어린 소녀에게는 과분한 포부였을지도 모른다고 인정하면서 이렇게 덧붙였다. "중요한 것은 최대한 깨어 있고 몰입해야겠다는 인식과 욕구가 있었다는 거예요. 무슨 이유에서인지 저는 '잠으로 시간을 흘려보내지 않는 게 좋을 거야. 허비하지 않는 편이 나을 거야. 남은 시간이 많지 않으니 빈둥거리지 않는 게 좋을 거야.'라고 생각했었어요." 죽을 운명이라는 사실이 니아드의 애로사항이었다.

교사이자 학교 사서로 경력을 시작한 기술 혁신계의 리더 린다 스톤Linda Stone은 그녀의 눈부신 행적을 보여주는 고위직에 오르길 선망한 적이 없었다. 그녀는 애플의 CEO와 협업하고, 마이크로소프트의 CEO 밑에서 일하는 등 다양한 직책을 맡았다. 스톤은 내게 이렇게 말했다. "특별히 계획해놓은 진로는 없었어요. 저는 제 관심사들을 지침으로 삼았고, 어떻게 하면 사용자들에게 가장 도움이 되는 기술을 만들어낼지 알아내는 일에 열정을 가졌던 거죠."

다방면에 걸친 스톤의 관심사에는 몇 가지 공통점이 있었다. "저는 창의성, 지능, 사람들이 배우고 생각하는 방식, 문제를 해결하는 방식이 무척 궁금했어요. 개인용 컴퓨터가 등장한 다음에는 인간과 기계의 관계에 매료되었죠. 어떻게 하면 인간이 기계처럼 더 효율적일 수 있을지에 관심을 두지는 않았어요. 늘 저의 관심사는 우리가 가장 좋은 인간이 되도록 기계가 우리를 뒷받침할 방법에 있었죠."

스톤은 고위직에 오르겠다는 목표보다는 호기심이 그녀의 진로를 정한다고 믿는다. 자신의 호기심을 따라갔더니 기회가 열렸고, 스톤은 그 기회를 잡았다. 프로세스와 혁신적 사고에 대한 깊은 관심은 기업 환경에서 그녀를 돋보이게 했다. 그녀의 열정과 호기심은 그녀에게 뚜렷하게 보였을뿐더러 꼭 필요한 것이었다. 이러한 사기 인식은 그녀를 안내하는 심오한 원천이었다. 그녀의 애로사항―진심으로 관심 있는 일만 다루고 싶다는 바람―은 믿음직한 안내자였다.

인생의 전환점을 만든 애로사항을 훗날 뒤돌아서야 깨달을 때도 있다. 내 경험을 돌아보면, 나는 다양한 진로 가능성을 탐색하면서도 어떤 길을 택해야 할지―학계에 있을지 기업에 몸담을지―전혀 모를 때, 어느 신생 생명공학 회사로부터 일자리를 제안받고 몹시 들떴다. 그곳에 가면 생명의학 분야에서 내로라하는 연구자들, 혁신가들과 어깨를 나란히 하고 일하게 될 터였다. 한창 대화가 잘 이어졌는데, 구체적인 직무를 듣고 있으려니 생각이 달라졌다. 내가 가면 작은 팀을 이끌어야 하고, 나의 구체적인 중점 분야에 대해서도 들었다.

중점 분야를 듣는 순간 머릿속에서 경고등이 켜졌다. 프로젝트 하나에 온전히 몰두하는 것은 내게 최악의 악몽이었다. 그것은 나라는 사람과 당최 맞지 않는 일이었다. 특히 내 뇌는 호기심에 따라 움직이는 터라 동시에 여러 프로젝트를 다루면서 새로운 것을 끊임없이 배워야 했고, 항상 새로운 영역을 접하면서 내가 전혀 모르는 분야에서 가장 중요한 것을 알아내는 것이 중요했다. 간단히 말하면 지금의 나처럼 말이다. 이 갑작스러운 깨달음이 그 일에 관한 다른 모든 내용을 무색하게 만들었다. 나는 내면의 경고등에 주의를 기울여 그 신생기업에 합류하지 않기로 했다. 대신, 내게 필요하다고 생각되는 도전과 릿 에너지를 담고 있는 기회에 주의를 돌렸다. 당시에는 내가 결국 독자적인 혁신 연구실을 이끌게 될 것임을 눈치채지 못했다. 다만 나는 내가 밟고 있는 과정을 신뢰하고, 애로사항들을 활용해 내게 동기를 불어넣는 일에 계속 접근하고, 그 실마리들을 따라가는 법을 배웠다.

나 자신을 알기

멘토이자 교수인 나는 일자리나 학업 기회 혹은 진로 선택 등 자신의 다음 행보를 놓고 고민하는 사람들에게 조언을 부탁받곤 한다. 대개 그들은 여러 선택지의 장단점, 위험 요소, 이점, 비용편익 등을 나열하고 그동안 받은 조언을 내게 말해준다. 그 조언들은 저마다 어느 한쪽으로 기우는 것들이었다. 젊은 학생들이 종종 결정을 내리기 어려워하는 것은 누구의 조언을 따를지 확신하지 못하기 때문이다. 부모님, 동료, 교수의 조언 중 어느 것을 따라야 할까? 어느 정도 경험을 쌓았다는 이들도 주어진 선택지들의 전략적인 장단점을 놓고 고심하곤 한다. 어느 것이 가장 좋은 길일까?

　사람들이 수시로 간과하던 질문이 하나 있었다. 나는 오랜 시간을 보내면서 이 질문을 나 자신에게 던지는 법을 배웠다. 주어진 선택지 중 어느 쪽으로 뛰어들면 가장 흥분될까? 매일 아침 눈뜰 때를 상상해보라. 나는 어떤 일에 가장 열중하게 될까? 이 질문을 던지면 미지의 것들에 대한 모호함이 사라지고, 내 느낌과 직관적 감각에 주파수를 맞추게 된다. 느낌과 직감에도 나름의 지능이 담겨 있으니 말이다.

위 질문에 "모르겠다."라는 답이 나왔다면, 더 많이 실험하면서 자신을 움직이고 흥분하게 만드는 것을 알아내라는 초대로 여기는 것이 좋다. 그 답을 고민하기 위해 잠시 어디론가 꿈의 여행을 훌쩍 떠나기에는 시간과 자원이 부족하다면, 속담 문구처럼 '지금 있는 곳에 머물러라.' 다만 진정으로 내게 긍정적인 감정을 일으키는 것들에 주의를 기울여보자. 그 내용을 노트에 적어라. 심지어 자신에게 문자 메시지를 보내라. 나는 이 방식을 쓰고 있다. 하루를 보내는 동안 무엇이 내게 긍정적인 감정을 일으키고, 무엇이 좌절감을 불러일으키는지 기억하거나 기록하려고 노력하라. 약간의 집중력도 필요하고 어느 정도는 자신을 인식하고자 노력도 해야 한다. 그럼에도 가슴을 뛰게 만드는 것이 무엇인지, 시간을 기울여 정말 하고 싶은 일이 무엇인지 주의 깊게 살펴보라.

위험도 감수해보고, 온갖 것을 시도해보라. 낯선 것을 처음 시도하는 불편함을 극복하고 나에게 와닿는 신호를 탐색하는 기회를 스스로 허락하라. 분명 와닿는 것이 있을 것이다. 탐색 자체가 긍정적인 것을 안겨준다. 첫째, 자기를 더욱 인식하고, 감정의 맥박을 측정해 내가 정말 즐기는 것과 그렇지 않은 것을 알아내며, '나인 것'과 '나 아닌 것'에 해당하는 경험을 분별하는 법을 배우게 된다. 이 정보를 토대로 삼으면 내가 기울인 투자에 긍정적인 수확을 안겨줄 가능성이 가장 큰 일에 더 높은 주의력과 에너지를 쏟을 수 있다.

이런 감정에 접근하기가 어려울 수도 있다. 우리 중 많은 사람은 부모님, 가족, 친구, 동료, 상사 등 다른 사람을 기쁘게 하는 선택을 내려야 한다고 믿고 이를 깊이 새기며 자라왔다. 자신만 빼고 거의 모든 사람을 기쁘게 하는 선택 말이다. 습관적으로 남의 필요를 살피다 보면 자기만의 필요를 무시하기 쉽다.

무엇이 나의 상황을 크게 바꿔놓을지에 대한 인식을 키우는 것이 유익하다. 오늘—또는 이번 주 혹은 다른 어느 때—여러분이 내릴 수 있는 결정들을 생각해보라. 단, 오랜 시간에 걸쳐 여러분을 가장 벅차게 만들 결정들을 떠올려보라. 이러한 내면의 추진력은 더 힘든 시기, 즉 최상의 날들 사이를 채우는 힘겹고 고된 시절에 여러분을 단단히 붙잡아줄 것이다.

과학과 의료 분야에서는 생체 정보를 활용해 특정한 생물학적 요인의 존재 여부와 상호작용을 알아본다. 혈액 검사를 비롯한 진단법들은 암이나 다른 질병의 생체지표를 드러내 진단과 치료에 도움을 준다. 생체 정보들은 여러분 그리고 여러분의 반응에 나타나는 고유한 것을 드러내는 다른 생물학적, 행동적 특징도 포함한다. 이것은 어떤 활동을 위한 나만의 동기 에너지를 판단하는 데 유용한 DIY 피드백 도구가 된다.

여러분이 높은 동기와 만족도를 유지하도록 활력을 불어넣는 것과 그렇지 않은 것은 무엇이며, 기대만큼 활력을 주지 못하는 것은 무엇인가? 여러분의 경험은 환경에 따라 어떻게 형성되는가? 혼자 운동하는 편을 선호하는가, 아니면 운동 파트너가 있는 편을 선호하는가? 트레드밀 위에서 걷는 편이 좋은가, 아니면 야외의 길을 따라 걷는 편이 좋은가? 어쩌면 여러분은 오래전에 자신을 '수학과 거리가 먼 사람' 또는 운동이나 예술에 서툰 사람이라고 판단했을지 모른다. 인격이 형성되는 더 어린 나이에 그런 것들이 별로 와닿지 않았기 때문이다. 이렇게 과거에 형성된 인상들은 언제든 다시 살펴볼 가치가 있다. 새로운 맥락, 신선한 접근법, 지지적인 교사나 코치, 여러분이 살면서 겪고 성장한 일들이 다음번에는 엄청난 차이를 만들어낼 수 있으니 말이다.

우리를 흥분하게 하는 것과 그렇지 않은 것을 규정할 수 있는 맥락을 잘 인식하고 이를 전략적으로 활용해야 한다. 내가 통제할 수 있는 변수―시간, 장소, 사회적 요인―를 통제해 성공할 준비를 갖추자. '너 자신을 알라.'는 말을 실천한다면, 내 잘못이라고 생각되는 것들마저 내게 유리하게 활용할 수 있다는 것을 알게 될 것이다. 일례로 나는 좋아하는 일이 많지만, 들뜬 기분이 올라와 마침내 그 일을 실행하기까지 계속 미루면서 의욕을 심어줄 에너지를 쌓아 올린다. 한때는 이렇게 일을 미루는 자신에게 짜증이 나곤 했다. 성격에 결함이 있는 것처럼 뭔가가 잘못된 느낌이었다. 그렇지만 결국, 나에게는 이것이 효율적인 과정의 일부라는 사실을 깨달았다. 집중해야 할 일로 들어가기 전에 내 뇌가 자유롭게 돌아다니는 방법이었던 것이다. 이 사실을 깨달은 뒤에는 나를 괴롭히거나 언짢게 여기느라 소중한 에너지를 허비하는 일을 그만두었다. 그리고 이 통찰을 활용해 더 많은 것을 성취하고자 노력했다.

다른 사람들처럼 시간의 압박에 쫓기던 나는 내가 가장 많은 시간을 쏟는 일이 무엇인지 더 주의 깊게 살펴보기 시작했다. 경력 초반에는 몇몇 좋아하는 일을 열심히 추구했지만, 내게 몹시 중요한 사람들 곁에 충분히 있어주지 못할 때가 많았다. 모든 순간을 생산적으로 보내려던 것은 아니었다. 다만 나의 ADHD 성향에 맞서 주어진 일에 푹 빠져 밤늦도록 깨어 있을 방법을 찾곤 했다. 그러다 보면 생산적이라는 느낌은 들었지만 피로에 짓눌리고, 주의가 흐트러지고, 마음속으로 가장 중요하다고 생각되는 일은 제쳐두었다는 생각에 좌절하곤 했다. 계속 그렇게 살 수는 없었다.

더 많이 할 일은 언제나 존재한다. 더 많은 가능성을 생각해볼 수 있고, 더 많은 프로젝트를 시작할 수 있고, 더 많은 펀딩에 지원할 수 있고, 학생들과 만나 지침을 전달할 더 많은 방법이 있다. 좋은 아빠, 좋은 남편이 되어 가족을 든든히 지켜주기 위해 더 많이 노력할 것들도 있다. 어떤 활동을 하면서 환희에 젖거나 단순히 좋은 기분을 느낄 때가 있다. 나는 이러한 생체지표들을 확인하고, 그 활동이 좀 더 깊은 차원에서 내게 영향을 끼치면서 나를 지탱해준다는 것을 읽어내게 되었다. 지금은 자주 내면의 평가를 새롭게 내린다. 내가 사랑하는 일들이 무엇인지, 내가 하거나 하지 않는 일 중 성가신 것들—자리에 누울 때 내 머릿속을 가득 채우는 것—은 무엇인지 하나하나 검토한다. 이것들은 내 선택이 옳았는지 확인할 수 있는 지표가 된다.

그런 내적인 단서에 더 민감해지고 이를 토대로 일상의 결정을 내릴수록 몰입도도 높아졌다. 더불어 휴식하고 놀아야 할 때, 하던 일에 더 집중해야 할 때, 다른 방식으로 몰입해야 할 때도 알게 되었다. 다른 사람들과 상호작용하기만 해도 내 마음 상태를 읽고, 나의 가치와 우선순위에 맞게 살아가는지를 확인할 수 있다. 다른 사람들의 반응을 보면 내가 어떤 기운을 뿜어내는지 알 수 있다. 요즘 내가 피곤함을 느낄 때의 '릿 반응'은 주파수를 맞추는 것이다. 나는 무엇을 하든, 누구와 함께 있든, 그것이 업무와 관련된 회의든, 가족들과 보내는 시간이든, 디지털 기기를 꺼놓고 숙면을 위해 자리에 누웠든 간에 좀 더 현재 순간에 집중할 수 있다. 미디어도 더 조심성 있게 사용하게 되었다. 생각 없이 사용하는 습관에 고삐를 잡는 것을 넘어, 선한 일을 위해 더 의도적으로 미디어를 사용할 줄도 알게 되었다.

이를테면 하루를 보내면서 틈틈이 5분씩 휴식하며 체스 퍼즐을 풀어본다. 이는 나의 피로도를 가늠하는 수단이다. 체스 퍼즐은 예리한 태도로 몇 수 앞을 내다볼 줄 알아야 제대로 할 수 있는데, 피곤할 때는 도무지 그렇게 하지 못한다. 따라서 영 퍼즐이 안 풀릴 때는 잠이 더 필요하다는 사실을 알 수 있다! 그런가 하면 웨어러블 기기를 활용해 다른 방식으로 일상을 실험함으로써 수면의 질을 높이기도 한다. 내게는 이것이 릿 상태를 뒷받침하는 요령이다. 즉, 내 생활의 어느 부분을 실험해야 내게 가장 맞는 방식으로 개선을 이룰 수 있는지 생각해본다.

요즘 나는 적절한 선에서 "챔피언은 언제나 한 가지를 더 한다."라는 주문을 외우면서 일을 끝까지 해내고, 기운을 내며, 활력을 얻는다. 일례로 사안을 촘촘히 추적할 의욕이 나지 않을 때가 있다. 양적인 세부 사항 없이 그냥 이대로 진행하고픈 마음이 든다. 이런 변화가 느껴지면 내 습관들을 돌아보고 그것들 하나하나에 질문을 던진다. '이런 태도가 여전히 내게 유익할까?' 그렇지 않다고 판단되면 뭔가 다른 것으로 바꾼다. 동시에 지금은 도움이 되지 않는 것이라도 미래 어느 시점에서는 유익할 수 있다는 것도 잘 알고 있다.

한 가지 흥미로운 점은, 피곤함을 이겨내는 데 필요한 활성화 에너지가 전보다 크게 줄었다는 것이다. 물론 때때로 잠이 더 필요하기도 하고, 때로는 일상에 놀이가 더 필요하다고 생각해 그런 것들을 만들려고 노력하기도 한다. 그러나 관심 있는 것들로 삶을 채우고 나면, 실제로 피로감이나 동기 부족을 훨씬 쉽게 알아차린다. 지금은 일을 추진해 많은 것을 완수하면서 뿌듯함을 느낄 수 있다. 과거에는 그렇지 않았다. 그때는 피곤함에 무릎 꿇고(포기하고) 나 자신이 성과도 없고 게으르다고 느끼곤 했다. 이는 곧 내 기분과 주변 사람들에게 부정적인 영향을 끼쳤다. 나의 애로사항을 표적으로 삼으면 거의 날마다 어느 정도는 투쟁을 하게 된다. 뭔가를 알아내야 한다는 정신적 투쟁이든, 그저 목표를 향해 계속 나아가야 한다는 투쟁이든 이를 내 자연스러운 하루 리듬의 일부로 받아들이게 되었다.

일과와 관련해 에너지가 들어오고 빠져나가는 것을 쉽게 확인하려면 대조점을 찾아보면 된다. 분석 심리학의 아버지인 칼 융은 이렇게 말했다. "대조가 클수록 잠재력도 크다. 엄청난 에너지는 그에 견줄 만한 반대자들과의 엄청난 긴장 속에서 생겨난다."[4] 여러분은 언제 물 만난 듯이 자신감 넘치고 들뜬 기분을 느끼는가? 언제 지루해지고 동작이 굼뜨는가? 그리고 언제, 어디서 이런 대조를 가장 쉽게 알아차릴 수 있는가?

팬데믹은 우리의 탐색 범위를 좁혀놓고, 개인의 틀뿐만 아니라 가장 가까운 공동체 너머와 상호작용하는 것도 제한했다. 여러분의 탐색 패턴을 점검하고 의도적으로 확장해보자. 여러분이 중요하게 여기는 사소한 것들에 관해 한두 가지 선택부터 시작해보자. 다른 사람들에게는 대단해 보이지 않는다는 이유로 계속 미뤄왔던 박물관 방문을 실천할 수도 있다. 동네를 산책할 수도 있다. 소셜미디어에서 나쁜 뉴스만 강박적으로 찾아보는 대신 책을 읽거나, 새로운 팟캐스트를 듣거나, 새로운 요리법을 시도할 수도 있다. 작게 시작하고, 어떤 기분이 느껴지는지 살펴보자. 덕분에 기분이 좋아진다면 글로도 남겨놓자!

이런 방식으로 나만의 관심사에 반응하기 시작하면, 내 삶을 더 좋게 만드는 변화를 이룰 수 있다는 생각이 머릿속에 자리 잡는다. 다른 사람들의 필요와 선택이 중요치 않다고 말하는 것은 결코 아니다. 다만 살면서 나만의 열정을 찾아내려면 주의를 기울여 자신을 살펴봐야 한다는 것이다. 당장은 불가능하다고 느껴진다면, 그것이 나를 성가시게 하도록 놔두자. 그리고 행동을 위한 불꽃을 안겨줄 다른 릿 도구를 활용하자.

맞지 않는 신발은 벗어버리기

외부인의 눈에는 내가 과학과 생체의학 혁신 분야에 몸담은 것이 합리적이고, 논리적이고, 잘 계획된 것처럼 보일지 모르겠지만, 지금까지 나는 그런 느낌이 든 적은 없었다. 나는 내 호기심과 나의 선택이 일치하지 않을 때 느꼈던 애로사항의 안내를 받았다. 나는 내가 가장 궁금해하는 대상에 집중해야 했다. 그러한 내면의 안내를 무시하면 엉뚱한 신발을 신은 것처럼—또는 긴 하이킹을 앞두고 부츠를 잘못 신은 것처럼—뭔가 맞지 않는다는 느낌이 들었다. 이에 나만의 여정을 거치는 과정에서 나의 관심사를 따라가며 새로운 관심거리들을 하나둘 발견하는 법을 배웠다. 린다 스톤처럼 나도 호기심의 인도를 받았다. 그 에너지 없이 움직이는 것은 하나의 애로사항이 되었고, 이는 길가의 표지판처럼 나의 주의를 집중시켰다.

이 과정에서 불확실성이라는 요소를 품고 지내고, 심지어 불확실성을 안고 살아가는 법을 배워야 했다. 달리 말해, 불확실성을 없애는 것이 중요하다는 이유로 더 안전하고 확실하다고 느껴지는 선택지를 고를 수는 없었다. 나는 가면 증후군은 곧 내 흥미와 호기심을 자극하는 새롭고 낯선 영역을 탐색하는 신호일 뿐이라고 다시 생각해야 했다. 이는 지금 내 연구실을 떠받치는 토대 중 하나다. 나는 전문 자격을 갖추지 않았더라도 내가 궁금해하는 새로운 과학 또는 의학 영역에 끊임없이 관심을 기울인다. 우리는 일을 밀고 나가면서 우리를 안내할 적절한 기술을 갖춘 사람들을 영입할 방법을 찾는다.

여러분이 시도하려는 일이 성공할 것이라는 확신이나 자신감이 없어도 된다. 단, 미지의 영역으로 들어갈 때는 내 생각이 효과적일 때와 그렇지 않을 때를 분별하는 법을 또 한 번 훈련하는 중이라고 생각하자. 이렇게 효과적인 것과 그렇지 않은 것을 알아가는 과정 자체가 여러분 삶에 들뜨고 흥분되는 기분을 안겨준다. 불확실성이 내재하는 이 과정—어떤 생각을 품고, 그것을 믿고, 한번 시도해보는 것—에는 엄청난 에너지가 담겨 있다.

죽이 되든 밥이 되든 해보겠다며 일에 뛰어든 제임스 앙크럼은 이 경험으로부터 중요한 교훈을 얻었다. "연구실에 있을 때 사람들이 하던 말이 있습니다. '뭐든 해봐!' 어떤 프로젝트를 기획하고 가설을 수립하는 단계에서 앞이 꽉 막히기란 쉬운 일이죠. 이렇게 되면 방아쇠를 당겨 새로운 것을 시도하고 배울 수가 없습니다. '뭐든 해봐!'는 위험을 감수하도록 서로를 격려하는 우리만의 요령이었습니다." 또한 그는 웃으면서, 회의 때 이 말을 주고받고 있으면 내가 "뭔가 대단한 걸 해봐! 뭔가 중요한 걸 해봐!"라고 즉시 고쳐주었다는 이야기도 했다.

현재 앙크럼은 연구실 한 곳을 이끌면서 구성원들이 서로를 위해 열정적이고 목적 지향적인 가능성을 뿜어내는 환경을 만들고 있다. 우리는 바로바로 다음 할 일을 알고 있어야 한다는 생각에 괴로워할 때가 많다. 다음 할 일을 고민하거나 내 미래가 한 가지 모양이라고 생각하는 대신, 내가 궁금해하는 것을 알아내는 쪽으로 주의를 돌려보자. 무엇이 여러분을 흥분하게 하는가? 다음에 어떤 일을 해야 당분간 그 활동을 즐기고, 충분한 시간을 갖고 내가 좋아하는 것과 싫어하는 것에 관한 통찰을 얻어 그 지침을 바탕으로 향후 의사결정을 내릴 수 있을까? 뭔가 해봐야겠다는 마음이 들 만큼 여러분을 성가시게 하는 것은 무엇인가?

여럿이 느끼는 행동의 필요성

애로사항을 공유하면 지구적 차원에서 중요한 일들을 달성할 의지와 방법이 생긴다. 기후변화 및 이와 관련된 환경 문제와 자연재해가 더 많은 사람의 애로사항으로 자리 잡아 정부를 비롯한 모든 리더들이 그 절박함을 함께 느낄 때까지, 우리는 이 파괴적인 교훈을 반복할 운명에 놓여 있다.

내가 깊이 공감하는 사례는 스미스소니언의 리사 사사키가 문화를 논하는 방식이었다. 글로벌 수준에서 혁신이 어려움에 부딪히는 이유

중 하나는 정계와 재계가 대담함을 놓고 게임을 벌이기 때문이다. 중요한 행위자 중 누구보다 앞장서서 더 협력적이고, 덜 권력 지향적인 모델을 추구하는 쪽으로 정부, 기업, 사회 변화의 경로를 바꾸려 하는 사람은 없다. 그런 기회를 악용할지도 모르는 다른 사람들에게 권력을 뺏길까 두려워하기 때문이다. 그러나 이는 그들이 내세운 정책의 부담을 고스란히 지고 있는 사람들의 고통과 애로사항을 무시하는 행위다. 생물학적으로 볼 때 애로사항은 생존을 위해 빨리 행동에 나서야 한다는 신호다. 뼈가 부러지면 병원에 가는 것이 상식이다. 행동에 나서기 위해 개인적으로 고통을 느낄 때까지 기다리지 말고, 애로사항을 증폭시켜 신호를 높일 방법을 찾아야 한다. 지구를 내 집으로, 자연 세계를 나의 동네로, 괴로워하는 사람들을 나의 이웃이라고 생각하자. 애로사항을 찾자. 성가신 문제를 인식하고, 나를 움직이게 하는 것을 찾아내자.

실천 지침

좌절감을 안겨주는 것 속에서 행동의 실마리 찾기

변화에 대한 욕구를 발견하자. 그것은 성가심이 안겨준 인식이자 여러분만의 애로사항이다. 여러분에게 동기를 심어주는 원천을 발견하기 위해 다음 요령을 실천해보자.

- **주위를 둘러보고 점들을 연결하기**: 자각하면 알아차릴 수 있다. 우리 뇌는 끊임없이 패턴을 인식하는 일에 몰두한다. 에너지를 적게

쓰는 모드일 경우, 우리 생각은 전에 썼던 익숙한 반응 패턴을 일상적으로 따른다. 무의식적인 반응에서 의식적인 선택으로 반응 패턴을 바꾸면 뇌에 릿 상태를 일으킬 수 있다.

- **의도를 가지고 참여하기**: 나를 즉각적인 행동으로 이끄는 삶의 자극들을 알아차리고, 내게 선택권이 있다는 것을 인식한다. 순간순간 멈추고 손에 쥔 선택지들을 곰곰이 생각해보자. 오래된 습관을 고수할 것인가, 아니면 여러분의 의도를 뒷받침하는 다른 무언가를 택하겠는가?

- **자신의 힘과 연결하기**: 열쇠는 내 손안에 있다는 것을 받아들이자. 주도권은 여러분에게 있다. 여분의 에너지를 얻을 수 있도록 여러분만의 애로사항 또는 동기와 다시 연결하자. 그 연결을 느끼면 힘이 생긴다.

- **솔직해지기**: 자기 삶을 긍정적으로 만들기 위해 뭔가를 바꾸는 데 집중할 때, 열린 자세로 그것에 관해 솔직해지려고 노력하자. 여러분의 변화는 다른 누군가의 생각이나 동기에 영향을 끼칠 수도 있다. 이는 하나의 불꽃이 되어 다른 사람들에게도 변화의 가능성을 선사한다.

- **다음 사람에게 건네주기**: 자기만의 길을 걷고 있는 다른 사람들을 격려하고 지지하자. 릿 상태로 행동할 때 이루어지는 에너지 전달은 강력하다. 내가 변화를 일으킬 때, 더 나은 쪽으로 변화하는 것은 나 자신이지만 이는 나와 주변 사람 모두에게 파급 효과를 일으킨다. 다른 사람들도 자신을 위해 긍정적인 변화를 일으키겠다는 영감을 받고, 그렇게 행동하겠다는 동기를 얻을 수도 있다. 어떤 경

우에서든 내면의 불편함이 피어오르도록 허락해 내가 보고 싶은 변화, 내가 만들고 싶은 변화에 대한 직관적인 감각을 일깨우면 유익을 얻게 된다.

능동적인 기회주의자 되기
사방에서 아이디어, 통찰, 영감을 발굴하는 방법

다양한 경험을 추구하며 기회를 포착하도록 뇌를 훈련하자

사람들이 자기가 이미 믿고 있는 것을 강화하는 뉴스와 관점들로 주변을 둘러싸며
이른바 반향실echo chamber 을 만드는 것은 전혀 놀랍지 않다.
이로써 뭔가를 소화해야 한다는 수고와 새로운 것을 배운다는 불편함을 줄일 수 있기 때문이다.
불행하게도 이는 마음을 바꿔놓을 수도 있는 무언가를 배울 기회마저 축소시킨다.[1]

_ 리사 펠드먼 배럿

과학과 기술의 세계에는 우리 인간처럼 다른 존재와 활기차고 창의적으로 연결하도록 설계된 구조가 있다. 이 구조는 정보를 주고받으며 번성하고, 이를 통합해 새로운 에너지와 가능성을 생성하며, 연결이 없으면 시들어버린다. 이것은 바로 여러분의 뇌 속에서 데이터를 연결하고 중계하는 뉴런이다. 뉴런은 끊임없이 활동하며 늘 성장하고 변화할 준비가 되어 있다. 프랑스의 공학자 대니얼 카마라Daniel Câmara 는 《생물에서 영감을 얻은 네트워킹》Bio-inspired Networking 에서 이렇게 논했다. "뉴런은 끊임없이 변한다. 그것은 성장하며, 성장 과정에서 환경을 견본으로 삼는다."[2]

뉴런처럼 행동해보자! 이것이 바로 릿을 누리는 삶에서 능동적인 기회주의자가 된다는 말의 본질이다. 끊임없이 주어진 환경을 견본 삼아 영감, 정보, 통찰의 원천을 적극적으로 발굴하자. 여러분이 머무는 삶의 영역이 어디든 배우고, 성장하고, 연결하고, 협력을 통해 좋은 일을 도모할 기회를 만드는 사람과 장소와 경험을 찾아 나서자. 다른 말로, 내면의 뉴런에 채널을 만들어주자.

왜 그렇게 해야 할까? 5만여 명을 대상으로 사회적 소통과 행복을 조사한 최근 연구[3] 결과, 다양한 사람들―그저 알고 지내는 사람과 낯선 사람까지―과 소통하는 사람들은 사회적 소통 범위가 좁은 사람들보다 행복했다. 연구자들은 정부 및 공중 보건 기관이 내놓은 공공 자료와 이전 연구를 토대로 이렇게 발표했다. "사람들이 맺는 사회적 소통과 참여하는 다양한 활동의 총량 이상으로, 그들의 사회적 포트폴리오에 나타나는 관계의 다양성도 개인 간의 행복 및 시간에 따른 한 개인의 행복을 예측하는 고유한 지표다." 여러 관계 범주를 넘나들며 많은 대화를 나눌수록 사람들의 만족도는 컸고 이 결과는 여러 국가를 아우르는 대규모 표본에도 적용되었다. 이는 연구의 공동 저자인 하버드 경영대학원 박사 과정의 학생 한네 콜린스Hanne Collins 가 한 말이다.

그들의 연구 결과에서 특히 흥미로웠던 것은, '약한 연결고리'(이를테면 거리가 먼 타인들)와의 소통도 '놀랍도록 긍정적인 경험'을 안겨줄 수 있다는 점이었다. 이는 두 사람 사이의 이해관계가 더 낮은 일대일 대화에서 더욱 두드러진다. 연구자들은 이렇게 말하면서, 약한 연결고리는 "정보와 자원에 접근할 통로를 제공하는 다리 역할을 함으로써 한 사람의 관계망을 견고하게 하는 데 중요한 역할을 한다."고 결론지었다.

기회주의자opportunist 라는 단어에는 부정적인 의미도 담겨 있다는 것을 잘 안다. 이 단어는 부나 권력을 좇는 나쁜 행위자와 자주 연결되고, '일관된 원칙이나 계획을 따르기보다 주어진 환경을 교묘히 활용해 즉각적인 이득을 얻으려는 사람'[4]이라고 일컬어지곤 한다. 나는 이 단어를 나쁜 뜻으로 사용하지 않는다. 연구를 실행하는 우리는 때때로 찾아오는 기회—아이디어, 앞서 간과했던 가능성, 불현듯 떠오르는 통찰—를 알아차리고 이를 좇아가 어떤 결과로 이어지는지 확인해야 한다. 다시 말해, 우리 앞에 놓인 기회를 포착하고 그 잠재력을 탐색하려면 기회주의적인 태도를 지녀야 한다. 과학 계통에 종사하는 내향인들은 사회적 상황을 어려워하겠지만, 끊임없이 네트워킹하며 기회주의적인 태도로 자신의 기회를 늘려야 한다. 얼핏 보기에는 나와 전혀 다른 원칙에 따라 움직이는—하지만 럿을 누리며 사는—사람과도 어울려야 할 때도 있다. 기회주의를 통해 럿에 도달하는 것은 다른 사람들에게 이바지할 때, 사회 전체의 이익에 봉사하는 행동을 추구할 때 가능하다.

능동적인 기회주의는 익숙한 쪽으로 기울곤 하는 렙 상태를 해독시켜준다. 다른 사람들과 어울리다 보면 자연스러운 자극으로 뇌를 각성시켜 행동에 나설 수 있다.

업무상 연결고리를 쌓으려고 네트워킹하는 것은 지루하고, 의무적이며, 거래에 기초한 뻔한 경력 쌓기가 되면서 그 빛을 잃어버렸다. 이와 대조적으로 자연의 각본에서 네트워킹은 근본적인 특징으로서 에너지를 일으키는 매우 창의적인 현상이다. 뉴런에게 네트워킹은 사느냐 죽느냐의 문제가 될 수 있다.[5] 뉴런들은 네트워킹하면서 번성한다. 다른 뉴런과의 연결이 끊어지는 것은 질병의 전조이자 일부 세포의 수명이 끝났다는 것을 나타낸다. 일부 식물은 타화수분他花受粉을 통해서만 번식할 수 있으므로 새, 벌, 그 외 다른 수단에 의존한다. 개미와 흰개미는 주변의 페로몬으로 이루어진 집단 알고리즘을 활용해 이동과 과업을 조율한다. 박테리아는 분자를 분비해 숙주를 장악하고 자신을 방어한다. 군집 행동 또는 (최상의 상태에서) 무리와 집단 지성은 네트워킹의 장점을 구현한다.[6] 개미와 벌부터 새와 포유동물에 이르는 사회적 종들의 경우, 개체의 공헌은 무리의 집단 지성을 높일 수 있다. 카마라의 설명처럼 집단에 속한 개인들이 교류하며 일으키는 시너지는 "각 개인의 지능을 훨씬 능가하는 지능을 드러낸다."[7]

여기에서 릿을 불러오는 요소는 우리의 선택과 의도적인 노력이다. 연결과 활발한 소통은 인간에게 생명을 주는 힘이기도 하다. 우리는 다양한 시간, 거리, 문화적 차이를 넘나들며 검색하고 표본을 찾는 과정에 활기를 불어넣을 수 있다. 타인에게 손을 뻗는 것은 점점 커지는 정신 건강 문제인 외로움의 해독제가 될 수 있다. 정신의학자 겸 임상의이자 저술가인 필 스터츠Phil Stutz는 넷플릭스 다큐멘터리 〈스터츠〉Stutz에서 이렇게 말했다. "여러분의 인간관계는 자신을 다시 삶으로 끌어당기는 손잡이와 같습니다. 여기서 중요한 것은 여러분이 그 손잡이를 적극적으로 잡아야 한다는 것입니다."

1967년 심리학자 겸 의사이자 발명가인 에드워드 드 보노Edward de Bono가 만든 '수평적 사고'lateral thinking라는 용어는 틀 밖에서 생각한다는 개념을 대중화했다. 보노는 조직 환경에서 혁신을 유도하는 하나의 전략으로 서로 다른 관점들을 나타내는 다양한 '생각 모자'를 비유로 들었다. 최근 이루어진 신경과학 연구는 뇌의 네트워크 체계에 관한 우리의 이해를 심화하고 확장했다. 이 연구는 우리 안팎의 출처로부터 끊임없이 정보를 얻어내는 거대한 상호연결성을 밝혀냈다. 연구의 저자 애니 머피 폴Annie Murphy Paul은 그의 저서 《익스텐드 마인드》에서 이 연결성을 '확장된 마음'이라고 불렀다.[8] 정신은 '뇌에 국한된다' — 오직 두개골 안에서만 작동한다 — 는 오래된 가정과는 대조적으로, 폴은 신경과학과 철학을 바탕으로 뇌에 영향을 주고 정신을 형성하는 일련의 신경 외적인 자원들을 설명한다. 폴은 이렇게 말했다. "정신은 두개골을 넘어, 뇌를 넘어, 우리 몸 안으로 확장하며, 우리 몸의 감각과 움직임은 우리가 생각하고 배우고 일하는 물리적 공간으로 확장된다. 또한 정신은 우리가 타인과 맺는 관계, 우리가 생각할 때 사용하는 도구로까지 확장된다."[9]

문제해결과 혁신 측면에서 훌륭한 접근법이라고 입증된 것은 내 삶의 모든 측면(나의 가장 내밀한 생각과 인간관계, 상상, 꿈, 일상생활, 의도를 품은 릿)을 비출 수 있다. 현실적으로 말하자면, 능동적으로 나서야 이 모든 것을 이룰 수 있다. 우리와 가장 가까운 동심원 너머에 있는 사람들로부터 다양한 정보, 통찰, 관점, 의견, 경험을 찾아야 한다는 것이다. 높은 에너지를 사용하는 릿 상태의 뇌를 활용한다면, 우리도 식물처럼 자기 생각을 타화수분할 수 있다. 예술가 겸 과학 기술자이자 철학가인 제임스 브리들이 《존재의 방식》에 논한 대로 할 수도 있다. "나 자신과 내가 만든 것들의 지평선 너머에 있는 다른 한 종류 또는 다양한 종류의 지성을 엿본다. 그것은 여기, 바로 우리 앞에 내내 존재했었고, 많은 경우에 우리보다 앞서 있었다."[10]

온갖 종류의 다양성을 받아들일 뿐 아니라 이를 적극적으로 찾아 나서면 모든 것이 달라진다. 이 책을 읽을(또는 들을) 수 있게 하는 신경망부터, 하루를 보내는 동안 전환하는 에너지까지 모든 것이 달라진다. 결국, 에너지는 언어를 뛰어넘어 선 바깥에 존재하며, 과학이 아직 설명하지 못하는 방식으로 이동한다.

필립 샤프: 나와 다른 것을 알고 있는 사람과 대화하기

MIT의 '코흐 통합 암 연구소' Koch Institute for Integrative Cancer Research 에서 교수로 재직 중인 유전학자 필립 샤프가 노벨상 수상을 안겨준 자신의 세포 생물학 연구 이력을 들려주었다. 과학 자체와 더불어 그의 이야기에 흐르는 두드러진 주제는 다른 사람들과 대화하고 그들로부터 배우려는 열의였다. 그는 "저는 저와 다른 것을 알고 있는 사람과 대화하길 좋아합니다."라고 말했다. 샤프는 과학적 영감이란 '인생의 여정에서 나오는' 하나의 프로세스라고 설명했다. 자기 관심사를 넘어서는 것들에 눈길을 줌으로써 관심 영역을 심화하고 그의 영향력을 최대로 높인다는 사실에 매우 놀랐다.

어떤 관심사를 추구하는 과정에서 더 흥미로운 것—어쩌면 더 높은 목적—이 생겼다는 것을 깨닫는 순간, 자신의 더 깊은 의도와 소통할 기회가 생긴다. 나아가 이는 우리를 전혀 다른 경로, 완전히 새로운 환경에 데려다 놓기도 한다. 자신의 가장 깊은 관심사와 소통할수록 더 큰 중력으로 다른 사람들을 끌어당겨 그들의 에너지와 교류하고 협력하게 된다.

모든 훌륭한 조직과 기관이 이런 특성을 나타내며, 각종 공동체 또는 개인의 인생에서도 마찬가지다. 샤프가 설명했듯이[11] 나이가 많든 적든 그의 주변에서 자극을 주는 다양한 과학자들은 그에게 영향력을 끼칠 뿐 아니라 하나의 환경으로서 성장을 촉진하는 페트리 접시였다. MIT가 기획한 인터뷰 프로젝트인 '인피니트 히스토리'Infinite History 와의 인터뷰에서 샤프는 이렇게 말했다. "그 공동체에 발을 들인 여러분은 … 주위를 둘러보면서 누가 가장 가치 있고 흥미로운 아이디어를 가졌냐고 묻죠. 누가 일을 완수해내는가? 누가 이 쇼를 이끌어 가고 있는가?" 샤프는 우리가 비옥한 환경에 참여하면 "정보와 통찰이 늘어나고, 덕분에 주변의 많은 사람이 소매를 걷어붙이고 문제를 해결하도록 자극을 받는다."고 말한다. "그리고 그 사람들은 다시 여러분에게 각종 도구와 아이디어를 가져다주죠. 이렇게 해서 여러분은 다양한 관점에서 세상을 바라보게 됩니다. … 실제로 문제를 해결하는 새로운 방법들 말이죠. 이러한 인터페이스는 정말 흥미롭습니다."[12]

샤프는 켄터키에 있는 그의 작은 가족 농장에서 어린 시절을 보내며 자연과 동물 가까이에서 살았다. 이것이 과학에 대한 그의 호기심을 자극했다. 과학의 길을 따라가며 여기저기서 열리는 콘퍼런스에 참석했고, 이동 중에는 챙겨간 동료 연구자들의 논문을 읽으며 배움을 이어갔다. 그는 이렇게 말했다. "다른 사람들의 사고방식과 문제의 전개 양상을 세세히 파악하고, 거기에 조금이나마 나의 몫을 보태어 뭔가 새로운 것을 만들어내는 것은 무척이나 즐거운 일입니다. 정말 놀라운 삶이죠."

이후 몇 년간 샤프는 진행 중인 작업을 논의하는 다른 연구실의 정기 회의에 틈틈이 참석해 자신의 작업을 공유하고, 점점 많은 동료와 과학에 관한 대화를 확장해나갔다. 결국 그는 기업가의 역할을 맡게 되었다. 학계의 기술을 환자들에게 전달할 기회를 포착한 것이다.[13] 1년을 넘기지 못할 것이라는 주변의 우려도 있었지만, 그는 생명공학 산업을 시작하는 데 힘을 보태 1978년 바이오젠Biogen을 공동 설립했다. 또한 도시 속의 늪지이자 산업 황무지였던 보스턴의 켄들 스퀘어Kendall Square를 북적거리는 세계 생명공학의 수도로 탈바꿈시켰다. 샤프는 이렇게 말했다. "기업가 정신은 훨씬 더 큰 사회와 소통하며 내 생각을 실현해야겠다는 의지를 불러일으킵니다. … 그들을 일일이 만나서 무엇이 그들에게 동기를 불어넣는지 이해하려고 노력하고, 그들이 어떤 방식으로 일을 수행하는지 알아보게 만들죠. … 덕분에 저는 사회에 존재하는 다양한 사람들의 재능을 더 깊이 인정하게 되었습니다."[14]

그는 내게 이렇게 말했다. "이 프로세스는 제 인생에서 여러 번 일어났습니다. 그때마다 저는 제가 가진 구체적인 관심 영역을 벗어난 주제에 관해 읽고, 다른 관심사를 가진 사람들과 관계를 쌓고, 모든 조각들을 연결하기 시작하죠. 이 프로세스를 통해 그 분야를 형성하는 데 이바지하고 생명공학의 틀을 만들 수 있었습니다."

샤프의 가족은 켄터키주 팔머스의 리킹강 근처에서 소를 키우고 담배를 재배했다. 샤프도 그곳에서 일정 부분 일을 맡아 대학 등록금을 마련했다. 그는 많은 공학자와 과학자들에게 자원이 부족한 시골 학생들과 대화하라고 독려한다. 샤프는 이것이 차세대 연구자들에게 영감을 주는 방법이라고 여긴다. 그런 연구자 공동체에서는 학생들이 무언가에 이바지한 사람들을 보는 일은 흔치 않다면서, 그는 이렇게 말했다. "누군가 그들 앞에 서서 그들의 일이 얼마나 흥미진진한지 말해준다면, 젊은 연구자의 마음에 심대한 영향을 끼칠 수 있습니다."[15]

어린이는 우리가 보지 못할 시대로 보내는 살아 있는 메시지다.[16]

_ 닐 포스트먼Neil Postman , 《사라지는 어린이》

뇌를 위해 바깥으로 손을 뻗기

능동적인 기회주의는 다양한 방식으로 실천할 수 있다. 기회는 두 방향으로 흐른다. 하나는 밖으로 향하는(내가 시작하는) 방식이고, 다른 하나는 밖에서 들어오는(다른 사람이 시작했지만 내가 알아차려야 하는) 방식이다. 어느 쪽이든 기운을 북돋아 다른 사람들과 소통할 기회를 알아차리고 적극적으로 이를 따라가도록 자기 뇌를 훈련해야 한다. 누군가 혹은 무언가 내 심금을 울려 공감을 일으켰거나 단순히 내 호기심을 자극했다면, 이것이 하나의 실마리가 된다. 이는 내 분석적인 뇌에 '이것 좀 봐!'라며 직관적인 예고를 던진다. 그 예고를 토대로 행동에 나서자. 이렇게 해서 하나의 기회가 무한한 기회로 이어질 수 있다. 나를 새로운 방향으로 이끄는 순간은 모르는 누군가의 전화를 받았을 때 또는 우연한 만남 동안 찾아올 수 있다. 누군가와 커피 마시러 나간 자리가 뭔가 흥미로운 기회로 이어질지는 전혀 모르는 일이다.

> 내 지식이 매우 편협하고 한 지역에 한정되어 있다면, 올바른 결정을 내릴 가능성이 얼마나 될까요?[17]
>
> _크리스 해드필드 Chris Hadfield, 우주 비행사

밖으로 향하는 능동적인 기회주의의 사례를 살펴보자. 나는 연구실 문을 열고 거의 첫날부터 연구실의 성공을 위해 접해야 할 분야의 사람들을 만나보겠다고 마음먹었다. 앞서 말했듯이 나는 박사 후 연구 과정을 마친 뒤, 중개 의학translational medicine 을 전문으로 하는 진로를 밟으려고 열의를 냈다. 필립 샤프가 지적했듯이, 이 분야에서 일하려면 새로운 과학적 발전을 실험대에서 병상까지―즉 연구실에서 치료 현장까지―전달하는 데 필요한 모든 주요 단계를 내다볼 줄 알아야 한다. 내게는 이를 위한 올바른 도구, 즉 필요한 수준의 전문 지식이 없다는 것을 잘 알고 있었다. 경영학 학위를 가진 사람들을 제외하고, 대개 학계에 있는 사람들은 제품을 개발해 세상에서 가치를 창출하는 훈련을 받지 않는다. 나는 멘토인 로버트 랭어와 함께 연구하면서 그가 이를 실행하는 것을 보았기에 나도 할 수 있다고 생각했다. 다만 랭어가 하는 일은 숨 쉬듯 자연스러워 보였는데 나는 전혀 자연스럽게 해내지 못했다.

나는 필요한 기술과 유용한 전략이 내게 없다는 것을 알아차리고 중개 기술에 필수적인 기술을 갖춘 사람들과 접촉해야겠다고 판단했다.

이를테면 특허 및 기업 고문 변호사, 변제 및 규제 전문가, 제조 전문가, 기업인, 갖가지 종류의 기업 관계자, 투자자 등이었다. 연구실 옆 커피 자판기를 찾는 단골 중에는 이런 사람이 전혀 없었다.

나는 2~3주마다 한 번씩 새로운 사람을 만나는 것이 내게 활기를 주면서도 감당할 만한 정도라고 생각했다. 질문 목록은 미리 준비했고, 상대와 만나면 자세히 귀 기울여 듣고 배웠다. 그리고 들은 내용을 재빨리 처리해 새로운 물음을 던지며 대화를 진척시켰다. 나는 다른 사람들의 시간을 존중하고 싶었다. 특히 이런 만남은 공식적인 협업으로 이어지지 않을 때도 있다는 점을 염두에 두었다. 당장 협업이 성사되지 않을 때도 다른 유용한 정보나 연락으로 상대에게 보답할 방법을 모색했다.

인적 네트워크를 형성하는 행사는 곤혹스럽게 느껴질 수도 있다. 특히 여러분이 꼭 참석해야 하는 자리는 더더욱 그렇다. 그 모든 어색하고 딱딱한 대화를 나눠야 한다니! 나 역시 늘 새로운 사람들을 만나고 싶었던 것은 아니다. 날 몰랐던 사람에게 전화를 건다거나 행사장에서 누군가에게 날 소개하는 것, 때로는 문밖을 나서는 것이 제일 힘들기도 했다!

사실, 두려움을 유발하는 요인들은 우리의 유전적 본성에 담겨 있고, 어울리기를 망설이는 것도 우리 종이 지닌 하나의 특징이다. 나는 그런 자리들이 어색할뿐더러 효율적이지도 않다는 생각에 그런 행사를 슬그머니 피하곤 했다. 그러나 때로는 자신의 꺼림칙함을 무시하고 다시 연결을 시도하게 만들 불꽃 하나만 있으면 된다.

그런 모임에 대한 태도를 바꿔 진솔한 소통의 잠재력을 인정하고 나니 그런 자리를 대하는 나의 에너지가 높아졌다. 결국, 이러한 의도—거래 대신 관계에 초점을 맞추는 태도—는 나머지 일을 위한 활성화 에너지를 낮추는 데 유익했다. 그런 자리가 전만큼 부담스럽지 않았고 저항감도 줄었다. 그런 소통에 자기 도전이라는 새 이름을 붙이자 스위치를 바꾸는 데 도움이 되었다. 나는 한 달에 몇 번씩 그런 자리를 갖겠다는 목표를 세워놓고 이 목적에 집중할 수 있었다. 결국, 나는 열심히 소통할 사람을 찾아 나서는 탐험가가 되었다. 내 목표는 분명했다. 진실한 관계를 맺고, 아이디어를 공유하며, 피드백을 받고, 배움을 얻으며, 내 경험을 공유하는 것 말이다. 이것 자체가 놀라운 결과였다.

덕분에 나는 익숙한 채널로는 절대로 만나지 못했을 소중한 협력자들을 만났다. 2010년 12월의 어느 날, 나는 내 성향을 이겨내고 의료 기기 업계의 한 교류 행사에 참여해 내가 만나는 사람들과 진솔하고 가치 있는 대화를 나누겠다고 결심했다. 그중에는 새로운 기업을 계속 설립하는 기업가 낸시 브리프스Nancy Briefs도 있었다. 당시 브리프스는 자기 회사를 매각하는 과정을 밟고 있었다. 나는 생체의학 공학자들과 임상의 간의 중개 연구 협력을 지원하는 월러스 쿨터 재단Wallace H. Coulter Foundation으로부터 보조금을 확보한 상태였다. 이 보조금은 자동 정지 바늘 기술을 개선하는 데 써야 했고, 여기에는 자문위원 고용비도 포함되어 있었다.

나는 믿음을 가지고 과감하게 나서서 낸시에게 나를 소개했다. 그러자 뭔가가 딱 맞아 들어갔다. 그녀가 기업가로서 탄탄하고 성공적인 이력을 갖추고 있다는 것을 알았던 나는 그녀에게 협업을 제안했고,

이후 몇 달간 우리는 프레젠테이션 작업을 함께하며 활발하게 협업했다. 그녀의 지혜, 온화함, 자신감 그리고 추진력은 많은 측면에서 촉매가 되었다. 결국 우리는 제2형 당뇨와 같은 대사장애를 치료할 새로운 정제약 수술 기술을 창출하기 위해 비만 치료 외과의사 알리 타바꼴리와 당시 나의 실험실에서 박사 후 연구 과정을 밟고 있었고 지금은 대학 조교수가 된 이유한 박사와 팀을 구성했다. 이 모든 것은 내가 나를 이기고 밖으로 나가 진정성을 염두에 두고, 만나는 사람들과의 대화를 진심으로 가치 있게 여긴 데서부터 시작되었다.

밖에서 안으로 들어오는 기회들은 에너지, 잠재력, 우연한 발견이 실린 전선처럼 느껴진다. 앞서 언급했던 자동정지 바늘 기술도 그런 방식으로 생겨났다.

내가 마취과 의사 오미드 파로크자드Omid Farokhzad와 만난 것은 우리가 로버트 랭어의 연구실에서 박사 후 연구 과정을 밟을 때였다. 어느 날 회의실에서 점심을 먹는데 그가 경막외 마취 문제와 주사 실패로 인한 부상을 설명했다. 경막외 마취용 바늘은 척수 주위의 좁은 경막외 공간에 마취제를 주입할 때 사용된다. 때로 이 바늘은 출산 중 일시적으로 통증을 줄이려고 사용하기도 한다. 경막외 공간과 같은 특수 조직에 일반 바늘을 제대로 꽂기란 어려운 일이기에 고도로 훈련된 사람이 필요할 때가 많고, 만약 바늘이 목표 조직을 빗나가면 합병증이 생길 수 있다. 지난 세기 동안 이 바늘 자체를 혁신하는 일은 지지부진했다. 따라서 조직을 제대로 찾아 들어가는 방법으로 개선하되, 최대한 사용하기 쉽도록 디자인을 단순하게 유지한, 더 훌륭하고 정확한 기기를 개발하는 기회가 될 수 있었다.

한 시간 뒤, 회의실에는 우리 둘만 남았다. 나는 즉시 흥미를 보였지만 그 분야에 전혀 경험이 없었다. 우리는 주사 실패로 인한 부상을 예방할 바늘 제작 방법에 관해 이런저런 아이디어를 떠올렸다. 단, 이 아이디어를 적용해 시제품을 만들려면 전문 지식을 갖춘 누군가가 합류해야 했다. 결국 나는 다양한 탐침을 설계하는 데 전문 지식을 갖춘 사람을 MIT에서 찾아냈다. 이렇게 우리는 보조금 지원서를 함께 작성하고, 기금 지원처를 찾고, 시제품을 만든 뒤, 마침내 새로운 종류의 바늘—지능형 주사기—을 발명하는 일에 성공했다. 이 주사기는 조직층 사이의 변화를 감지해 목표 조직을 빗나가기 전에 자동으로 멈추는 기능을 갖췄다. 이를 계기로 우리 연구실에서는 안구의 세밀한 막들 사이에 멈춰서 안구 뒤쪽에 유전자 치료제를 전달하는 바늘도 개발했다(두 개의 풍선 사이에 액체를 주입한다고 상상해보라. 두 풍선 사이의 어디에나 액체가 들어갈 수 있다). 이제까지는 안구 뒤쪽으로 안전하고 효율적으로 약물을 주입하는 방법에 관해 널리 쓰이는 것이 없었다. 우리가 그 일을 성공시켰고—이렇게 갑자기—불스아이 테라퓨틱스Bullseye Therapeutics 라는 회사를 시작했다. 한 기업이 이를 인수해 현재 황반변성을 치료하는 유전자 치료를 제공하는 방향으로 기술을 발전시키고 있다.

> 우리는 정보 속에서 허우적대면서 지혜에 목말라하고 있다. 앞으로 세계는 적절한 시기에 적절한 정보를 한데 모으고, 이를 비판적으로 생각한 뒤, 현명하게 중요한 결정을 내리는 통합자들이 이끌고 갈 것이다.[18]
>
> _에드워드 윌슨Edward Wilson

화학자와 그의 만화

머릿속 검색 엔진을 조정하는 것도 뜻밖의 기회를 이용하는 데 유익하다. 2007년 7월, 내가 연구실 활동을 시작한 그달에 프라빈 쿠마르 베물라Praveen Kumar Vemula가 지원했다. 이력서는 인상적이었으나 우리 연구실에는 화학자인 그의 자격에 어울리는 직책이 없었다. 이력서를 훑어보던 중 문서 끝부분에 적힌 독특한 항목이 시선을 끌었다. 그것은 그의 굵직한 성과들을 간단한 만화로 요약해둔 것이었다. 그 만화가 나를 매료시켰다. 자료를 만화 형식으로 정리해 이력서에 기재하겠다는 생각은 해본 적이 없었다! 자세히 보니 한눈에 봐도 그림의 의미가 잘 드러났다. 함께 적힌 글은 읽을 필요도 없었다. 그는 필수적인 정보를 아주 매력적인 시각 자료로 신속하게 전달했다.

베물라는 소통의 천재다. 그는 과학자로서 지닌 놀라운 능력 외에도 과학의 핵심 내용을 적절한 이미지로 전달하는 스토리텔러의 소질이 있었다. 그는 과학 개념들을 일반 청취자에게 설명하는 과학 라디오 프로그램도 진행하고 있었다. 이력서를 더 살펴보니 그는 만만찮은 배드민턴 실력을 비롯해 몇 가지 흥미로운 취미도 가지고 있었다. 그 모든 내용이 베물라가 자신의 열정을 따르는 창의적인 사람이라고 외치고 있었다. 당장은 그의 기술에 딱 맞는 프로젝트가 없었음에도 나는 그에게 일자리를 제안했다. 우리 연구실이 창의적인 다양성을 갖추는 것이 중요하다는 것을 알았기 때문이다.

베물라는 무한한 호기심을 보여주었고, 자신의 기술과 노력으로 보탬이 되려는 열의를 드러냈다. 그는 자기 분야에서 지식을 늘릴 뿐 아니라 그 지식을 실제로 적용할 기회를 찾는 데도 큰 관심을 보였다. 그에게 화학은 예술가가 지닌 새로운 작업장이었고, 분자는 그가 사용하는 도구였다. 일례로 그는 특수 분자를 이용해 하이드로겔(실온에서의 버터 농도)을 만들었다. 이 물질을 바르거나 주입하면 관절염 또는 감염 부위에 약물을 정확히 분비할 수 있었다. 이 조작된 분자는 염증성 효소를 만나면 반으로 갈라져(달리 말하면 분해되어) 조립 과정에서 담아둔 갖가지 약물을 분비하는 데 사용된다.

그런데 복잡한 규제 승인과 제조 과정이라는 뜻밖의 강력한 장애물이 나타났다. 이 과정은 꼭 필요한 것이지만, 새로운 물질을 실용화하려는 노력을 쉽게 물거품으로 만들 수도 있었다. 새로운 물질을 사용하는 새 프로세스는 개발했지만, 다음의 핵심 질문이 남아 있었다. 이 물질 대신 식품의약국FDA 의 그라스Generally Recognized as Safe, GRAS (일반적으로 안전하다고 인정된 물질) 목록에 있는 물질 중 효과를 낼 만한 게 있을까? 만약 그렇다면 비용효율이 높고 즉시 사용할 만한 물질을 새로운 방식으로 쓸 수도 있었다.

우리는 장시간 작용하는 비타민 C와 아이스크림 제조에 쓰는 유화제 한 종류 등 그라스 목록에 실린 대체 물질들을 찾아내고 뛸 듯이 기뻤다. 이 물질들은 세계에서 가장 단순한 감염 반응 약물을 전달하는 시스템을 활용해 자체 조립이 가능했다.

베뮬라의 작업은 미국에서만 수천만 명을 괴롭히는 병들을 치료하는 데 활용할 나노기술 두 가지를 진척시키는 데도 이바지했다. 첫 번째 기술은 인구의 10~20퍼센트에 영향을 끼친다고 추산되는 피부 접촉 알레르기(예, 니켈 알레르기) 치료를 위한 것이었다. 현재 임상시험을 위해 준비 중인 두 번째는 미국에서 2,350만 명에게 피해를 준 것으로 추산되는 염증성 장 질환 치료를 위한 기술이다.

알고 보니 베뮬라는 받은편지함에 예고 없이 찾아든 숨은 보석 같은 사람이었다. 그는 능동적인 기회주의자로서 과감하게 자신을 내놓고, 구직 중인 화학자가 가진 전통적인 경계와 이력서 스타일을 무시하고 더 창의적인 태도로 일자리를 찾아 나섰다. 베뮬라와 함께 일한 것은 내 경력에 중요한 한 획을 그었다. 나 역시 능동적인 기회주의자가 아니었다면, 그가 화학자라는 사실을 알았을 때 그를 위한 직책이 없다고 판단해 더는 이력서를 살펴보지 않았을 것이다. 둘 다 운이 좋았다. 다만 우리는 활발한 검색 엔진 에너지를 지닌 능동적인 기회주의자로서 우리에게 유리한 쪽으로 승산을 쌓아왔다.

린다 스톤: 행운을 손에 넣을 잠재력 높이기

사람들은 종종 적절한 시기에 적절한 장소에 있었기에 운 좋게 성공을 거뒀다고 말하곤 한다. 이 말의 진정한 뜻은 무엇일까? 행운을 손에 넣을 잠재력을 최대화할 수 있다면 어떨까? 누구나 손쉽게 홀인원에 성공하기란 어렵지만, 전문 골프선수라면 비전문가보다 홀인원에 성공할 확률이 다섯 배나 높다.[19] 적절한 방식으로 연습한다면 어느 분야에서나 행운을 거머쥘 기회를 높일 수 있다.

기술 혁신 분야의 선구적인 리더로 부상한 린다 스톤의 사례를 살펴보자. 스톤은 일찍이 학교 교사와 사서의 길을 걷다가 마이크로소프트의 부사장 자리까지 올랐다. 단순히 그녀가 운이 좋았다고 말할 사람은 없을 것이다. 스톤은 시작부터 열심히 노력했고, 기술이 우리 삶을 개선하는 방식을 발전시키고 싶다는 욕구에 따라 매 순간 자신의 열정을 좇았다. 늘 그렇게 움직였다. 스톤의 경력에 관해 대화하던 중, 나는 그녀가 얼마나 많이 주어진 순간(어색하거나 불리한 순간도 있었다)을 놓치지 않고 이를 계기 삼아 행동에 나섰는지 듣고 충격을 받았다. 자세히 말하자면 다음과 같다.

청년 시절, 기술과 컴퓨터에 늘 관심이 있었던 스톤은 에버그린주립대학에 다니고자 시카고 교외에서 워싱턴주로 이동했다. 에버그린주립대학을 선택한 것은 〈60분〉이라는 TV 프로그램에서 인습적이지 않은 방식으로 인문학과 과학을 가르치는 공립대학이라고 소개한 것을 보았기 때문이었다. 스톤의 선택 이유는 간단했다. "흥미가 생겨서 가야겠다고 판단했어요." 에버그린은 창의적인 사색가들에게 잘 알려진 안식처였고, 스톤은 기존의 관행에 철저히 반대하는 환경 속에서 마음껏 나래를 펼쳤다.

그녀는 에버그린의 도서관 지하실에서 온갖 장비를 갖춘 목공소를 발견하고 그곳에서 나무 수저를 만들었다. 또, 초창기에 나왔던 플라토PLATO 컴퓨터 시스템을 발견하고는 다양한 프로그램을 실행하는 펀치 카드들을 만지작거리기 시작했다.

에버그린을 졸업한 뒤에는 교사 겸 어린이 대상 사서로 일을 시작했다. 더불어 현직 교사와 예비 교사들을 가르치기도 했다. 교통사고로 중상을 입어 긴 회복기를 보내는 동안 오른쪽 다리를 쓰지 못하게 되자, 남자친구와 함께 가려고 했던 크로스컨트리 스키 여행을 포기해야 했다. 남자친구는 떠나는 길에(그렇다. 그럼에도 그는 갔다), 4K 타이멕스 싱클레어Timex Sinclair 컴퓨터와 '초보자용 범용 기호 명령 코드'Beginners' All-purpose Symbolic Instruction Code, BASIC에 관한 책을 놓고 갔다. 스톤은 회복기 동안 기술에 관해 더 많은 것을 익혔고, 결국 자신이 근무하는 학구學區에 컴퓨터를 도입하는 일에 앞장섰다. 또한 현직 교사를 위한 전문 개발 프로그램을 열어 컴퓨터 프로그래밍 언어인 로고Logo를 가르치고, 컴퓨터를 교육에 활용하는 방법을 전수했다.

지금도 스톤은 그녀의 굴곡진 진로를 우연히 찾게 된 것을 놀랍게 여긴다. 일례로 1984년에는 자비를 들여 첫 로고 콘퍼런스에 참석했다. 그 행사는 시모어 패퍼트Seymour Papert(교육용 프로그래밍 언어인 로고의 개발을 주도한 수학자이자 컴퓨터공학자 — 옮긴이)와 MIT 미디어랩이 주최한 자리였다. 스톤은 창의성에 관한 강연을 듣다가 옆에 앉은 여성과 대화하기 시작했다. 그녀는 강연자 이야기를 들으니 에버그린에서의 몇몇 경험과 더불어 시넥틱스Synectics라는 회사와 그에 관한 책도 생각난다고 말했다. 그녀의 이야기를 듣던 여성은 "저 시넥틱스에서 일해요!"라고 소리쳤고, 이렇게 스톤은 갑자기 이 분야 사람이 되었다.

"그렇게 될 가능성이 얼마나 될까요?" 스톤은 자신에게 다가온 행운과 뒤따른 일들에 여전히 놀란 표정으로 이렇게 물었다. 시넥틱스 사무실에 방문한 스톤은 그 기업의 접근방식을 자신의 학구에 도입하는 데 관심이 있다면서, 자신이 보조금을 따낸다면 그들의 훈련 프로그램을 공유해줄 수 있겠냐고 물었다. 이에 회사 관계자들은 그들의 첫 판매 활로를 뚫는 일을 도와줄 수 있겠냐고 스톤에게 제안했다.

세일즈 경험이 전혀 없었음에도 스톤은 그러겠다고 답했다. 그해 학기 동안 스톤은 점심시간마다 여기저기 회사에 전화해 시넥틱스의 서비스를 권했다. 또 학구에서는 그녀가 몇 차례 시넥틱스 훈련에 참여할 수 있도록 자유 시간을 주었다. 스톤은 시애틀에서 시넥틱스 고객 몇 명을 확보한 일을 자신도 놀랍게 여겼다. 스톤이 더 놀란 것은 시넥틱스 워크숍에 참석할 때마다 기업 참가자들이 그녀를 불러 일자리를 제안했다는 것이다.

한번은 워크숍 기간에 애플 컴퓨터 관계자가 스톤에게 다가오더니 입사를 권했다. 그녀도 애플 제품을 쓰고 있었기에 그 제안은 신나는 기회였지만, 실은 그 회사가 자신에게 관심을 두는 이유가 더 궁금했다. 관계자는 이렇게 말했다. "저희는 당신과 같은 분을 즐겨 고용합니다. 늘 어떤 특별한 기술을 찾지는 않죠. 때로는 그저 틀을 벗어나 생각하는 사람을 찾기도 하거든요. 당신도 틀에서 벗어나 생각하는 사람이고요."

결국 스톤은 애플로 이직했다. 이후 애플에서 마이크로소프트로 옮기는 등 자리를 이동할 때마다 스톤에게는 같은 이유가 있었다. 그녀는 저 모퉁이를 돌면 무엇이 있는지 탐색해보고 싶었고, 기술이 개인과 사회 모두의 창의성을 극대화해 우리 삶을 향상하는 방식을 다루고 싶었다. 자신과 같은 목적에 열의를 품은 사람들과 함께 일하고 싶었다.

스테판 윌크스: 시간여행에서 얻은 영감

인적 네트워크를 형성한다는 생각에는 예측할 수 없는 기묘한 힘이 있다. 우리는 지나온 시간 속에 우연한 발견들이 있었다는 것을 되짚을 때야 비로소 그 발견의 진가를 깨닫곤 한다. 나는 스테판 윌크스Stephen Wilkes 와 대화를 나누던 중 이 점을 생각하게 되었다 사진작가인 스테판 윌크스는 한 장으로 보이지만 실제로는 같은 시점에 찍은 여러 장의 사진을 겹쳐놓은 파노라마로 유명하다. 그가 찍은 환상적인 풍경 사진은 말 그대로 시간을 압축해놓은 것이다. 〈낮에서 밤으로〉Day to Night 라는 그의 웅장한 전시에서 선보이는 각각의 파노라마 사진은 변화하는 빛을 포착하고자 윌크스가 밤낮으로 끊임없이 촬영한 천여 장의 단일 노출 사진들을 결합해놓은 것이다. 센트럴 파크부터 세렝게티까지, 윌크스는 수십 년의 창작 과정을 통해 그만의 독특한 스타일과 기법을 개발했다. 우리와의 대화에서도 그는 자신의 작업 접근법을 형성한 다양하고 창의적인 영향들이 매우 중요했음을 기꺼이 인정했다. 어떻게 보면 그러한 영향들도 시간이 흐름에 따라 겹겹이 쌓인 셈이다.

일례로 그가 세밀히 포착해내는 현대 도시 풍경과 사람들은 16세기 네덜란드 농민들의 삶과 더없이 상반돼 보였다. 그럼에도 윌크스는 초창기에 받은 영향―히에로니무스 보쉬Hieronymus Bosch 와 피터르 브뤼헐Pieter Bruegel the Elder ―을 수 세기를 뛰어넘는 오늘날의 감각으로 묘사한다. 그는 7학년 때 뉴욕시 메트로폴리탄 미술관으로 현장 학습을 가서 브뤼헐의 그림 〈추수하는 사람들〉The Harvesters 을 처음 봤던 일을 떠올렸다.

그는 그림에 완전히 매료되어 그 앞에 우두커니 서 있었다고 기억했다. "그런 것은 전혀 본 적이 없었습니다. 그림 가까이 다가가 들판에 있는 작은 사람들을 들여다봤던 것이 기억납니다. 그들의 눈썹에 맺힌 땀방울이 금방이라도 떨어질 것만 같았죠. 저마다 다른 일로 분주한 사람들 모두 이 탁월한 풍경 속에서 그들만의 이야기를 들려주는 듯했습니다. 너무도 매혹적인 그림이었습니다. 그렇게 그려놓은 풍경, 그 속에 그려놓은 서사들이 저의 감정 깊숙한 곳을 울렸죠. 사람들은 제게 어디서 영감을 얻느냐고 묻는데요. 그 그림은 처음 보는 순간, 제게 강렬한 인상을 남겼습니다."

젊은 윌크스는 곧이어 또 다른 네덜란드의 대가이자 브뤼헐에게 영향을 끼쳤던 보쉬를 알게 되었다. 윌크스는 그들과 자신 사이에 존재하는 약 400년의 나이 차이를 가만히 생각하더니 이렇게 말했다. "예술의 영감은 세대를 초월합니다."

흥미로운 여정이었습니다. 이 에너지, 즉 믿음을 가지고 자기 길을 완주하려는 사람들의 긍정적인 에너지를 늘 곁에 둔다면, 이런 일이 일어날 수 있다고 생각합니다. 우리는 촬영을 할 것이고, 동물들은 물웅덩이에 모습을 드러낼 거라고 말이죠.[20]

_스테판 윌크스

팬데믹이 지나간 이 세계에서 릿 에너지는 사회적 재화합을 이루는데 놀라운 역할을 한다. 팬데믹은 사회적 동물인 우리에게 극도의 분열을 몰고 왔다. 마치 폭풍이 지나가면서 전선을 모조리 끊어버리듯 말이다. 이런 분열이 공중보건 차원에서 매우 긴급한 문제였던 만큼 의도적인 재화합도 꼭 필요한 일이 되었다.

컴퓨터가 갑자기 작동을 멈추면 리셋 또는 '복원 설정' 버튼을 누르듯이, 사회 구조에 장애가 생기면 이를 계기 삼아 더 큰 의도를 품고 새로운 설정을 선택해야 한다. 이제 우리가 가치 있다고 인정하는 것들을 복원하고, 타인을 대할 때 다른 선택을 내릴 수 있다. 이를 위해 습관화된 과거의 설정을 교체해야 한다. 이로써 새로운 시각에서 적극적으로 세상을 비추는 데 더 효과적인 설정을 갖출 수 있다.

우연한 발견과 행운은 신비로운 성질을 지녔지만, 별들이 자리를 정렬하길 기다리면서 가만히 최선을 바라고만 있을 필요는 없다. 우리 중 누군가는 참여하길 주저하지만, 누군가는 그렇지 않다. 이는 사회적 동물인 우리의 특징이다. 때로는 불씨 하나만으로 소통의 불을 되살릴 수 있다. 또한 거절에 대한 두려움처럼 각자의 마음에 두려움을 일으키는 요소를 자각하고 다음의 사실을 깨달을 수 있다. 즉, 우리의 유전자 속에는 두려움이 내장되어 있지만, 우리는 이를 극복하고 더 능동적인 기회주의자가 되어 가장 훌륭한 모습을 보여줄 수 있다고 말이다.

나의 초능력을 상승시키는 비결

개인인 우리가 신경다양성을 이룬다는 것은, 각자가 쌓은 경험들이 우리를 저마다 다른 방식으로 조정해왔다는 뜻이다. 심지어 같은 집에서 태어나 같은 장소에서 자랐더라도 뇌의 특성은 다를 수 있으므로, 서로 다른 것에 이끌리기도 하고 전혀 다른 결정을 내릴 수도 있다. 겨우

몇 살 터울인 내 누이와 나는 거의 같은 환경에서 자랐지만, 우리는 사뭇 다른 아이들이었다. 자라서는 서로 다른 곳에 살면서 남매 간의 거리가 더 벌어졌다. 그렇게 삼십 년이라는 시간이 흘러 둘이 함께 부모님을 염려하게 되면서 다시 가까워져서 실질적으로나 정신적으로 서로를 성인으로 인정할 만한 특성을 다시 찾게 되었다.

가족을 비롯한 여러 인간관계에는 우리가 탐색할 만한 풍요가 놓여있다. 이 풍요는 새로운 배움을 얻고 어떤 목표에 이바지하겠다는 태도로 다른 사람들과 교류할 때 경험할 수 있다. 이는 나의 사회적 동선, 공동체 활동, 그 외 다양한 차원(내가 속한 지역 또는 더 폭넓은 수준)에서 이루어지는 각종 활동과 협업에 참여를 넓힐 때도 적용된다. 우리 연구실과 같은 작업 환경에서도 다양성을 갖춘 팀의 강점을 십분 활용하면 문제해결 능력이 높아진다.[21]

템플 그랜딘은 우리가 고쳐야 할 문제—이를테면 건물, 다리, 그 외기반 시설들—에는 지나치게 집중하고, 누가 그 일을 해낼지는 묻지않는다고 지적했다.[22] 그랜딘은 신경다양성을 발휘하는 사고에 더 많은 주의를 기울여야 한다고 강조한다. 특히 신경다양성의 중요한 특징인 초집중hyper-focus을 '혁신과 발명에 꼭 필요한 요소'로 보아야 한다고 말한다.

더 생산적인—그리고 더 즐거운—교류와 협력을 만들어내는 릿요소를 북돋는 다음 항목을 염두에 두자.

- 다양한 경험과 전문성이 공존하면 어느 한 관점이 장악하는 일이 없도록 폭넓은 토론을 구성하는 데 유익하다.

- 다양성을 발휘해 문제에 접근하고 해법을 모색하는 일은 흥미롭다. 특히 여러 나라와 문화 그리고 서구식 사고방식에 국한되지 않는 교육 체계를 경험한 사람들이 포함된 팀은 더욱 그렇다.
- 자아를 최소화하고 학문 간 교류를 극대화하는 것을 목표로 삼는 기조를 지키면, 그룹의 목표를 달성하기 위해 위험을 감수하고 서로 도전을 주도록 사람들을 격려하게 된다.
- 능동적인 기회주의를 실천하는 환경에서는 모든 사람이 필요한 지식을 갖추고 준비된 상태에서 주어진 주제에 적극적으로 참여한다. 이로써 대화와 팀의 사고가 발전한다.

팀이 올바르게 행동하면 놀라운 결과를 얻을 수 있다.

"저는 연구실에서 협력적 사고의 힘을 깨달았습니다." 신경과학자 수전 호크필드가 내가 들려준 말이다. 그녀는 예일대학교와 MIT에서 최고위직을 맡기 전, 연구 문제에 관한 아이디어와 새로운 접근법을 모색하는 연구실 회의에 참석한 적 있다. "제게는 그 회의가 마법 같았습니다. 똑똑한 사람들이 한데 모여 새로 제시된 문제에 관한 사항들을 다룬다는 점에서 말이죠. 혼자라면 절대로 떠올리지 못했을 아이디어를 누군가가 떠올리는 것, 그것이 사안을 한데 모으는 작업이 일으키는 마법입니다. 한 사람의 업적이 아니라는 거죠. 한 무리의 사람들이 모여 지독하게 복잡하고 까다로운 일을 붙잡고 씨름하는데, 이렇게 여러 지성이 함께할 때 마법이 일어나 무언가 대단한 것을 만들어냅니다."

생각하는 방식이 하나뿐이라면 우리의 환경, 우리의 세계, 우리의 공동체는 건강하지 않습니다.[23]

_ 리사 사사키, 스미스소니언 협회

전염성 있는 이타주의: 공익을 위한 릿

2022년 초반에 러시아가 우크라이나를 침공한 직후 천만여 명이 살던 집을 떠났다고 알려졌을 때, 전 세계 많은 사람이 그들을 돕고 싶었으나 방법을 몰랐다. 나도 그중 한 사람이었다. 어느 날 아침, 지인이 영국에 있는 자기 실험실을 우크라이나 출신의 학생 난민들에게 개방한다는 게시글을 링크트인LinkedIn 에 올렸다. 이를 두고 며칠간 곰곰이 생각한 끝에 나도 같은 일을 할 수 있겠다고 생각했다.

이에 링크트인에 게시물을 올리자 순식간에 조회수가 48,000까지 올라갔고, 해당 페이지에서는 심도 있고 뜻깊은 참여와 토론이 이어졌다. 연구실 사람 몇 명에게 도와줄 수 있느냐고 물었더니 다들 주저하지 않고 적극적으로 뜻을 모아주었다. 병원 연구부의 부대표에게는 필요할 때 비자 등 각종 사안에 도움을 줄 수 있냐고 물었는데 그 역시 열렬히 돕고 싶어 했다. 결국 이 과정을 통해 내가 전혀 상상하지 못했던 방식으로 사람들을 돕게 되었다. 이를테면 치과대 학생, 이식 전문 외과 의사, 소아과 의사에게 일자리를 제공할 수 있었다. 이를 위해 필요했던 것은 많은 사람들이 변화를 만드는 데 기여하도록 촉진하는 작은 불꽃이 전부였다.

세상이 분열을 극복하고, 사람들이 배움을 주고받으며, 공유하고, 긍정적인 영향을 끼칠 거대한 기회로 보이는가? 그렇다면 여러분보다 두 발 앞서가고 있는 사람을 찾아 그들의 성공을 빌릴 때까지 그리 오래 걸리지 않는다. 그런 기회를 찾을 때면, 나는 사람들이 소셜미디어와 지역사회 차원의 행동력을 활용해 도움이 필요한 사람들과 신속히 소통하고 사람들의 반응을 동원해 변화를 만들어냈던 다양한 방식에서 영감을 얻는다. 어떤 이들은 우리의 유전적 코드에 이타주의 욕구—이른바 이기적인 유전자 또는 누군가 도움이 필요할 때 손 내밀고 싶어 하는 보호와 연민의 욕구—가 들어 있다고 말한다. 이 욕구는 공익을 기원하는 우리 마음을 행동으로 옮기도록 이끈다.[24] 중력과도 같은 이 진화의 유산은 거리, 무관심, 조직적 타성이라는 장애물을 극복하고 여러 자원을 한데 모으게 한다.

버클리 사회적 상호작용 연구소Berkeley Social Interaction Laboratory의 총괄을 맡고 있는 대커 켈트너Dacher Keltner는 그의 책《선의 탄생》에 관해 이야기하면서 이렇게 말했다. "포유류이자 인류인 우리의 진화는 친절, 놀이, 관용, 경의, 자기희생을 추구하는 놀라운 경향성을 지닌 종, 즉 우리를 만들어냈습니다. 이런 경향성은 진화의 고전적 작업인 생존, 유전자 복제 그리고 원활히 기능하는 집단을 이루는 데 필수적입니다."[25] 마음이 움직이고, 감동을 받고, 공감하고, 동정하고, 보호해주고 싶고, 돌보고 싶고, 연민을 느낄 때마다 여러분 뇌에 불이 켜지고, 이런 감정을 바탕으로 행동할 기회에 뛰어들 준비를 갖춘다. 이때 실제로 행동에 나서면, 다른 누군가가 그 생각에 감동을 받아 그들의 뇌에도 불이 켜진다. 릿 상태가 된다!

아이디어를 찾고, 교환하고, 종합하는 능동적인 기회주의자

무한한 잠재력을 현실로 여기자. 높은 에너지를 쓰는 뇌는 경계를 모른다. 지식, 통찰, 아이디어, 전문성—그리고 에너지와 열정—에 접근해 신선한 사고를 불러일으키고 선한 일을 촉진하라. 책, 잡지, 팟캐스트, 테드 강연, 취미, 여행은 접근이 쉽다. 우리 뇌는 대상에 집중하기를—그것에 좁은 손전등을 비추기를—좋아하지만, 폭넓은 사고방식으로 한발 물러서서 가장 폭넓은 방식으로 소통할 기회를 발견하고 찾을 수 있다. 세상에 적극적으로 참여할수록 행운과 성공을 얻을 기회가 높아진다. '수평적 사고'에 관해 에드워드 드 보노가 남긴 유명한 말도 있다. "한 구멍을 더 깊게 판다고 다른 장소에 구멍이 생기는 것은 아니다."[26] 이 말 이후로 "더 깊게 파지 말고, 다른 곳에 파라."[27]와 같이 모자와 구멍에 관한 은유가 많이 등장했다. 능동적인 기회주의자는 더 깊게 파는 동시에 다른 곳도 판다! 능동적인 기회주의를 실천할 수 있는 몇 가지 릿 전략을 소개한다.

- 기회가 노크할 필요가 없도록 문을 열어놓자. 낯선 사람과도 대화하자. 친구의 친구도 만나자. 나와 다른 것을 알고 있는 사람들과 어울리자. 나는 우버 택시를 이용할 때면 기사분과 대화를 나누고, 대개는 그분들이 해준 이야기를 생각하면서 차에서 내린다.
- 나의 개인적인 경험이 맹점이나 무의식적인 편견을 만들어낼 정도로 편협한 영역을 꼭 알아차리자. 그리고 의도적인 노력을 기울여

이를 변화시킴으로써 더 많은 것을 보고 배우고, 더 적극적으로 어울리자.

• 신경다양성을 소중한 자산으로 여기자. '신경다양성'이라는 용어는 누군가의 자산을 확인하기보다 학습 결함이나 차이점을 드러내려고 쓸 때가 매우 많다. 우리는 모두 강점과 역량을 지닌 존재로 설계되어 있다. 모든 사람은 하나의 스펙트럼 위에 있다. 나와 다른 지향점을 가진 듯한 사람을 만나면 관심을 보이자. 서로의 차이점에서 더 많이 배울수록 많은 것을 얻을 수 있다.

• 일터에서 팀으로 일할 경우, 이해가 빠르고 생각이 깊은 사람들이 모인 작은 팀이 필수적인 다양성을 최대한 살릴 수 있도록 목표를 세우고 협업하자. 내게 없는 지식과 경험을 보태는 파트너, 에너지를 더해 추진력을 만들어내는 파트너, 문제를 다른 방식으로 생각하도록 돕는 파트너를 찾자.

• 호기심을 유지하고 놀라운 현상을 열린 마음으로 대하자. 2009년에 딸 조딘이 태어난 후, 나는 연구실 활동에 필요한 보조금을 지원받기 위해 보조금 위원회 앞에서 프레젠테이션을 하던 때였다. 너무 피곤해서 거의 선 채로 거의 잠들 것 같아 도중에 멈췄다. 그런데 나중에 위원회 관계자가 찾아와 커피 한잔 하자고 제안했다. 나는 엄청난 금액의 보조금을 얻기 위해 지원서를 제출하는 단계에 있었고, 내 머릿속에 든 첫 번째 생각(수면 부족으로 시달렸던)은 이것이었다. '나는 정말 시간을 내어 커피를 마시러 가고 싶은 걸까?' 그러다가 아지랑이를 뚫고 불꽃 하나가 깜빡거렸다. 나는 생각했다. '이 만남은 어디로 이어질까?' 결국 나는 그 자리에 나갔다. 그날 대화

의 결과로 회사 두 곳을 세웠고, 연구실은 (다른 지원처로부터) 4년간 기금을 지원받아 연구를 이어가게 되었다.

- 나에게는 없지만 주변 사람들은 보유한 기술을 알아차리는 능력을 기르자. 수치심이나 자기비판은 금물이다. 이것은 자신을 명확히 평가하고, 어떤 기술이나 능력을 완벽하게 갖춘 사람들을 찾아 그들로부터 배우겠다고 선택하는 것이다. 그들에게 질문을 던지고, 그들의 실행 방법을 알아보자. 그리고 나만의 기술이 될 만한 것들을 찾아보자.

- 자발적으로 움직이자.[28] 자신의 관심 분야를 좇거나 다른 사람들의 이야기를 경청함으로써 가장 시급히 해결해야 할 필요 사항이 무엇인지 확인하고 행동에 나서자. 이것은 목적의식을 갖고 이바지하고, 내 삶을 풍요롭게 만드는 훌륭한 방법이다.

5
chapter

나의 뇌를 자극하기
주의력은 나의 초능력

의도적인 주의력으로 마음이 표류하고 산만해지는 것을 차단하자

우리는 주의력을 이미 가지고 있다.
단지 쓰는 법을 잊어버릴 뿐이다.[1]
_ 알렉산드라 호로비츠Alexandra Horowitz ,《이토록 지적인 산책》

내가 3학년이던 여덟 살 무렵, 우리 가족은 시골로 이사했다. ADHD 성향도 그대로였고 학교에서는 여전히 주의력이 부족했지만, 나는 곧 새로운 보금자리에서 삶에 관한 놀라운 것을 발견했다. 방과 후에는 뒷마당에서 놀거나 집 주변의 들판과 숲을 탐색하면서 몇 시간을 보내곤 했다. 어느 날 오후, 긴 자갈 도로를 걸어가다가 멋있는 고목 옆을 지나는데 나뭇가지에 매달린 조그만 무언가가 시선을 끌었다. 이상해 보이긴 했으나 나무의 일부겠거니 했다. 자세히 들여다보니 살짝 움직이고 있었다. 더 자세히 들여다보니 반짝거리는 작은 이빨이 보였다.

'세상에, 박쥐잖아!' 나는 매우 놀랐고 충격에 휩싸였다! 조심스럽게 뒷걸음질 치면서도 다른 데로 주의를 돌릴 수 없었다. 결국 식구들에게 말해줄 생각으로 속력을 높여 마지막 300미터를 (시내를 가로지르는 다리를 건너고 언덕을 넘어) 집까지 질주했다.

이후 몇 년간, 나를 둘러싼 자연의 온갖 대상에 내가 끊임없이 놀란다는 사실을 깨닫기 시작했다. 학교에서는 집중하는 데 문제가 있었지만, 자연에는 쉽게 주의를 기울일 수 있었다. 뒷마당을 내다보면 탐색할 것들—숲, 농부의 밭, 시내—이 가득했고, 탐색하다가 주의를 끄는 것을 발견하면 더욱 유심히 관찰하는 데 전혀 문제가 없었다. 나중에는 몇몇 책들, 특히 사실을 다루는 책과 우스운 이야기를 담은 책들을 보는 데도 문제가 없다는 것을 알게 되었다. 그런 책들을 읽을 때는 억지로 집중할 필요가 없었다. (a) 사실들은 흥미로웠고, (b) 우스운 이야기는 재미있었으며, (c) 책에 적힌 내용은 내가 읽기에 적절한 분량이었다.

어느 순간 궁금한 점이 생겼다. 이러한 상황을 하나의 전략으로 바꾸어 학교에서 집중하는 데 활용할 수는 없을까? 자연에서 뭔가 흥미로운 것이 시선을 끌 때, 그것은 마치 자극을 주듯 내 주의력을 낚아채고 다른 생각들을 쫓아내버렸다. 그뿐만이 아니었다. 이것은 ADHD 성향의 내 뇌가 평소에 다른 방해 요소를 대할 때와는 다르게 느껴졌다. 이러한 종류의 자극은 내 마음에 혼란을 키우는 대신 집중력 있고 차분한 정신을 유지하면서도 활력을 느끼게 했다. 그 느낌이 좋았다. 차분하고도 활력 넘치는 정신 상태에서는 어떤 것에든 몰두할 수 있었고, 정확히 목표 대상으로 에너지가 흘러 들어갔다. 당시 열 살이었던 나는 영화 〈스타워즈〉와 〈마스터 돌프〉Masters of the Universe를 참조틀로 삼았던 터라 내가 경험한 자극이 일종의 초능력처럼 느껴졌다.

더 효과적으로 학업을 수행하는 데 도움되는 다른 전통적인 전략들과 더불어, 나는 이 자극하기 전략을 의도적으로 활용하는 방법을 실험하기 시작했다. 내 주의를 자극해 차분함과 경계심을 느끼면서 내가 집중하기로 선택한 대상에 집중했다. 아침에 이부자리를 정리하는 일에서도 그랬다. 어머니는 내가 침대를 정리하길 늘 바라셨지만, 그 일은 내 우선순위에서 항상 꼴찌였다. 그 일에 초점을 맞춰 우선시할 방법을 찾아야 했다. 그러지 않으면 스스로 식사를 준비하고 뒷정리까지 직접 해야 했다. 나는 뭔가를 만드는 일이 나중에 치우는 일보다 수월할 때가 많았다. 내 마음은 이미 다음 할 일에 가 있었기에 뒷정리하는 일에는 거의 의욕이 나지 않았으니 말이다. 여전히 학교에서는 분투했으나 이 과정을 거치면서 내게도 잠재력이 있고, 주의력 에너지가 있다는 것을 깨닫게 되었다. 나는 어떻게 하면 그 에너지를 확실하게 꺼내 쓸지 알아내면 될 일이었다. 이 에너지를 펼쳐내는 방법을 여러모로 실험하기 시작했고, 학교생활을 포함해 모든 일에 이를 적용할 방법을 서서히 알아냈다. 학교에서는 불안 수준이 매우 높았던 탓에 종종 발전이 멈추기도 했지만, 나는 실험을 이어가려고 노력했다.

이러한 자극이 효과적이었던 이유는 전혀 몰랐다. 최근에 와서야 깨달은 것이 있다. 피부를 꼬집으면 꼬집은 부위 근처의 혈류가 바뀐다.[2] 신경학적으로 이와 유사한 점이 있는지 궁금했던 나는 100여 년 전에 처음 기록된 기능성 충혈functional hyperemia이라는 신경학 개념에서 한 가지 설명을 찾아냈다. 19세기에 활동했던 이탈리아 출신의 생리학자 겸 과학자인 안젤로 모소Angelo Mosso 는 뇌 손상 문제로 그를 찾아온 환자들의 대뇌 혈류를 살펴보고, 그들의 (살아 있는) 뇌를 오랫동안 직접 관찰할 수 있는 외과적 상황을 연구했다.[3] 오늘날 뇌 영상을 비롯한 연구 결과들을 살펴보면, 뇌의 일부 영역에서 뉴런들이 활성화하면 그 부위로 가는 혈류량이 늘어나면서 산소와 영양분 운반 속도가 급속히 높아진다는 것을 알 수 있다. 뇌 속의 뉴런을 자극해 혈류량을 높이겠다며 무작정 얼굴에 박쥐를 들이댈 필요는 없다. 그런 자극을 활용할 시기와 상황을 선택할 수 있다면 훨씬 더 좋다.

방해 요소가 이렇게 많은데 하나를 더 얹으라고?

1971년에 출간된 《컴퓨터, 커뮤니케이션 그리고 공익》Computers, Communications, and the Public Interest 이라는 책에는 노벨상 수상자 허버트 사이먼Herbert Simon 의 글이 실려 있다. 미래를 내다본 듯한 이 글에서 사이먼은 이렇게 말했다. "따라서 정보의 풍요는 주의력의 빈곤을 낳고, 넘치도록 풍부한 정보에 한정된 주의력을 잘 할당할 필요성이 생긴다. 그런 정보들이 주의력을 고갈시킬지도 모르니 말이다."[4] 반세기가 지난 지금에야 우리는 그 현실을 인정하기 시작했다. 오늘날 만성적인 주의 산만은 현대 생활의 특징적인 현상이 되어버렸다.

현대 생활만 비난할 수는 없다. 주의를 전환하는 생존 반응을 좌우하는 것은 여전히 우리의 원시적인 뇌 회로다. 심리학자 다니엘 골먼Daniel Goleman 이 말한 대로 우리의 뇌는 '배회하도록 설계되어' 있다.

진화적 차원에서 배회하는 시선이라고 생각하자. 즉, 뇌는 배회하며 다니던 원시적인 방식에 의존하려는 자연스러운 경향이 있고, 모든 감각은 잠재적 위협이나 기회 앞에 경계를 늦추지 않는다. 한때 그러한 위협은 포식자와 먹이일 때도 있었고, 잠재적 문제를 알리는 식물이나 풍경의 이상 징후였을 수 있다. 오늘날의 문제는 각종 디지털 기기와 오락 거리 그리고 알고리즘이다. 이것들은 방황하는 원시적 마음의 관심을 끌어 우리의 주의력을 빼앗도록 설계되었다.

뇌는 생존과 관련된 신호를 우선시하게 되어 있다. 따라서 주의력은 쉽게 흐트러지고 몹시 예민한 상태가 되며, 정신적 레이더는 다음 순간을 예의주시하며 경계 태세를 유지한다. 그렇다고 우리가 이런 상태에 무력하게 갇혀 있다는 뜻은 아니다. 쉽게 주의가 흐트러지는 경향이 지금 시대에 맞지 않는 것도 아니다. 이 시스템을 우리에게 이로운 방식으로 활용하면 된다.

인간의 뇌는 단순히 방황하도록 설계되어 있지 않다. 감탄하는 것 역시 우리 뇌에 내재한 경향이다. 포식자든 먹이든 아니면 어떤 호기심의 대상이든, 무언가 또는 누군가가 우리의 관심을 자극했을 때, 그것은 우리 뇌에 새로운 것이라고 입력되어 일련의 신경화학적 반응을 일으킨다. 이로 인한 효과 중 일부는 천분의 몇 초만 지속하고, 어떤 것들은 몇 분간 계속되기도 한다. 여하튼 이 효과들은 다양한 메커니즘을 통해 감각을 예민하게 하고, 지각을 개선하며, 동기와 반응성을 높이고, 그 외 보상 처리, 학습, 기억에 긍정적인 영향을 끼친다. 새로움에 대한 뇌의 반응과 집중된 주의력, 방황과 놀라움에 대한 뇌의 지속적인 상호작용은 노력에 필요한 에너지를 충전 상태로 유지한다.

앞서 말한 자극은 나의 주의력을 사로잡아 붙잡아 둠으로써 내가 선택한 대상에 더 세심히 주의를 기울이고, 현미경에 달린 초점 조절 나사처럼 원하는 대로 초점을 조정하게 한다. 표본 슬라이드를 검사할 때, 우선 조동 나사를 이용해 표본을 시야에 들어오게 한 뒤, 미동 나사를 써서 표본의 다양한 측면이 보이도록 조정한다. 여러분의 주의력도 이와 같은 방식으로 조정할 수 있다고 상상해보자. 처음에는 대상을 자각하고—대략적이면서도 목표에 초점을 맞춘 상태—뒤이어 초점을 좁히거나 넓히는 차원으로 넘어간다. 또 자극하기를 주의력을 집중시키는 작은 손전등이라고 생각해보자. 처음에는 특정한 대상을 비추기 위해 초점을 맞추고, 다음에는 더 선명하게 보기 위해 가까이 다가가기도 하고, 더 넓은 공간을 비추기 위해 뒤로 물러서기도 한다.

부주의에서 집중된 주의로 옮겨 가는 현상에 담긴 신경과학은 뇌의 기저부에 있는 작은 세포 군집과 관련이 있다. 이곳에서 뇌는 '청반'locus coeruleus이라고 불리는 척수와 연결된다. 뇌의 전두엽은 주의를 집중하도록 이끌어 정서 처리, 충동적이고 원시적인 욕구 억제, 조직, 계획, 의사결정을 돕는다. 반면 기저부에 있는 작은 세포군은 각성 조절, 경계, 방향 조절을 통해 주의 집중에 중요한 역할을 한다. 이 세포군은 노르아드레날린noradrenaline이라는 신경전달물질의 주원료다. 청반이라고 불리는 이 지점은 관련성 있는 정보를 고려하도록 도와줌으로써 우리의 초점을 관리한다. 이곳을 청반이라고 부르는 것은 뉴런 내부의 멜라닌 과립들이 청색을 띠게 하기 때문이다. 흥미롭게도 ADHD 성향이 있는 사람들은 노르에피네르핀norepinephrine 처리 방식이 달라진 모습을 띤다.

주의를 집중시키는 자극에 반응할 때, 뇌는 더 의도적인 생각과 행동을 북돋는 인지 과정과 기타 뇌-신체 과정(감각, 정서, 기억)을 활용한다. 본질적으로 여러분은 높아진 릿 에너지 상태를 유지하는 방향으로 자신의 주의력을 안내하고 조정하고 새롭게 할 수 있다. 목적의식을 가지고 자신의 주의력을 사용해 날카롭게 집중하면서 최소한의 주의 산만을 경험하는 몰입 상태에 들어갈 수 있다. 자극하기를 연습하면 이 기술 ─ 의도를 활용하는 새로운 습관을 만들어내는 뉴런 사이의 연결을 강화하는 것 ─ 을 기르는 데 유익하고, 결국 원할 때마다 뇌가 그렇게 움직이도록 훈련하게 된다. 다시 말해, 필요에 따라 릿 상태에 도달할 수 있다. 실제로 여러 가지 목적에서 자극하기를 지속하면 궁금하거나 관심 있는 주제뿐만 아니라 자신에 관한 새로운 자각이 촉진되고 통합되기도 한다. 예를 들어, 처음에는 외부 문제 ─ 어떤 상황 또는 누군가의 평가 ─ 에 초점을 맞췄는데, 뒤이어 그 문제로 인해 내가 경험하는 감정에 주의를 기울여 내면의 더 깊은 것을 발견할 수 있다.

자극하기를 시험해보자. 아래 세 단계를 해보고, 더 연습하고 싶다면 네 번째 단계도 시도해보자.

- 나의 호기심을 자극하거나, 나를 성가시게 하거나, 나를 진정시키는 무언가에 주의를 기울인다. 이를테면 좋아하는 창밖 풍경, 사진이나 애장품, 반려견이나 반려묘를 생각할 수 있다. 이 과정에서 일어나는 주의력 에너지의 변화를 알아차린다.
- 에너지가 생긴 주의력을 사용해 초점 대상과 더 깊이 연결한다. 호기심을 일으켰던 생각을 펼쳐보거나, 걱정거리를 더 깊이 돌아보거

나, 창밖 풍경이나 손에 든 사진을 더 자세히 살펴보거나, 더욱 고마워하는 마음으로 반려동물에게 초점을 맞춘다.

- 높아진 자각의 순간을 음미하면서 경험에 깊이를 더한다. 그리고 이러한 자극을 반복해 집중력을 높이기도 하고, 더 폭넓은 관점으로 시야를 바꾼다.
- 몰입을 향해 나아간다. 나는 약 5분간 방해 요소들에 저항하고 내가 선택한 대상에 집중할 수만 있다면 몰입 상태에 들어간다는 것을 발견했다.

주의력은 인간 정신이 지닌 가장 강력한 도구다. 우리는 명상, 호흡 요법, 운동과 같은 연습을 통해 주의력을 강화하거나 높일 수 있고, 이메일, 문자 메시지, 소셜 미디어와 같은 기술을 통해 주의를 흩트릴 수도 있으며, 약물로 주의력을 변화시킬 수도 있다. 그러나 이 놀라운 자원을 어떻게 사용할지는 전적으로 우리 손에 달려 있다.[5]

_린다 스톤, 어텐션 프로젝트The Attention Project

나의 주의력 실험은 필요에서 생겨났다. 주의력 문제로 학교 공부가 거의 불가능했고, 인간관계와 사회적 상호작용도 약해졌기 때문이다. 지금도 내 정신은 제멋대로 배회한다. 책을 읽을 때만 그런 것이 아니다. 오디오북을 듣거나 영화를 들을 때도 채 2분이 되지 않아 마음이 배회하기 시작하는 탓에 듣거나 보던 것을 되돌려 재생해야만 한다. 몇 년 동안은 시간 관리 요령을 기르면 주의력 문제가 해결되리라 생각했다. 결국, 내게 시간 관리는 알맹이가 없는 구조적 장치에 불과하다는 것을 알게 되었다. 어떤 주제나 사람에게 관심을 기울일 시간을 따로 떼어둘 수는 있었지만, 정작 그 시간에도 내 주의력을 다스리지 못했다. 흥미가 없었거나, 충분한 압박을 느끼지 못했거나, 도무지 첫발을 내딛지 못했기 때문이다.

이렇게 실험을 이어간 끝에 8학년이던 열세 살쯤에 깨달은 것이 있다. 특히 나의 주의력 문제에서는 (1) 수많은 작은 단계를 거쳐서 앞으로 나아가야 하고, (2) 그 작은 단계들은 아무리 여러 번 거쳤더라도 늘 어려울 것이라는 사실이었다. 나는 내 뇌를 속여서 일단 지구에 착륙하도록 주의를 집중해야 한다. 그런 다음에 앞으로 나가는 단계를 밟아야 한다! 대개는 아주 적은 추진력만으로도 더 많은 추진력을 만들어낼 수 있으며, 초반의 저항을 무시하고 지나가도록 나를 유도할 수 있다.

자극하기는 여기에 딱 맞는 방법이었다. 그 당시 나는 주의력을 빨아들이는 정체불명의 힘과 맞서는 듯한 기분이었는데 그 이유는 몰랐다. 알고 보니 그것은 단지 이상하고 불완전한 내 뇌의 문제였다. 어떤 면에서 내 뇌는 일반적이지 않을 수도 있다. 진단상으로도 그렇게 판명되었다. 하지만 지금 돌아보면 내가 느꼈던 그 정체불명의 힘은 뇌가 가진 지극히 정상적인 특징이다. 여러분과 나 그리고 모두의 뇌가 그런 특징을 지녔다. 과학자들은 이를 가리켜 '기본 상태 네트워크'default mode network, DMN 라고 부른다. 뇌파의 패턴과 주파수 및 기타 데이터에 관한 연구에 기반한 신경과학에서는 DMN을 가리켜 끊임없이 배경 활동을 생성하는 뇌의 근본적인 특성이라고 설명한다. 쉬운 말로 표현하면, 공상에 잠겼다가 깜빡 깨어났거나 반복되는 생각에 사로잡힌 적이 있다면, 그때의 뇌는 아마 여러분을 DMN에 두었을 것이다. 릿의 렌즈로 보면, DMN은 우리 뇌가 항상 생성하고 있는 생방송 정보 채널과 같다. 렙 상태(에너지를 적게 쓰는 뇌 상태)에서는 그 정보에 주의를 기울이지 않고 그것들을 배경 소음으로만 듣는다. 이와 달리 릿 상태로 스위치를 바꾸면 — 의도를 가지고 초점을 맞추면 — 갑자기 그것은 소음이 아니라 나만의 디스커버리 채널로 바뀐다. 디폴트 모드의 변동성과 ADHD를 살펴본 연구 결과[6], 건강한 대조군과 달리 약물을 복용하지 않는 ADHD 환자들은 DMN 활성화가 더 크게 나타난다는 것이 밝혀졌다. 이러한 변동은 낮은 과제 성취율과도 상관관계가 있었다.

백색 소음일까 아니면 재생 목록일까?

현실 생활에서 배회하는 마음은 쓸모없는 방해 또는 반가운 전환으로 여겨진다. 마음의 초점을 풀어뒀을 때 사색 중에 혹은 자연스럽게 일어나는 창의성과 명료성은 빡빡한 하루에 찾아오는 반가운 쉼표일 수도 있다. 반면에 타이밍이 맞지 않아 내 의도와는 달리 집중력이 떨어지고 산만하게 느껴질 때는 그렇지 않기도 하다. 이런 얽매이지 않는 마음은 친구일까 적일까?

최근까지도 과학자들은 DMN을 단순한 신경 잡음, 즉 일종의 낮은 수준의 정전기로 간주했다. 새로 발표된 연구는 DMN이 오히려 재생 목록에 가깝다고 제안한다. DMN은 기억, 의미, 투사, 가능성을 끊임없이 재생하기 위해 뇌가 사용하는 지속적인 검토 과정으로서 나를 구성하는 과거, 현재, 미래의 모든 요소를 혼합해놓은 것이니 말이다. DMN의 기능 중에는 일어날지도 모르는 사건, 다른 사람들이 말할지도 모르는 것들, 세 가지 대안이 가져올지도 모르는 결과에 관한 가상 시나리오를 우리 뇌에 제공하는 것도 있다. 그 모든 경우를 실제로 겪지 않고, 즉 최종 리허설은 진행하지만 직접 연기할 필요 없이 우리 자신에게 가르침을 주는 것이다.

연구들에 따르면,[7] 어떤 과제에 집중한 상태에서는 DMN의 재잘거림이 덜 파고들고, 어딘가에 집중하지 않았을 때는 그 재잘거림이 더 생생해지거나 더 심하게 파고든다. 공상, 소란한 마음, 유용한 반성, 또는 골똘한 생각 등 갖가지 방식으로 DMN을 경험할 때, 여러분은 그 흐름을 그저 따라가는가 아니면 끼어들어서 그것을 지휘하는가? 이때 사용하도록 자연이 허락한 '앱'이 인지적 통제력이다.[8] 달리 말하면 유연하고, 적응력 있으며, 목표에 집중하는 뇌의 능력이다. 여러분은 자기 생각에 끼어들어 방향을 조정하는 수단으로 이 신경적 반응성과 적응성을 활용할 수 있다. 릿 에너지가 담긴 자극을 사용한다면, 주어진 문제에 더 날카롭게 집중할 수도 있고, 전혀 다른 대상으로 주의를 옮길 수도 있다. 어느 쪽이든 의도를 가지고 주의를 옮기면 우리에게 내재된 능력을 원하는 대로 쓰게 된다.

자극의 참신함이 떨어지면 뇌는 전보다 약하게 반응하도록 조정하곤 한다. 다만 이는 주변에서 일어나는 일, 생리적 측면에서 일어나는 내부의 영향, 같은 시간에 발화하는 다른 신경적 충동에 따라 달라진다.

최근 몇몇 과학자는 뇌 활동을 측정하는 연구를 통해 신경의 변동,

즉 뇌가 자극에 반응할 때 뇌의 충동에 나타나는 불규칙적인 변동에 대한 이해를 수정했다.[9] 이 변동들은 오랫동안 신경 잡음의 또 다른 사례로 여겨졌으며 그리 중요치 않다고 간주되었다. 하지만 이제 과학자들은 신경의 변동이 신경계의 반응과 학습에 관련된 적응적인 균형 메커니즘일 수 있다고 본다.

독일 '막스 플랑크 인간개발연구소'Max Planck Institute for Human Development의 연구자들에 따르면 성공적인 행동은 신경의 변동을 극복하고 나타나는 것이 아니라, 오히려 신경의 변동 덕분에 나타난다는 증거가 있다고 한다.[10] 사람 얼굴을 인식하든, 사물을 기억하든, 복잡한 과제를 풀든 최적의 인지 성과를 거두려면 매 순간 일어나는 차이를 조정하는 능력이 필요한 듯하다. 한편, 신경의 변동은 뇌의 처리 과정이 안정화되면 함께 줄어드는데 이는 좋은 신호다.

집중된 주의력이 신경의 변동을 가라앉히고 소음을 잠재운다면, 브레인스토밍은 자극을 주는 방법으로 오랫동안 인정을 받았다.[11] 신경의 변동을 가라앉히기보다 자극하는 방법도 있지만, 한번 떠오른 신선한 아이디어와 자극을 계속 유지하는 것이 더 낫지 않을까? 나는 이 개념을 중심으로 연구실의 브레인스토밍 과정을 설계했다. 이는 우리가 익숙한 영역과 전문 분야라는 안전지대를 벗어나 가능성이라는 흥미진진한 영역으로 나아가는 방법이다. 우리가 다루는 의학 문제들은 너무 좁은 틀에 가둔 까닭에 미해결 상태로 우리에게 올 때가 많았다. 우리는 집중하는 상태와 집중하지 않는 상태를 오가면서 새로운 아이디어를 최대한 다양하게 떠올리고, 주어진 문제를 여러 각도에서 규정한다. 이런 접근을 통해 다른 사람들이 놓친 새로운 통찰을 얻고, 잠재적 해법으로 향하는 새로운 경로를 만들어내곤 한다. 생물의 사례에서 영감을 얻어 혁신을 이루는 과정에서 꾸준히 새로운 영역으로 전진하도록 우리를 도와주는 자극은 단연코 질문이다.

손전등이 아니라 레이저처럼 집중하라.[12]

_마이클 조던

인식의 한계를 밀어젖히기

이것은 우리가 연구실에서 늘 하는 일이다. 우리 작업에서는 뜻밖의 방향으로 일이 틀어지거나 지독하게도 해법이 보이지 않는 지점이 허다하다. 이 순간들을 활용함으로써 우리의 초점을 조정해 새로운 에너지로 일을 추진하려고 노력한다. 이때 무엇이 가능한가에 관한 우리의 인식을 끊임없이 '자극하고 지나가야' 한다. 집단사고, 해당 분야의 신조, 다른 사람들의 가정, 심지어 우리의 가정도 끊임없이 따져 묻고 때로는 흐트러뜨려야 한다. 각자 이렇게 초점을 맞추고 조정하기도 하고, 릴레이팀처럼 함께 작업할 수도 있다. 우리 연구실과 같은 브레인스토밍 환경에서는 번득이는 생각으로 모든 이의 분위기를 전환시키는 사람이 종종 있다.

새로운 문제를 대할 때는 새로운 해법을 떠올리려고 노력하고, 기존의 기술이나 해법 쪽으로 기우는 마음의 경향을 밀어내는 것이 중요하다. 그런 해법은 최선의 결과로 이어지지 않을 때가 많기 때문이다. 물론 시작 단계에서는 우리 도구상자에 담긴 기존의 기술을 검토하지만, 이때 조심성을 발휘하려고 노력한다. 지금 알고 있는 것을 그대로 따라가려는 자연스러운 추진력과 중력이 작용하기 때문이다. 기존 기술을 적용하려고 시도하다 보면 소중한 시간과 자원을 낭비 —하나의 연구를 완료하기까지 족히 몇 년은 걸린다—하고, 결국 복잡한 새 문제에 부딪혀 애초에 다른 생각과 다른 해법이 필요했음을 뒤늦게 깨닫게 된다. 우리는 저항이 가장 적은 길은 피하려고 의도적으로 노력한다. 어떻게? 우리의 주의력을 자극하는 전략적인 질문들을 활용한다.

우리가 가진 기존 기술들은 무엇을 할 수 있는가? 더 중요한 질문으로, 그 기술들은 무엇을 하지 못하는가? 그리고 이는 지금의 문제를 규정하는 데 어떻게 연결되는가? 지금 가장 중요한 질문은 무엇이 필요한가 하는 것이다. 다른 사람들은 무엇을 시도했는가? 실패한 것은 무엇인가? 효과는 있었으나 썩 만족스럽지 못했던 것은 무엇인가? 연구 프로세스 초반에 꼭 고려해야 할 생물학, 의학, 중개(확장성, 특허, 임상시험 등) 분야의 측면들은 무엇인가? 다른 사람들이 달성한 최고의 결과는 무엇이며, 그것은 어떤 모델 체계를 따르는가? 이 분야를 깜짝 놀라게 하여 투자자, 동료, 업계 및 커뮤니티를 흥분하게 만들려면 어떤 결과를 달성해야 하는가? 이 분야를 획기적으로 진전시켜 환자들에게 혜택을 주려면 무엇이 필요한가?

이 초반 검토 과정은 새로운 문제를 더 명확히 규정하는 데 유익할 때가 많다. 그런 다음에는 새롭게 규정한 문제에 온전히 초점을 맞춘다. 과거 작업, 오래된 문제, 그리고 이를 해결하고자 우리가 개발했던 오래된 기술은 다시 선반에 넣어둔다.

아래는 우리가 문제해결 과정을 가속하고 심화하고자 연구실에서 자극하기를 사용하는 방법을 순서에 맞게 느린 동작으로 적은 것이다. 우리의 목표는 '더 나은 의료용 접착제 개발법'을 찾는 것이었다. 아래 제시한 질문들은 여러 번의 탐색 토론과 연구로 이어졌고, 결국 생물에서 영감을 얻어 다수의 유용한 결과를 낳았다.

질문: 더 나은 의료용 접착제를 만든다면 기존의 어떤 문제를 해결하는 데 유익할까?

이 질문은 우리가 더 깊이 파고들어 문제를 규정하도록 이끌었다. 우리는 의사, 간호사, 의료 기업 관계자들과 만나 대화를 나눴다. 그 결과 연약한 신생아 피부에 부착하는 모니터링 장치에 사용하되 떼어낼 때 피부가 찢어지지 않고, 어린 아동의 뛰는 심장 안에 생긴 구멍을 막고, 피부나 조직을 한데 이어주되 스테이플처럼 조직을 단단히 고정하려고 조직 안에서 구부러져 있는 탓에 피부에 피해를 주지는 않게 하는 접착제가 필요하다는 것을 알게 되었다. 의료용 스테이플은 박테리아가 침투해 자라나기에 적합한 장소를 만들어낸다. 또한 스테이플을 쓰려면 부피가 큰 장치도 필요한데, 이는 작은 부위를 절개해 최대한 덜 침습적인 절차를 밟을 때는 쉽게 사용할 수가 없다.

질문: 자연 세계에서 진화한 접착 메커니즘 중에서 영감을 얻을 만한 예시는 무엇일까?

도마뱀붙이에서 영감을 얻은 조직 접착제를 연구한 바 있지만, 이는 피부 이식이나 뛰는 심장 내부와 같은 까다로운 환경에 쓰기에는 덜 튼튼했다. 우리는 다양한 생물체가 눈앞에 마주하는 사물에 어떻게 매달리는지에 관해 브레인스토밍했다. 모기와 벌의 주둥이를 떠올리던 중, 한 동료가 이렇게 물었다. "고슴도치의 가시는 어떤가요?"

질문: 고슴도치 가시에 관해 이미 알려진 사실은 무엇일까?

우리는 주어진 숙제를 했다. (아프리카 고슴도치와는 반대로) 북아메리카 고슴도치의 가시에는 끝부분과 방향이 어긋난 미늘이 달려 있다. 이 미늘의 너비는 사람의 머리카락 정도다. 가시의 끝부분은 목표한 조직 안에 꽂히고, 미늘이 있어 가시를 제거하기가 어렵다.

질문: 미늘의 작동 원리에 관해 우리가 더 알고 있는 사실은 무엇일까? 고슴도치 가시가 자신을 목표물에 그렇게 쉽게 심는 — 타격을 주고, 딱 붙은 뒤 그대로 있는 — 비결은 무엇일까?

고슴도치 가시가 살에 박히려면 어느 정도의 힘이 필요한지, 가시를 제거하려면 또 어느 정도의 힘이 드는지 등, 고슴도치 가시를 다룬 학계의 연구는 거의 없다.

질문: 우리는 어떻게 알아낼 수 있을까?

가시를 조직에 찌른 뒤, 가시가 들어간 부분을 살펴봤다. 알고 보니, 대개 가시들은 끝부분 4밀리미터 지점에 여러 줄의 미늘이 달려 있었다. 놀랍게도 미늘이 달린 가시를 찌를 때는 같은 지름의 바늘이나 미늘을 제거한 가시를 찌를 때에 비해 절반의 힘이 필요했다. 조직 안으로 들어갈 때 살짝 상처를 내는 일반적인 바늘이나 조직 스테이플과 달리, 미늘이 달린 가시는 완벽하게 부드러운 구멍을 내므로 거친 가장자리의 마찰 때문에 생기는 감염을 예방하기가 더 수월하다.

질문: 조직에 들어가는 스테이플 양쪽 끝을 구부릴 필요가 없도록 생분해성 스테이플의 양쪽 끝에 합성 가시를 부착한다면 어떻게 될까? (말하자면) 이런 식이다. 각각의 질문은 가장 의미 있는 탐색과 새로운 질문에 우리의 주의를 집중하는 데 도움을 준다.

나를 이끄는 넛지

내 동료 비벡 라마크리슈난Vivek Ramakrishnan은 이렇게 말했다. 뇌가 전에 참신한 자극을 준 대상에 익숙해지면, 전보다 훨씬 더 크고 훌륭한 무언가를 실행하거나 찾아 나서야 한다고 생각할지도 모른다. 그러나 이렇게 하는 대신 라마크리슈난이 했던 대로 주변 사물에 나타나는 가장 미묘한 변화, 즉 그의 말을 빌리자면 모든 사물의 일시성을 관찰하는 습관을 기를 수도 있다. 이 점에 관해서는 제11장('멈춤' 버튼 누르기)에서 더 자세히 살펴보겠지만, 간단히 설명하면 이렇다. 감지할 만한 가장 작은 변화에 주의를 기울이면, 하루 사이에 생겨난 차이만으로도 뇌가 꾸준히 감탄하게 할 수 있다. 거창한 자극은 필요 없다. 연결을 만들어내는 작은 불꽃만 일으켜도, 즉 공을 굴러가게만 해도 의도적인 변화를 이루는 데 필요한 활성화 에너지를 효과적으로 낮출 수 있다. 그러면 애써 통제하려고 고군분투할 필요가 없다.

내가 사용하는 효과적인 자극 전략에는 글의 항목을 역순으로 읽는 것도 있다. 주어진 논문을 끝에서부터 앞쪽으로 읽어나가는 것이다. 이렇게 하면 제멋대로인 나의 주의력을 집중시키는 데 효과적이다. 분명 내 경우가 좀 극단적이긴 하다. 어쨌든 여러분의 주의력이 방해 거리, 참신한 것, 낯선 것에 반사적으로 집중한다는 것은 오히려 유리하게 활용할 만한 사실이다. 내가 생각하기에 뇌를 자극한다는 것은 이 요령을 모든 일—이를테면 프로젝트를 진행하기, 배우자와 대화하기, 다음 진로를 계획하기—에 내 의지대로 적용하는 것을 뜻한다. 여러분의 뇌를 자극해 주의를 끌고, 원하는 대상에 집중해보자.

당신이 진심으로 사랑하는 것이 끌어당기는 더 큰 힘에 조용히 끌려가라.[13]

_루미 Rumi

여러분만의 복잡한 삶과 일터의 도전과제들은 우리가 연구실에서 경험하는 것과 다를 수도 있지만, 자극하기 과정—릿을 부르는 과정—은 어디에나 적용된다. 일상생활에서 주의력을 어떻게 다스리느냐가 사실상 삶의 전 영역을 결정한다. 지속적인 주의력이 필요한 일—프로젝트, 가정, 인간관계, 일생의 꿈—을 성취하려고 노력하는 사람이라면, 이를 실행할 에너지가 희미해질 때 어떤 느낌이 드는지 안다. 자극하기는 주의력을 되살리는 새 에너지를 심어준다. 주어진 선택지들을 찬찬히 살펴보는 것만으로도 그 시작이 될 수 있다.

당기는 힘에 저항하고, 앞으로 밀고 나가기

주의력에 작용하는 '당기는 힘'이란 주의를 훼방하고 그것을 떼어내는 것들을 말한다. 주의력에 작용하는 '미는 힘'은 스스로 시작하는 변화를 가리킨다. 솔직하게 생각해보면, 우리 삶의 여러 당기는 힘들은 그리 중요한 것이 아니므로 우리에게 별다른 가치를 주지 않는다. 이것은 오래된 사건이나 감정에 대한 되새김, 반추, 걱정처럼 습관적인 생각일 수도 있다. 모든 사람에게 바로바로 반응을 보여야 한다는 느낌과 같은 습관적인 반응도 포함된다. 여기에 또 다른 습관이 덧붙어 있을 때도 있다. 이를테면 아무 생각 없이 매체나 소셜미디어 사용하기, 흡연, 음주, 기분 전환을 위해 음식 먹기가 그렇다. 마냥 생각을 놓고 있는 것은 아니지만 미디어, 특히 소셜미디어를 과용하는 것도 포함된다.

역설적일 수도 있지만, '멈춤'이라는 말은 소셜미디어 대기업인 틱톡 관계자가 꺼낸 말이기도 하다. 틱톡은 젊은 사용자들의 과도한 사용을 줄이는 데 아무 일도 하지 않는다는 비난에 맞서 자사를 변호하려고 의회 청문회에서 이 말을 꺼냈다. 청문회가 있기 얼마 전, 틱톡은 새로운 과속 방지턱 ─ 18세 미만 사용자들을 대상으로 60분이라는 '일일 스크린 타임 제한' ─ 을 발표했다. 사실 젊은 사용자들은 휴대전화를 몇 번 두드리는 것만으로도 한 시간을 훌쩍 넘길 수 있다고 보고했다. 연구에 따르면[14] 잠시 멈춰서 계속할지 종료할지를 생각해보기만 해도 사용 중단을 재촉할 수 있다. 이는 틱톡의 가족 안전 및 발달 건강 책임자인 트레이시 엘리자베스Tracy Elizabeth 의 말이다. "그 멈춤의 순간에 사람들은 지금 하던 행동을 적극적으로 생각해보죠. 계속 앱을 사용하려면 선택을 내려야 합니다. 이것이 정말 중요한 부분이죠."

물론 이런 종류의 과속 방지턱이 모든 사람에게 효과적일 리는 없다. 다만 이는 덜 중요한 당기는 힘들을 인식하고 줄이는 한편, 이를 의도적인 미는 힘—나의 주의력을 의미 있는 방식으로 집중하고자 의식적으로 내리는 선택—으로 대체하려는 중요한 과정의 일부다. 이를 더 많이 연습할수록 그것들을 무시하는 데 드는 활성화 에너지가 줄고—즉 필요 에너지가 줄어들고—내게 가장 중요한 일에 주의력을 모으기가 더 수월해진다(그리고 더 빨리 보람을 느낀다).

펜실베이니아대학교 와튼 스쿨의 행동과학 교수이자《슈퍼 해빗》의 저자인 케이티 밀크먼Katy Milkman은 이렇게 말한다. "아무 생각 없이 행동에 들어가기 전에 잠시 멈춰서 생각하도록 강요할 방지턱을 곳곳에 둘 수 있다. 이렇게 하면 적어도 마음이 무심코 작동하지 않고, '이게 지금 내가 하고 싶은 일일까?'를 생각하며 판단할 기회가 생긴다."[15]

필라테스, 팟캐스트 그리고 새로운 연습

인생에서 매우 중요한 것들—가족, 우정, 심지어 사랑하는 일—이 굳건히 유지될 때, 이것들은 일종의 배경처럼 당연한 것으로 여겨지기 쉽다. 비범한 것은 종종 뻔히 보이는 곳에 숨어 있다는 말도 있다. 그런 비범한 것들에 반응하려면 뇌를 자극해야 할 수도 있다.

나는 아내 제시카가 마음-몸-영혼을 통합하는 분야인 필라테스를 오래 가르쳐온 사람이었음에도 그 셋의 상호연결성[16]이 얼마나 중요한지를 뒤늦게 깨달았다. 제시카의 온화한 지도 속에 마침내 필라테스가 영적 탐험을 위한 길을 열어주었을 때 나는 매우 놀랐다. 그 길에서 내가 선천적으로 지닌 영적, 직관적 능력들에 의식적으로 주의를 기울이면 연결성이 탄탄해지고 신경망이 발화한다는 것을 발견했다. 내면 생활을 더 많이 탐색할수록 뭔가를 시도하거나, 읽거나, 팟캐스트를 듣거나, 저녁 식사 때 아이들과 나눌 대화거리를 내놓을 때 드는 활성화 에너지가 줄어든다.

필라테스는 주의력의 방향을 내면으로 돌리는 데 필요한 자극이었다. 모든 사람은 도덕적 나침반 역할을 하는 직관력, 최선의 길로 자신을 안내하는 내면의 목소리를 가지고 있다. 그러나 우리는 은근한 자극들을 자주 무시한다. 자신의 주의력을 자극해 내면생활을 포함한 새로운 관심 영역에 눈을 돌리면 흥미진진한—그리고 무한한—새 길이 열린다.

자극하기의 몇몇 요령은 겉으로는 사소해 보여도 효과적일 때가 많다. 이를테면 잠시 쉬면서 산책하거나(특히 자연 속에서), 전혀 상관없는 것에 눈길을 줄 수도 있다. 때로는 다른 프로젝트에 주의력을 돌리기만 해도 도움이 된다. 뒤로 미뤄둔 생각을 다시 앞으로 가져올 때마다 이러한 변화 덕분에 새로운 에너지가 생겨날 수 있다. 우리의 경험 중에서 가장 강력하고, 일관되며, 내구성이 있어 지속적으로 뇌의 관심을 끄는 것은 무엇일까? 바로 호기심, 흥분, 목적이다. 이 동기들은 바쁜 뇌 속에서 일어나는 방황을 감탄으로, 결국 행동으로 바꿔놓는다. 간단한 자극 요령을 실천하면 일상생활의 모든 순간에 일어나는 감정과 생각이 개선되고 몰입도도 높아진다. 회의에 참석할 경우, 특히 내가 사무적인 태도로 기운다고 느껴질 때, 내가 마주하는 개인 또는 다수도 자기 삶에서는 가장 중요한 존재라는 것—나는 지금 사람을 만나고 있다!—을 되새긴다(부드러운 자극). 저마다 자기만의 여행 중이라고 말이다. 이 점은 회의에서 다루는 갖가지 의제 못지않게 우리의 대화를 구성하는 중요한 맥락이다.

동기가 지닌 펀치력

동기와 주의력을 다룬 연구들에 따르면,[17] 동기 수준이 높아지면 주의력도 좋아진다. 우리의 동기는 시간의 흐름과 다양한 맥락에 따라 변한다. 따라서 뇌를 자극하기 위해서는 나를 계속 달아오르게 하는 '대상'과 '이유'를 확인하는 것이 필수다. 곤란한 상황을 눈앞에 둔 사람을 보고 도와주고 싶다는 생각이 들었다면, 내 주의력이 여기에 집중되어 있으므로 배회할 가능성이 적다. 이와 달리 목표나 목적이 그리 시급하지 않은 경우도 많다. 그러므로 집중된 상태에 도달하려면 주의력과 동기를 유지할 방법을 찾아야만 한다. 그 동기가 내면에 있는 것이든 외적인 보상—돈, 승진, 구매 등—이든, 자기 목표를 되새기고 그것이 내게 중요한 이유를 생각하면 정서적인 에너지, 즉 나를 끌고 가는 욕구와 연결된다. 이것이 자극을 제공한다.

나의 주의력을 동기에 맞춰 미세하게 조정하기

나만의 동기부여 요인을 마련해두면 그것들에 주의를 기울일 때마다 행동에 필

요한 에너지가 높아진다. 아래 단어 목록을 보면서 이 순간 한두 가지라도 와닿는 것이 있는지 살펴보자. 현재 여러분 삶에 동기를 부여하는 요소는 무엇인가? 여러분은 그것을 바꾸고 싶은가, 아니면 더 누리고 싶은가?

주의력을 집중시킬 몇몇 내적인 동기부여 요인 또는 보상을 적어보면 다음과 같다.

목적	피트니스	권력
욕구	연결	돈
호기심	성취	참신함
감탄	사랑	마감 기한
긴급성	생존	두려움
치유	기대	고통

동반자 관계 그리고 부모라는 역할: 강력한 자극

2007년에 처음 교수직을 시작했을 때, MIT의 한 연구 교수가 나를 한쪽으로 부르더니 교수진이라는 자리의 중독성에 대해 경고했다. 그녀는 말했다. "조심해야 해요. 결혼생활이 깨지는 걸 숱하게 봤거든요. 일이 당신을 집어삼킬 수도 있다는 걸 경계해야 해요." 당시만 해도 그런 일은 절대 일어날 리 없다고 생각했다. 이미 내가 일에 중독되었다는 사실도 모른 채 말이다.

그보다 7년 전, 아내 제시카를 처음 만났을 때 나는 박사 학위 과정을 밟고 있었다. 그때도 이미 나는 내가 아는 대다수 사람, 그러니까 목표를 가지고 열심히 노력하는 사람들보다 오랜 시간을 일하고 있었다. 학습 장애로 겪었던 창피를 모면할 생각에 내가 택한 방법은 남들보다 열심히 하는 것이었다. 물론 나만의 프로세스―난관에 부딪히면 내 전략을 다듬어 다시 시도하기―로 더 건강하게 노력하고자 했다. 이 과정에서 나만의 강점들을 발견했는데, 덕분에 지나치게 활동적이고 신경학적으로 이례적인 내 뇌에는 생체의학 공학이 딱 맞는다는 것을 발견했다. 어떤 문제를 성공적으로 해결하고 나면, 더 도전적이고 풀지 못할 듯한 문제를 정의하려고 나를 더 열심히 밀어붙이면서 약자의 대담함을 발휘했다.

한편, 제시카는 인간의 잠재력, 건강과 웰빙, 운동, 영성 등 그녀만의 관심사를 적극적으로 추구하고 있었다. 이것들은 모두 막연하게나마 흥미롭고 훌륭해 보였으나 일중독이었던 나의 삶과는 동떨어져 보였다. 결혼 후 두 아이, 조시와 조던이 태어나면서 가족이 늘자 아슬아슬하면서도 재미있는 내 일의 양과 부담도 커졌다. 나는 절대로 이른바 '속도 제한 단계'rate-limiting step ―화학적 프로세스 또는 뭔가를 붙들고 있는 사람이 보이는 가장 느린 단계―에 놓이고 싶지 않았다. 밤을 꼬박 새우는 한이 있더라도 모든 일에서 전과 같은 속도로 사람들에게 답을 주겠다는 원칙대로 움직였다. 결국 나는 연구실 규모를 세 배로 늘리고, 뛰어나고 열정적인 연구자들을 더 영입했으며, 기업가와 투자자, 그 외 중개 전문가들과 협업하면서 환자 돌봄에 혁신을 이룰 회사들을 설립했다. 하는 일마다 무척 마음에 들었다. 일에 완전히 매료되었다!

물론 가정생활은 무너졌다. 일할 때는 기분이 날아갈 듯했으나 일을 떠나면 비참해졌다. 사실 뭔가 잘못됐다는 직관적인 느낌이 들 때도 많았다. 제시카는 가족들과 시간을 좀 더 보내라며 채근했지만, 일에 푹 빠져 아슬아슬한 재미를 느끼는 데서 도무지 빠져나올 줄을 몰랐다. 죄책감을 피하려고 일-가정생활 균형이라는 환상을 만들어냈다. 그러면서도 이런저런 학교 행사 때마저 관련 분야에 전문 지식이 있는 부모들과 만나 소통하며 현재 하고 있는 프로젝트에 추진력을 더할 생각을 앞세웠다. 일에 대한 열정과 목적이 쉼 없이 내달리는 내 뇌를 총알 열차처럼 몰아댔다. 가족들과 시간을 보내려고 일을 잠시 덮어둘 때는 특정한 업무 목적을 달성하지 못했다는 이유로 더 큰 스트레스에 짓눌리곤 했다.

아이들에게도 똑같이 했다. 뭘 해주기로 약속해놓고도 "잠깐 5분만" 이라고 말하기 일쑤였다. 어느 때는 이메일을 몇 개 더 보낼 생각에 부리나케 모니터 앞에 가 있는 동안 제시카와 아이들이 차에서 기다렸다. 그러다 결국 더 기다리지 못하고 나 없이 출발하기도 했다. 어렸을 때는 나더러 밖에 나가 축구하자고 하거나 미식축구공을 던져달라고 조르던 조시도 그런 부탁을 멈췄다.

팬데믹이 강타하고 재택근무를 시작하자 내 생활은 우리 집 거실, 바로 그곳에 멈춰 섰다. 연구실 일도 코로나 관련 프로젝트를 돕는 쪽으로 초점을 조정했다. 우리는 새로운 마스크, 진단 도구, 치료제, 바이러스를 포획해 제거하는 비강 스프레이 등을 설계했다. 나는 그 일에 열중해 있었다. 한편, 봉쇄 기간을 보내고 있으려니 그동안 내가 놓쳤던 것들, 즉 사려 깊고, 의미 있으며, 정서적으로 친밀한 가족 관계가 눈에 들어왔다. 그동안 나는 아버지와 남편으로서 너무 오랫동안 다른 데 정신이 팔린 채 투명 인간처럼 살아왔다. 그 사실이 뼈저리도록 선명하게 보였다. 의식적인 변화를 이뤄 내 낡은 패턴들을 무너뜨려야 했다.

조던과 시간을 보내기 위해 제시카가 조던을 학교에 태워다줄 때 동행하기 시작했다. 아이를 응원하고 손을 흔들어 인사하고 싶었는데, 막상 현실에서는 둘 다 차에 탄 내내 휴대폰을 들여다보았다. 조던은 친구들에게 문자를 보냈고, 나는 이메일을 읽고 회의 일정을 잡은 뒤 전략을 짰다. 이런 태도를 바꿔야 했다. 어느 날 아침, 나는 이메일을 확인하는 대신 아이에게 내 휴대전화를 건네주고는 옛날 사진들을 좀 보겠냐고 물었다. 다행히 아이는 사진들을 보고 크게 웃으며 이렇게 말했다. "아빠가 이겼어!" 그렇게 우리는 차 타고 가는 내내 사진들을 훑어보면서 재미있고, 웃기고, 바보 같고, 좋았던 시절의 추억들을 음미했다. 내 딸에게는 사소한 일이었겠지만 내게는 엄청난 일이었다. 이 일을 시작으로 더욱 의식적인 노력을 기울여 일에 몰두하려는 중력에 저항하고, 내 주의를 자극해 우리 아이들과 가정생활에 더 온전히 집중하려고 노력했다.

어떤 상황에서든 전략부터 세워놓고 방에 들어가는 것이 최선이라고들 말하곤 한다. 내 의도를 늘 염두에 두고, 내가 올바른 길에 서 있도록 인도할 구체적인 단계에 초점을 맞추자. 내가 말하는 방이란 사람, 관계, 프로젝트, 계획 등 모든 것을 뜻할 수 있다. 누군가와 만나고 있을 때 상대를 삶과 우선순위를 지닌 개인으로 인정하며 온전히 만남에 집중하고 싶다면, 그 자리에 걸어 들어갈 때부터 이러한 생각과 의도를 염두에 두는 것이 좋다. 아들에게 내 응원이 몹시 필요하다고 생각되는 순간에 아들과 함께 있을 거라면, 아들에게 다가갈 때부터 나의 지지적인 에너지를 전달하겠다고 의식적으로 선택한다. 이렇게 우리는 계속해서 자신의 관심을 집중시키는 방식으로 의도를 심화하는 것을 실험할 수 있다.

$$\boxed{\text{실천 지침}}$$

일상에서 뇌 자극하기

- **목적을 가지고 자극한다. 하고 싶은 것, 해야 할 것, 중요하지 않은 것을 구분한다.** 자신에게 가장 강력한 영향을 미칠 자극을 탐색하고 실험하고, 이것들을 활용해 내게 꼭 필요한 것, 덜 중요한 것, 실질적인 가치가 거의 없는 것으로 구분한다.

- **긍정적인 목표를 위해 자극한다.** 자신의 주의력을 목적에 집중하고, 긍정적인 기억을 만들어내거나 자기가 중요하다고 생각하는 일에 필요한 에너지를 마련해줄 경험을 얻고자 노력한다.[18] 자신의 우선순위에 마음을 집중하면 그것들이 더 견고해지고, 사소한 것들은 힘이 약해진다.

- **뻔한 것들 속에 숨어 있는 것들을 알아차린다.** 잠시 고요히 혼자 앉아 내 삶의 중요한 부분들을 소홀히 하고 있지 않은지 점검한다. 자신을 비난하거나 부끄러워할 필요는 없다. 다만 이 평가를 통해 내 주의력이 더(혹은 덜) 필요한 부분이 무엇인지 명확히 알려는 것이다. 세심하게 챙겨야 할 사람들 또는 내게 중요한 문제들이 떠오를 수도 있겠지만, 자기 돌봄 혹은 복잡한 문제의 해결, 운동, 명상,

음악, 예술을 통해 마음을 되살려 나를 지탱할 힘을 얻는다.

- **언제든지 모든 일에서 자극의 기회를 찾는다.** 늘 하던 일들을 수행하는 데 필요한 단계들을 마지막으로 주의 깊게 살펴본 것이 언제였는가? 우편함으로 걸어가기, 반려견과 함께 집 근처 산책하기, 빨래 개기, 식사 준비하기 등등 말이다. 그런 순간들에 주의력을 모으고, 각 단계를 실행할 때 할 수 있는 것이 무엇인지 궁리하면서 그 움직임의 리듬과 흐름, 반복, 나의 의도, 결과를 생각해보자. 자극의 기회를 활용해 활성화 에너지를 낮추고, 마음챙김 수행의 일부로 자신의 동기나 추진력을 높이자. 예를 들어 주의력을 자극하는 방법으로, 내가 즐기는 단계에 집중함으로써 요리할 동기를 높일 수 있다. 잘 드는 칼로 채소를 얇게 썰 때, 채소 단면의 모양을 감상할 때 얼마나 좋은 기분이 들지 생각해보자.

- **나를 끌어당기는 힘에 저항하고 새로운 단서에 맞게 자신을 조정한다.** 내 생활양식 하나하나를 인식하는 태도를 기르자. 이메일, 문자, 전화, 프로젝트 마감 기한, 소셜미디어, 심지어 가족과 보내는 시간에 반사적이며 피상적으로 반응해왔던 자신의 태도를 알아차리자. 그런 대상에 맞추던 태도를 우리의 진정한 의도를 향해 자신에게 맞출 수 있다. 대개는 하던 일을 멈추고 당장 회신을 보내야 할 것만 같지만 이제는 이렇게 묻는다. "이게 지금 누군가에게 즉시 답하라고 한 것일까? 이 순간 이 일을 하겠다고 계획했나? 일하며 시간 보내기, 가족과 시간 보내기, 혼자 있기 중에 하나를 지금 당장 고를 수 있다면, 나는 어떤 쪽에 집중할까?"

- **더 크게 본다.** 나의 반응이나 기대가 타인에게 어떤 영향을 미칠지

생각하면서 내 주변의 에너지를 바꾸자. 나 중심으로 생각했던 좁은 초점을 바꾸어 다른 사람들을 고려하는 큰 초점을 가진다.

* **자연에 눈을 돌려 색다른 무언가를 떠올린다.** 주변을 둘러보며 자연의 한 측면을 자세히 들여다보자. 보도의 갈라진 틈을 뚫고 나와 꼿꼿이 서 있는 잡초, 곤충들이 살아가고 부패한 유기체가 가득 담긴 썩어가는 그루터기, 나뭇가지를 모아 둥지를 트는 새 등, 자연에는 우리를 매료시키는 세세한 현상이 끝없이 많다. 주의를 집중한다면 자연의 에너지 전환이 새로운 활력을 줄 것이다. 자연은 실망시키는 법이 없다.

6
chapter

움직임에 매료되기
진화적 성공의 핵심 열쇠

모든 일에서 한 발짝 내디뎌 신선한 에너지를 활성화하자

인간으로서 우리가 경험할 가장 긴 여정은
머리에서 가슴으로 건너가는 여정이다.[1]
_추장 대럴 밥 Darrell Bob, 스테믹 부족 ST'AT'IMC NATION 의 토착 지식 수호자

자연 세계는 움직임에 관해 우리에게 많은 것을 가르쳐준다. 그렇다고
민달팽이나 참새가 움직이는 방식을 그대로 따라 해야 한다는 말은 아
니다. 두 다리로 곧게 서서 걷는 것은 우리에게 매우 잘 맞았다. 다만
주위를 한번 둘러보라. 지질 구조가 변함에 따라 야생 생물이 대규모
로 이동하고, 바다가 변하고 수로가 굽이치며, 식물의 씨앗과 포자가
공기 속에 퍼져가고, 미생물들이 다른 생물의 몸속에 편승하고, 다른
종을 '침입하는' 종도 있고, 우리 인간도 있다.

《미국국립과학원회보》Proceedings Of The National Academy Of Sciences, PNAS에

실린 '신흥 운동 생태학 패러다임'An Emerging Movement Ecology Paradigm 에서 란 네이선Ran Nathan은 이렇게 논했다. "지구 생명체의 가장 근본적인 특징 중 하나인 개별 유기체의 움직임은 거의 모든 생태적, 진화적 프로세스의 중요한 구성 요소다."[2] 우리 역시 동물이므로 네이선의 말은 생물학적 측면에서 우리에게도 적용된다. 다만 우리는 인간으로서 내면생활과 영적 차원이 존재한다는 것도 알지만, 그 영역을 에워싸는 움직임을 잘 깨닫기도 한다. 어떤 종들은 자연의 신호를 따라 넓은 지리적 공간을 가로질러 이주한다. 계절마다 움직이기도 하고 철 따라 자라나는 식량 자원을 좇아 움직이기도 한다. 우리는 필요한 것들을 스스로 만들어냈으므로 생존을 위해 철 따라 이동할 필요가 없다. 그렇다고 그런 이주가 제공하는 모험—갖가지 도전과제, 공유된 이야기, 떠나고 다시 돌아오는 방법에 대한 학습—이 필요 없는 것은 아니다. 자연은 여전히 직관적인 신호로 우리에게 말을 건다. 이로써 우리의 움직임을 안내해 신체적 건강과 풍부하고 지속적인 내면의 삶을 누리게 한다.

자연과의 체화된 대화가 중요하다. 자연이 우리에게 제공하는 맥락과 단서를 우리는 종종 간과한다. 이것들은 새, 개미, 나무와 같은 뜻밖의 '교사'들을 보면서 깨닫고 음미할 수 있다. 오늘날 모든 생명체가 존재하는 것은 그 종들이 자연환경에 깃든 단서, 즉 유동적인 대화에 반응해 진화했기 때문이다. 유기체와 환경 간의 생물학적인 대화는 양쪽 모두의 진화와 번영을 이끈다.

이번 장을 열면서 우리 모두가 경험할 가장 긴 여정은 "머리에서 가슴으로 건너가는 여정"이라는 요점을 제시했다. 어떻게 하면 우리 각자가 이런 의도로 움직이도록 자기 마음을 이끌 수 있을까? 삶이라는 여정 속에서 앞으로 나아가려면 어떻게 해야 할까? 인도의 스승 스리 니사르가닷따 마하라지Sri Nisargadatta Maharaj는 이렇게 썼다. "지성은 지옥을 만들어내지만, 마음은 그 지옥을 가로지른다."[3] 조심성 있는 뇌는 종종 부정적인 것을 증폭시키며, 이에 따라 우리는 갖가지 문제에 가로막힌다. 신체의 반응을 확인하고 감지함으로써 자기 경험에 대한 통찰을 얻을 때, 그 지옥을 가로지르는 움직임을 창조할 수 있다. 이는 신체적인 반응을 가라앉히고, 정신을 고요하게 하며, 마음을 기울여 온전한 경험으로 나아가도록 이끄는 다리를 만들어낸다.

운동과 피트니스라는 신진대사와 관련된 지표를 넘어, 움직임은 우리의 사회적, 정서적 발달 및 평생의 건강과 행복과 얽혀 있다. 무언가의 영향으로 한 번이라도 마음이 움직인 적—이야기에 감동하거나, 감동해서 눈물을 흘린 경험—이 있는가? 그렇다면 마음 상태를 이쪽저쪽으로 움직이는 정서 에너지를 느껴본 것이다. 명상이 혼란한 에너지를 차분하게 변화시키고, 이 각각의 상태에 해당하는 뇌파에도 실질적으로 영향을 끼친다는 점을 곰곰이 생각해보자.

많은 동물은 식량과 피난처를 찾고, 철 따라 필요한 자원을 좇아 이주하고 적응하며, 짝짓기하고 번식하는 능력에서 진화적 성공을 드러낸다. 단순한 생존을 넘어 번성을 이루고, 이 행성의 기여자로서 우리의 잠재력을 온전히 발휘하며 사는 것으로 우리 잣대를 좀 더 높게 잡고 싶다면, 모든 차원의 움직임을 더 전체적으로 알아차리는 것부터 시작할 수 있다. 가장 내밀한 내면생활의 풍경에서부터 지상의 현실과 여러 관계를 거쳐 초월적인 경험에 이르기까지, 참여하고 탐색하는 우리 능력에는 한계가 없다.

건강 심리학자이자 교육자인 켈리 맥고니걸Kelly Mcgonigal 은《움직임의 힘》에서 이렇게 논했다. "신체적으로 활발한 사람들이 더 행복하고 자기 삶에 더 만족한다. 이는 선호하는 활동이 걷기든, 달리기든, 수영이든, 춤이든, 자전거 타기든, 운동이든, 근력 운동이든, 요가든 관계없이 적용되는 진실이다."[4] 맥고니걸이 실시한 광범위한 연구 검토 결과, "꾸준히 활동적인 사람들은 목적의식이 더 강하고 감사, 사랑, 희망을 더 많이 경험한다. 그들은 자신이 속한 공동체에 더 연결되었다고 느끼며, 외로움이나 우울감을 겪을 가능성이 더 작다." 모든 연령대에 나타나고 모든 사회경제적 집단에 적용되는 이 유익은 모든 문화에 걸쳐 나타나는 듯하다. 맥고니걸은 이렇게 말했다. "중요한 점은 신체적 활동의 심리적, 사회적 유익이 특정한 신체 능력이나 건강 상태에 좌우되지 않는다는 것이다. 위에 기술한 즐거움―희망과 의미에서부터 소속감에 이르기까지―은 무엇보다도 움직임과 관련되어 있지, 피트니스와는 관계가 없다."

움직임은 창의적 표현, 진정 효과가 있는 자기 조절, 춤과 태극권 및 요가를 비롯한 수행을 통해 영적 관상에 이르는 유서 깊은 길을 제공하기도 한다. 훌륭한 '운동'이 주는 도전은 신체 못지않게 내면생활도 피어나게 한다. 행동은 추진력을 만들고, 추진력은 우리의 일상에서든 세상에서든 변화를 위한 에너지를 촉진한다.

나는 즐거움을 안겨준다는 점이 참 마음에 든다.

내가 말하는 걷기는 그 속에 운동과 비슷한 것이 전혀 없다. ⋯ 걷기 자체가 그날

의 활동이며 모험이다. 운동을 하려거든 생명의 샘을 찾아 나서라.[5]

_ 헨리 데이비드 소로

의식 그리고 영감을 받아 행동하는 능력은 우리 종의 대표적인 특징이다. 이 능력은 우리의 육체적 능력만큼이나 타고난 것으로 사냥, 수렵 그리고 더 알맞은 환경을 찾아 이동해야 할 주기적 필요를 경험하며 진화했다. 50년 전 서구 의학에서는 비주류 개념으로 치부되던 마음-몸-영혼의 상호연결성에 대한 전체론적인 관점은 고대 동양의 관습에서 도입되어 이제 탄탄히 자리를 잡았다. 이 관점은 현대 서구의 취향에 맞게 대중화되었고, 최근에는 우리의 기원과 자연과의 관계에 뿌리를 둔 토착민 가르침의 핵심 주의로 인정받았다.

캐럴라인 윌리엄스Caroline Williams는 그의 저서《움직임의 뇌과학》에서 "우리는 마음이 뇌와 결부되어 있다는 것을 잊어버린다. 자기 몸을 마음에 연결된 직통전화라고 생각하고, 이것을 하나의 도구로 활용해 자신이 생각하고 느끼는 방식에 영향을 끼칠 수 있다."[6]고 적었다. 앞으로 뭘 해야 할지 전혀 모른 채 소프트웨어 판매 분야의 수익성 좋은 일자리를 내려놓고 생활 코치가 된 가베 드리타는 당시에 확신했던 한 가지가 직감이었다고 말했다. 사람들의 부러움을 사는 경력 덕분에 전진하는 삶을 살고 있었지만, 그 방향이 옳지 않다고 느꼈다는 것이다. 그는 머리를 깨끗이 비우고, 자기 마음을 살피며, 의도와 일치감이 깃든 삶을 추구하기 위해 자전거로 세계를 여행하는 물리적 도전을 직관적으로 선택했다.

과학 연구를 살펴보면 신체 활동은 신경영양인자, 엔도르핀, 엔도

카나비노이드, 그 외 신경전달물질의 분비를 자극해 뇌와 정신에 여러 긍정적인 효과를 안겨준다는 것을 알 수 있다. 다양한 정도로 나타나는 이 유익들은 운동을 하거나 발걸음을 내딛는 모든 곳에서 이루어지는 신체 활동과 연관된다. 그러나 야외 활동은 더 많은 유익을 제공하는 것으로 보인다. 이를테면 자연광을 쬐면 무엇보다도 천연 비타민 D 생산이 촉진되는 유익을 얻는다. 야외에 있으면 뇌도 운동을 더 많이 한다. 지형을 비롯한 여러 요인에 맞춰 조정하고, 부상을 피하려고 신경 쓰느라 더 많은 주의를 기울이기 때문이다. 야외 활동이 안겨주는 몇몇 유익의 메커니즘은 아직 완전히 밝혀지지 않았지만, 과학자들은 우리와 환경 사이의 관계에서 변수가 될 만한 더 구체적인 요인을 궁금해한다.

내가 걱정하는 문제가 하나 있다. 이것은 내가 개미와 나무의 삶에 다시 눈을 돌리는 이유이기도 하다. 모든 종의 장기적 생존은 그 종이 주변 환경과 맺는 역동적 관계에 달려 있는데 우리는 그 연결성을 잃어가고 있다. 이는 자연에서 영감을 얻는 한 명의 과학자만 탄식하는 것이 아니다. 자연에서 하는 운동에 대한 접근성을 높이고자 진행한 2013년 연구 〈위대한 야외: 자연에서 하는 운동이 모두에게 이로운 이유〉The Great Outdoors: How a Green Exercise Environment Can Benefit All 의 저자들은 이렇게 논했다. "사람들과 자연의 연결성이 달라지고 있는 듯하다. 이는 현재 인간이 자연과 상호작용하는 방식에서 중대한 의미를 지닌다."[7] 대커 켈트너가 《경외심》에서 지적했듯이, 우리가 야외 환경에서 자연과 나누는 공명은 자연과 인간의 신경계 사이의 아직 규정되지 않은 상호작용의 결과다. 켈트너는 이렇게 말한다. "자연은 우리를 차분하게 가라앉힌다. 자연에는 여러 화합물이 있다. 자연 속에 있으면 꽃이나 나무껍질, 나무의 송진 냄새를 맡기도 하는데 이는 뇌와 면역체계의 여러 부분을 활성화한다. 따라서 우리 몸은 개방적이고, 힘을 불어넣고, 기운을 북돋는 방식으로 자연에 반응하도록 짜여 있다."[8]

많은 보고에 따르면 인간은 주어진 시간의 거의 90퍼센트를 실내에서 보낸다. 미 국립 만성질환 예방 및 건강 증진 센터National Center for Chronic Disease Prevention and Health Promotion, NCCDPHP에 따르면 미국인 성인 네 명 중 단 한 명, 고등학생은 다섯 명 중 한 명만이 권장 수준의 신체 활동을 하고 있다고 한다. 이러한 결핍은 심장질환, 2형 당뇨, 암, 비만 등의 원인으로 큰 대가를 치른다. 낮은 수준의 신체 활동은 연간 1,170억 달러라는 의료 비용을 초래한다. 반대로 신체 활동은 정상적인 성장과 발달에 이바지하고, 몇몇 만성질환의 발병 위험을 낮추며, 낮 동안 더 효과적인 기능과 야간의 더 나은 수면에도 유익하다. 짧게 실행하는 신체 활동이라도 건강과 웰빙을 증진할 수 있다는 연구 결과들이 꾸준히 나오고 있다.

우리에게 좋은 쪽으로 사전 준비를 해놓는 자연

우리는 달리기 위해—또는 더 정확히 말해서 운동하기 위해—태어나지 않았다. 그 말은 틀린 말이다. 더 효율적이고 효과적으로 움직이도록 진화되었다고 해도, 사실 우리는 불필요한 힘든 운동을 피하도록 설계되어 있다. 하버드대학교의 진화생물학자이자《운동하는 사피

엔스》의 저자인 대니얼 리버먼Daniel Lieberman에 따르면, 인간의 신체는 활동적으로 움직이도록 진화했지, 운동하도록 진화하지는 않았다. 초기 인류의 생존에는 신체 활동이 필요했지만, 오늘날 우리가 생각하듯 건강과 피트니스를 위해 운동하는 것은 사냥에 필요한 에너지를 보존하려는 우리의 더 깊은 본능과 충돌한다. 리버먼은 이렇게 말했다. "인간은 불필요한 신체 활동을 피하려는 뿌리 깊은 본능을 가지고 있다. 최근까지도 그런 활동을 피하는 것이 이로웠기 때문이다."[9]

몸을 움직이도록 자신을 부추겨야 한다. 특히 일상에서 몸을 활발하게 움직이는 생활방식을 현대의 좌식 생활방식이 대체한 지금은 더욱 그렇다. 정신의학자 존 레이티John Ratey가《운동화 신은 뇌》에서 논한 바에 따르면, 비록 수렵과 사냥은 식료품점에 가고 패스트푸드를 주문하는 것으로 대체되었지만, 우리 유전자는 지금도 몸을 움직이도록 암호화되어 있고, 뇌는 그 활동의 방향을 좌우하는 역할을 맡는다. 그는 이렇게 말한다. "그 활동을 없애보라. 그러면 50만 년 넘게 미세하게 조정된 섬세한 생물학적 균형을 교란하는 것이다. 간단한 사실이지만 신체와 뇌를 최적의 상태로 유지하려면 지구력 대사를 써야 한다."[10]

아주 간단한 행동으로라도 몸을 움직이려고 노력할 때, 자연은 우리에게 좋은 쪽으로 사전 준비를 해놓는다. 뇌와 신체에 유익한 점들은 밀접하게 얽혀 있다. 운동하는 동안 우리 몸은 몇 가지 물질을 분비해 뇌와 몸을 스트레스로부터 보호한다. 이 물질 중에는 뇌 유래 신경영양인자brain-derived neurotrophic factor, BDNF도 있다. BDNF는 신경 세포의 생존과 성숙을 촉진하고, 학습 기억과 신경가소성의 토대를 이루는 수용체들을 조절하는 역할을 한다고 알려져 있다.

이 현상을 뉴런들의 춤이라고 생각해보자. 뇌 영상 연구들에 따르면, 춤을 추거나 심지어 귀에 들려오는 음악에 맞춰 발을 까딱거리는 능력에도 복잡한 움직임이 연결되어 있다.[11] 해석 무용 활동에 참여한 할머니와 손녀들을 조사한 연구 결과,[12] 공동 활동은 운동을 장려하고, 긍정적인 감정을 촉진하며, 기분을 띄우고, 할머니와 손녀 사이의 관계를 더 돈독하게 만들고, 노화를 대하는 소녀들의 인식을 바꿔놓았다. 연구자들은 무용이 특히 노인들에게 근력, 균형 감각, 지구력을 높이고 불안과 우울을 예방하며 치매 대처에도 도움이 되는 창의적인 개입으로서 훌륭한 잠재력을 가졌다고 본다. 신경과학자이자 뉴욕대학교 신경과학센터의 신경과학 및 심리학 교수이며, 《체육관으로 간 뇌과학자》를 쓴 웬디 스즈키Wendy Suzuki는 이렇게 말한다. "운동을 할 때마다 뇌에 신경화학적인 거품 목욕을 해주는 셈이다. 이런 규칙적인 거품 목욕은 장기적으로 알츠하이머병과 치매와 같은 여러 질병으로부터 뇌를 보호하는 데도 유익하다."[13] 《뇌 가소성》Brain Plasticity이라는 학술 잡지에 실린 연구 검토서에서[14] 스즈키와 그녀의 팀은 다음과 같이 논했다. 단 한 번의 운동—일차적으로 유산소 운동이나 저항성 운동—이라도 도파민, 세로토닌, 노르아드레날린과 같은 신경전달물질 수치를 높인다.[15] 기분을 띄워주는 이 물질들은 기억력과 집중력을 최대 세 시간까지 늘릴 수도 있다. 가장 일관되게 나타나는 행동상의 효과는 집행 기능 향상, 기분 강화, 스트레스 수치 감소다. 인지 기능과 기분에 나타나는 긍정적인 효과는 전반적인 정신 건강에도 유익한 윈-윈 효과를 낳는다. 이에 스즈키는 하루를 보내는 동안 활발하게 움직이는 활동을 실천할 것을 권한다. 움직임 하나하나가 도움이 된다.[16]

첫 번째 장애물, 관성: 작은 실천으로 극복하기

뭐가 좋은지 안다고 해서 반드시 실천할 동기가 생기지는 않는다. 만약 그렇다면 새해 운동 계획은 평생에 한 번 세우면 족할 것이다. 만약 정보가 불꽃을 일으키지 않는다면, 정보 대신 영감을 얻어 첫발을 뗄 수 있다. 나는 종종 웰빙 분야의 전문가, 성공담을 가진 사람, 코치 등을 연구실로 초대해 오찬을 연다. 한번은 대회에 출전하는 역도 선수가 방문해 우리와 대화를 나눴다. 그는 연구실 사람 전원에게 보디빌딩을 시키는 대신, 살면서 맞닥뜨렸던 몇몇 도전들에 관해 이야기하고, 그것들을 극복하는 데 역도가 어떻게 도움이 되었는지 들려주고, 어떻게 점점 더 잘하게 되었는지 설명해주었다. 우리 모두 영감을 주는 운동선수를 비롯한 여러 사람이 들려주는 열정적인 테드 강연을 본 적이 있다. 그렇지만 그런 강연도 우리가 꾸준한 운동이나 활동에 임하도록 늘 충분한 동기를 심어주지는 않는다.

부끄러워할 필요는 없다. 우리가 에너지 소비와 보존 사이에서 갈팡질팡하도록 만든 것은 진화다. 리버먼이 지적했듯이 관성을 유지하는 것은 자연스러운 일이다. 진화의 관점에서는 에너지를 보존하는 것이 생존에 필수적이었다는 점을 기억하자.

그렇다면 에너지를 적게 쓰는 뇌 상태를 유지하게 만드는 관성이나 하향 장애물은 어떻게 극복할 수 있을까? 물론 에너지 보존을 위해 경제적인 상태에 머무는 것이 우리의 기본적인 성향이지만, 우리는 겨울잠에 들어간 곰과 달리 의식적인 주의력과 실용적인 전략을 동원해 그런 상태를 넘어설 수 있다. 이로써 경제적인 상태에서 활동적인 상태로 전환하고 그 상태를 유지할 수 있다.

　우리는 설득력 있는 설계 원리에서 배움을 얻고, 소비자를 꾀어 붙잡아 두는 마케팅 전략을 활용해 몸을 움직이는 데 필요한 활성화 에너지를 낮추고, 장애물을 최소화하고, 보상을 최대화하며, 움직이는 데 푹 빠질 수 있도록 무위보다 행동의 습관을 의식적으로 기를 수 있다. 에너지를 보존하려는 관성을 따르도록 설계되어 있을지 모르지만, 우리는 선택에 따라 자신의 습관을 바꾸고, 낡은 메시지를 가로채 그것을 넘어서는 능력도 부여받았다.

> 무언가가 움직일 때까지는 아무 일도 일어나지 않는다. 무언가가 진동할 때, 우주 전체의 전자들이 함께 공명한다. 모든 것은 연결되어 있다.[17]
>
> _ 알베르트 아인슈타인

나에게 맞는 방법 찾기: 실험을 위한 릿 요령들

릿을 일으키는 요소이자 의도를 담아 활용할 만한 도구로서 움직임을 논한다면, 이것은 에너지 자원으로서 움직임의 힘을 활용한다는 것을 뜻한다. 언제 어떻게 할지는 사람마다 다르고, 한 사람 안에서도 시기마다 다를 것이다. 하루 중 어떤 때는 다른 때보다 몇몇 활동을 실천하기에 더 유익하다. 혼자 있을 때보다 친구와 함께 있을 때 걷기에 나설 의욕이 생기는 사람도 있다. 그런 경우라면 두 사람 모두에게 좋은 시간대를 찾으면 된다. 우리가 지닌 24시간 주기의 리듬, 우리 몸의 화학적 성질이 나타내는 자연스러운 변동에 따라 식사, 수면, 학습, 휴식을 위한 최적의 시간대가 결정된다. 원하는 활동이 무엇이든 그것을 실행하는 데 필요한 활성화 에너지를 낮추려면, 자연적인 24시간 주기 리듬을 내게 유리하도록 사용하는 것이 좋다.

나에게 맞는 움직임과 이를 실천할 시기를 찾아내는 이상적인 방법은 실험이다. 거창한 실험을 말하는 것은 아니다. 여러분 자신이 실험실이자 수석 조사관이자 하나뿐인 실험 대상이며, 여러분만의 학술 잡지에 실을 논문의 저자다. (마감 기한은 없다!) 핏빗Fitbit 과 같은 웨어러블 기기나 더 정교한 디지털 시계를 사용해 자신의 데이터를 추적할 수도 있고, 옛날식대로 그저 몸에 귀를 기울일 수도 있다.

흥미롭게도 우리는 어떤 운동이나 명상 수행법을 온전히 경험하면서 그 효능을 꽤 신속히 알아낸다. 나의 몸, 뇌, 마음 상태, 감정 모두가 피드백을 제공한다. 이를 잘 알아차리기만 하면 된다. 예를 들어 달리기하는 동안 한껏 마음이 들뜬다면―또는 피곤하면서도 좋다면(방점은 '좋다'에 있다)―긍정적이고 바람직한 효과를 얻기 위해 올바른 운동을 택했음을 알 수 있다. 격렬한 운동 뒤에 기분이 매우 좋거나 '기분 좋은 고통'을 느낄지도 모른다. 한편, 어떤 운동이 잘 안 맞는다고 느껴지거나 기대했던 효과를 얻지 못한다면, 그 이유를 검토하거나 자신이 사용한 기술을 조정하거나 아니면 다른 것으로 바꿀 수도 있다.

이런 미묘한 내적 단서에 주의를 기울이는 것은 특히 어떤 루틴을 시작할 때 또는 유익을 높이고 부상을 줄이기 위해 세부 사항을 조정할 때 유익하다. 몇 년 전 언젠가, 내가 무시했던 체중이 서서히 불어났다는 것을 문득 깨닫고는 살을 빼야겠다는 큰 동기가 생겼다. 처음에는 식사량을 줄였는데 효과가 없었다. 이에 탄수화물 섭취를 줄이는 데 집중해봤으나 몇 주가 지나도 체중계 바늘은 제자리였다. 실망했지만 각오가 대단했던(힘들게 체중을 감량한 다른 사람들의 이야기를 듣고 새로운 영감을 받았다) 나는 달리기가 체중 감량의 유일한 방법이라고 판단했다. 곧바로 운동화를 신고 밖으로 나가 달렸다. 처음에는 금세 숨이 차올라 더는 못 뛸 것 같은 큰 저항감이 들었다. 어떤 때는 과호흡―가슴이 죄어 오고, 공황감이 들고, 뇌가 "그만!"이라고 소리 지르는 것―이 느껴지기도 했다. 인터넷을 찾아보니 달리면서도 효과적으로 호흡하는 방법에 관한 다양한 조언이 있었다. 복식 호흡도 시도해보았다. 이 방법은 세 걸음 내딛는 동안 숨을 들이쉬고 두세 걸음 동안 내뱉는 리듬을 사용하는 기법이었다. 이 밖에 다른 요령들도 실험해보았다. 결국 불안을 낮추고 더 느긋하게 오래 달리게 하는 호흡 전략을 찾아냈다.

그러다 또 다른 장애에 부딪혔다. 달리기를 시작하고 얼마 안 되어 양쪽 발목이 너무 아파서 걷기조차 힘들어졌다. 어느 시점에서는 극심한 통증 때문에 절뚝거리며 병원 응급실을 찾아가기도 했다. 의료진의 조언은? 잠시 쉬라는 것뿐이었다. (다행히 의사들이 찾아낸 부상은 없었다.) 인터넷을 통해 더 조사해보니 달리는 도중에 스트레칭을 해주는 것이 중요했다. 이에 다음부터는 스트레칭을 하기 시작했다. 신발도 새로 장만했더니 통증이 사라졌다. 내가 보기에 이는 자연의 작동 원리를 보여주는 사례다. 실험하고 진화하는 것 말이다. 나는 달리는 시간대, 속도, 지속 기간을 이리저리 시험해보았다. 효과적인 것과 그렇지 않은 것은 무엇일까? 6개월 전에는 잘 맞았지만, 몇몇 다른 요인이 달라지자 더는 효과를 내지 않는 방법은 무엇일까? 중요한 건 실험이었다. 이렇게 세세한 점들을 계속 조정하자 달리기를 지속할 수 있었다. 나는 내게 맞는 반복 시스템을 발전시켰다. 그렇게 내가 발전하고 있었다.

> 이렇게 대놓고 말하긴 이상하지만, 운동은 내 뇌를 자유롭게 만들었고 '훌훌 털어버리도록' 이끌었다. 그런 다음 내가 풀려고 했던 문제를 문득 떠올렸는데 이때는 다른 관점, 사안을 대하는 전혀 다른 접근법을 사용할 수 있었다.
>
> _티나 케샤바르지안Tina Keshavarzian, 전 카프 랩 인턴

사색하거나 명상에 잠기는 활동도 관찰 가능한 피드백을 제공한다. 많은 사람이 그렇듯 정좌 마음챙김 명상이 불안감을 고조시킨다면, 걷기 명상을 시도해보자. 명상의 유익에 관한 초창기의 과학적 발견들은 정좌 수행에 전념했던 수도승과 그 외 '명상의 대가'를 연구해서 얻은 결과들이 많았다. 오늘날에는 걷기 명상, 마음챙김을 실천하는 일상 활동 등 다양한 방법이 측정 가능한 건강상의 유익을 제공한다는 사실이 잘 알려져 있다. 중요한 것은 실험을 해보고 내 몸의 피드백에 귀를 기울인 뒤에 방법을 조정하는 것이다.

피트니스 추적 기술의 한 가지 장점은 다른 무엇으로도 얻지 못하는 자세한 데이터를 제공한다는 점이다. 기기나 앱에 따라 걸음 수, 서 있는 시간, 안정 시 심박수, 심박수 평균, 심박 변이도 등도 알아볼 수 있다. 이 정보를 활용해 운동, 명상, 그 외 활동의 시간대를 비롯한 여러 측면을 조정해서 목표를 달성하거나 자신의 관심 활동을 실천할 수 있

다. 이런 데이터를 실시간으로 추적하면 동기가 높아지고, 활성화 에너지가 낮아지며, 다른 방식으로 의미 있는 변화를 만들어낼 수 있다.

은퇴한 신경학자이자 알츠하이머병 초기인 나의 친구 대니얼 깁스Daniel Gibbs 는 매일 걷고, 시간이 날 때마다 하이킹에 나선다. 인지 저하를 늦춘다고 밝혀진 유산소 운동의 예방 효과를 얻기 위해 이러한 건강한 생활양식을 선택했고, 그는 늘 노력한다. 그의 회고록《내 뇌에 새겨진 타투》A Tattoo on My Brain에서 밝혔듯이, 깁스는 언젠가부터 자신의 인지 기능이 약간 저하되고, 무언가를 잊거나 머뭇거리는 일이 조금 늘었다는 것을 알아차리기 시작했다. 운동 도중과 그 후에는 생각이 더 명료해진다고 느꼈지만, 과학에서 이런 개인적 관찰은 입증되지 않은 증거로 치부된다. 흥미롭기는 하지만 과학적 데이터로 받아들여지지 않는다는 것이다. 추적기로 데이터를 살펴보니 깁스의 주장이 맞았다. 그의 인지 평가 점수는 유산소 운동 후에 평균 8퍼센트나 증가했다. 한번은 오르막길을 하이킹하는 고된 운동 후에 추적기에 찍힌 기록을 살펴보니, 심박수가 하이킹을 시작할 때 64에서 131로 크게 올랐다. 오르막길 입구부터 꼭대기까지 57분간 2.8킬로미터(고도 260미터)를 오른 뒤, 인지 평가 점수는 15퍼센트나 높아졌다. 깁스는 이 정교한 추적 프로그램과 실시간 피드백이 임상시험의 일부라는 사실 덕분에 하이킹을 더 즐기게 되었다. 그는 이렇게 말했다. "데이터가 보여주는 세세한 내용이 반가웠습니다. 제가 감상할 수 있는 내면의 풍경을 보여줬으니 말입니다."

심박 변이도Heart rate variability, HRV 는 심박 사이의 시간 간격에 나타나는 변화다. 나는 이 데이터를 참고해 그날이 격렬한 운동을 하기에 좋은 날인지 판단한다. 격한 운동 후에는 HRV 수치가 떨어진다는 것을 알게 되었다. HRV가 평소보다 낮다면 몸이 아직 회복 중이라는 뜻이므로 그날은 좀 쉬엄쉬엄하거나, 충분한 에너지가 없으니 운동을 건너뛰는 것을 용인하기도 한다. 피곤하다는 것은 내 생각일 뿐이라며 자신을 비난하지는 않는다.

기술의 도움을 받든 그렇지 않든, 실험적인 접근방식을 택하면 내 생각과 행동을 유도하는 숨은 요인을 탐색하고, 하고 싶은 것을 명확히 알아내고, 나의 발목을 잡는 습관에서 벗어나는 데 유익하다. 모든 사람의 내면에는 자석의 양극처럼 친화성과 혐오 사이를 오가는 추가 있다. 우리를 안내하는 의식적인 의도가 없다면, 이 추는 순간순간 나타나는 것에 따라 이쪽저쪽으로 쉽게 끌려간다. 몇몇 관계없는 사건 때문에 놀라거나 스트레스에 짓눌리면 갑자기 산책 계획을 포기하고, 평소라면 택하지 않았을 음식에 손을 뻗어 '그때의 감정을 먹으려고' 할지도 모른다. 그날의 건강 목표를 이미 달성했다면 나쁠 것 없지 않은가?

이러한 충동은 자신에게 질문을 던지는 간단한 방법으로도 끊어낼 수 있다. 가벼운 사례를 들어보자. 어느 날 오후에 초콜릿이 당겨서 좀 먹었다. 그러자 더 먹고 싶은 마음이 들어서 더 먹었다. 그러고 나서—세 번째로—또다시 초콜릿을 더 먹으려다가 잠시 멈추고 이렇게 고민해보았다. 앞으로 5분간 초콜릿을 먹지 않는다고 해도 계속 이렇게 먹고 싶을까? 5분간 바삐 움직이자 5분 뒤에 그 충동도 사라졌다. 더는 초콜릿을 먹고 싶지 않았다. 매 순간 충실히 사는 삶의 힘을 높이 평가하는 말들이 많다. 그런데 한편으로는 이런 생각도 든다. 때로는 너무 순간순간에 집중하는 것이 아닐까? 5분 뒤만 내다보아도 지금 강렬하게 느껴지는 충동과 이끌림이 쉽게 사라진다는 것을 깨닫는다. 내면의 일시성, 마음의 변화 가능성은 나의 동맹이자 나의 의도를 소생하는 데 활용할 만한 릿 요인이다. 임기응변을 발휘하고 수시로 변하는 자신의 충동을 오히려 이동하도록 스스로 허락하자.

릿 의도를 활용해 잠시 멈추고 자기 생각을 가로채는 일을 더 빈번히 실천할수록 뇌의 패턴을 더욱 강화하게 된다. 이렇게 하면 내 행동을 좌우하는 문화적 요인 등의 외부 요인에 실려 있는 힘이 내 쪽으로 실린다. 이는 오늘날에 더욱 중요한 점이다. 현대 사회에서는 디지털 영역과 소셜미디어가 늘 켜진 상태로 우리를 끌어들이는 등 문화적 힘들이 훨씬 증폭되어 있으니 말이다. 대니얼 리버먼은 이렇게 조언한다. "현재 문화적 진화는 인간의 몸에 작용하며 진화적 변화를 일으키는 지배적인 힘이다."[18] 더불어 그는 이렇게 경고한다. "우리 종의 풍부하고 복잡한 진화의 역사로부터 배울 수 있는 가장 유용한 교훈이 있다면, 문화가 우리의 생물학적 특성을 초월하도록 두지 않는다는 점이다."

우리의 생물학적 특징은 우리가 움직여야 한다고 말한다.

인간도 자연의 힘이라는 사실

지구력 훈련에 관해 내가 배운 가장 큰 교훈 하나는, 9학년 영어 시간에 나를 처음 가르쳤던 에드 매콜리 선생님에게서 얻었다. 나는 그분의 수업에서 무척이나 애를 먹었지만 내 실력을 높이고 싶다는 강한 의지가 있었다. 에드 선생님은 내게 큰 기대를 건 무서운 선생님이었지만 현명한 사람이었고 보석 같은 교사였다. 나는 종종 방과 후에 그를 찾아가 만났고, 때로는 주말에도 선생님을 만났다. 그는 나와 나란히 앉아 사물을 다른 각도에서 바라보도록 도와주었고, 나의 실력이 조금씩 느는 동안 시간을 두고 참을성 있게 함께 해주었다. 나는 성장하는 모습을 보여 그에게 인상을 남기고 싶다는 열의가 생겼다. 지금 생각해보니 무척 존경하는 누군가에게 인상을 남기고 싶다는 마음이 강력한 동기부여 요인이었다. 나의 성장을 자신 있게 판단할 수는 없겠지만, 에드 선생님에게 좋은 인상을 남긴다면 내가 점점 나아지는 올바른 길에 있다는 것이 증명되는 셈이었다. 더 깊이 생각해보면, 그는 내가 나를 믿도록 도와주기도 했다. 나라는 학생과 작업하는 것이 마라톤처럼 느껴지더라도 그는 절대로 낙관적인 태도를 잃지 않는 듯했다.

　나는 지금 움직임과 운동 그리고 데이터 추적 기기의 맥락에서 그를 생각해본다. 그런 추적기들이 일러줄 수 없는 것도 있기 때문이다. 에드 선생님이 그것을 가르쳐주었다. 이것이 학교에서 운동을 지속하고, 아이들의 운동 능력과 관계없이 운동팀에서 활동하도록 격려하는 이유임을 여러분도 종종 들을 것이다. 에드 선생님은 자기가 본 사람 중 인생에서 가장 성공한 이들이 '달리는 사람들'이었다고 했다. 왜 그런지는 모르겠지만 달리기의 어떤 요소가 더 깊은 무언가—인생에 필요한 지구력—를 훈련시킨다는 것이다. 이때 지구력이란 갖가지 장애물 앞에서도 온 힘을 다하고, 헤치고 나아가며, 주어진 경로를 지키는 능력을 말한다. 따라서 달리기에 힘쓰면 인생의 여러 면에서 지구력을 기르게 된다고 했다. 때로 여러분의 몸은 뜀박질을 멈추고 싶어 한다. 이때 자기 뇌를 활용해, 즉 자신을 코치해 계속 가겠다고 선택하는 것은 자신의 몫이다. 모든 사람에게 달리기가 맞는 것은 아니지만 에드 선생님은 이렇게 조언했다. '계속 움직여라.'

> 우리는 달리는 사람들로서 땅의 리듬을 포착할 줄 알았다. 우리는 지구의 심장박동을 느낄 수 있었다. 그것이 우리에게 힘과 지구력을 안겨주었다.
> 땅이 당신을 들어올리고 있다. 우리는 달리는 동안 조상들이 우리를 격려하는 목소리를 마음으로 들을 수 있었다.[19]
>
> _ 데이브 쿠첸 원로,
> 다큐멘터리 〈하나 되어 달리기: 선두 주자들의 여정〉Run as One: The Journey of the Front Runners 에서 1967년 범 미주 대회 당시 릴레이로 성화를 봉송했던 토착민 팀을 회상하며 한 말

지구력, 그 자체가 보상

2009년 조 드 세나Joe De Sena 가 스파르탄 레이스라는 스포츠 이벤트를 만들었을 때, 그와 그의 아내는 가족을 부양하기 위해 월스트리트에서 쌓은 경력과 대도시 생활을 접고 버몬트의 전원 농장으로 물러나 있던 상태였다. 그는 부부가 시도했던 다양한 모험—시골의 잡화점과 주유소. 둘 다 확실한 성공으로 이어지지는 않았다—을 설명하면서 살짝 흥분하기 시작했다. 지구력을 키우는 도전에 개인적으로 빠져든 것은 몇 년 전이었다. 도시에 살던 어느 날, 사무실 건물의 엘리베이터가 고

장 나는 바람에 계단을 이용해야 했다. 거기서 우연히 어떤 남자를 만났는데, 그는 어드벤처 레이스를 위해 평소에 계단에서 훈련하는 사람이었다. 둘은 대화를 시작했고 일일 훈련 루틴을 함께하기 시작했다. 드 세나는 이 훈련에 흠뻑 빠져들었다. 머지않아 세계 곳곳에서 열리는 어드벤처 레이스에 등록했고, 열의 있는 사람들을 대상으로 훈련과 코칭을 시작했다.

어느 날, 한 친구가 그의 버몬트 농장에서 장애물 코스 경주를 열면 어떻겠냐고 제안했다. "저는 사업가 기질이 있었고, 이런저런 어드벤처 레이스에 참여하던 중이었습니다. 생각해보니 그런 것도 해볼 수 있겠다 싶더군요. 재미있을 것 같았습니다. 좋아하는 일을 사업으로 해본다면 정말 재미있지 않겠습니까?" 다만 장애물 코스라는 주제가 마음에 걸렸다. 어드벤처 레이스―카약, 바이킹, 달리기―의 세계는 그에게 올림픽 스포츠처럼 느껴졌다. "그런 경주라면 잘 맞겠다 싶었죠." 그런데 험준한 지형뿐만 아니라 진흙 구덩이와 철조망으로 조작한 지형 속으로 참가자들을 몰아넣는 장애물 챌린지라고? 조는 말도 안 된다고 생각했다. "누가 그런 걸 하겠다고 나서겠습니까?"

500명의 열렬한 경주꾼이 그 벌을 받겠다며 나섰고 이렇게 스파르탄 레이스가 탄생했다. 이후 이 레이스는 장애물 코스 경주의 세계적인 선두로 성장했다. 조는 이렇게 말한다. "지금은 그 마음이 이해됩니다. 사람들은 너무 단절된 까닭에 다시 연결되기를 원합니다. 그들이 다시 연결되도록 우리가 돕는 거죠. 우리는 지구와―그리고 여러분 자신과―다시 연결되는 통로입니다. '당신이 제 인생을 바꿔놓았습니다.'라는 이메일을 보내는 분들이 있는데요. 우리가 바꾼 게 아닙니다.

그저 플랫폼을 제공했죠. 그분들 스스로 삶을 바꾼 겁니다. '바로 이거지! 건강하게 살려면 이런 걸 해야지.'라는 점을 깨닫는 데 필요한 건 약간의 진흙과 철조망 그리고 약간의 땀이 전부였다는 것이 참 재미있습니다."

우리 모두는 포기할 시점을 놓고 내면에서 긴장을 경험한다. 어디까지 가야 할지를 놓고 늘 고민한다. 그때그때 순간뿐만 아니라 자기 잠재력을 실현하는 측면에서도 고민은 끊이지 않는다. 마치 늘어나고 자랄 수 있는 잠재력의 거품 안에 살면서 거품 표면이 딱딱하다고 상상하는 것과 같다. 사실 그 표면은 얼마든지 늘어난다. 밀고 나가겠다는 의지가 있다면 잠재력을 확장할 수 있다. 단, 이 잠재력은 내가 그 거품을 밀어내 그것이 늘어난 상태로 유지될 때만 실현된다.

조 드 세나는 우리가 이를 해낼 수 있다고 주장한다. 그의 에너지는 전염성이 있다. 그에게 영감을 받아 행동에 나서겠다며 반드시 스파르탄 레이스에 참가할 필요는 없다. 그는 완벽한 포켓 코치다(우리 머릿속에 조 드 세나가 있다). 운동이나 걷기를 하면서 내가 투입할 수 있는 여분의 노력—보조금 지원하기, 프레젠테이션, 아이디어 연구, 그 외 꾸준한 에너지와 주의력이 필요한 일—을 그만 포기하려 할 때, 머릿속에서 이런 말이 들린다. '시간이 있잖아. 아주 조금만 더 노력해볼 수는 있어.' 조 드 세나는 릿 에너지를 그대로 보여주는 사람인지라 나는 그를 생각만 해도 조금 더 나를 밀어붙이게 된다.

나는 언제든지 이런 전염성 있는 에너지를 보여줌으로써 우리의 행동을 북돋는 조 드 세나와 같은 사람들을 즐겨 떠올린다. 내 아들은 고등학교 미식축구팀에서 쿼터백을 맡고 있는데, 그의 코치인 채드 훈테 역시 무한한 감동을 선사하는 에너지의 원천이다. 그는 선수들의 잠재력을 알아보고 그들이 잠재력을 발산하도록 도와주며, 경기장 안팎에서 리더십 기술을 가르치는 진정한 멘토다. 이렇듯 나는 순간순간 불꽃을 일으켜 나의 사고방식을 바꿔놓는 사람들을 사방에서 만났다. 여러분의 조 드 세나는 누구인가? 여러분의 포켓 코치는?

개인적으로 알든 글로 접했든, 그가 가진 에너지와 결단력이 나를 밝히고 내가 계속 노력하도록 이끄는 사람의 존재는 늘 도움이 된다. 그런 사람을 찾고 싶다면 여러분을 믿고 지지하는 사람, 여러분이 더욱 노력해서 잠재력을 끌어내도록 격려하는 사람을 찾아보라. 분명 찾을 수 있을 것이다.

나는 이치에 맞는 움직임이 좋다. 나에게 무언가를 가르쳐주는 움직임 말이다. 나는 필라테스에서 배운 움직임을 특별한 기대 없이 내 속도대로 실천하면서, 나의 무의식적인 마음을 안내하는 길을 만들어냈다. 덕분에 이를테면 내 자세가 좋아졌다. 나는 내 몸이 움직일 수 있는 갖가지 방법으로 빠르게 또는 느리게 몸을 움직인다. 이 연습은 나의 뇌를 훈련하고, 내 마음을 누그러뜨리며, 내게 놀라운 기분을 안겨준다.

_ 제시카 시모네티

의식적인 리듬을 선택하기

하루를 보내다 보면 서둘러 움직여야겠다는 생각에 사로잡히기 쉽다.

할 일 목록에 적은 것들을 신속하게 완수하다 보면 성취감이 생기지만, 그 기분에 중독될 수도 있다. 빠르게 행동할수록 아드레날린과 엔도르핀이 분출되는 보상도 빨리 생겨난다. 다만 그 속도를 저지하지 않으면 균형을 잃어버린다. 관성도 마찬가지다. 삶의 다양한 측면에서 자신이 얼마나 빨리 혹은 느리게 움직이고 있는지 주의 깊게 살펴보고, 의식적인 리듬에 맞게 속도를 조정하자.

한 예로, 나는 명상하는 동안 내 뇌가 내 휴대전화와 매우 비슷하게 행동한다는 것을 발견했다. 내가 잊지 말고 살펴야 할 것—잊어버린 일, 일정에 잡힌 일 등 온갖 것들—에 관해 알려주니 말이다. 그 결과 매듭지어야 할 갖가지 일들이 떠오른다. '그 사람에게 다시 연락해야 한다는 걸 까먹었네. 프로젝트에서 우리의 발목을 잡는 이 문제를 어떻게 해결해야 할까? 최근에 부모님께 연락이 뜸했네.'

명상 도중에 이런 생각들이 떠오르면 불안해진다. 전이었다면 금세 행동으로 옮겼을 이런 감정이 명상을 방해한다. 나는 이렇게 마음이 내달리더라도 명상에 충실히 임해 행동하고 싶은 충동을 내려놓는 법을 배웠다. 그런 충동을 좇는 대신 다시 만트라mantra (반복해서 읊거나 외우는 특정 음절이나 단어 또는 구절—옮긴이)로 돌아와 물리적 고요를 찾으면 마음도 속도를 늦추게 된다. 만트라는 내 명상 수행을 이루는 중요한 소리다.

우리 모두에게는 평범한 한 주를 보내면서 자신의 리듬을 알아차리고, 자신의 속도와 초점 및 다양성과 균형을 위한 강도를 조정하는 다양한 방법을 발견할 기회가 많다. 나는 일이 있는 상황에서 없는 상황으로 마음을 옮겨 현재에 머무르고, 이로써 다른 사람들과 더 깊이 소통할 시간대를 찾는다. 이 작업은 늘 발전해나간다. 반대로 릿 상태로 움직이는 주간에는 집중적으로 일하는 시간, 적극적으로 참여하는 시간, 마음이 배회하는 시간도 포함된다. 또한 자신과 가족과 반려동물과 자연 세계와 의도적으로 연결되는 시간, 멘토링 프로그램이나 봉사를 통해 다른 사람들을 돕고, 종종 더 큰 통찰과 동기부여와 행동으로 이어지곤 하는 분투의 시간도 포함된다.

> 시간이 지남에 따라 명상 수행은 집중할 것, 내려놓을 것, 계속 유지할 것, 탐닉할 것, 외면할 것, 강화할 것, 되풀이할 것을 더 수월하게 선택하게 한다.[20]
>
> —질 새터필드Jill Satterfield, '이로운 칼끝에서 실천하는 마음챙김'Mindfulness at Knifepoint

느리고 빠른 자신의 움직임을 모두 알아차리고, 삶의 전 영역에 존재하는 이 근본적인 리듬을 인식하는 것을 목표로 삼아야 한다. 명상은 그러한 인식을 기르는 실험에 사용하는 전략 중 하나다. 일례로 나는 일할 때 찾아드는 흔한 방해 요소를 대체할 방법을 알아내려고 실험을 해보았다(그리고 몇몇 성공도 거뒀다). 기분을 전환하는 대신에 15초에서 30초간 명상을 한다면 잠깐 쉴 목적의 기분 전환 거리가 필요없다는 사실을 알게 되었다. 아무 때나 이 방법을 쓰지는 않는다. 우선일이 좀 잠잠해지거나, 문득 중요하지 않은 대상에 주의가 쏠린다는 느낌이 들 때까지 기다린다. 그 순간이 오면 두 눈을 감고 몇 차례 호흡한 뒤에 다시 눈을 뜬다. 이때 잠시 휴식한다는 것 외에 다른 목적을 두지 않는다.

이렇게 하면 주어진 일로 다시 돌아올 수 있고, 그렇지 않더라도 적어도 더 차분해진 정신으로 다시 일할 수 있다. 때로는 작업을 기다리는 다른 일들을 좀 살펴본 뒤에 원래 작업으로 돌아온다. 하루를 보내는 동안 생각 없이 택하는 전환 거리를 짧지만 주의 깊은 명상—특히 마음을 진정시키는 호흡 또는 더 빠르게 리듬감 있게 진행하는 호흡 수행—으로 교체하면, 생각하고 느끼는 방식에 긍정적인 변화가 일어난다.

소셜미디어에 빠져들기, 스낵 먹기, 순간적으로 무언가에 반응하기 등의 흔한 기분 전환 활동은 빠르게 실행할 수도 있지만, 느리게 실행할 수도 있다. 인스타그램에 빠져들기 전에 잠시 멈출 수 있고, 음식을 더 천천히 씹을 수 있으며, 사람들에게 반응하기 전에 호흡을 몇 번 할 수도 있다. 내 마음에서 돌아가는 순환을 인식해야 한다. 다양한 자극을 좇는 움직임과 고요함이 나의 하루 동안 어떻게 순환하는지 관찰하자. 이는 발견의 과정이다. 여러분은 모험에 나서기도 하고, 그대로 앉아 내면의 단서를 읽어내어 자신에게 와닿거나 영감을 줌으로써 정신을 밝히는 법을 배우기도 한다. 발견의 여정과 과정 자체가 목적이다. 일단 이러한 인식을 유지할 수 있다면 그 신비와 가치를 깨닫게 되고, 이것이 곧 나아갈 길을 비춰준다. 의식적인 리듬을 선택하자.

우리가 이유 없이 사바나를 가로질러 달리기를 열망하도록 진화하지 않았듯이, 불량식품을 먹으며 주로 좌식 생활을 하는 종으로 생존하고 번성하도록 유전적으로 준비된 것도 아니다. 우리는 실시간으로 일종의 종단 실험을 하며 살아왔는데, 그 연구 결과는 고무적이지 않다. 불량식품에 대한 갈망이 그 예다. 인간 혀에 있는 미각 수용체는 안전한 음식과 안전하지 않은 음식을 판단하는 데 유익하도록 진화되었다. 그렇다 해도 이 수용체들은 오늘날 당, 지방, 칼로리 함량이 높은 가공식품에 맞지 않는다. 이런 식품들은 충동적인 식사에 취약한 우리의 약점을 이용하도록 만들어졌다.

퓰리처상을 수상한 탐사 전문 기자 마이클 모스Michael Moss 는 그의 책 《음식 중독》에서 패스트푸드가 뇌의 보상 회로에 불을 붙여 우리의 식욕을 앗아가 강박적으로 음식을 먹게끔 만드는 과정을 설명했다. 패스트푸드는 에너지를 아끼려는 뇌의 자동적인 선호와 관련된 진화적 욕구를 이용하기도 한다. 모스는 미국의 식품 시스템에 관한 비판적 논평을 집중적으로 다루는 비영리 뉴스 단체 〈시빌 잇츠〉Civil Eats 와의 2021년 인터뷰에서 이렇게 말했다. "수렵 채집 사회에 살 때는 저녁 거리로 임팔라를 쫓는 대신, 가만히 앉아 도망갈 수 없는 땅돼지를 잡는 것이 훨씬 합리적이었다. 그것은 '적은 에너지 소비'라고 규정되는 일종의 싸구려였다."[21]

고가공식품 그리고 그러한 음식에 함유된 과도한 염분, 당분, 지방, 영양가 없는 칼로리를 쉽게 구할 수 있다는 것은 당장은 매우 매력적이어도 시간이 지나면 치명적이다. 이런 음식 섭취는 움직임 부족, 수면 질 저하와 결합할 때가 많은데 그런 경우에는 더더욱 위험하다. 솔크 연구소Salk Institute 의 규제 생물학 실험실 교수이자 《생체리듬의 과학-밤낮이 바뀐 현대인을 위한》이라는 계몽적인 책을 쓴 사친 판다Satchin Panda 가 설명했듯이 늦은 밤 오레오를 먹으며 넷플릭스를 시청하는 것은 삼중 타격을 입힌다.

판다는 우리가 신체의 내부 시계를 무시함으로써 스스로 위험을 초래한다고 말한다. 그는 다음과 같이 분명히 밝혔다. "생체리듬은 세포

하나하나와 뇌를 포함한 우리 몸의 모든 장기에 존재하는 내적인 시간표다. 이 시간표는 우리 몸을 구성하는 2만 개의 유전자 하나하나가 켜지고 꺼지는 낮과 밤의 시간대를 안내하는 주요 프로그램을 구성한다. 즉 모든 세포를 안내하는 것이다."[22] DNA가 주도하는 이 프로그램이 잘 유지되면 질병을 예방하고, 면역 기능을 증진하고, 회복 메커니즘을 가속하고, 신진대사와 해독과 DNA 회복 메커니즘을 강화하고, 뇌 기능을 최적화해 정서적, 지적 건강을 높일 수 있다. 다행히, 판다가 제시하는 일일 생체리듬 최적화 지침은 꽤 간단하다. 일관된 일정에 따라 8시간 정도의 수면을 지키고, 낮 동안 30분간 야외에서 시간을 보내고, 30분간 운동하고, 깨어 있는 첫 한 시간 동안 음식 섭취를 지연하는 일관된 섭식 패턴을 지키고, 8시간에서 12시간 사이에 주로 식사한 뒤 이튿날 아침까지 먹지 않는 것이다. 늦은 밤에 즐기는 스낵은 제거한다. 안타깝게도 현대 생활은 우리(그리고 우리의 아이들)가 일상의 기본도 충분히 해내지 못하도록 우리를 짓누른다.

이렇게 우리의 생물학적 현실과 맺는 자유방임적인 관계는 지속하기가 어렵다. 그럼에도 우리는 무언가에 푹 빠져드는 데는 빨랐으나 그 결과를 직시하는 데는 느렸다. 앉아만 지내는 습관은 우리를 나른하게 만든다는 결과 말이다. 정신적으로는 낮은 에너지 모드로 쉽게 들어가고, 신체적으로는 몸이 점점 두꺼워지고, 느려지고, 반응성과 회복력도 떨어진다. 움직임이 없으면 내면생활도 시들해진다. 내면의 여정은 외면의 여정만큼이나 우리의 행복에 필수적이다. 그러므로 주의를 기울여 특별한 종류의 에너지와 노력을 쏟아 성찰하고, 더 깊은 곳까지 다다르고, 내면생활을 탐구하는 과정을 이어가야 한다.

음주가 우리 사회에 얼마나 만연한지 — 얼마나 파괴적이고, 심지어 치명적인지(이는 실제로 수많은 사람이 겪는 일이다) — 한번 생각해보라. 동시에 알코올은 우리 뇌가 생성하는 불편한 순간이나 생각에 대처하는 매우 매력적인 수단이 되기도 한다.

이는 내 과거 경험에서 나온 말이다. 나는 경력 초반에 낮 동안 연구실에서 근무하고, 집에 돌아와 일을 더 하는 나만의 '야간 근무'로 전환할 때 밤마다 럼주를 두 잔 마시는 지경에 이르렀다. 결국 나는 충분히 예견되는 어려움에 봉착했다. 끊임없이 피곤했고, 때로는 우울했으며, 감정을 전처럼 다스릴 수 없었다. 알코올은 억제와 장벽을 낮춰 인간관계에서 변화를 가져오는 것처럼 보일 수 있다. 그러나 장애물이 무엇인지, 어쩌다 그것들을 만났는지, 건강을 해치기보다 위하는 방식으로 그 문제들을 풀려면 어떻게 해야 하는지를 고려하지 않는다면 의미 있는 변화를 이루기 어렵다. 게다가 알코올은 질 좋은 수면에 악영향을 끼치는 부작용을 낳는다. 수면 부족은 움직임을 통해 얻은 긍정적인 신경전달물질이 가져오는 유익한 효과를 완전히 없애버린다.

크고 멋진 뇌는 우리에게 유익하다. 단, 뇌를 사용해 자신의 선택과 행동(또는 무행동)의 결과를 고려하고, 그 길의 함정과 위험 요소를 파악해 경로를 수정할 때만 그렇다. 자기 파괴에는 진화적 이점이 전혀 없다.

월트 디즈니의 카루셀 오브 프로그레스는 오랜 시간 동안 주기적으로 업데이트되었지만, 몇 년 전 기술적인 문제로 작동을 멈췄다. 그러자 몇몇 비평가는 이 회전목마가 상징하는 개념이 더는 쓸모없으니 이제 폐기해야 한다고 했다. 이 테마파크 전시회의 운명과 관계없이 우리는 우리만의 진보의 줄거리를 수정하고 업데이트해야 한다. 수정된 줄거리에는 자연과 동료 인간과 협력하는 활동적이고 참여적인 인간, 기술을 사용해 인류와 지구의 지속 가능한 미래를 만들어내는 인간이 등장해야 한다. 더는 뭉그적거릴 여유가 없다. 회전목마에서 내려와 움직여야 한다.

실천 지침

더 움직이자!

간단한 방법으로도 생활 속 움직임을 늘리거나 새로운 움직임을 시도할 수 있다. 특히 동기를 높여주는 도전과제나 보상을 마련함으로써 시작하는 데 드는 활성화 에너지를 낮춘다면 더더욱 가능하다. 일단 움직임에 돌입하면 여기서 생긴 추진력과 긍정적인 피드백 순환 덕분에 계속 움직일 수 있고, 스스로 시작한 움직임에 관한 기억을 새길 수 있다. 활동에 방해가 생겼거나 잠시 움직임이 가라앉았을 경우, 필요하다면 자연 속에서 추진력의 느낌을 되새겨 다시 한 번 불꽃을 살릴 수 있다. 아래 방법들을 실험해보자.

- **약간의 마찰, 목표를 담은 약간의 역경을 만들어낸다.** 더 어려운 길을 택하는 것은 긍정적인 도전이 되어 계속 움직이겠다는 굳은 마음을 길러준다. 역경은 우리 모두를 계속 움직이게 한다. 이에 따라 날마다 자기 기술을 시험하는 기준이 높아지는 까닭에, 자신의 강점과 개선점을 되새기고 앞으로 성장하기 위한 방향을 잡을 수

있다. 조 드 세나는 지구력 종목의 운동선수로서 스위스부터 몽골에 이르기까지 가장 가혹한 육체적 시험을 찾아다닌다. 물론 여러분이 그렇게까지 할 필요는 없다. 다만 자신에게 가혹하다고 느껴질 만한 도전과제를 만들면 된다.

- **에너지를 얻는 데 초점을 맞춘다.** 운동의 결과로 자기 안팎의 에너지가 어떻게 달라지는지 살펴보자. 종종 에너지가 즉시 높아져 이를 활용해 자신의 성장을 뒷받침할 수 있다. 이 에너지가 어떤 방식으로 동기와 낙관주의를 변화시켜 내 기분과 정신적 각성, 다른 사람과의 상호작용, 모든 방면에서 드러나는 나의 성과를 어떻게 개선하는지 잘 살펴보자. 운동 후에 나타나는 고조된 에너지 패턴을 익혔다면, 이 높은 성과를 이용할 도전과제를 수립하자. 운동을 통해 자신에게 활력을 불어넣자.

- **자기에게 맞는다면 일찍부터 움직인다.** 하루를 시작할 때부터 몸을 움직여보자. 그러면 남은 하루 동안 더 건강한 선택을 하겠다는 동기가 커질 것이다. 커피를 내리는 동안 또는 전자레인지에 오트밀을 돌리는 동안 스쾃 10회를 하거나 스트레칭을 하는 것만으로도 좋다. 어찌 됐든 움직이자.

- **야외에서 회의하고 휴식하면서 창의적 사고를 북돋는다.** 확산적 사고를 더 적극적으로 활용하고 싶다면, 회의실 의자를 박차고 나와 자연 속에서 브레인스토밍 회의를 열어보자. 스탠퍼드 연구자들은 걷기가 창의적인 영감을 북돋운다는 사실을 밝혀냈다.[23] 그들은 걸을 때와 앉아 있을 때 사람들의 창의력 수준을 조사했다. 피험자들이 내놓는 창의적인 결과물은 걷고 있을 때 평균 60퍼센트까지

높아졌다. 걷기는 아이디어 생성을 촉진한다. 구체적이고 정확한 답을 집중적으로 떠올려야 하는 세부 작업을 할 때는 되도록 앉아 있지 말자.

- **나에게 가장 중요한 것이 그 순간 나를 움직이게 한다.** 나의 감정을 움직이는 대상을 찾자. 여러분 인생에서 사랑하는 주제나 사람이 있는가? 자녀, 배우자, 동물, 심지어 나무나 정원이 그 주인공일 수도 있다. 가서 그 대상을 껴안아라. 나는 주의가 산만해질 때, 특히 디지털 기기 쪽으로 이끌릴 때면 내 반려견들을 다가가서 껴안는다. 유치하게 들릴 수도 있지만 이것이야말로 나의 기운을 북돋는 에너지 전환이다. 이렇게 잠시 시간을 보내고 나면 새로운 에너지 감각과 집중된 목적의식을 가지고 일을 대할 수 있다.

- **자신에게 휴식을 준다.** 동기나 실행력이 떨어지거나 어떤 이유에서든 휴식이 필요하다면 자신에게 연민을 베풀자. 휴식은 의식적인 리듬을 찾는 데 유익하다. 이때를 계기 삼아 흥미나 추진력이 떨어지던 일에서 벗어나 좀 더 의미 있는 일로 옮겨갈 수 있다. 쉰다고 자신을 질책하는 대신, 때로는 약간의 휴식이 필요하다는 점을 인정하자. 무언가를 다시 하거나, 새로운 것을 시작하거나, 더 많은 실험을 해보는 것 자체가 의욕을 심어준다는 것도 인정하자.

연습과 사랑에 빠지기

'건강한' 뇌가 주는 기쁨

반복이 주는 보상과 점진적인 향상의 기쁨을 즐기자

나는 절대 연습하지 않는다. 늘 연주할 뿐이다.[1]
_ 반다 알렉산드라 란도프스카Wanda Aleksandra Landowska,
폴란드 출신 하프시코드 연주자 겸 피아니스트

세계에서 가장 유명한 '카드 기계공'―누군가는 카드놀이 사기꾼이라고 부를지도 모르겠다―인 리처드 터너Richard Turner는 연습을 옹호하는 데 그치지 않는다. 그는 연습에 집착한다. 그와 한번 대화해본다면 그가 한 손에 카드 한 벌을 쥐고서 뒤집고, 펼치고, 보통 사람은 양손으로도 못하는 방식으로 카드를 움직이는 모습을 보게 될 것이다. 터너는 텔레비전을 볼 때도, 줄을 서서 기다릴 때도, 체육관에서 운동할 때도, 음식을 먹을 때도, 대다수 사람이 잔다고 부르는 순간에도 카드를 만지작거린다. 두 눈을 감은 상태에서 양손으로 카드를 엇갈리게 섞고 자르고 하다가 문득 모든 동작을 잠시 멈춘다. 이때 그의 뇌는 잠시 쉬며 낮잠을 자거나 밤잠에 들어간다. 잠에서 깨면 그 순간부터 움직임을 다시 이어간다고 한다.

마술 아카데미Academy of Magical Arts로부터 두 번이나 '올해의 클로즈업 마술사'Close-up Magician of the Year로 호명된 터너는 이렇게 말한다. "사람들은 연습이 완벽을 만든다고들 하죠. 제 생각은 다릅니다. 완벽한 연습이 완벽을 만드는 거죠."

터너의 세계에서 '완벽'이란 무엇을 의미할까? 그는 내게 이렇게 답했다. "먼저 최종 목표가 무엇인지 알아냅니다. 카드 꾸러미에서 한 손으로 열일곱 번째 카드를 꺼내는 것이 목표라고 해보죠. 그럼 저는 뒤로 돌아가서 어떻게 하면 그 꾸러미를 꽉 쥐어서 열일곱 번째 카드가 튀어나오게 하고, 그것을 제 검지와 중지로, 그다음에는 엄지로 끄집어내어 한 손으로 뒤집은 다음 가운데를 튕길지 생각합니다." 그는 이 말을 실행에 옮겼다.

리처드 터너가 이른바 보통 사람의 축에 든다는 것은 아니다. 평범한 사람은 그가 카드 한 벌을 가지고 해낸 일을 할 수 없다. 다만 그는 '카드를 조작하는 기계'라는 타이틀로는 부족한 사람이다. 그는 와도카이 가라데 6단 검은 띠를 보유한 운동광이며, 영감을 주는 연설가이기도 하다. 그리고 그는 강조하지는 않지만, 앞을 보지 못한다.

터너는 아홉 살 때 망막 변성증을 앓았고, 뒤이어 한 차례 성홍열에 걸렸다. 그 후 그의 시력은 빠르게 감퇴해 열세 살 무렵에 20/400, 즉 0.05까지 떨어졌다. 그를 다그치면 이 정도 배경 이야기를 해준다. 그는 대화 주제를 카드, 카드, 카드 그리고 연습에 대한 그의 열정—누군가는 강박이라고 말할 것이다―에 집중하는 편을 선호한다. 그는 자신의 카드 조작 능력이 타고난 재능이라고 여긴다. 그러나 탁월함은 가진 재능으로 무엇을 하느냐에 달려 있다.

연습은 누구에게나 놀랍도록 단순한 것이지만 미묘함, 놀라움, 뜻밖의 발견이 겹겹이 쌓인 과정이기도 하다. 여기에는 눈에 보이는 것 이상이 숨어 있다. 연습은 어떤 기술을 익히거나 섭렵하도록 도와줄뿐더러 그 이상의 활기 넘치는 효과를 불러온다. 반복과 도전이 신경가소성을 촉진할 때, 뇌에서는 새롭고 심화된 신경 경로가 생겨난다. 이 경로들은 우리의 기분, 인지, 기억, 동기, 주의 집중에 영향을 미치는 망 연결을 한데 얽고 활력을 불어넣는다. 한때 새롭고 까다로웠던 행동이 더 일상적인 것이 되고 결국 더 자동적이거나 무의식적으로 이루어질 때, 뇌에 요구하는 에너지량도 줄어든다. 덕분에 생겨난 자원은 에너지를 보충하거나 새로운 활동에 사용한다. 다수의 연구도 같은 결과를 보여준다. 즉 연습은 모든 영역―일, 학업, 운동, 인간관계, 명상, 영성―에서 성장과 성취의 패러다임을 만든다는 것이다. 심지어 집안일을 할 때도 이를 하나의 연습으로 여기고 그 과정과 성과를 눈여겨본다면 더는 '허드렛일'이 되지 않는다.

힘들게 얻은 발전이 가져다주는 만족과 자신감은 삶의 다른 영역으로도 전달되어 나의 노력을 한층 끌어올릴 에너지를 만들어준다. 이는 운동할 때 세 번 더 반복하거나, 음악 연습을 지속하거나, 오래된 문제에 새롭게 반응하는 것―이를테면 누군가와의 소통을 개선한다거나 특정한 상황에 다른 방식으로 대처하는 것―을 연습하는 것을 의미할지도 모른다.

신체적, 정신적으로 힘써 노력하는 일에 저항하려는 뇌의 자연스러운 경향을 극복하고 내게 중요한 것을 달성하는 것은 만족스러운 일이다. 그러나 뭔가가 아주 중요하다고 생각하지 않더라도—승부를 겨루는 달리기 선수가 아닐 수도 있고, 빨래 개는 일은 보잘것없어 보일지라도—목적의식을 가지고 반복할 때 연습이 안겨주는 보상은 충분히 경험할 수 있다. 연습이 어떤 영향력을 발휘하기 시작하면, 이에 따른 긍정적인 경험과 뇌에 기반한 보상이 그 활동을 더 즐겁게 만들어주고, 전보다 그 일을 잘하게 되면서 생기는 자신감을 한껏 북돋운다. '이게 되네. 그럼 저것도 할 수 있겠는걸.'

나는 이것이 연습과 사랑에 빠지는 것이라고 생각한다. 이는 자기절제 그 이상이며 의무감과도 다르다. 연습이 갖는 여러 뉘앙스와 점진적인 이득을 알아차릴수록 연습은 더 보람된 일이 되고, 덕분에 새로운 가능성이 더 많이 열린다. 심지어 연습 자체가 만족스럽다는 것을 경험하기 시작한다. 온전히 그 순간에 머무르는 것 외에 다른 목표를 두지 않는 것이다. 연습을 하나의 릿 도구로 새롭게 인식한 덕분에 나는 (마침내) 그 과정 자체에 감사하는 자세를 길렀다. 이를 가리켜 미국인 불교 스승 저스틴 폰 부이도스Justin von Bujdoss는 이렇게 표현했다. "그것이 어떻게 꼬이고 돌아가든 우리는 그 과정에서 노력을 기울인다."[2]

단련은 단련을 낳습니다. 어떤 것을 많이 할수록 그것을 더 많이, 더 잘하게 됩니다.

_리처드 터너

넬슨 델리스: 위기 속에서 경험한 명료함

기억력 챔피언 넬슨 델리스Nelson Dellis는 자라면서 탁월한 암기력을 보이지는 않았다. 특히 수학이나 숫자에 썩 뛰어나지 않았다. 그의 말에 따르면 그저 평범한 아이였다. 그러던 중 할머니가 알츠하이머병 진단을 받으신 이후 델리스는 암기하는 데 집착하게 되었다. 특히 미국 암기력 챔피언스USA Memory Champions에서 다량의 정보를 기억할 때 사용하는 기법들에 몰두했다. 처음에는 카드 한 벌로 시작했다. 터너처럼 신비한 카드 속임수를 쓰는 것이 아니라 우선 카드를 순서대로 기억하려고 애썼다. 결국 그는 기억력을 구축하는 기술을 익히고 이를 연습해 암기 시간을 20분으로, 다음에는 15분으로 단축했다. 암기 속도는 점점 빨라져 결국 그는 단 40초 만에 그 일을 해냈다.

델리스는 타고난 암기력 챔피언이 아니었다. 장차 탁월한 능력을 드러낼 것이라는 징조가 될 만한 대단한 기억력을 보인 것도 아니었다. 비결은 연습이었다. 그가 기른 연습 습관들은 다른 분야에도 적용할 수 있는 기술로 드러났다. 결국 이 예리한 집중력은 2021년 불운한 에베레스트산 등반 도중 그의 생명을 구했다. 이 등반은 정상에 오르려던 그의 네 번째 시도였다.

에베레스트에 올랐던 그해 시즌은 혹독했다. 사이클론 두 개가 연속으로 몰아닥치는 등 날씨도 유난히 험했고, 코로나19에 대한 우려로 등반팀 사이 긴장도 높아졌다. 델리스의 팀은 악천후에도 정상까지 밀어붙였다. 그는 등반가들이 데스 존death zone이라 부르는 고도 8,300미터(27,230피트)를 넘었다. 이 높이에서는 산소압이 인간의 생명을 유지하기에 부족하다. 이 지점에 도달해 몸이 녹초가 되자 그는 돌아가야겠다고 판단했다. 그는 이렇게 말했다. "더 높은 데서 문제를 일으키고 싶지는 않았습니다. 어려운 결정이었지만 옳은 판단이었죠."

그 고도에서는 호흡 자체도 어렵지만, 산소압이 뇌에도 영향을 끼치는 까닭에 판단력이 흐려지고 혼란스러워진다. 이 때문에 다수의 등반가가 목숨을 잃기도 했다. 돌아가겠다고 결정할 수 있는 명료한 정신력을 발휘한 것만으로도 인상적이다. 그동안 그가 기울인 훈련과 준비, 힘들게 이동한 먼 거리, 비용 그리고 이번에는 성공하겠다며 마음을 다잡았던 의지를 생각한다면 더더욱 놀라운 결정이었다.

다른 사람들이 등반을 이어가는 동안, 렐리스는 그들과 함께 하산하려고 캠프에서 기다렸다. 높은 고도에서 암기나 기억 회상을 실험한 적이 있었냐고 그에게 물어보았다. "저는 기억력을 즐겨 쓰는 사람이라 늘 카드를 가지고 다닙니다. 특히 중간중간 멈출 때가 많을 것이라고 예상되는 여행에서는 더더욱 그렇죠. 놀랍게도 기억력 면에서는 데스 존에 있을 때도 1분 안에 카드 한 벌을 외우겠더군요. 정말 말도안 되죠?" 탁월한 암기력부터 등산까지, 그토록 인상적인 정신력을 보인 그는 놀라운 성과를 내는 사고력을 그저 타고났다고 생각할까? "저는 육체적으로든 정신적으로든 늘 새로운 것에 도전하고 싶어 했습니다. 어릴 때부터 그랬죠. 미국 암기력 챔피언십에서 우승한 후, 열심히 훈련하면서 자신을 밀어붙이면 높은 성과를 거둘 수 있다는 생각이 제 삶의 다른 측면에도 흘러 들어가기 시작했습니다. 그래서 기억력에 관한 것이든, 등산에 관한 것이든, 운동에 관한 것이든 관계없이 많은 것을 시도하고 같은 수준의 높은 성과를 거뒀습니다. 항상 목표지향적으로 움직였죠."

놀랍지는 않지만, 인생의 그 시기에 목표지향적인 동기로 노력했던 태도는 결국 10년 뒤에 그가 우선순위를 바꾸도록 이끌었다. 가정적인 남자이자 사업가로서 짊어진 책임이 늘어났기 때문이다. 그는 이렇게 말했다. "전에는 저를 완전히 내던지고 몰두해서 열심히 일하면 결과가 나타난다고 믿었습니다. 이제 더는 그렇게 맹목적이고 태평할 수가 없죠. 시간과 자원이 제한되어 있으니 제 시간을 어디에 쓸지 매우 신중하게 선택하고 판단해야만 결과를 볼 수 있습니다."

에베레스트 등반이라는 도전은 여전히 진행 중이다. 10년간 네 번의 등반 시도 중 처음으로 정상에서 수직으로 50미터(165피트) 지점까지 올라간 이 도전은 델리스에게 여전히 강력한 동기를 제공한다. 매번 다른 이유로 등반이 짧게 끝났지만, 그때마다 최악의 상황에서 현명한 선택을 내리기 위해 그의 기지가 필요했다. 델리스는 그의 기억력 연습과 기술이 자신을 "그 위에서 살려주었다"고 말했다. 더 정확히 말하면, 기억력 연습이라는 릿 요인이 그의 정신을 적극적으로 사용하도록 유지해주었고, 덕분에 그는 극도로 위험한 상황에서도 명료한 정신으로 결정을 내릴 수 있었다.

크리스 해드필드: 예측할 수 없는 상황에 대비한 연습

연습은 인지 과정을 예리하게 만들뿐더러 귀중한 자산인 직관적 감각을 조성하기도 한다. 이는 크리스 해드필드Chris Hadfield가 우주 항해를 위해 자신의 기술을 응용해야 했을 때 깨달은 사실이다.

우주 비행사와 국제우주정거장 사령관이 되기 전 해드필드는 활강 스키 선수였다. 경기가 있는 날이면 그는 코스를 머릿속에 세밀히 그려 보기 위해 결승점부터 시작해 경사면을 걸어 올라가는 방식으로 경주 코스 전체를 역순으로 걸어가곤 했다. "코스의 미세한 특징을 파악해 이를 제 머릿속 그림과 비교하고 싶었습니다. 그래서 마음속에 선명한 그림을 얻으려고 모든 노력을 기울였죠." 그는 이 같은 시각화 연습을 통해 5개월간 우주에서 걷고 우주선에서 생활하며 일할 준비를 했다.

해드필드는 인간의 본능이 우주 탐험가나 전투기 조종사에게 적합하게 진화하지 않았다고 말한다. "그런 기술을 갖추려면 의도적으로 자신의 본능을 바꿔야 합니다. 그래야 전체적인 분석을 진행할 시간이 없을 때 성공할 가능성이 생기죠. 그 모든 본능적인 기술을 기르는 유일한 방법은 목적을 수립한 다음, 모든 변수를 파악하기 위해 연구하고 노력하는 것입니다." 그가 스키 경사면을 연구했듯이 "그다음에는 매번 더 현실적인 상황에서 계속 반복하며 끈질기게 연습해야 하죠."

연습을 더 현실적으로 적용하면 대인관계 기술도 강화할 수 있다. 나 역시 새로운 에너지를 연습에 투입하는 데 애를 먹었던 사람이라 창의적으로―그리고 의도적으로―연습을 활용해 자기만의 도전과제에 대처한 다른 사람들의 이야기를 들으며 영감을 받았다. 연습이 늘 경쟁우위를 차지하는 데 유익한 것은 아니다. 한 동료의 사례에서는 '웃기는 것'이 도전과제였다.

감염병 역학자 스테파니 스트라스디Steffanie Strathdee는 X(구 트위터)에서 '슈퍼박테리아 살해자'라는 별칭으로 불린다. 유머 감각이 묻어

나는 별명이지만, 캘리포니아주립대학교 샌디에이고 캠퍼스 의대의 글로벌 보건학 교수이자 부학장인 그녀가 사실 늘 유머 넘치는 성향을 지녔던 것은 아니다. 십 대 시절, 스트라스디는 자신이 유머의 뉘앙스를 알아채지 못한다는 것을 깨달았다. 그녀는 광고판의 가벼운 농담까지 모든 것을 문자 그대로 받아들였다. 한번은 "백만장자로 은퇴하세요!"라는 복권 광고를 보고, '백만장자를 직장에서 쫓아낼 사람이 누가 있어?'라는 생각이 들었다. 결국 자신이 광고 메시지를 오해했다는 것을 깨달았다.

시간이 많이 흘러 훌륭한 경력을 쌓는 동안, 그녀는 자신의 뇌가 대다수 사람과는 다른 방식으로 사안을 바라본다는 것을 알게 되었다. 과학자로서는 강점이었다. 다만 여전히 유머의 단서는 알아차리지 못했다. 스트라스디는 다른 모든 사람이 즐거워하는 사회생활의 한 측면을 자기만 놓치는 데 지쳤다. 그녀는 이 실망스러운 격차가 신경적 문제일지도 모른다는 것을 깨닫게 되었다. 스트라스디의 사례와 고기능 자폐에 관한 설명에서 공통적으로 확인한, 비전형적인 뇌신경이 원인일 수도 있었다. 스트라스디는 분석적 통찰력이 자신의 큰 장점 중 하나이며 분석적으로 접근할 때 가장 잘 배운다는 것을 알았다. 이에 분석적 기술을 적용해 사회 지능을 드러내는 뚜렷한 측면, 즉 유머 감각을 기르겠다고 마음먹었다. 그녀는 게리 라슨Gary Larson의 만화 〈더 파 사이드〉The Far Side를 연구하며 유머의 요소들을 분해해서 분석하고 해독했다. 그리고 자신의 강의에 만화를 포함시키고, 새로운 것을 배우는 사람이면 누구나 사용하는 방식 ─ 연구, 훌륭한 코칭(짓궂은 유머 감각을 지닌 남편), 연습 ─ 으로 자기만의 스타일을 개발했다. 그녀는 이 방법이 효과가 있었다고 웃으며 말했다. 다만 오랜 시간을 두고 많은 연습을 기울여야 했다. "제 농담을 사람들에게 설명하려는 것을 멈추는 법을 배워야 했어요. 설명이 필요한 농담이라면 재미가 없는 농담일 테니까요."

신중한 노력을 기울였더니 주변에서 듣는 유머에 의식적으로 자신을 맞출 수 있었고, 그것을 해독하는 과정도 점점 더 빨라졌다. 이제 스트라스디의 유머 감각은 (그녀 남편의 표현을 빌리면) '괴짜 같지만 사랑스럽다.' 여전히 그녀는 자신의 유머 감각을 미세하게 다듬고 있다. 한 친구는 그녀가 농담을 들었을 때 두 가지 뚜렷한 방식으로 웃는다고 했다. 하나는 '그것을 알아들었을 때' 포복절도하는 웃음이고, 다른 하나는 다른 사람들이 웃고 나서 몇 초 뒤에 자기만 빼고 모두 알아들었다는 생각에 허탈하게 내놓는 웃음이다. 이제 그녀는 자기가 놓친 것을 깨달으면 마음속에 기록해둔다고 한다. "분석해낼 때까지 제 머릿속 상자에 보관해두고, 분석한 다음에는 알고리즘을 조정합니다."

연습은 당신의 근육 속에 뇌를 심어준다.[3]
_샘 스니드Sam Snead, PGA 투어 최다 우승 기록을 보유한 전설적인 골프선수

조안 딕: 건장한 뇌를 만들어주는 연습

연습으로 성취할 만한 건강이나 생활방식 측면의 목표가 무엇이든, 실제로 체육관에 가서 신체를 단련함으로써 운동하게 되는 것은 여

러분의 뇌라는 사실도 알 수 있다. 예방심리학자이자 저술가인 조안 딕JoAnn Deak 은 "저는 건장한 근육이라는 은유를 좋아합니다."라고 말한다.[4] 딕은 강연을 통해 부모, 교사, 아동이 뇌의 작동 방식을 이해함으로써 뇌를 더 효과적으로—그리고 기분 좋게—활용하도록 돕고 있다. 특정한 일을 반복하는 데 시간을 쓰면서 신경학적인 '세트'를 반복하면, 뇌에서는 이 활동에 사용된 모든 뉴런의 화학적 성질이 달라진다. 반복은 근력을 길러주는 하나의 기술로서, 수상돌기—나뭇가지처럼 뻗어 나온 뉴런의 말단—를 자극해 뇌를 건강하게 만들어준다. 덕분에 수상돌기가 성장하고, 새로운 연결이 만들어지고, 기존의 연결들이 튼튼해진다.

꾸준한 연습은 일을 시작해 수행하는 데 드는 활성화 에너지를 낮춘다. 처음부터 시작해 새로운 연결을 만드는 데 뇌가 더는 필요하지 않기 때문이다. 그 작업에 드는 신경전달물질들이 잇달아 사용되면서 이미 준비하고 있던 일을 더 쉽게, 더 빨리하게 된다.

딕에 따르면 연습을 통해 쉽게 따라갈 화학적 흔적이 생기고, 수상돌기가 성장하고, 필요한 에너지가 낮아지면서, "복잡한 모차르트 바이올린곡을 연주하려면 여전히 많은 에너지가 들지만, 10년 전과는 사뭇 다른 상태"가 된다.

에너지를 보존하는 뇌 회로를 만들어내는 연습의 이런 측면은 의심스러울 정도로 렘—에너지를 적게 쓰는 뇌의 상태. 우리는 릿 도구를 써서 이런 상태를 흔들어 깨우려고 한다—과 비슷하게 보이기도 한다. 뇌가 과거의 기계적인 세부 사항을 건너뛰게 하는 것과 같은 회로를 사용하기 때문이다. 이렇게 급히 전진하는 특징을 어떻게 사용할지는 여러분의 선택이다. 자동조종 방식이 여러분의 생각을 무디게 하도록 둘 것인가, 아니면 연습을 활용해 지적 능력을 한껏 펼치고 더 창의적이고 도전적인 일을 위해 뇌에 활기를 불어넣을 것인가?

때로 연습은 특정한 시기에 무언가를 실행하는 능력이나 동기의 한계 앞에 우리를 데려다준다. 나는 달리기를 사랑하지만, 내가 아무리 연습한다고 해도 올림픽 주자가 되지는 못할 것이다. 수년간 명상 수행법을 개발하는 데 관심을 두긴 했지만, 전력을 기울여 돌진하기보다는 느릿느릿 둘러보는 관광에 더 가까웠다. 나는 강력한 동기—이를테면 내 가족에게 더 주의를 기울이고 곁에 있고 싶다는 마음—가 생기기 전까지는 그 어떤 매력도 느끼지 못했다.

중요한 것은 동기다. 우리에게 중요한 것, 어떤 목표나 의도를 대하는 생각이 말 그대로 우리를 움직인다. 동기는 활력을 불어넣으며, 우리는 동기를 바탕으로 세상 그리고 다른 사람들과 상호작용한다. 연습을 촉진하는 릿 요소인 동기는 활성화 에너지를 낮추고, 노력을 촉진하며, 연습에 매진하려는 우리의 자세를 끊임없이 새롭게 해준다.

잘게 나누기: 더 자주, 더 짧게 하는 연습

애리조나대학교의 음악 교수이자 신경학자인 몰리 게브리언Molly Gebrian은 새로운 시냅스 연결을 만들어내는 연습의 역할에 약간의 관심을 두었다. 당시 게브리언은 자신이 다루는 비올라 연주법을 학생들에게 가르칠 방법을 생각하고 있었다. 비올라는 역사적이면서도 흥미로운 이유에서 수 세기 동안 음악 작품에서 더 작고 높은 소리를 내는 바이올린보다 부차적인 역할을 맡았다. 20세기에 들어와 현악 4중주를 비롯해 현대 음악 형식에서 비올라가 맡는 역할 덕분에 존재감이 높아졌지만, 학생들에게 비올라―연습곡, 음계, 무조 기법―를 가르치는 교재들은 그 필요에 부응하지 못하고 뒤처졌다.

"불행하게도 비올리스트는 1900년 이후에 쓰인 독주곡을 한 번도 연주해보지 못하고 교육 과정을 마치는 일이 가능하다."[5] 이는 게브리언이 라이스대학교 박사 학위 논문에 쓴 내용이다. 그녀는 이렇게 상상해보라고 말했다. 어릴 때부터 전통적인 음계, 리듬, 음조를 연습해온 음악 전공생이 갑자기 이런 관습이 거의 들어 있지 않은 곡을 연주해야 하는 경우 말이다. "장조/단조의 틀에 맞지 않는 음계 진행은 근육 기억의 힘 때문에 훨씬 더 까다로울 수도 있습니다. 연주자가 조에 따른 음계에 맞춰진 자동적인 근육 기억을 극복하는 동시에 작곡가가 쓴 패턴을 정확하게 연주해야 하기 때문이죠." 게브리언에 따르면, 조를 넘어서는 현대 음악은 악기를 다루는 사람들이 배워야 할 전혀 다른 음악 언어다.

이 문제는 게브리언이 신경과학적 측면에서 관심을 기울이던 핵심 사항이었다. 음악가들은 하루에 네다섯 시간씩 연주 기법과 음악 작곡을 연습하곤 한다. 게브리언은 가장 효과적인 연습 방법을 이해하는 사람은 거의 없다고 말한다. 그녀는 우리에게 이렇게 말했다. "뇌가 가장 효율적으로 학습하는 방식들은 직관에 어긋날 때가 많습니다. 음악가들은 오랜 시간 동안 정말 열심히 연습해야 한다고 생각하곤 하죠. 한 시간이 있다면 그 시간을 한 가지에 모조리 써야 한다고 말이죠. 이것은 가장 효율적인 학습법이 아닙니다."

게브리언에 따르면 연습 지속시간 측면에서는 오전에 15분, 한낮에 15분, 저녁에 15분 이렇게 짧은 연습을 여러 번 실행하는 것이 낫다. 연습의 자극으로 뇌가 새롭거나 더 강한 시냅스 연결을 형성하는 것은 맞지만, 연습하는 도중에 그 연결이 형성되지는 않기 때문이다. 게브리언은 이렇게 말한다. "학습은 연습 사이사이의 휴식 기간에 일어납니다. 실제로 뇌는 물리적 변화를 겪어야 학습하는데, 이것은 정보를 보유하는 것입니다. 뇌가 이런 종류의 재구성을 하는 순간에는 뇌를 달리 쓸 수 없습니다."

여러 연구에 따르면 뇌는 기억 과정에 돌입하는 연결을 단 한 시간 안에 형성할 수 있다. 후속 연습을 통해 학습 내용을 강화—건반 연주, 현악기 연주, 작품 암기—하면 그것을 제자리에 고정하는 데 도움이 된다. 이렇게 시간이 지나면 더 많은 뉴런이 더 많은 연결을 수립함에 따라 한때 어려웠던 행동들이 자동으로 이루어진다.

최근 연구들은 어떤 기술을 연습하는 것이 미엘린myelin—전기가 흐르는 뇌 경로에서 절연체 역할을 하는 물질—을 만드는 데도 유익하다는 것을 보여준다. 수초(미엘린 덮개)가 두꺼워지면 일종의 전기적 고속도로를 만드는 데 보탬이 되고, 이는 곧 기술 보존을 강화한다.

한편, '과잉학습'overlearning이라는 연습 단계가 있다. 과잉학습 훈련은 어떤 기술을 섭렵하고 나서도 연습을 지속하는 것을 말한다. 더는 수행력이 개선되지 않겠지만, 한 기술을 최고 난도에서 계속 연습하면 그 기술을 수행하는 능력이 유지된다. 반대로 과잉학습이 너무 강력해 일시적으로 새로운 학습을 가로막을 수도 있다는 것을 보여주는 연구들도 있다. 그 새로운 기술은 이전 기술이 완전히 흡수되기 전까지는 습득되지 않는다. 과도한 전문화와 연습도 이와 같은 단점을 낳을 수 있다. 특히 인격을 형성하는 아동기와 청소년기의 뇌 발달에서는 더욱 그렇다고 조안 딕은 지적한다. "과제에 지나치게 긴 시간을 기울이는 것을 조심해야 합니다. 그만큼 시간을 투여하지 않는 영역들이 생기니까요. 많은 연습을 통해 수상돌기를 늘리고, 정전용량capacitance 을 낮추고, 화학적 흔적들을 늘려놓고 나면 뇌는 바로 그 일을 하고 싶어 합니다. 더 쉬운 것을 하고 싶기 마련이죠. 좌절을 겪으면서 일의 부담을 느끼려 하지는 않을 겁니다." 이를테면 사회적, 정서적 발전과 같은 다른 일들이 요구하는 노력은 꺼릴 것이다.

연습에서 잠시 물러나 휴식하는 것, 특히 새로운 기술을 배울 때 누리는 휴식은 뇌에 놀라운 효과를 낸다. 게브리언에 따르면 이때 생긴 약간의 교란 덕분에 뇌는 새롭게 입력한 내용을 보유하게 된다. 그는 이렇게 말한다. "나중에 다시 연습으로 돌아갔을 때, 뇌는 배울 준비가 더 잘 되어 있습니다. 앞서 학습한 내용을 약간 잊어버렸을 수도 있죠. 새롭게 연습에 들어가면 그 내용을 떠올리게 되므로 학습 내용을 탄탄하게 다지는 데 도움이 됩니다."

휴식은 뇌에서 과거와 현재를 연결하는 촉매가 될 수 있다. 우리는 살면서 접한 모든 것에 대한 경험의 흔적을 가지고 있다. 대다수 경험에 대해서는 이미 활성화 에너지가 낮아져 있다는 뜻이다. 그것들을 기억하고 연결하기만 하면 된다! 때로 우리에게 필요한 것은 그 실마리를 손에 쥐도록 도와줄 가능성을 빨리 알아차리는 것뿐이다.

나는 현재 연마하고 있는 기술과 관련해서 자신감, 정확성, 직관력을 길러주는 도구가 바로 연습이라고 생각하곤 한다. 이 과정에서 우리가 활성화하는 신경 피드백 순환은 기술 확장에 대한 자신감을 심어준다. 따라서 연습은 특정한 능력을 키워줄뿐더러 가능성의 세계를 활짝 열어주기도 한다. 어디서 시작하느냐는 중요치 않다. 스포츠, 음악, 취미, 심지어 사회적 소통이나 지구와의 재연결에 이르기까지, 주의를 기울인 연습은 모든 것에서 발전을 낳는다.

인내의 기쁨

넬슨 델리스는 기억력 연습에 대한 열정을 유지하게 하는 세 가지 동기를 설명하면서 이렇게 말한다. "제가 연습하는 것은 어떤 목표를 달성하고 싶다는 간절한 욕구가 있기 때문입니다." 이것은 다른 누군가가 보유한 목표 수치나 기록일 수도 있다. "따라서 그 수치에 도달하기까지의 과정을 조금씩 줄여나갈 때마다 기분이 좋아지죠. 그 느낌이 제가 날마다 연습으로 돌아가는 이유입니다." 동기를 심어주는 또 다른 요인은 데이터다. 델리스는 연습을 마칠 때마다 데이터를 추적해 얼마나 늘었는지 확인하고, 개선을 위해 조정할 요인들을 분석한다. 그는 자신의 점수, 연습했던 시간, 그 외 그의 수행에 좋은 쪽으로든 나쁜 쪽으로든 영향을 끼쳤을 만한 외부 요인들을 모두 기록한다. "그데이터를 날마다 눈앞에 마주하고 있으면 처음 시작부터 지금까지 제가 이룬 진척을 되새기게 됩니다." 마지막으로 그가 '자기 책무성'이라고 부르는 동기가 있다. "날마다 제 데이터를 확인하는 것은, 제가 하루도 빼먹지 않고 연습했다는 표시의 X자가 가득한 달력을 보는 것과 같습니다. 저는 이 표시를 계속 살리는 데 중독되었습니다. 제가 연습을 하도록 만드는 동기보다 하루치 연습을 빼먹고 싶지 않다는 마음이 점점 더 커집니다.”

내게 활력을 불어넣는 모든 것은 연습의 기쁨을 줄 수 있다. 적어도 뇌에는 그런 식으로 입력된다. 딕이 설명했듯이, 무언가를 연습하면서 배운 것을 실행하거나 한 단계 발전할 때 뇌는 도파민과 세로토닌을 생산하고, 이 물질들은 정서 체계에 영향을 끼쳐 좋은 기분을 안겨준다. '러너스 하이'라고 불리는 것은 많은 — 심지어 최고의 기량을 보이는 운동선수도 포함한 — 사람이 전혀 경험하지 못하는 난해한 보상이다. 그러나 연습할 때 내가 뇌를 위해 무슨 일을 하고 있는지 이해하는 것은 더 흥미롭고, 믿을 만하며 지속적인 보상이 될 수 있다. 긍정적인 감정을 더 많이 연습에 엮을수록 — 이를테면 점진적인 발전과 뇌에서 일어나는 일을 알아차릴수록 — 그 연습은 좋은 기분이라는 보상을 더욱 촉발하여 계속 연습하려는 동기를 높여준다. 연구들에 따르면 사랑에 빠졌을 때도 이와 같은 신경전달물질들의 분비가 늘어난다는데, 연습과 사랑에 빠져 이를 더 즐기는 것은 어떨까?

온갖 기술을 연습하고, 연습하고 또 연습하도록 나 자신을 수년간 밀어붙인 후, 나로서는 제대로 이해하기 어려운 것이 있었다. 러너스 하이를 목표로 하는 것이 내가 찾던 인센티브라고 생각했다. 그런데 조안 딕이 나를 바로잡아주었다. 나는 손가락 하나가 부러지고 나서야 그녀의 말이 옳았다는 것을 알게 되었다. 아들과 축구공 던지기를 하다가 왼손 새끼손가락이 부러져 부목을 착용해야 했다. 얼마나 운 좋은 휴식인지! 다행히 수술할 정도는 아니었고, 나는 원래의 나답게 상처 치유와 재활 과정을 매우 흥미롭게 여겼다. 뼈의 재생과 그 밖의 여러 치유 과정은 생물학적으로 고통스럽고 서서히 진행되는 복잡한 일이다. 현미경으로 본다면 매우 놀랍겠지만, 맨눈으로는 그 모든 과정을 전혀 볼 수 없다. 이 치유 과정을 엿볼 유일한 가능성은 놀라울 만큼 구식이다. 바로 보고 느끼는 것뿐이다.

내 새끼손가락을 위한 물리치료와 작업치료에는 매일 운동이 포함되었다. 이로써 손의 근력과 유연성을 서서히 회복하고, 밀리미터 단위로 가동 범위를 복원하는 것이었다. 나를 담당한 물리치료사는 내가 해야 할 움직임을 정확히 일러주고, 이를 계속 반복하게 했다.

이것이 바로 내가 깊이 음미하고 심지어 즐기게 된 회복 과정이다. 무언가에 매달리고, 의무적으로 연습하고, 발전해나가는 것을 확인하고 느끼는 것은 흥분되는 일이었다. 나는 움직임을 되찾기 위해 열심히 노력하지 않으면 나중에 할 수 있는 일이 제한될 것임을 알았고, 이 생각은 더욱더 열심히 하도록 동기를 심어주었다. 내 손가락이 고작 1밀리미터 더 움직이는 것을 보는데도 무척 뿌듯했!

언젠가 내가 새끼손가락에 관심을 쏟으며 이렇게 작고 점진적인 발전에 흥분할 거라고 누군가 말해주었다면 피식 웃었을 것이다. 그런데 정확히 그 일이 일어났다. 나는 성장했고, 그것이 내 보상이었다. 엄청난 도약을 이룬 것이 아니었다. 새끼손가락이 유연해지고 뇌가 건강해지는 발전을 거뒀을 뿐이었다.

때로는 인내―우리 자신에 대한 인내, 발전에 대한 인내―를 연습하는 것이 보상을 안겨준다. 여러분의 삶을 돌아보면 크게 되새길 만한 일이 떠오를 것이다. 나는 고등학교 때 육상팀 일원 중에 '가장 가능성이 없는' 사람으로서 겪었던 일이 떠오른다. 나는 운동과는 거리가 먼 아이였다. 실제로 쉬는 시간이나 방과 후에 운동에서 가장 마지막에 선발되는 사람이었다. 고등학교에 들어간 나는 원반던지기, 창 던지기, 투포환을 하겠다고 등록했다. 딱히 유망한 경쟁자는 아니었으나 나는 원반던지기가 좋았다. 회전, 원 안에 머무르기, 던지기, 원반의 각도, 원반이 손가락에서 날아가는 방식이 재미있었다. 미술을 가르치던 웨이드 선생님은 어렸을 때 경험이 있어서 원반을 날릴 줄 알았다. 내가 도움을 부탁드리자 선생님께서는 던지기 기술 몇 가지를 보여주겠다고 했다.

나는 뭔가를 한 번에 해내지 못하고, 심지어 열 번을 해도 성공하는 법이 없는 사람이다. 뭔가가 딱 자리를 잡을 때까지 보고 또 봐야만 한다. 웨이드 선생님은 끈기 있게 나를 기다려주었다. 오랜 시간이 지난 지금 생각해보면, 사실상 선생님은 자신을 인내하면서 과정에 집중하는 법을 가르쳐주었다. 그 당시 나는 자잘한 것들을 조정해가며 성장하는 나를 발견하는 것이 놀라웠다. 그리고 마침내 큰 경기를 치르던 날, 나는 학교에서 2위를 차지했다. 도내 육상 경기에 출전할 자격을 얻었고, 도내 경기에서는 나의 최고 기록을 세우며 3위에 올랐다. 나는 한껏 들떴지만, 그때 내가 배운 가장 중요한 것이자 평생의 교훈은 '과정에 대한 신뢰'였다. 한 예로, 최근 나는 특정한 방식을 익힐 때 얻는 긍정적인 자극―강화 학습―덕분에 연습이 즐거워진다는 것을 알게 되었다. 또한 습관 형성은 목표보다 맥락에 더 좌우된다는 것도 배웠다.[6] 어떤 행동을 연습하면서 얻는 긍정적 단서(도파민 보상을 포함해)가 많을수록 그 일을 실행할 가능성이 커지고, 연습한 행동이 습관으로 자리 잡을 가능성도 커진다. 예를 들어, 초기 인류의 생존은 식량이 있는 환경을 찾아내는 데 달려 있었다. 그리고 그런 환경을 찾아낼 때마다 도파민이 분비되었다. 나는 생산적이 되도록 하는 새 습관들을 기를 수 있었고, 이 습관들은 일의 맥락에서 도파민을 분비시켰다.

루돌프 탄지가 지적했듯이 우리 삶에는 일상의 안락함, 연습이 가져다주는 즐거움, 새로운 것이 안겨주는 흥분을 느낄 수 있는 장소가 있다. 탄지는 이를 과학과 음악의 세계에서 발견했다고 했다. 우리는 이 둘을 전부 적극적으로 연습할 수 있다. 특히, 연습을 스펙트럼의 일부—정적이고 지겨운 일로 보거나 반드시 과중한 목표를 세워놓는 것이 아니라, 그 자체로 만족스러운 무언가를 향해 가는 과정—로 본다면 더욱 그렇다.

역사상 가장 위대한 첼리스트로 손꼽을 만한 파블로 카살스Pablo Casals는 네 살 때 세 가지 악기를 연주하기 시작했다. 그는 80세 때, 왜 지금도 날마다 네 시간씩 연습하냐는 질문을 받고 이렇게 답했다. "지금도 발전하고 있다고 생각하기 때문입니다."7

오래된 습관을 바꾸거나 새로운 습관을 기르는 것은 우리에게 가장 잘 맞는 것을 택하고, 나만의 연습법을 선택하고, 인내하는 편을 택하는 창의적인 행동이다. 개미를 생각해보자. 개미는 로봇처럼 보이는 끈기로 유명하지만, 나름의 방식으로 이랬다저랬다 선택을 조정한다. 곤충 행동에 관한 선구적인 연구로 잘 알려진 과학자이자 교육자인 찰스 헨리 터너Charles Henry Turner는 〈개미의 귀소: 개미 행동에 관한 실험 연구〉The Homing of Ants: An Experimental Study of Ant Behavior 라는 1907년 논문에서 한 가지 실험을 설명했다.[8] 이 실험에서 그는 일상적인 집안일에 참여하는 개미들이 다니는 길에 작은 장애물─연고칼 section-lifter 이라고 불리는 경사─을 두었다. 개미들의 반응이 모두 같을 것이라고 예측할 오늘날의 과학적 추정과는 반대로, 그는 다른 사실을 알게 되었다. "내가 살펴본 두 개미는 같은 시기에 같은 군집에 속했고, 같은 외부 환경에서 같은 자극을 접했으나 사뭇 다른 방식으로 반응했다. 한 개미에게는 그 경사가 아무런 심적 가치도 없었지만, 다른 개미에게 그 경사면은 무대를 오가는 하나의 자극물이었다. 한 개미에게 그 연고칼은 기피성 자극이었지만, 다른 개미에게는 매력적인 자극이었다. 개미마다 같은 목적을 달성하는 다른 방식을 습득했고, 자신이 경험을 통해 얻은 것을 보유하고 활용했다." 개미들은 로봇과는 상당히 거리가 멀었다! 게다가 그 개미들은 여러 선택지 중 하나에 '심리적 가치'를 투여하는 듯했다.

터너는 개미 그리고 우리 인간이 보이는 습관─그리고 인내─의 힘을 이렇게 고찰했다. "개미들은 최소 몇 시간을 들여 배운 것을 유지하는 데 그치지 않는다. 한번 형성된 습관은 깨뜨리기가 어렵다. 때때로 나는 습관을 깨뜨릴 목적으로 여러 실험을 해보았다. 자주 실패했는데 이는 내 인내심이 개미의 끈기에 견줄 수 없었기 때문이었다. 간혹 끈질긴 인내를 발휘해 성공하기도 했다."

나의 모든 목표와 열매를 그때그때 기념하자

연습에서 에너지를 얻으려면, 내가 성취하려는 일에서 개선이나 성장을 이루기 위해 어떤 단계를 밟아야 할지 알아내는 것이 좋다. 몇 년 전, 제시카의 유연성을 보고 나에게도 그런 잠재력이 있는지 궁금해졌다. 호기심을 앞세워 며칠에 한 번씩 발가락까지 손을 뻗어봤다. 최대한 몸을 늘린 다음 재빨리 30까지 세는 식이었다. 다음에는 30까지 세고 나서 1까지 거꾸로 셌다. 처음 시작할 때만 해도 무릎을 겨우 넘겼는데 이 간단한 동작을 계속 연습하자 결국, 전자레인지에 넣은 음식이 데워질 때까지 매일 한 번씩 하는 것도 어렵지 않았다. 손이 닿는 거리도 점점 멀어졌고, 연습도 쉬워졌다. 몇 달 만에 드디어 발가락에 손이 닿자 정말 기분이 좋았다! 시도 때도 없이 스트레칭을 하고 싶었다. 내게 가장 인상적이었던 것은 새롭게 발견한 나의 유연성이 아니었다. 목표를 달성한 것도 뿌듯했지만, 그렇게 간단하고 대수롭지 않은 것이 나의 상상력과 노력을 사로잡을 수 있다는 사실이 매우 감명 깊었다. 이 점도 참 기분이 좋았다. (그리고 다음번 연례 검진 때, 내 주치의는 내가 1.3센티미터 자랐다고 했다!)

연구에 따르면 동기의 힘이 어떤 대상에 대한 뇌의 반응을 높여준다고 한다. 동기는 활성화 에너지를 낮추고 전반적인 에너지 수치를 높여, 여러분이 기울인 노력에 더 큰 보상을 안겨준다. '건장한' 뇌는 더 행복한 뇌가 되기도 한다. 다음의 릿 부스터를 시도해보자.[9]

- **사람들과 어울려 연습한다.** 혼자 연습하기가 벅차다고 느껴진다면, 자신의 '사회적인 뇌'를 사용해 동기와 보상을 높여보자. 우리는 사회적인 동물이다. 친구나 그룹과 함께 연습하자. 첫 번째 시간만 달력에 표시해서 활성화 에너지를 낮춤으로써 나머지는 알아서 제자리를 찾아가게끔 유도하자. 나와 잘 맞는 에너지와 태도를 지닌 다른 사람들의 존재는 긍정적이고, 지지적이고, 고무적이라고 여겨질 것이다. 경쟁이 주는 에너지나 훈련 교관과 같은 접근법을 좋아한다면, 그런 방식으로 내게 활력을 불어넣을 그룹이나 사람을 찾아보자. 연습으로 인해 틀에 박힌 생활로 미끄러지는 기분이라면, 더 많은 기술을 가진 사람과 소통하거나 작업 환경을 바꿔 분위기를 새롭게 하자. 요즘에는 갖가지 온·오프라인 공동작업실이 존재한다. 이곳에서 처음 보는 사람들과 어울리면서 앞으로 한두 시간 동안 달성할 목표를 빠르게 공유하고, 그 시간이 끝날 무렵에 다시 만나서 달성한 것들을 나눠보자.

- **영감을 활용해 동기를 일으킨다.** 미디어에 눈을 돌려서 다른 사람들로부터 영감과 통찰력을 얻자. 음악가, 예술가, 운동선수에 관한 다큐멘터리는 그들만의 연습 과정을 보여준다. 그들이 가진 열정과 헌신을 지켜보다 보면 나만의 열정에도 불이 붙는다. 아프리카에서 깨끗한 물 프로젝트에 관한 인식을 높이고자(모금도 병행) 사막을 가로질러 6,900킬로미터 넘게 달린 세 사람의 연대기를 담은 다큐멘터리 〈사하라 달리기〉Running the Sahara[10]는 내가 날마다 마주하는 도전과제들을 전혀 다른 시각에서 보게 했다. 놀랍게도 이 다큐멘터리는 인간의 잠재력으로 무엇을 해낼 수 있는지, 또 내가 얼마나

더 해낼 수 있고 내게서 얼마나 많은 잠재력을 더 끌어낼 수 있는지를 볼 수 있는 자신감을 심어주었다. 영감은 릿 에너지 전환을 보여주는 훌륭한 예다.

- **미래지향적인 자신감에 주파수를 맞춰 소통과 영향력을 북돋는다.** 무한한 잠재력, 기쁨, 해방감, 성취감이 나를 기다리고 있지만, 내가 첫발을 떼기 전까지는 도무지 손에 닿을 것 같다는 느낌이 들지 않는다. 장기적인 목표를 좇을 때 얻는 다른 보상으로는 다른 사람들과의 연결, 나와 내가 속한 공동체를 위해 더 유익한 것을 해낼 수 있다는 자신감이 있다. 여러 기술을 개발해나가면서 다른 사람들에게 조언을 건네는 자기 능력을 발견하고, 에너지 전환이라는 릿의 원리를 활용해 그들과 자신의 노력을 높이게 된다. 이러한 상승 작용은 새롭거나 다른 기술을 개발할 때 연습할 수 있는 더 많은 자신감을 심어준다.

- **엄격한 기대치에서 벗어나, 연습이 주는 즐거움을 누린다.** 대개 우리는 숙달하기 위해 연습한다고 생각하지만, 때로는 불필요하게도 즐거움보다 성과를 중시한다. 우리 가족이 비회원제 골프장 근처로 이사 갔을 때, 나는 골프 실력을 늘려야겠다고 마음먹었다. 더 이상 핑계는 대지 않기로 했다! 의무적으로 골프 연습을 했지만 이내 좌절감과 허탈감이 들었다. 흥미를 되살리려고 온라인에서 수업 영상도 보고, 스윙을 구성하는 특정 부분들을 집중적으로 살펴본 다음, 골프 연습장에 가서 익힌 부분을 연습했다. 매주 나의 초점을 재구성하자 즉시 변화—나의 스윙과 기분의 변화—가 느껴졌다. 이제 내가 연습하는 것은 골프가 아니다. 덕분에 나는 가족과 보내는 시

간에 집중하고 다른 기술들을 개발할 수 있게 되었다. 연습을 하면서 때에 따라 달라지는 우선순위와 관심사를 반영하도록 자신에 대한 기대를 조정하고, 이에 따르는 도전과 해방감을 누리는 것은 우리에게 달린 일이다.

• **그룹의 추진력에 기대어 나의 추진력을 높인다.** 그룹이 함께 연습하면 나의 한계를 밀어붙이면서 나를 넘어서는 무언가의 일부가 된 것처럼 느낄 수 있다. 제시카와 나는 다른 사람들과 드럼 서클을 이루어 젬베 드럼 수업을 함께 수강한다. 우리의 강사 앨런 토버는 그저 수업에 와서 느긋한 자세로 즐겁게 놀면 된다고 말한다. 놀랍게도 그는 우리가 수업에 올 때만 해도 우리가 연주할 수 있다고 상상하지 못했던 복잡한 곡을 연주하게 한다. 여러 사람이 함께 연주를 시작하면 완벽하지는 않아도 서로 맞춰가면서 금세 멋진 소리가 난다. 모든 음을 연주하지는 못하더라도 꽤 많은 부분을 연주할 수 있고, 나와 다른 사람들의 드럼 소리 그리고 그것들이 이루는 하모니를 들을 수 있다. 수업을 마칠 때면 늘 놀라움을 느낀다. 수업에 나가기만 하면 된다!

• **연습하는 순간 마음에서 느껴지는 평화를 음미한다.** 일정 시간 동안 연습하면 흐트러졌거나 사무적이었던 마음의 성향―걱정, 불안, 뭔가를 달성하고 싶은 욕망, 그 밖에 종일 나를 괴롭히는 침투적인 생각들―을 가라앉히는 데 도움이 된다. 연습은 빨래를 개거나 설거지를 할 때처럼 명상에 잠기도록 유도할 수도 있다. 지금 반복하는 이 대상에 주의를 기울이고 나머지 것들은 잠시 내려놓자.

8
chapter

새롭게, 다르게 하기
놀라움과 우연한 발견을 부르는 법

미묘한 차이와 참신함을 추구하며 새로운 가능성을 만들어내자

변해야 한다. 그러지 않으면 새로운 것을 실행할 에너지를 잃게 된다.
_ 루돌프 탄지, 하버드 의과대학의 신경학자이자 선도적인 알츠하이머 연구자

소로마저도 월든 연못을 떠났다. 그 유명한 '아직도 가야 할 길'을 따라
창의성과 영성의 새로운 차원들을 발견하며 2년간 시골 동네를 어슬
렁거린 후, 그는 새로운 길도 언젠가는 머릿속에서 뻔한 틀이 된다는
사실을 깨달았다. 그는 《월든》의 결론에 이렇게 적었다. "나는 숲으로
갔던 것과 같은 이유로 숲을 아주 떠나게 되었다."[1] 새로운 것을 해야
한다. 소로는 내가 선택한 것일지라도 결국 일상이 될 때 일어나는 불
가피한 둔화 효과에 관해 이렇게 결론 내렸다. "우리가 얼마나 쉽고 무
감각하게 한쪽 길에 빠져 자기만의 익숙한 길을 만드는지 생각해보면

264

정말 놀랍다."

오늘날 최신 뇌 영상 연구들은 소로가 탄식했던 쳇바퀴 효과와 더불어 좀 더 고무적인 결과도 보여준다. 새롭고, 다르고, 놀라운 자극의 힘이 뇌에 활력을 불어넣는다는 사실 말이다. 뇌는 이런 자극에 반응해 새로운 신경 경로를 만들어내는데, 그 경로들은 운동 및 기술 숙달과 연관되는 능력을 기를 뿐 아니라 창의성도 촉진한다. 2022년 연구에서는[2] 이례적인 창의성(Big-C라고도 부른다)을 보인 시각 예술가들과 과학자들 그리고 '똑똑한 대조군'을 조사했다. 연구 책임자인 아리아나 앤더슨Ariana Anderson과 공동 연구자들은 뇌에서 Big-C와 연관된 창의성은 '효율적인' 전체 네트워크를 운용하는 체계보다 '무작위적인' 체계와 더 연관된다고 했다. "더 무작위적인 연결성이 대다수 시간에는 효율성이 떨어지지만, 이 체계는 뇌 활동이 '덜 가본 길을 타고' 참신한 연결을 만들도록 이끈다."

앞서 보았듯이 연습은 성장을 확장하고 심화하지만, 그 전에 릿 요소가 새로운 것을 학습하는 첫 시기가 있다. 특정한 방식으로 학습할 때, 뇌 속에는 하나의 길이 만들어지거나 '도로가 닦이는' 일이 벌어진다. 이 은유를 계속해보자. 만약 단단한 포장도로에서 운전을 배웠다면 자갈길 같은 곳에서는 운전하기가 까다롭다. 애초에 딱딱한 땅 위에서 학습한 전략을 적용하려 하기 때문이다. 나의 운전 방식을 다른 지면에 적응시키려면 새로운 시냅스 연결을 개발하고 이를 연습해야 한다. 여기에 드는 참신함과 동기가 뇌를 밝혀 활성화 에너지를 낮추는 데 도움을 준다.

이와 반대로 친숙함은 무시를 낳는 것이 아니라 자기만족과 맹점을 낳는다. 적어도 뇌의 시각적 인식 측면에서 주의력에 관한 맹점을 만들어낸다. 이러한 지각 현상은 트록슬러 효과Troxler effect 라고 알려져 있는데,[3] 이는 스위스 출신 의사이자 박식가인 이그나즈 폴 비탈 트록슬러Ignaz Paul Vital Troxler 의 이름을 딴 것이다. 그는 주변 시야에 들어오는 특정 물체와 색깔에 대한 주의력이 떨어지고 참신한 것을 선호하는 뇌의 특성을 통해 착시현상을 설명했다. 어떤 대상에 익숙해질수록 더 많은 정적인 이미지가 시야에서 사라진다. 효율성을 추구하도록 설계된 뇌의 습관화 기능 덕분에 나는 대학 연구실에서 TV와 핀볼 기계는 무시하되, 90년대 중반부터 생겨난 참신한 이메일 알림은 무시하지 않게 되었다. 오랜 시간이 지난 후, 참신함의 힘이 의도적으로 활용할 만한 릿 도구 중 하나라는 것을 깨달았다.

성공을 위해서는 전문 지식이 필수라고 여겨지는 복잡성과 정교함의 세계에서, 때로 가장 비범한 발전은 우연한 만남이나 새로운 상황에서 초심자의 자세를 발휘할 때 얻을 수 있다. 일터에서든 집에서든 여러분이 제일 잘하는 일을 해주길 모두가 기대하고 있다면, 신중한 한 걸음을 내디뎌 새로운 일을 해보자. 자신을 깜짝 놀라게 해보자. 뜻밖의 상황에 반응하는 신경전달물질이 분출되어 신경망이 활성화될 뿐 아니라, 여러분의 행동이 일으키는 여파가 다른 가능성들을 열어줄 것이다.

다양한 관심사를 가진 그레이스 (테오) 카츠슈만Grace (Teo) Katzschmann 은 가장 새로운 것을 추구하는 삶의 전형을 보여준다. 새로운 것을 배우고, 새로운 방식으로 관심사를 탐색하며, 새로운 기회에 전폭적으로 뛰어들려는 그녀의 열정을 보여주는 새로운 직업들을 추구하는 삶 말이다.

2009년에 우리 연구실에 합류한 카츠슈만은 그보다 1년 전에 이곳에서 인턴 생활을 한 뒤, 싱가포르의 난양공대에서 화학과 생체의학 공학으로 학사 학위를 취득한 직후 보스턴으로 돌아갔다. 이후 같은 분야에서 박사 학위를 얻기 위해 우리와 같은 길을 걸었고, 5년을 함께 보내면서 줄기세포 치료와 관련해 줄기세포 생물학, 공학 부문의 전문가가 되었다.

그러나 최종적으로 그녀의 관심을 사로잡은 것은 어느 날 만난 근육위축증 환자가 전한 말이었다. 이것은 연구실에서 진행하던 작업과 아무 관계가 없었지만, 그녀가 연구실에서 나와 현실 세계로 들어가기 위해 꼭 필요한 코스였다.

카츠슈만은 이렇게 말했다. "우리는 프로그램의 일부로 임상 현장에서 최대 3개월을 보내며 임상의와 환자들과 대화할 기회가 있었습니다. 현실 세계의 문제들을 파악하려는 것이었죠. 환자들에게 즐겨 물었던 질문 하나는 '건강했던 때를 생각하면 어떤 것이 가장 그립나요?'였습니다." 이 질문을 받은 한 여성 근육위축증 환자는 그날 아침 옷을 입는 데만 한 시간이 걸렸다고 말해주었다. "그분은 옷 입기와 같은 일상의 사소한 활동에서 누렸던 독립성이 그립다고 하셨죠."

이 대답은 두 가지 이유로 카츠슈만의 심금을 울렸다. 첫째, 카츠슈만은 성장기에 언니가 구개열과 윗입술을 치료하기 위해 10회가 넘는 교정 수술을 받은 적이 있었다. 열여덟 살에 받은 마지막 수술은 코의 대칭을 바로잡는 성형 수술이었다. 카츠슈만은 이렇게 말했다. "언니는 자기 코를 있는 그대로 받아들이겠다며 수술을 거부했어요. 외모에

chapter 8 새롭게, 다르게 하기   267

대한 자신감이 제게 큰 영감을 주더군요. 언니가 더 어릴 때는 누군가 언니에게 '외모가 그러니' 살면서 더 열심히 노력해야 할 거라고 말한 적도 있었죠. 한 사람이 살아가는 데 외모가 그렇게 큰 영향을 끼친다는 것을 그때 크게 자각했습니다." 뒤이어 카츠슈만은 이렇게 말했다. "더 어릴 때 제 꿈은 영화와 TV 프로그램의 의상 디자이너가 되는 것이었습니다. 옷을 통해 사람들의 모습을 탈바꿈하고 서사를 만들어낸다는 것이 좋았거든요."

그 환자의 대답에 자극을 받은 카츠슈만은 한 가지 아이디어를 떠올렸는데, 그것은 카츠슈만의 경력에서 완전히 새로운 것이었다. "매력적이면서도 장애가 있는 분들이 입기 쉬운 옷을 디자인하고 싶어졌습니다." 여기서 무엇이 문제였을까? "저는 매우 표준적인 과학 중심의 교육을 받았고 디자인에는 전혀 배경지식이 없었어요."

카츠슈만은 자신의 문제해결력을 디자인을 배우는 쪽으로 돌렸다. 구체적으로 움직일 수 있는 범위가 제한적이거나 다른 능력을 지닌differently abled ('장애가 있는'disabled 이라는 표현을 달리 이르는 말—옮긴이) 사람들을 위한 매력적인 옷을 디자인하는 방법을 배우고 싶었다. 그녀는 한 친구와 함께 디자이너, 엔지니어, 작업치료사, 장애인이 참여하는 교육 프로그램을 수립해 모두 함께 해결책을 모색했다. 이렇게 탄생한 오픈 스타일 랩Open Style Lab 이라는 이름의 비영리 기관은 2014년 발족 이후로 매년 연구, 디자인, 개발 행사를 개최해왔다. 이 프로그램은 현재 파슨스 디자인 스쿨의 커리큘럼에 통합되어 있고, 그동안 다른 교육 기관에서도 재현되었다.

"오픈 스타일 랩이 제게 준 가장 큰 선물은 완전히 새로운 분야에 뛰어들어 해법을 하나씩 찾아낼 수 있다는 자신감이었습니다." 이렇게 말한 카츠슈만은 이후 MIT 강사, 벤처 자본가, 생명공학 분석가, 연구 책임자로 일했고, 지금은 스위스에서 생명공학 컨설턴트로 활동하고 있다. "저는 새로운 것을 시도하는 일이 좋습니다."

모든 사람이 낯선 분야에서 새로운 사업을 시작할 준비가 된 것은 아니다. 다만 우리가 가진 공통점이 하나 있다. 새로운 경험, 새로운 사람들, 새로운 아이디어들과 물리적 도전과제들이 우리 뇌를 흥분시키고 시냅스 하나하나를 형성해 가능성의 네트워크를 활성화한다는 사실이다. 새로운 경험은 릿을 느끼게 해준다. 시작하는 지점은 어디라도 좋다.

노벨상 수상자인 유전학자 필립 샤프가 과학뿐만 아니라 일반적인 분야에서 새로운 사람을 만나고 신선한 관점을 듣고자 의도적으로 노력했다는 사실은 내게 충격을 안겨주었다. 너무도 많은 사람이 그의 관심을 원하는 탓에, 그는 새로움에 투자할 시간을 확보할 방법을 생각해냈다. 필립은 똑같이 중요하다고 생각되는 두 범주로 회의 요청을 구분했다. 첫째는 장기적인 작업을 다루는 일이었고, 둘째는 '일상을 뛰어넘어' 새로운 사람 또는 새로운 것을 만나거나 경험하게 해주는 일이었다. 그는 이렇게 조언한다. "틀에 박힌 일상을 피하고, 새로운 공간과 새로운 아이디어를 맛보는 데 시간을 쓰세요. 이것은 너무나도 중요한 일이니 달력에 기록해두어야 합니다."

루돌프 탄지는 다양한 일상의 습관을 기르는 것의 가치에 관해 말했다. 친숙한 일상 활동을 수행할 때 우리 뇌는 같은 신경망을 반복해서 발화한다. 아는 일이기 때문이다. 그 신경망들은 내 습관, 패턴, 좋아하는 것과 싫어하는 것 등 오랜 시간에 걸쳐 수립된 것들을 담고 있다. 다만 이것들은 릿의 정신 상태를 달성하는 데는 장애가 될 수도 있다. 새로운 것을 학습하고 연습할 때는 정신 에너지가 소비되기도 하지만, 동시에 정신 에너지가 생성되기도 한다.

탄지는 이렇게 말한다. "질서를 만들어내는 조건화, 반복, 패턴은 일종의 구조, 일종의 집과 같다는 것을 이해해야 합니다. 일상의 틀에서 벗어나 새로운 것을 실행할 때마다 혼란과 분열을 끌어들이죠. 그 변화가 여러분을 생기 있게 유지해주고 에너지를 가져다줍니다."

패턴은 적이라고 그는 말한다. "패턴은 질서를 만들어내지만, 계속 반복하는 패턴은 정체되어 부패합니다. 변화가 필요합니다. 그렇지 않으면 새로운 것을 실행할 에너지를 잃게 됩니다."

탄지는 우리가 실행하는 모든 일을 좌우하는 두 가지 주된 동기인 두려움과 욕망에 관해 이야기한다. 우리는 두려운 것은 피하고 욕망하는 것에는 이끌린다. 탄지는 두려움을 딛고 안전지대를 벗어나 무언가를 시도한 끝에 긍정적인 경험을 맛보았던 그 경험 덕분에 두려움을 극복할 수 있었다고 말한다. 우리의 편도체가 여전히 경보를 울릴 수도 있지만 그 소리에 벌벌 떨 필요는 없다. 그 에너지의 방향을 바꿔 두려움이 아닌 긍정적인 기대에 연결하겠다고 선택할 수 있다.

내가 할 수 없다고 생각하는 바로 그것을 해야 한다.[4]

_엘리너 루스벨트 Eleanor Roosevelt

일례로 카츠슈만은 새로운 것을 시도하고픈 의욕이 들었을 때 두려움에 동요하는 편은 아니라고 한다. 그녀는 이에 대한 비결로 선택적인 기억, 열의 그리고 필요할 때 기꺼이 도움을 청하는 자신의 자세를 꼽는다. 그녀는 이렇게 설명한다. "저는 살면서 힘겨웠던 순간들에 대해서는 정말 기억을 잘 못합니다. 괴로웠던 순간들을 자세히 기억하기가 어려워요. 다만 제가 갈피를 잡지 못했던 분야에 관해 정통한 사람을 찾아 도움을 요청하는 식으로 그런 순간을 모면했던 것 같습니다."

우리도 의도를 가지고 카츠슈만과 똑같이—좋지 않은 기억력의 장점을 모방하기—할 수 있다. 이를 위해 내려놓는 요령을 개발하고, 부정적인 생각이나 두려움을 머릿속에 붙잡아두지 말고, 그저 그 생각들을 알아차린 다음 그것들이 내 옆을 지나가도록 두어야 한다. 장거리 도로 여행에 오르면 이곳저곳에 들르긴 하지만 그 어느 곳도 최종 목적지가 아니듯 말이다. 이렇게 초연한 태도를 연습하면 새롭고 어쩌면 버거워 보일 수도 있는 일을 시도할 때 드는 활성화 에너지가 낮아진다.

탄지는 일을 흔들어 깨우는 것을 좋아하는데도 이것이 늘 쉽지는 않다고 말한다. 이를 시도할 때 불안감이 들면, 그는 눈을 감고 호흡에 집중하면서 그 순간 간단한 명상을 수행한다. 덕분에 그의 목적에 초점을 맞출 수 있다고 한다. 이 긍정적인 보상이 저항감을 누그러뜨린다. 여러분도 그렇게 해보라. 여러분의 뇌가 동맹이 되어줄 것이다. 신경가소성 덕분에 뇌의 체계와 신경망이 변화하여 새로운 요구에 자신을 맞추게 된다. 즉, 새로운 요구에 맞춰 뉴런들을 성장시키고 연결하는 한편, 과거에 생긴 가벼운 패턴이나 더는 사용하지 않는 패턴은 잘라

낸다.

두려움을 넘어서서 새로운 것을 시도하는 데 도움이 되는 도구들을 알아내기 위해 다양한 전략을 실험해보자. 내게 자주 효과를 가져다주는 한 가지 요령은 주어진 상황에 너무 골몰하지 않는 것이다. 분석적인 뇌를 잠시 멈춰놓고, 대신 직관적인 도약을 발휘해보자. 나는 과거 경험들이 나를 가로막거나, 새로운 경험에 참여하지 않는 쪽으로 나를 몰아가도록 놔두지 않으려고 노력한다. 이 밖에 다른 도구들은 아래와 같다.

- 두려움의 원천을 식별하고, 그 두려움이 정말 유용한지 판단하려고 노력한다.
- 상황에 대한 통제력이 줄어든 상태를 전보다 편안하게 받아들이는 것을 연습하자. 그러면 상황을 불확실하게 만드는 요소 자체가 두려워지지 않게 된다. 우리의 생각 패턴은 종종 불편한 생각을 정당하다고 여겨 그 생각들에 거부권을 부여한다. 결국, 불편한 마음이 우리의 의사결정을 좌우하게 된다. 일례로 나의 통제력이 적은 상황에서는 일이 잘못될 가능성 쪽으로 온통 생각이 기울고, 결국 그만두거나 거리를 두는 쪽으로 결정을 내린다. 하지만 다른 방법이 있다. 그런 생각들이 떠오르도록 내버려두되, 그것들에 기초해서 결정을 내리지 않으면 된다.
- 내게 해로운 생각이나 신념을 그대로 내버려두기보다는 따져 묻자. 그 생각이 절대적인지 자신에게 물어보자. 이 일이 내게 그렇게 나쁠까? 이것 때문에 내가 다치게 될까? 내게 벌어질 최악의 상황은

무엇일까? 이 상황으로부터 내가 배움을 얻을 수 있을까? 통찰이 생기게 될까? 내게 유익한 어떤 일이 일어날 수도 있을까?

우리를 망설이게 만드는 생각들에 이의를 제기하면 내면 대화를 위한 공간이 생기고, 이를 위한 에너지가 생겨난다. 탄지는 간단한 시각화를 실천해 자신이 과제에 동원하는 뇌 기반 기술들을 교체하라고 제안한다. 부정적인 생각의 패턴을 방해하거나 그런 생각에 반박하기 위해서는 '그 말을 받아치자.' 다시 말해, 그 생각들에 쏟는 에너지와 주의력을 줄이자. 나를 끌어당기는 말들이 없어지면, 뇌가 그 메시지와 관계를 끊도록 훈련할 수 있다. 우리는 뇌가 분석력을 줄이고 그 순간의 경험을 온전히 음미하도록 훈련할 수 있다.

나는 해로운 생각들이 나를 습격했다는 것을 알아차렸을 때, 그 순간 또는 그 후에 나를 살핀다. 외부 세계와 소통하는 대신 내 머릿속에 살면서 나를 가두고 제한하는 이유가 무엇인지 고민해본다. 나는 내 주의력과 분석적인 두뇌를 집중하는 기술을 갈고닦는 데 평생을 썼지만, 때로 의도를 가지고 방해하는 것이 내게 가장 유익하다면 그렇게 할 줄도 알아야 한다.

> 신경가소성은 '육체를 극복하는 마음'보다 더 나은 것이다. 당신의 생각이 새로운 신경 성장을 만들어내므로, '마음이 육체로 변하는' 것이라고 할 수 있다.[5]
>
> _ 디팩 초프라Deepak Chopra, 루돌프 탄지, 《슈퍼 브레인》Super Brain

인지적 요소와 정반대로 움직이기

모든 사람이 카츠슈만처럼 열정적으로 뛰어들 프로젝트가 있는 것도 아니고, 루돌프 탄지처럼 온갖 흥미진진한 선택지가 있는 것도 아니다. 탄지는 심층 자료로 구성된 스프레드시트를 분석하기도 하고, 국회 청문회에서 증언하기도 하며, 인기 록밴드와 함께 중앙 무대에서 키보드를 연주하기도 한다. 그런 것들이 없어도 괜찮다. 중요한 것은 주어진 순간에 뭔가 다른 것을 실행하는 것이다. 여러분이 실행하는 거의 모든 것, 특히 친숙한 일상을 벗어나는 사소한 일탈이 뇌를 자극하고, 변화에 대한 뇌의 자연스러운 저항을 일순간 극복하고, 새로운 창의성으로 뉴런들이 네트워크를 형성할 틈을 만든다. 그 사소한 변화가 뇌에 발동을 걸어 가능성이라는 엔진의 속도를 높일 수 있다.

  평소에 안 쓰던 손으로 글씨를 쓴다거나, 도보나 운전으로 익숙한 곳에 갈 때 다른 경로를 이용한다거나, 처음 본 사람 또는 대개는 지나쳐 가는 사람과 대화를 나누는 것처럼 간단한 일도 뇌의 학습 회로를 활성화한다. 여러분의 유일한 목적이 그것뿐—거창하고 대단한 것이 아니라 그저 내 뇌에 건강한 자극을 주겠다는 단순한 의도—이라 해도 임무를 완수한 것이다. 평소 내 성미에 맞지 않는 것을 해보도록 뇌에 요구하면 인지적으로 짜증이 일어나는데 이것이 창의성을 자극할 수 있다. 새롭거나 위험한 것을 시도하면 도파민 분출이 일어나 노력에 대한 보상도 얻는다.[6] 뭔가 목표가 담긴 역경을 만들어내라고 했던 조 드 세나의 운동 조언을 기억하자. 알고 보면 뇌 역시 훌륭한 운동을 사랑한다.

우리는 아동의 인지 발달을 길러줘야 한다고 생각하는 경향이 있고, 이를 달성하기 위해 학교, 교구, 활동을 찾아 나선다. 그런데 우리 뇌는 나이가 들어서도 새로운 일을 최대한 활용하도록 설계되어 있다. 성인기의 발달 단계를 거치면서 자신에게 새로운 잠재력이 되어줄 여러 경험에 다른 방식으로 참여한다. 중년이 되면 성숙한 뇌의 양쪽 반구가 더 긴밀히 협력하기 때문이다. 노인정신의학 분야의 선구자 진 코헨Gene Cohen은 이렇게 말한다. "실은 양쪽 뇌 반구를 최적으로 사용하는 모든 활동을 뇌가 음미한다. 그런 활동은 뇌에게 초콜릿과도 같다. 새로운 능력이나 기술을 갖는 것과 같은 이치다."[7]

나는 많은 경험을 쌓은 덕분에 100세인 지금, 20세 때보다 우월한 정신을 가지고 있다.[8]

_리타 레비 몬탈치니Rita Levi-Montalcini, 이탈리아 출신 신경학자이자 노벨상 수상자

2014년에 연구한 더 시냅스 프로젝트The Synapse Project는 노인들이 지속해서 인지 기능을 활용했을 때 나타나는 영향을 살펴보았다.[9] 연구자들은 인지적으로 버거운 새 기술, 예컨대 누비이불 만들기와 디지털 사진 기술을 학습하고 이를 꾸준히 활용하면 노인들의 기억 기능이 강화된다는 것을 밝혀냈다.

참신함이나 인지적 스트레칭이 뇌에 일으키는 영향도 인상적이다. 심리학자 겸 저술가인 조안 딕은 이렇게 말했다. "뇌의 어떤 부분도 혼자 일하는 법은 없습니다. 예를 들어 제가 버튼을 하나 누르려고 할 때도, 단순히 운동 신경만 쓰는 건 아니라는 거죠. 자기수용

기proprioceptor(고유 감각기)로부터 정보를 받는 영역도 사용하고, 시각 피질과 정보처리 피질도 사용하죠. 어느 시점에서든 가장 단순한 과제라도 뇌의 각기 다른 부문이 10개, 30개, 40개를 관여합니다."

올림픽 메달리스트인 아담 리폰은 만만치 않은 도전이 될 것 같아서 〈댄싱 위드 더 스타〉Dancing with the Stars 라는 프로그램에 참여하고 싶었다고 말했다. 그는 바로 그런 경험을 추구하기 때문이다. 그는 내게 이렇게 말했다. "한 사람의 경쟁자로서, 저는 안전지대 밖으로 저를 밀어낼 때야말로 가장 살아 있다고 느끼거나, 저를 최대한 활용하고 있다고 느낀다는 것을 알게 되었습니다. 〈댄싱 위드 더 스타〉는 완전히 제 능력 밖의 일이었지만 그 점이 몹시 끌리더군요. 뭔가 다른 것, 전에 해보지 않은 것이었으니까요."

뒤이어 그는 이렇게 말했다. "안전지대를 벗어나면 자신을 더 많이 알게 됩니다. 내가 다른 상황에 어떻게 대처하는지, 다른 압박은 어떻게 다루는지 더 많이 알게 되니까요. 시간을 내어 그 프로그램에 참여했다는 것이 무척 뿌듯합니다. 정말 정신없는 시간이었지만 말이죠. 제가 상상한 것보다 더하더군요. 동시에 매우 재미있고 보람 있는 시간이었습니다."

'낯설게 하기'로 관점 바꾸기

무언가를 신선한 눈으로 바라보기로 하면 놀라운 새 경험을 얻을 수 있다. 시인이자 신학자인 파드레이그 오 투아마Padraig O Tuama 는 그가 좋아하는 러시아어 остранение(오스트라네니예)를 숙고했다. остранение는 영어로 '낯설게 하기'defamiliarization 라고 번역된다. 예술과 문학에서는 친숙한 주제를 가져다가 놀라울 정도로 낯설게 묘사해 우리의 감각에 충격을 주고 새로운 관점을 자극하는 작품을 가리킬 때 이 단어를 쓴다. 앤디 워홀이 그린 거대한 '캠벨 수프 캔' 그림들을 생각해보라. 이 작품들은 어디에나 있는 브랜드를 유명한 예술 작품으로 바꿔놓았다. 조지 오웰이 쓴 《동물 농장》은 암울한 정치극에 나오는 복잡한 인간상을 묘사하기 위해 농가 마당에 있는 동물들을 등장인물로 삼았다. 오 투아마는 낯설게 하기가 일상생활에서 새로운 관점으로 사물을 바라보는 데 유익하다는 점에 집중한다. 이를테면 새로 사귄 지인이나 심지어 처음 본 사람과 커피숍이나 비행기 안에서 차분한 대화를 나눌 때도 그 유익을 경험할 수 있다.

오 투아마는 주간 팟캐스트 〈온 빙〉에 관한 이메일 머리말에 이렇게 적었다. "낯설게 하기는 좋은 대화를 통해 제가 바라는 작용 중 하나입니다. 어떤 이야기를 듣고 나면 그들의 세계가 새롭게 보이고, 이에 따라 제 행동을 바꾸게 됩니다. 저는 오래된 개념들을 새로운 각도에서 바라볼 순간들을 기대합니다. 그런 순간에는 익숙한 것들이 덜 익숙하게 느껴지니까요."[10]

우주 비행사들(그리고 최근에 지구 궤도를 돌아본 유명인사들)도 우주로 날아가 머나먼 곳에서 지구를 관찰했을 때 경험한 비슷한 효과—이른바 조망 효과overview effect—를 이야기한다. 우주에 가보지 않은 우리도 엄지손가락만큼 가까운 곳에서 낯설게 하기를 손쉽게 경험할 수 있다. 고대 그리스의 홀론holon 이라는 개념은, 어떤 것이 그 자체로 전체인 동시에 더 큰 것을 구성하는 필수 요소라는 인식을 가리킨다. 예를 들어 여러분의 엄지손가락을 보면 그것 자체로 엄지손가락이라는 생각이 들지만, 시야를 넓혀 보면 그것은 손의 일부고, 손은 팔의 일부이며, 팔은 신체의 일부라는 이야기다. 이렇게 시야를 넓히다 보면 결국 여러분은(또는 누구라도) 인류의 일부 또는 지구에서 공존하는 생물체 중 하나다.

엄지손가락 연습을 활용해 아이들에게 뇌를 가르치는 딕은 이렇게 말했다. "홀론이라는 개념은 매우 중요합니다. 내가 큰 그림, 어떤 것의 전체를 보고 있다고 생각하는 즉시, 실제로는 더 큰 전체의 일부를 보고 있다는 것을 깨닫기 때문이죠. 이 사실을 머릿속에서 깨닫는 순간 실제로 세상 모든 것, 정말 모든 것에 대한 관점이 달라집니다. 차든 벌레든 그 밖에 무엇이든 전과 같은 방식으로 볼 수가 없죠. 갑자기 모든 것이 홀론의 관점에서 보이니까요."

중요한 것은 놀라움을 받아들이고 기꺼이 환영할 뿐만 아니라, 필요하다면 다른 맥락에서 보도록 자신의 관점을 의식적으로 바꿈으로써 스스로 놀라움의 요소를 만들어낼 수 있다는 것이다. 아니면 그저 대상을 더 면밀하게 살펴볼 수도 있다. 참신함은 관심을 끌 수 있지만, 미묘한 차이는 영원히 관심이 지속되게 할 수 있다. 새롭게 보는 우리 능력에는 한계가 없기 때문이다. 사물들이 연결되고 서로 얽히는 방식에 관한 새로운 층을 찾아내고, 여기서 새로운 발견을 얻을 때 같은 사물이라도 다시 새롭게 된다.

참신함 대신 미묘한 차이를 활용하는 것이야말로 전문가들이 하는 일이다. 덕분

에 그들은 지루할 틈이 없다.[11]

_앤절라 더크워스Angela Duckworth

이는 우리 연구실 작업에 꼭 필요한 흥미로운 부분이다. 이것이 가장 분명하게 드러나는 순간은 매주 수요일에 열리는 주간 발표 때이다. 매주 수요일이 되면 연구실 구성원 한 명이 자신의 프로젝트를 요약해서 발표한다. 연구실에 처음 합류한 사람들은 실험 방법, 데이터, 결과에 관한 슬라이드를 차례로 보여주는 등 대다수 젊은 과학자들의 방식을 그대로 따른다. 그러면 나는 갑자기 끼어들어, 그 연구에 익숙하지 않은 사람들이 물어볼 법한 질문들을 던진다. "그 실험을 왜 해야 한다고 생각하나요?", "우리가 배울 수 있는 가장 중요한 점은 무엇인가요?", "당신이 얻은 결과들은 왜 중요한가요?"

참여의 측면에서 내가 좋아하는 질문 중 하나는 이것이다. "이와 관련해 지금까지 발표된 연구 결과 중 가장 훌륭한 것은 무엇이며, 우리는 이것보다 얼마나 더 잘해야 할까요?" 말하자면 "그래서 이 연구의 의미는 뭔데?"라는 질문이다. 발표자 자신의 결론을 따져 묻게 만드는 가장 단순한 질문이다.

발표자는 "이 실험을 하는 것은 환자들을 돕기 위해서죠.", "X 또는 Y를 테스트하는 실험이죠."라는 식의 피상적인 답변으로 반응하기 시작한다. 논의가 좀 진행되고 나면, 사람들은 해답을 찾아 표면 아래로 더 깊이 들어가기 시작한다. 이렇게 논의하는 진정한 목적은 더 깊고 높은 차원의 목적의식을 잃지 않으려는 것이다. 즉, 우리가 정말 배우고자 하는 것은 무엇인지, 이 연구는 환자들과 사회를 위해 상황을 크게 바꿔놓는 데 어떻게 도움이 될지를 생각하는 것이다. 새로운 것을 시도하자는 연구실의 기조는 때로 기존의 접근방법을 뒤집거나 전혀 다른 각도에서 문제에 접근하게 함으로써 흥미로운 혁신을 낳는다. 아래는 이를 보여주는 두 가지 최근 사례다.

- **코에 장벽을 만들어 바이러스와 박테리아를 포획하고 죽이는 비강 분무제.** 우리는 코로나19가 닥쳤을 때, 우리만의 방식으로 보탬이 되고자 연구소의 목적을 조정했다. 이즈음 코로나바이러스가 코의 내벽인 비강 점막 상피세포에서 왕성하게 발육하는 메커니즘을 설명하는 한 논문이 내 관심을 사로잡았다. 우리는 이미 이 점막 상피 내벽을 통과해 약물을 전달하는 비강 분무제를 개발하려고 몇몇 시범적인 실험을 하고 있었지만, 코로나19라는 새로운 상황에 놓이면서 작업을 뒤집을 기회를 포착했다. 비강 내벽을 도관으로 쓰는 대신에 이곳을 보호 장벽이라고 다시 상상하고, 병원체에 대한 노출을 제한하고 그 병원체들을 재빨리 죽이면서 장시간 효력을 내는 방어 필름을 콧속에 만들 방법을 고민했다.
- **항진제를 목표 부위에 전달하고 장시간 효과를 내는 주사용 젤.** 허리, 무릎의 통증 관리를 위해 종래에 사용한 주사제들은 다수가 충분한 효과를 내지 못하거나, 효과 지속시간이 짧다는 문제점이 있었다. 우리는 이 분야의 전문가와 협업하기로 하고, 단기간 효과를 내되 체내에서 약물을 보호해 필요한 순간에 천천히 그리고 정확히 분비하게 하는 접근방법을 취했다. 이렇게 하면 1회 주사로 몇 달간 통증을 멎게 할 터였다.

우연한 만남을 최대한 활용하기

우리는 하나의 생물 종으로서 타인과 역동적인 연결을 생성하는 경향이 있어 사교성이 뛰어나고 적응이 빠른 유전적 성질을 지녔다. 우리는 삶의 무작위성에 적응하고, 자신의 신경 변동성과 임의적인 환경 속에서도 다른 사람들과 소통하고 일치되도록 생물학적, 심리적으로 준비되었다. 그럼에도 우리의 사회적 소통은 내용상 좁아지는 경향이 있는데, 이는 우리가 친숙한 사회 집단 쪽으로 자주 기울기 때문이다. 그 결과 새로운 자극에 노출될 범위가 좁아지고, 창의성의 원천이 제한된다. 2015년에 나는 실험실을 케임브리지의 MIT 근처에서 보스턴의 롱우드 메디컬 아카데미 지구의 새 건물로 옮길 기회가 생겼다. 딱히 당장 옮겨야 할 이유는 없었기에 ─연구실을 그 자리에 둔 8년간 모자란 것이 없었다─ 처음에는 그 아이디어에 반대했다.

사무실 이전이 두려웠던 것은 그 일에 어마어마한 품이 들기 때문이었다. 이전하는 동안 연구실 문을 닫아야 할 텐데 여기에는 몇 가지 난제─다량의 화학물질을 옮겨야 하는 일─도 따랐다. 그런데 생각하면 할수록 이 변화가 상황을 새롭게 뒤흔들 거라는 깨달음이 들었다. 특히 이 변화는 우리가 관심을 두는 사람들과 프로젝트, 무작위로 마주칠 기회가 더 많은 활동 속으로 우리를 데려다줄 것이다. 결국 우리는 2017년에 새 건물로 옮겼는데 이곳은 브리검 여성병원(나의 고향 기관)의 일부였다.

이전 후 여러 의사 및 동료와 갖가지 기회로 마주치게 되었다. 복도에서도 마주쳤고 다수의 발표와 논의 그룹에서도 서로 만났다. 교류가 수월해지자 감염병 담당 의사, 호흡기내과 의사, 마취과 의사 등 전에 있던 곳에서는 전혀 마주칠 기회가 없던 전문가들과 협업하며 다수의 새로운 프로젝트를 진행하게 되었다. 게다가 새 건물에서는 굵직굵직한 임상 업무(환자 돌봄)가 이루어지고 있었다. 몇 년 전 여름, 골프를 치다가 실수로 바위에 부딪혀 손목을 다쳤는데, 건물 안에 있는 정형외과에 직접 가서 치료를 받을 수 있었다. 더 중요한 것은 이제 임상 현장과 사람들(환자와 임상의) 가까이 있게 된 것이다. 이들은 애초에 우리 일에 영감을 불어넣는 사람들이었다.

무작위적인 일에 의도를 부여한다는 말이 얼른 이해되지 않을지도 모른다. 우리가 바꿀 수 있는 것은 그 무작위성과 맺는 관계다. 이렇게 함으로써 뇌의 창의력을 높일 수 있다. 자연의 작동 원리 측면에서 여러 이론을 종합하고 매우 단순화하여 다음과 같이 생각해보자. 우리는 적응력을 발휘하도록 설계되어 있고, 우리가 태어난 환경은 예측할 수 없는 분자들부터 날씨의 이상 현상, 주변 사람들의 사회적 행동에 이르기까지 자발적이고 무작위적인 사건들로 넘쳐난다.

과학자들이 뇌의 '디폴트 모드 네트워크', 즉 끊임없이 배회하는 모드에 관해 이론화한 기능 하나는, 뇌가 무작위적인 조각들을 가져다가 느슨한 서사의 일부로 끊임없이 처리한다는 것이다. 그 내러티브란 우리 정신이 과거 사건, 가상의 사건, 미래 사건에 관해 엮고 다시 엮는 이야기다. 인간의 창의성은 매우 적응력이 강하다. 뇌는 자신의 인식 수준 아래에서 끊임없이 환경을 살피고 이에 반응할 방법들을 고안한다. 종종 우리 마음은 구조가 주는 안락함 쪽으로 기우는데, 이는 학습의 일환으로서 우리가 경험하는 모든 것을 비교, 대조하는 데 유익하다. 그러나 우리는 또한 구조 쪽으로 기울 때 이를 알아차리는 인식을 기를 수 있다. 구조가 반드시 유익한 것은 아니기 때문이다(예, 관료주의, 해로운 문화적 규범). 이 창의적인 체계에서 유용한 자극이 바로 무작위성이다.

사회 속에서 새로운 사람, 새로운 경험과 우연히 '충돌'하도록 이끄는 우연한 발견, 무작위적인 사건 그리고 마주침들은 약간의 노력을 기울일 때 일어난다.

> 자신의 안전지대 밖으로 완전히 나오는 것이 정말 중요하다. 아침에 찬물 샤워를 해보라. 남은 하루가 수월하다고 느껴질 정도로 안 좋은 것을 해보라는 것이다.
>
> _조 드 세나

<hr>

실천 지침

나의 안전지대에서 빠져나와 릿 존으로 들어가기

아래는 더 큰 변화에 대비하는 간단한 요령들이다. 더 큰 믿음의 도약을 할수록(더 많은 위험을 무릅쓸수록), 다음번에는 더 큰 도약을 할 수 있다(더 큰 위험을 기꺼이 감수할 것이다). 약간의 저항이 느껴지는가? 그런 감정은 자연스러울뿐더러 불안, 두려움, 그 외 불편한 감각들은 성장을 위한 로켓 연료가 될 수도 있다.

긍정적인 측면에 초점을 맞추고 불편함을 긍정적인 신호로 받아들여 활성화 에너지를 낮추자. 나를 안전지대에서 끄집어내는 새로운 기술을 개발하는 데 힘써보자. 내 전문 분야가 아닌 일을 기꺼이 받아들이자. 필요하다면 경험을 갖춘 다른 사람들을 찾아낼 것이다. 나아가 앞으로 부딪힐 (불가피하고 예상할 만한) 실패에 대한 회복력도 기르게 될 것이다.

새로운 일을 더 수월하게 만들 때 유익했던 몇 가지 전략은 다음과 같다.

- 일정표를 도움 삼아 우선순위를 정하자. 그 일을 일정표에 기록하자. 다른 분야에 종사하는 새로운 담당자를 만나는 연습을 하자. 최소한 한 달에 한 번은 시도한다. 그들과 그들의 일에 관해 배우고, 그들이 관심을 보일 만한 것을 여러분이 공유할 수 있는지 살펴보자.
- 나의 전문 분야를 벗어난 일이나 초대에 응하자. 낯선 상황 또는 나의 자격이 매우 떨어진다고 여겨지는 역할 속에 자신을 의도적으로 배치하면, 창의적인 에너지를 자극해 도전과제를 완수할 수 있다. 그 과정에서 여러분의 뇌는 더 많은 자원, 회복력, 앞으로 나아갈 자신감을 가져다줄 새로운 연결을 수립할 것이다.
- 양치할 때, 포크를 쥘 때, 몸에 비누칠할 때 쓰는 손을 바꿔보는 등, 간단한 습관에 변화를 주자. 공이나 원반을 던질 때 평소에 잘 쓰지 않는 손을 사용해보자. 자리에 앉아 식사할 때는 눈을 감은 채로 그 음식의 풍미와 식감에 대한 인식이 어떻게 깨어나는지 느껴보자.
- 컴퓨터에 메모지 파일을 만들어놓고 시도하고 싶은 일들을 브레인스토밍하자. 간단히 해볼 수 있는 다양한 일―새로운 공원에 방문하기, 생소한 요리를 먹어보기, 유튜브를 보고 쉬운 댄스 동작 배우

기―을 적어두자. 금세 이룰 만한 쉬운 목표, 시간이 더 걸리는 까다로운 목표 등 다양한 것들을 해보려고 노력하자. 종종 목록을 살펴보면서 아이디어를 더하고 영감을 얻자.

- 궁금해하는 분야의 전문가가 하는 강연(현장 또는 줌)에 참석하자.
- 평소에 즐겨 듣지 않는 장르의 음악 한두 곡을 플레이리스트에 추가하자.
- 일상적으로 만나는 사람에게 감사의 마음을 전하는 메모를 보내자.
- 샤워를 마무리할 때는 얼음처럼 차가운 물로 활기차고 상쾌한 기분을 느끼자. 그다음에는 샤워를 시작할 때도 찬물을 써보자. 사우나는 도파민과 베타엔도르핀(통증 억제 물질)을 분비해 행복감, 평온함, 고통에 대한 내성을 만들어낸다고 알려져 있다. 반면에 차가운 물은 건강에 유익한 스트레스를 만들어낸다. 엔도르핀과 노르에피네프린에 대한 뇌의 감각이 높아져 스트레스 내성을 북돋운다.
- 집안일을 할 때는 나의 보금자리를 더욱 살기 좋게 만들기 위해 뭔가 할 수 있다는 것을 의식적으로 감사히 여기자.
- 새로운 사람, 새로운 경험과 우연히 사회적으로 부딪힐 수 있는 곳에 자신을 놓는 일은 그리 큰 노력이 들지 않는다. 계산대에 서 있는 사람과 대화를 나누거나, 지역 푸드뱅크 또는 동물 보호소에서 자원봉사 활동을 하며 사람들과 이야기를 나눠보자.
- 일출을 볼 수 있도록 하루의 시작을 잘 맞추고, 해가 질 무렵에 산책하고, 그 밖에 다른 순간을 아무 때나 골라 야외로 나가 빛, 색채, 소리, 온도를 비롯한 감각 경험의 다양한 특징에 주의를 기울여보자.
- 관점을 바꾸자. 세부 사항에 깊이 빠져 있다면 자세를 바꿔서 더 넓

게 바라보자. 주어진 상황을 다른 관점에서 관찰하자. 깊은 생각에 머물러 있던 데서 빠져나와 직접 실행하는—나 자신을 움직일 수 있는 물리적인—일로 관심을 돌려보자.

실패 너머에 초점 두기
에너지를 모아 새로운 행동에 나서는 용기

**실패에 대한 감정적 충격을 활용해
목적의식을 갖고 노력을 기울일 대상을 조정하자**

나는 농구를 하는 동안 9,000번 넘게 슛을 놓쳤다.
300회에 가까운 경기에서 졌다.
경기를 승리로 이끌 슛 기회를 26번이나 얻었지만 놓쳤다.
나는 사는 동안 몇 번이고 반복해서 실패했다. 이것이 내가 성공한 이유다.[1]

_ 마이클 조던

유명한 장거리 수영 선수 다이아나 니아드가 처음 명성을 얻은 것은
1975년이었다. 당시 니아드는 맨해튼 주변에서 45킬로미터를 기록적
인 시간 안에 주파했다. 4년 뒤, 서른 번째 생일에는 바하마의 노스 비
미니 섬에서부터 플로리다의 주노 비치까지 164킬로미터를 헤엄쳐
갔다. 당시 해양 수영으로서는 최대 기록이었다. 니아드는 이 거리를
27시간 28분 만에 주파하는 엄청난 업적을 이뤄냈다.

한편, 니아드의 실패는 덜 알려져 있다. 이를 지금 언급하는 것은 실
패의 신전―사소한 것부터 중요한 것, 대수롭지 않은 것부터 몰락에

가까운 것까지 모여 있는 곳—에서 보면 니아드의 실패는 '훌륭한' 실패들이었기 때문이다.

니아드는 20대 때, 쿠바에서 플로리다까지 177킬로미터—마라톤을 네 번 완주하는 것과 거의 같은 거리—를 쉬지 않고 헤엄쳐 가는 것을 하나의 목표로 삼았다. 이 목표를 달성하려면 때로 상어와 특히 독침을 쏘는 해파리가 득실거리는 폭풍우 치는 바다를 헤쳐가야 했다. 첫 시도는 1978년에 이루어졌다. 니아드는 안전을 고려해 보호 철장 안에서 헤엄쳤다. 42시간 동안 122킬로미터를 헤엄쳤는데, 맞바람과 2.4미터의 파도가 니아드를 플로리다에서 텍사스 쪽으로 밀어냈다. 거친 바닷물이 철장 속의 그녀를 세게 치는 바람에 어쩔 수 없이 완주를 포기했다. 이듬해 비미니에서 주노 비치까지 횡단을 성공한 후, 니아드는 장거리 수영에서 은퇴하고, 언론과 방송에서 오랜 경력을 쌓기 시작했다.

쿠바에서 플로리다까지 헤엄쳐 가고 싶다는 열망은 그대로였다. 첫 실패 후 30여 년이 흐른 뒤, 니아드는 또 한 번의 시도를 위해 지원팀을 꾸려 훈련에 들어갔다. 2011년에도 두 차례 실패했는데 한 번은 천식 발작 때문이었고, 다른 한 번은 거대한 해파리 떼가 니아드의 목, 오른쪽 이두박근, 등 전체를 촉수로 뒤덮었기 때문이었다.

물속에서 51시간을 보냈던 네 번째 시도는 번개 폭풍 때문에 끝나고 말았다. 이쯤이면 니아드의 도전이 끝났을 거라 생각할지 모른다. 그러나 2013년, 니아드는 64세의 나이에 다섯 번째 시도에서 52시간 54분을 헤엄쳐 마침내 완주에 성공했다.

환호하는 군중에 둘러싸여 해안으로 비틀거리며 올라오던 니아드는 인내하며 꿈을 좇으라고 격려하면서 세 가지를 마음에 담으라고 권했다. 첫째, "무슨 일이 있어도 절대 포기하지 말라."[2] 둘째, "꿈을 좇기에 늦은 나이란 절대로 없다." 셋째, 그녀가 했듯이 필요하다면 다른 사람들과 함께 노력해라. "수영은 고독한 스포츠 같아 보이지만 실은 팀 스포츠다."

실패를 남긴 첫 시도, 뒤이은 세 번의 실패 그리고 성공을 거둔 마지막 시도 사이에 무엇이 달라졌을까? 니아드는 각각의 시도를 통해 배움을 얻었다. 그녀는 보호 철장을 없애버리고, 상어들을 능숙하게 물리치는 팀원들에게 의지했다. 해파리의 독침으로부터 자신을 보호하는 법도 배웠다. 항해 운영에도 공을 들였다. 이렇듯 니아드는 훈련을 멈추지 않았다.

그녀는 내게 말했다. "삶은 우리가 바라는 방식대로 펼쳐지지 않습니다. 우리가 할 수 있는 최선은 그저 따라가보는 겁니다. 저는 실패를 두려워하지 않습니다. 시도하지 않는 것을 두려워하죠."

니아드와 대화하는 동안 나는 한 개인의 진화—'그렇지!' 하고 깨닫고, 매번 하나씩 조정해나가는 과정—에 관한 웅장한 이야기를 듣고 있다는 것을 깨달았다. 이 모든 것에 더해 날씨와 같은 변수에도 얼마간의 행운이 따른 끝에 성공적인 결론—기진맥진하고 녹초가 되긴 했으나 성공적으로 해변에 오른 니아드—을 거둔 것이다. 그녀의 이야기는 연구실에서 우리가 하는 작업을 되새기게 했다. 우리의 작업은 미래에 초점을 맞추고, 실패가 성공의 본질적인—가치 있고 필수적인—부분이라고 여기도록 우리를 훈련시킨다.

로버트 랭어: 실패에 매몰되지 말 것

우리는 실패에 눈살을 찌푸리는 문화 속에 살고 있다. 물론 실패를 좋아할 사람은 없다. 그럼에도 실패는 일어난다. 우주 왕복선 컬럼비아호와 챌린저호의 참사와 같은 끔찍한 실패도, 사업 실패나 낮은 시험 성적과 같은 더 흔한 실패도 일어난다. 실패로부터 배우는 것도 중요하지만, 가장 중요한 것은 실패에 대응하는 과정과 시간의 흐름에 따라 그 과정을 변화시키는 방식이다.

과학 연구에 종사하는 사람이라면 누구나 이 과정을 익히게 된다. 우리 연구실에서는 열 번의 실험 중 아홉 번이 실패한다. 그런 경우에는 아무 결과도 나오지 않거나, 결과가 있더라도 우리 기대와 전혀 다른 것이 나온다. 훌륭한 과학 연구를 하려면 계속 시도하고, 계속 반성하고, 계속 더 깊은 질문을 던지고, 문제에 접근하는 새로운 방식들을 계속 생각하겠다는 결단력이 필요하다. 포기하기 전까지는 실패한 것이 아니라고 말할 사람도 있을 것이다. 반복—가장 효과적인 접근법이 나타날 때까지 끊임없이 여러 아이디어를 다루는 것—은 어떤 문제를 깊이 이해하고 그 문제에 접근하고 이를 해결하는 방식들을 알아내는 강력한 도구다. 여기에는 갖은 골칫거리, 좌절, 기대치 않은 결과가 포함된다. 실패도 그런 결과 중 하나다.

물론 때로는 실패가 우리의 지성, 정신, 통장 잔고를 찌부러뜨리기도 한다. 실패하고 말 방법에 개인 자본을 과하게 쏟아부었을 때는 더더욱 타격이 크다. 릿 반응은 실패로부터 생겨나는 기회를 껴안는다. 그 실패를 깊이 숙고해보라. 그것을 곰곰이 생각해보라. 거기서 얻은 통찰을 모아 새로운 방식으로 계획을 반복해보라. 성장 마인드셋이라는 아이디어에 불을 붙여보라. 한 코칭 기업의 CEO 피터 브레그먼Peter Bregman 은 심리학자이자 스탠퍼드 교수인 캐롤 드웩Carol Dweck 이 개발해 《마인드셋》에서 대중화시킨 개념들을 언급하며 《하버드 비즈니스 리뷰》Harvard Business Review 에서 이렇게 논했다. "성장 마인드셋을 갖추면 실패를 이용해 더 나아진다. 고정 마인드셋을 가지면 전혀 실패하지 않을 수도 있겠지만, 배움도 성장도 이루지 못한다."[3] 나는 실패할 때마다 얼굴을 한 방 얻어맞은 듯한 기분이 든다! 그래도 성공 사례 중에는 나와 비슷한 실패 속에서 견뎌낸 사람들의 이야기도 있다는 것을 기억하려고 노력한다.

나의 멘토 로버트 랭어의 MIT 연구실에서 3년간 수학한 뒤, 브리검 여성병원에서 처음으로 주니어 교수진이 되었던 2007년, 나는 광범위한 프로젝트를 담당할 생각에 들떴다. 단, 이를 위해서는 나 자신, 나의 작은 팀 그리고 연구서를 뒷받침할 연구 보조금이 필요했다. 보조금은 나무에서 떨어지는 것이 아니다. 그것은 모든 요청을 회의적으로 바라보는 검토 위원회에서 매긴 등급에 따라 결정된다. 예를 들어, 미국립보건원에서는 전체 연구 요청의 20퍼센트 미만이 통과되고, 연구 기관과 보조금 유형에 따라 10퍼센트 미만으로 떨어질 수도 있다.

교수진에 속한 첫 2년 반 동안 나의 보조금 성공률은 지독히도 나빴다. 나는 100여 개의 제안서를 제출해 기금을 요청했으나 거의 다 퇴짜를 맞았다. 거절당할 때마다 내가 모든 사람에게 실망을 안겨주는 것 같다는 느낌이 들었다. 내 자존심이 끼어들어 상황을 악화시킬 때도 많았다. 보조금이나 논문이 거절당할 때면 이를 거부한 검토자들이

제정신이 아니라고, 검토 과정이 불공정하다고, 나의 노고는 보상받을 자격이 있다고 혼잣말을 하곤 했다.

그때 나는 실패가 주는 굴욕감에 사로잡혔고 절박하게 성공을 원했다. 나는 날마다, 심지어 밤에 잠들려고 애쓰면서도 보조금을 생각했다. 이 일이 정말 내게 맞느냐며 여러 번 아내가 물을 정도로 가혹한 나날이었다. 거대한 압박이 나를 짓눌렀다.

그러나 로버트 랭어는 내게 실패에 매몰되지 말라고 가르쳤다. 그는 말했다. "중요한 건 자네가 보조금을 실제로 따내는 거라네!" 나는 보조금 제안서들이 왜 통과되지 않는지 배우려고 노력했다. 제안서 작성법을 가르쳐주는 세미나와 강연도 참석했다. 동료들과 멘토들의 이야기에도 더 세심하게 귀를 기울이기 시작했다. 그들에 따르면 내 제안서에는 일차적으로 개념을 뒷받침할 예비 자료가 더 필요했다. 나는 피드백을 받을 때도 더 세심히 주의를 기울였다. 이를테면 우리가 제안한 방법들에 깊이가 부족하다든가, 계획을 상세히 밝히지 않았다든가, 너무 위험한 프로젝트라든가, 해당 프로젝트를 성공시키는 데 필요한 전문성이 부족하다든가 하는 피드백들이었다.

나는 보조금 제안서를 낼 때마다 장래성을 보여줄 자료, 필요한 전문성을 갖춘 연구팀, 극도로 세부적인 작업 및 실험 계획, 해당 분야에서 다른 사람들이 실행했던 연구 검토 자료, 변화를 만들기 위해 우리가 옳은 질문을 던지고 있다는 증거를 담아 '위험 요소를 없애야' 한다는 것을 배웠다. '릿' 측면에서는 보조금 제안서의 초점을 잠재적 에너지에서 행동과 영향력으로 옮겨야 했다. 내가 받았던 피드백들은 성공적으로 보조금 지원서를 준비하는 방법을 배우기 위해 반복해서 누렸던 소중한 자원이었다. 결국 나는 보조금 제안서를 쓰는 데서 실패하지 않았다는 것을 깨달았다. 나는 보조금을 받는 기술을 배우고 있었다. 무언가를 놓칠 때마다 내가 받은 피드백을 마음에 새기고, 이를 다음 제안서에 적용할 기회를 찾아보았다. 그렇게 보조금을 따내는 것만큼이나 점점 발전하는 내 접근법을 '결과물'이라고 여기게 되었다. 결국 연구실을 연 지 3년째 되던 해에 드디어 굵직굵직한 국립보건원 보조금을 세 개나 따낸 덕분에 연구실의 재정적 기반이 탄탄해졌다.

여전히 기금 마련은 걱정스러운 문제다. 이 문제가 완전히 사라질 일은 절대로 없다. 다만 지금은 완전히 다른 토대에서 걱정한다. 투철한 목적의식을 지닌 동료들과 내가 '왜'에 관한 깊은 신념을 가졌다는 것을 그동안 확인했기 때문이다. 우리는 문제를 해결하고, 답을 구축하며, 새로운 지식을 활용해 의학적 진보를 이룸으로써 수백만 명의 삶을 향상하기 위해 어떻게 해야 하는지 알고 있다.

혁신을 가로막는 진정한 장애물은 사람들이 실패를 두려워한다는 점에 있다는 것이 점점 더 분명해졌다.[4]

_사무엘 웨스트 Samuel West, '실패 박물관'의 크리에이터

실패에 대한 편견, 적절한 실패 관리의 방해꾼

우리는 자신의 실패에 관한 이야기를 왜 그리 꺼릴까? 이런 태도는 실패를 최대한 활용할 기회를 앗아간다. 영국의 임페리얼 칼리지 런

던Imperial College, London에서 박사 학위 주제로 실패를 통한 학습을 연구했던 앨리슨 카탈라노Allison Catalano는 그러한 침묵에 비용이 든다고 말한다.[5] 카탈라노와 그녀의 동료들은 현실에서 실패가 보편적으로 나타남에도 불구하고 학술 문헌에 실패 사례들이 언급되는 일이 드문 이유와 정황을 연구했다. 카탈라노는 이렇게 논했다. "모든 인간의 노력에서 '실패'가 차지하는 핵심적인 역할이 있다. 그럼에도 이 단어는 이상적인 결과를 비껴갈 때 사용되는 까닭에 감정적 부담과 사회적 낙인이 담겨 있다. 우리는 좌절 경험이 학습과 성장을 위한 강력한 기회가 된다는 것을 본능적으로 이해하지만, 실패는 피해야 할 것이라는 메시지를 어릴 때부터 내재화한다. 이에 따라 실패로부터 배울 기회를 스스로 밀어낸다."

카탈라노의 연구는 생태계를 보호하고 유지하는 환경 보전 부문에 종사하는 팀과 조직들에 초점을 맞췄다. 카탈라노는 그녀가 속한 분야에 몸담은 사람들―그리고 다른 사람들―은 "실패의 필연성을 인정하면서" 일을 시작해야 한다고 말한다. 그녀는 학술 잡지, 웹사이트, 뉴스레터 등에서 저자들이 자신의 실패에 관해 쓰지 못하게 하는 전통은 도움이 되지 않는다고 본다. 카탈라노는 이렇게 말했다. "궁극적으로 성공은 자기만족과 자만심을 낳고, 현상을 유지하는 태도를 강화하며, 실험과 변화에 덜 관대한 문화적 환경을 만들어내고, 위험 회피를 증가시킨다." 이 중 어느 것도 과학에 바람직하지 않다.

카탈라노와 동료들은 관리자들이 실패를 인정하고 이를 현명하게 활용하는 것을 막는 일련의 인지적 편향을 발견했다. (인지적 편향이 실패에 직면하고 이로부터 배우는 능력을 제한한다는 사실은 우리 모두에게 적용된다.) 이 연구에 따르면 다음과 같은 경향이 있을 때 확증 편향이나 맹점과 같은 익숙한 편향과 더불어 다른 편향들도 작용할 수 있다.

- 나의 세계관이 '참'이므로 이에 동의하지 않는 사람들은 분명 무식하거나 분별력이 없거나 불합리하거나 잘못되었다고 가정한다. ('소박 실재론'naive realism 이라고 알려져 있다.)
- 이익을 얻기보다 손실을 피하는 쪽을 강력히 선호한다. ('손실 회피' 라고 일컬어진다.)
- 나쁜 결과가 생기면 개인의 통제력 너머에서 작용했을 법한 상황 요인보다 누군가의 개인적 단점에 비난을 돌린다. ('기본적 귀인 오류'라고 알려져 있다.)
- 내가 관찰한 현상에 인과관계 패턴을 부여해, 서로 관련 없는 일련의 사건을 논리적으로 연결된 것으로 이해한다. ('서사 오류'라고 불린다.)
- 중요하고, 쉽게 찾아볼 수 있고, 충분히 관련성 있는 정보를 체계적으로 간과한다. ('제한된 인지'라고 일컬어진다.)

이러한 편향을 극복하면 성공과 실패에 관해 더 정확하고, 다각적이고, 맥락을 고려하는 관점이 생긴다. 이 명료함을 바탕으로 자신이 겪은 몇몇 실패로부터 더 큰 가치를 발견하고, 여느 성공의 가치에 더할 수 있는 신선한 통찰을 얻을 수 있다.

뭔가 효과가 없다는 것을 성공적으로 증명하기

최초의 노벨물리학상을 수상한 독일 출신의 기계 공학자이자 물리학자 빌헬름 콘라드 뢴트겐Wilhelm Conrad Rontgen은 음극 방사선을 연구하던 중 예기치 않게 X선을 발견했다. X선은 하나의 전하가 진공관 내부의 두 금속판에 가해질 때 만들어진다. 뢴트겐은 근처에 있던 감광 스크린이 희미한 빛을 내뿜는 것을 발견했다. 그는 몇 주간 이 놀라운 빛의 원천을 찾았고 이것이 X선 발견으로 이어졌다. 노벨상 신전에 오른 수많은 사람의 사례처럼 뢴트겐의 발견도 결과적으로 (때로는 놀라운) 성공을 낳는 우회로들을 긍정적으로 보여준다.

좀 더 가까운 사례를 살펴보자. 2011년 노벨물리학상은 로렌스버클리국립연구소의 솔 펄머터Saul Perlmutter, 호주국립대학교의 브라이언 슈밋Brian Schmidt과 존스홉킨스대학교 교수이자 우주망원경과학연구소의 천문학자인 애덤 리스Adam Riess 팀에게 돌아갔다. 펄머터와 슈밋/리스 팀들은 그들의 연구가 우주가 느리게 팽창하고 있다는 것을 보여줄 것이라고 생각했다. 이와 달리 1997년, 그들은 온 우주에 퍼져 있는 우주 상수인 '암흑 에너지'로 인해 사실상 우주 팽창이 빨라지고 있다는 것을 알게 되었다.

몇 년 후 인터뷰에서 펄머터는 이렇게 말했다. "프로젝트를 시작할 때만 해도 그저 밖에 나가서 폭발하는 별들의 밝기를 간단히 측정하고, 우주의 종말 여부를 알아보자는 생각이었습니다. 알고 보니 우리가 발견한 것은 매우 놀라운 것이었습니다. 우리는 이 발견을 이렇게 비유해왔습니다. 공중에 사과를 던졌는데, 그것이 지구로 다시 떨어지지 않고 오히려 불가사의하게 점점 더 빨리 움직이며 우주 공간으로 날아갔다고 말이죠."[6]

펄머터는 이렇게 강조했다. "과학의 관건은 무언가를 증명하려고 시도하는 데 있지 않습니다. 내가 어떤 점에서 틀렸는지 알아내고, 내 실수를 찾고자 노력하는 데 있죠."[7]

펄머터가 연구를 시작한 것은 18년 전이었다는 사실을 기억할 필요가 있다. 그의 연구에서는 "A를 찾으면 그 실마리 덕분에 B에 다다를 것이다."라는 식으로 곧장 이어지는 것이 하나도 없었다. 오히려 그의 연구는 초신성에 관한 정보를 찾으려는 끈질긴 과정이었다. 지상 망원경과 우주 망원경을 동원하고, 별들이 빛나는 우주의 방대한 공간을 분석하는 컴퓨터 소프트웨어를 자체 제작하고, 초신성의 새 하위 분류를 발견함에 따라 계획들을 재설정하고, 새로운 광각 카메라를 구축하고, 이 밖에도 숱한 노력을 기울였다. 국내외 및 우주에서 이루어진 작업을 바탕으로 끊임없는 반복을 이어간 것이다.

이 세상에서 이렇게 집중적인 과학 탐구에 참여하는 사람은 극소수일 것이다. 그러나 놀라움, 실망감, 실패에 생산적으로 대응하는 방법에 관한 아래 원칙들은 모든 사람이 활용할 수 있다.

- 난관에 부딪힐 때는 나의 과정을 반복할 기회로 여기자. 실패는 뼈 아프지만 다음 전진을 위한 발판을 마련한다. 그 기회를 십분 활용하자. 하룻밤 푹 자고 나면 마음의 상처가 빨리 아무는 데 도움이 된다. 실패가 불러오는 반성과 심지어 감정들도 열의 아홉은 새로운 아이디어로 이어진다.

- 일터에서나 집에서나 성공하지 못한 시도(또는 효과가 없음을 입증하는 데 성공한 시도)를 유익한 토론과 행동의 원천으로 삼는 분위기를 조성하자. 실패도 과정의 일부라고 이해할 때—그리고 실패를 예상할 때—좋고 나쁜 모든 결과가 창의성을 촉진하고, 학습을 극대화하며, 협력과 팀워크를 북돋는 기회가 된다.
- 인지적 편향이 상황 분석에 방해가 되지 않는지 살펴보자. 나는 잘못된 일을 놓고 내가 옳다는 확신이 들면, 내 추정을 다시 생각해본다. 그래야 할 때가 많다.

건설적인 실패를 목표로 하기

아무리 위대한 아이디어라도 현실 세계와 상호작용해야 한다는 인식이 부족하면 실패한다. 각계각층의 사람들이 그런 일을 겪는다. 사람들은 자신의 위대한 아이디어가 팀이나 조직(또는 가족!) 구성원들에게 동의를 얻지 못했거나, 새로운 문제를 제기하는 몇몇 현실적인 사안을 놓쳤다는 것을 뒤늦게 깨닫는다.

내가 몸담은 분야에서는 이런 일이 벌어진다. 연구자들이 자기가 발명한 것을 다른 이들에게 소개하고자 회사를 차렸는데, 그들의 제품이나 서비스를 원하는 시장이 극도로 작다는 것은 미처 파악하지 못하는 경우가 있다. 또는 어떤 문제에 대한 새로운 접근법이 기존의 분배 체계에 맞아야 한다는 것을 모른다거나, 연구실에서만 통용되는 업계 표준 용어 체계 및 비과학 용어를 쓰는 사람들도 있다. 이것은 편협한 생각—"내 아이디어가 이 프로세스에 혁명을 가져올 거야."—이며, 그 아이디어가 기존의 관행에 맞을지 전혀 이해하지 못하는 것이다. 몇 년 전 나도 비슷한 일을 겪었다. 당시 나는 줄기세포를 겨냥한 프로젝트에 필요한 기금을 확보하는 데 실패했다. 프로젝트가 너무 복잡했기 때문이다. 유망했던 투자자는 이를 단박에 알아보았는데 나는 그러지 못했다. 다행히 이 교훈은 우리 연구실이 앞으로 나아가는 과정을 바꿔놓았다.

이런 일을 겪을 때 기운이 빠지는 것은 그 일에 감정적으로 뜨거운 에너지를 쏟았기 때문이다. 그 열기가 식고 나면 가치 있는 통찰들이 드러나고, 다음 도전 때 활용할 만한 더 예리한 초점이 생기기도 한다. 자신을 겸허하게 만드는 첫 시도들을 침착하게 다루고, 그 시도가 주는 교훈을 가려낸 뒤 다음 시도로 나아간다면 성공할 확률이 훨씬 커진다.

살면서 배우는 이 과정에서 염두에 두어야 할 네 가지를 정리하면 다음과 같다.

- 실패와 전진하는 행동이 만나면 이기는 전략이 된다. 실패에서 얻은 통찰을 자각하고 흡수하는 발전적인 프로세스를 갖췄기 때문이다. 더 현명하게 앞으로 나아가는 프로세스가 없다면, 한 자리에 너무 오래 갇혀 있을 때 겪는 지루한 정체 때문에 무너질 수 있다. 나의 프로세스는 나에게 효과가 있도록 개인화되어야 한다.
- 다른 사람들로부터 배우는 것도 중요하지만, 이 방법은 특정 순간에 내게 가장 효과적인 것이 무엇인지 알아차리지 못하게 한다. 다

른 사람들의 프로세스를 관찰하고, 심지어 그것을 직접 시도해보는 것도 중요하다. 동시에 많은 것 가운데 특정한 것들과 효과적으로 연결되는 나만의 성향이 있다는 사실을 인정하고, 나의 성향과 그 연결들도 변화하고 발전할 수 있다는 것도 염두에 두자.

- 일이 잘 풀릴 때는 최선의 계획과 실행 단계들이 더없이 훌륭하게 역할을 하겠지만, 상황이 여의찮다면 창의적인 모드로 전환하는 것이 좋다. 중요한 것은 어느 정도 진척을 경험할 수 있는 통찰을 파악하는 것이다. 아무리 점진적이더라도 진척은 새로운 에너지를 불어넣을 만하다.

- 건설적인 실패에 초점을 맞추자. 먼저 실패하고, 이로부터 배우고 핵심적인 통찰을 얻은 다음, 목표를 담아 프로세스를 반복해보자. 마이클 조던이 말했듯이, "성공하는 방법을 배우려면, 먼저 실패하는 법을 배워야 한다."[8]

우리가 우러러보는 수많은 사람도 이 길을 거치면서 어려운 교훈을 얻었고, 이를 지침 삼아 앞으로 나아갈 길을 찾았다. 연구실에서는 이것을 동기 삼아 장애물이나 좌절에 대처할 방법들을 찾는다. 우리는 창의성 모드에서 실행 모드로 신속히 옮긴 뒤, 일이 제대로 풀리지 않으면 언제나 즐거운 과정인 창의성 모드로 다시 돌아온다. 이렇게 함으로써 주어진 문제에 새롭게 도전할 에너지를 충전한다. 그리고 다음번에 도전할 때는 처음 시작할 때보다 더 활기 있고 성공할 확률도 높을 때가 많다. 우리가 승자라고 알고 있는 사람들도 패배에 관한 설득력 있는 관점을 제공한다. NBA 스타 지아니스 아데토쿤보Giannis

Antetokounmpo도 소속팀 밀워키 벅스가 2023년 NBA 플레이오프에서 마이애미 히트에게 지면서 플레이오프에서 탈락했을 때 그런 신선한 관점을 드러냈다. 그는 경기 후 기자회견에서 이렇게 말했다. "이것은 실패가 아닙니다. 성공으로 가는 단계죠. 마이클 조던은 15년을 뛰면서 여섯 번 우승을 차지했습니다. 그러면 나머지 9년은 실패한 걸까요? 지금 그렇다고 제게 말씀하시는 겁니까? 정확히 무슨 이유에서 그 질문을 하시는 거죠? 그것은 잘못된 질문입니다. 스포츠에서 실패란 없습니다. 좋은 날도 있고 안 좋은 날도 있죠. 어떤 날은 성공적이지만, 그렇지 않은 날도 있는 법입니다."[9]

숨을 곳은 없다

나의 실패 중 가장 기억에 남는(당시의 쓰라린 감정 덕분에 기억이 생생하다) 것은 첫 테드 강연 도중 일어났다.[10] 대사를 까먹은 것이다.

이 강연은 앞서 사람들의 관심을 끌었다던 그 자리였다. 나는 섭외를 받고 처음에는 너무 긴장한 나머지 대뜸 거절부터 했다. 초등학교 시절에 했던 짧은 발표 이후로 상당한 양의 무언가를 외워본 적이 없었다. 내가 맥길대학교 생물학과에서 전과했던 것도 뭔가를 외울 필요가 없다는 이유에서였다. 내게 암기 능력이 있기는 한지 알 수 없었다. 그럼에도 어쨌든 강연을 맡기로 했다.

강연 준비에 도움이 필요하다는 것을 알았기에 도움을 받긴 했다. 그러나 암기는 내면의 일이었고, 내 뇌는 그것을 악몽으로 만들었다.

분투와 실험 끝에, 수없이 반복해서 연습하면 25초 분량은 외울 수 있다는 것을 알게 되었다. 그렇게 외운 것을 하나로 엮었다. 또 25초짜리 조각 중 어느 것이 서로 연결되는지 알아내기가 어렵다는 것을 알게 되었다. 올바른 순서대로 외웠더라도 내 머릿속에서는 어느 것도 일관되게 느껴지지 않는 탓에 뒤죽박죽 섞여버렸다. 그러면 넘어가는 부분들을 연습해서 올바른 순서를 맞춰야 했다. 15분짜리 강연 내용을 모두 외운 다음에는 발표하는 법을 연습해야 했다. 나는 이 그룹, 저 그룹 앞에서 연습했다. 현장감을 느껴보려고 MIT 강당을 빌리기까지 했다. 사람들이 준 피드백은 유용했지만, 하나라도 뭘 바꾸면 외웠던 것이 싹 날아가는 바람에 처음부터 다시 시작해야 했다.

나는 연설에 들어가는 것이 너무나도 긴장되었다. 기술 담당자는 사전에 강연자들에게 이렇게 일러주었다. 슬라이드는 역방향으로는 움직이지 않고 순방향으로만 움직이므로 앞으로 되돌아가야 한다면 커튼 뒤에 있는 사람에게 크게 소리를 질러야 한다고 말이다. 그건 내가 연습한 방식이 아니었다. 스태프들은 무대에 오르려고 준비하는 우리들의 기운을 북돋으려고 이렇게 말했다. "만약 말이 끊기면 그저 미소를 지으면서 생각을 가다듬어보세요."

강연 전날 밤, 나는 거의 잠을 이루지 못했다. 무대에 올라가기 직전에는 당을 충전하려고 기침을 멎게 하는 사탕을 몇 개 먹었다. 마침내 워싱턴 D.C.의 존 F. 케네디 공연예술 센터 무대 위에 올랐다. 고화질 카메라 다섯 대가 내 연설을 전 세계에 생중계하려고 나에게 온통 집중했다. 얼마나 위압적이던지! 내가 속한 병원의 대표도 객석에 와 있었다. 그 역시 그날 강연자 중의 한 사람이었다.

모든 것이 무난하게 시작되었다. 사실 강연 내용을 너무나 잘 꿰고 있었기에 강연하면서 다른 생각이 떠오르기 시작했다. 내 뇌는 그런 식으로 움직인다. 그러다 갑자기 대사 하나를 놓쳤다는 것을 깨달았다. 오, 젠장! 실수한 것에 너무 골몰하다가 말을 더듬었고, 너무 잘 알고 있어서 거의 자동으로 진행했던 연설에서 지금 어느 부분을 하고 있는지 완전히 잊어버렸다. 그러다가 말을 멈췄다. 젠장, 젠장, 젠장―아 맞다, 웃으라고 했었지―그냥 미소를 지으란 말이야! 얼굴로는 미소를 지으면서도 머릿속에서는 '오, 젠장'이라는 말만 떠올랐다. 그렇게 나는 끝도 없이 미소만 짓고 있었다. 모든 사람의 시선을 받는 가운데 내 인생 최고의 압박을 느끼던 그 순간, 내가 생각할 수 있는 거라곤 모두가 보는 앞에서 엄청나게 실패했구나! 어떻게 해야 할까? 어떻게 해야 하지? 슬라이드를 넘기자. 그래서 슬라이드를 넘겼다. 다음 슬라이드는 비어 있었다. 그 순간, 내가 스스로 신호를 주려고 일부러 빈 슬라이드를 넣었다는 것이 떠올랐고, 덕분에 다음 말로 넘어갔다.

그렇게 무사히 강연을 마쳤다. 쾌활한 행사 담당자는 훌륭한 강연이었다면서, 잠시 멈춘 부분은 제작팀이 편집 과정에서 쉽게 잘라낼 수 있다며 강연장을 나서는 나를 안심시켰다. 조금 뒤에 사람들이 내게 오더니 내가 말을 멈추는 것을 봤다면서 이렇게 말해주었다. "하지만 훌륭하게 다시 시작하던걸!"

그날 이후로는 같은 일이 또 일어나면 내가 잘 극복할 거라는 믿음이 생겼다. 그것만으로도 더 시도하는 데 드는 활성화 에너지가 낮아졌다. 더 좋은 것은, 나의 프로세스를 개선하고, 그런 종류의 행사에 더 효과적으로 나 자신과 강연 내용을 준비하는 데 필요한 것—뜻밖의 상황에 대비하는 것도 포함해서—을 배우게 되었다는 점이다.

크리스 해드필드는 전투기 조종사, 우주 정거장 지휘관, 강연자로 긴 경력을 쌓는 동안 겪었던 좌절과 놀라움에 관한 질문을 종종 받는다. 그는 내게 말했다. "당연히 그런 일들이 주기적으로 일어날 수 있죠. 중대한 결과나 돌이킬 수 없는 여파가 뒤따르는 상황에 놓이기 전에 충분한 요령을 갖추었다면 다행일 겁니다. 그런 요령들이 당장은 내가 원하는 효과를 주지 않더라도, 불길에 휩싸일 일은 없을 테니까요. 어떤 일이라도 완벽하게 해내긴 어렵지만 실패를 예상하는 것은 성공과 높은 성취를 이루는 큰 부분입니다. 오히려 실패를 열렬히 찾으세요. 최대한 빨리 실패를 겪어야 뒤따르는 여파가 작을 테니까요."

컬럼비아대학교 생물학과의 교수인 스튜어트 파이어스타인Stuart Firestein은 그의 책《구멍투성이 과학》에서 실패를 가리켜 '아드레날린을 분비시킨다는 점에서 거의 스포츠에 가까운 하나의 도전'[11]이라고 묘사했다. 그는 실패를 정면으로 상대하고, 우리의 투쟁-도피 반응에서 투쟁을 택해야 한다고 제안한다. 영화 〈록키 시리즈〉의 주인공인 록키 발보아처럼 해보자. 파이어스타인은 이렇게 말했다. "이런저런 실험이 실패한 이유를 찾아내는 것은 하나의 미션이 될 수 있다. 이렇게 실패의 힘에 맞서는 것이다. 그저 '성공적인' 실험에서 얻은 결과만 잘 정리할 때보다 실패한 상황에서 중요한 것을 발견할 확률이 더 높다는 것을 알겠는가? 실로 실패는 준비된 마음을 좋아하고, 그러한 마음가짐을 가지도록 준비시킨다."

높은 기대를 품는 것도 의욕을 높이는 고무적인 태도다. 그러나 홍

하든 망하든 둘 중 하나라는 고정 마인드셋을 가지고 있다면, 실제로 넘어졌을 때 자신을 일으키고, 실패로부터 배우고, 다음번에 더 나은 결과를 얻기가 어려울 수도 있다. 모든 실패는 과정의 일부라고 보는 것이 좋다.

신체 조직을 재건하는 생분해성 물질을 만드는 기업 티씨움Tissium의 공동 창립자이자 최고혁신책임자인 마리아 페레이라Maria Pereira는 카프 랩의 연구에 참여했다. 이 작업을 통해 대혈관과 뛰는 심장 안에 생긴 구멍을 봉합하는 접착제를 만들어냈다. 새로운 기술이 성공하려면 여러 요인이 완벽하게 정렬되어야 했으므로 반복된 실패는 피할 수 없었다. 이때 모든 사람의 기대와 실망을 감당하는 것은 에너지를 높게 유지하는 데 필수적이었다. 페레이라는 말한다. "단순히 나의 동기를 지키는 것만 중요한 게 아니에요. 이것이 하나의 과정임을 다른 사람들에게도 이해시키고 그들이 꾸준히 집중하도록 유도하는 게 중요하죠."

> 목표를 갖는 것은 전혀 잘못된 것이 아니다. 이는 목표에 집중하고, 어떤 결과를 기대하고, 불행을 만들어내는 변화에 저항하는 것이니 말이다.[12]
>
> _제임스 도티

이제껏 먼 길을 걸어온 자신을 칭찬하기

오늘날 살아 있는 모든 생명체는 온갖 난제를 극복하고 넘을 수 없는 문제들을 해결해왔다. 공룡을 실패한 동물이라고 생각하는가? 그들은 1억 5,000만 년이나 지구를 지배했다! 호모 사피엔스는 고작 몇백 년 존재해왔을 뿐이다. 만약 공룡이 '성공'했더라면, 우리는 지금 이렇게 대화를 나누지 못했을지도 모른다. 우리는 진화가 우리를 위해 무엇을 준비해놓았을지 전혀 알 수 없다. 아마 자연도 우리에게 어떤 일이 벌어질지 '알지' 못할 것이다. 진화는 하나의 과정이니 말이다. 그러나 우리의 적응력 있는 생존 기술이 가진 뚜렷한 레퍼토리 중 하나는, 주어진 지능을 가장 훌륭하고 지적인 방식으로 사용하기로 선택할 수 있다는 것이다. 늪지대에 살던 시절에 가졌던 원시적인 사고방식이 아무리 우리를 궁지에 빠뜨리고 활기를 떨어뜨려도, 우리는 이를 극복하고 자신에게 가장 효과적인 반응을 택할 수 있다.

나의 경우, 실패했을 때 보이는 반응 하나는 나 자신을 수치스럽게 여기는 것이다. 아니면 다음에 비슷한 상황에 놓이면 어떻게 다르게 할지, 그러면 얼마나 더 나은 결과를 거둘지 생각하면서 부정적인 쪽에서 긍정적인 쪽으로 스위치를 옮기는 것이다. 나는 후자를 택하려고 노력한다.

안전하다고 의지할 만한 환경에 익숙해져 있을 때, 우리의 유전적 특성은 당연하게도 생존을 위해 모든 실패를 회피하도록 우리를 프로그램화한다. 한편 실패로부터 교훈을 얻어 미래의 실패를 피하도록 설계되어 있기도 하다. 이런 특징을 살짝 비틀어 우리에게 유리하게 쓸 수도 있다. 통찰을 안겨줄 수도 있는 실패의 가치를 인정하고, 모든 경험으로부터 내게 유용한 것을 최대한 취하는 것이다. 위험은 적고 잠재력은 엄청난 일이 눈앞에 있는데 두려움 때문에 주저하지 말자.

실패를 뒤집어 창의력을 발휘하기

아직 한창 분투하는 중에 실망스러운 과거 일을 돌아보고 싶은 사람은 없다. 그럼에도 이 과정을 밟는다면 결국 앞으로 나아갈 길을 찾게 된다. 때로 그 길은 어떤 프로젝트나 상황에서 성공적인 결과로 이어지기도 하고, 때로는 여러 변화를 일구어 궁극적으로 더 나은 때를 맞이하는 결과로 이어지기도 한다. 가능하다면 잠시 시간을 갖고, 과거에 실패로 느꼈던 장애물이나 기억에 남는 좌절을 반성하고 기록하고, 그것들이 결국 긍정적인 결과를 가져오는 데 어떤 역할을 했는지 살펴보자. 그리고 전에 극복했던 것들을 기억해야 할 순간이 오면 그 목록을 다시 확인하자. 내가 적은 목록에는 적어도 수십 가지가 적혀 있다. 과거에 보조금 제안을 거절당했을 때는 몹시 실망스러웠지만, 이제는 그런 거절들 하나하나가 매우 다르게(백 배는 다르게) 보인다.

성공이라는 관점에서 실패를 재구성하고 반성하는 아래 요령들을 활용해보자.

- 실패를 문제해결의 도구로 받아들이자. 모든 혁신은 끊임없는 되풀이 속에서 새로운 또는 소홀히 했던 통찰을 얻어가며 생각이나 프로세스를 조정한 결과다. 과학의 목표는 시작부터 성공하는 것이 아니다. 실험을 통해 학습 프로세스를 개발하는 것이다. 연구실에서 필요한 정보를 전부 갖춰놓고 프로젝트에 들어가는 경우는 없다. 우리는 실패를 활용해 끊임없이 새로운 정보 조각, 새로운 해결

책, 새로운 통찰을 발견해나간다.

- 더 빠른 회복을 목표로 삼자. 다시 주의력을 가다듬고, '브레인스토 밍으로 돌아가는' 자세로 쓸모 있는 질문을 던져보자.

- 점진적인 개선에 조바심 내지 말자. 테스트를 실행하고, 시스템의 약점을 찾아내고, 다양한 생각을 지닌 사람들과 이를 논의하고, 필요하다면 다시 시작하는 일은 시간이 걸린다.

- 내가 속한 집단에서 성공한 사람들에게 자신의 실패 사례와 극복 방법을 들려달라고 부탁하자.

- 집과 일터에서 '빠른 실패'를 장려하는 문화—실패를 위한 안전지대 그리고 실패로부터 배움을 얻는 과정—를 만들자. 이로써 창의성을 촉진하고, 배움을 극대화하며, 완벽주의에 대한 집착을 뿌리 뽑고, 협력과 팀워크를 장려할 수 있다.

- 맹점을 찾아내고, 내가 생각하는 능력 이상으로 나를 밀어붙이고, 실패한 후에 시들해질 수 있는 에너지를 소생하는 데 필요한 릿 불꽃을 제공해줄 조언팀을 구축하자.

- 결국에 발전과 전진을 낳았던 과거의 실패를 돌아보고, 자신이 그 일을 어떻게 견뎌냈는지 생각해보자. 시간은 가장 큰 조력자다. 당신이 끓어오르는 감정에 대처하고, 다른 사람들의 도움을 받고, 잠을 자고, 참신한 아이디어와 열의를 불러일으키기 위해 마음가짐을 돌아보고 새롭게 하는 데 도움을 준다.

- 나를 성공으로 이끈 우여곡절에 대해 감사할 수 있는 좋은 위치에 있다면, 과거의 실패들을 목록으로 정리해보자. 내가 적은 목록은 상당히 길다! 이렇게 뒤를 돌아보면 자신의 실패를 균형 잡힌 시선

에서 바라보는 데 유익하고, 나의 이야기는 다른 사람들도 같은 방법을 실천하도록 이끌 수도 있다.

- 시행착오를 받아들이고, 실패는 자연이 가진 프로세스의 일부라는 점을 인정하자. 거대한 규모의 진화도 하나의 연속체에서 이루어지지만, 우리 개인의 진화도 마찬가지다. 우리는 복잡한 추상화, 마음의 성찰, 무한히 발전하고 번성하기 위한 의사결정 등 놀라운 능력을 활용해서 그 연속체를 지탱할 수 있는 완전한 권한을 가지고 있다.

인간다움 발휘하기
겸손의 미덕

경외심을 단초로 삼아 공익을 위한 영감과 능력을 얻자

주변 사람들로부터 배움을 얻는 겸손을 갖추라.[1]
_존 맥스웰, 《리더십 불변의 법칙》 저자

타인의 집에 들어갈 때 신발을 문밖에 벗어두는 전통을 가진 문화권이 많다. 이는 존중을 표하는 간단한 방법이자, 내가 타인의 공간에 발을 들인다는 것을 겸손히 인정하는 방법이기도 하다. 상징적으로 이 행위는 내 자존심을 문밖에 두고 들어온다는 것을 의미한다.

인생의 여정을 걷는 동안 어느 지점에서 겸손한 사람은 패기가 없다거나 나약하다는 생각을 받아들이게 되었을지도 모른다. 과학은 그렇지 않다고 말한다. 겸손한 사람들은 그렇지 않은 사람들보다 스트레스에 더 훌륭히 대처하고,[2] 육체적으로나 정신적으로 더 건강하고, 모호함과 다름에 더 관대하다고 주장하는 연구가 점점 많아지고 있다. 다른 사람들의 최고 이익을 존중하고 고려하는 것은 다양한 신경망을 활성화한다. 이런 신경망 중 일부는 인지 학습과 관계되고, 다른 일부는 정서 지능과 관계된다. 그리고 이 모두가 타인과의 소통감을 촉진하고, 더 넓게는 인류애—바깥으로 향하는 겸손의 표현—를 느끼게 한다. 이런 바탕을 지니고 있으면, 문제해결을 통해 가장 선한 일을 실천하고 가장 큰 영향력을 행사하는 여러분의 잠재력이 확장된다. 겸손이 내재된 사랑, 친절, 사회 지능을 갖추면, 모든 사람과 모든 상황이 내게 뭔가를 가르쳐준다는 사실을 인식하게 된다. 하나의 팀(또는 방, 자동차, 관계, 사회)에 속한 모두가 자신이 공감을 얻고, 인정과 격려를 받고, 소속감을 느낀다고 생각할 때, 관계의 근본적인 구성요소인 신뢰가 형성된다. 이때 만들어지는 집단의 역동성은 모두에게 유익하다. 문밖에 자존심을 두고 들어오면 더 중요한 것들을 담을 수 있는 소중한 공간이 생긴다. 가장 구체적으로, 겸손은 우리가 자초하는 세 가지 흔한 장애물을 극복하는 데 도움이 된다. 겸손이 우리에게 허락하는 것은 다음과 같다.

- 다른 사람에게 중요한 것을 보이지 않게 만드는 자기중심적인 생각과 자기도취를 극복하게 한다.
- 나와 자연 세계의 관계를 포함해 더 크고 복잡한 현실에 참여하게 한다.
- 자신과 세상에 대한 관점을 길러 이를 의미와 행동을 위한 내면의 나침반으로 삼게 한다.

마이브리트 모세르: 원윈을 가져다주는 상황

겸손은 항해에 필수적인 뇌세포를 발견하는 데 아무 관계가 없어 보일지도 모른다. 노르웨이 출신의 심리학자 마이브리트 모세르는 그렇지 않다고 열렬히 주장한다. 모세르는 이 주제를 연구해 2014년 노벨 과학상을 받았다.

모세르는 당시 남편이었던 에드바르 모세르Edvard Moser와 그들의 동료였던 유니버시티칼리지 런던의 존 오키프John O'Keefe와 함께 뇌의 위치정보 처리 시스템을 구성하는 세포를 발견한 공로로 2014년에 노벨생리의학상을 공동 수상했다. 1971년, 오키프는 뇌 중앙부에 있는 해마 근처에서 특정 유형의 세포를 발견했다. 2005년, 모세르 부부는 공간상에 육각형 격자로 배열된 특정 지점을 통과하면, 항법을 위한 일종의 좌표계를 형성하는 신경세포들이 활성화된다는 것을 발견했다. 그때부터 세 사람은 이 세포 유형들의 협력 방식을 보여주고자 노력했다.

모세르가 '격자세포'라고 명명한 이 세포들은 항법, 자신의 위치 파악, 다른 장소로 이동할 방법을 모색하는 데 필수적인 내면의 좌표 체계를 제공한다. 어떤 면에서 이는 마이브리트 모세르가 말한 겸손과 깊은 협력 정신을 상징적으로 보여주는 은유다. 모세르는 겸손이 연구실의 작업, 사람들, 환경을 움직이는 혼이 담긴 좌표라고 말한다. 모세르는 이러한 내적 가치들을 좌표로 삼지 않았다면, 그들을 노벨상 시상대에 오르게 한 열정과 목적의식이 그렇게 연구 작업을 추진하도록 만들지 않았을 거라고 주장한다.

신경학자인 동시에 심리학자이기도 한 모세르는 문화가 중요한 공헌 요인—이 경우, 전통적인 노르웨이 문화와 연구실 공동체의 다문화적인 특성의 통합—이라고 말한다. 근면, 우월의식 배격, 평등주의, 타인 존중, 사회적 책임 공유를 중시하는 전통적인 노르웨이 문화는 탁월함과 더불어 겸손에도 높은 가치를 부여한다고 한다. 연구실 공동체는 전체적으로 다양한 특성을 띠면서 비슷한 가치들이 다른 방식으로 표현되고, 덕분에 관계와 업무 역동성에 활기찬 요소가 가미된다. 연구에 따르면, 겸손한 리더십은 다른 사람들에게서 같은 성향을 끌어내어 팀이 더 응집력을 가지고 탁월함을 발휘하게 한다. 모세르는 이것이 강력한 처방이라는 데 동의한다.

카블리 연구소는 30여 개국으로부터 사람들을 고용한다. 모세르는 이렇게 말한다. "이렇게 하는 이유는 과학을 비롯한 여러 면에서 매우 흥미로운 토론이 이루어지도록 서로 다른 사람들을 영입하고 싶어서입니다. 우리 모두는 각자의 생각에 도전이 될 만한 것이 필요하며, 이 도전들이 전에는 알지 못했던 것을 깨닫도록 우리를 성장시키죠."

겸손한 사람은 오류 그리고 그 오류가 제공하는 정보 속에서 배움이 되는 가치를 발견한다.[3]

_크리스토프 세클러Christoph Seckler, ESCP 경영 대학원 베를린 캠퍼스, '기업가 전략' 강좌 교수

나와 협업했던 최고의 CEO 중 몇몇은 자기 생각에 피치 못할 허점이 있음을 인정하고, 자기가 하는 일을 따져 묻고 비판할 사람들을 끊임없이 찾는 사람들이었다. 그들은 자기가 무엇을 모르는지 알고 있으

며, 다른 사람이 유용한 통찰을 제공하거나 새로운 발견으로 이어질 수 있는 유용한 무언가로 이끌어줄 수도 있다는 것을 인정한다. 이런 외부인의 관점은 그들이 이미 귀중한 정보원이라고 인정하는 사람에게서 올 수도 있지만, 전혀 기대하지 않은 사람에게서 올 수도 있다.

연구실에서 일상적으로 접하는 도전을 받아들이려면 누구라도 어느 정도의 자만심이 필요하다. 다른 누구도 찾아내지 못한 문제해결 방법을 찾아내는 것이 내 작업의 관건일 때, 내가 할 일은 알려진 것의 한계점들을 정면으로 마주하는 데 대다수의 시간을 쏟는 것이다. 이때 자신의 무지를 안고 최대한 자세히 그 한계점들을 대해야 한다. 이 작업은 사람을 겸손하게 만든다. 나쁘게 말하면 즉각적인 해법을 찾으리라는 약속이 없다. 혈류에서 특정 세포를 낚아채는 방법으로 해파리 촉수가 정말 효과적인 모델이 될까? 면역 조직의 미세한 부분을 자극해 암을 퇴치하는 능력을 향상하는 것이 정말 가능할까? 이 질문들에 대한 대답은 모두 '그렇다'이다. 우리는 결국 이를 밝혀냈다. 그러나 나는 우리가 알던 한계점들을 마주하고, 새로운 해법을 찾아 다른 곳으로 시선을 돌리며 우리의 노력을 배가할 때 겪었던 겸허한 순간들의 가치를 확실히 말할 수 있다.

다루기 힘든 문제를 온전히 파악하고 해결하고 싶다면, 자만심을 버리고 도움을 요청해야 한다. 또한 나보다 더 많이 알거나 다르게 생각하는 사람들을 찾고, 그들과 머리를 맞댔을 때 어떤 결과가 나오는지 봐야 한다. 때로 우리는 같은 것을 여러 번, 여러 방식으로 들어야만 그것을 내재화하고 연결을 만들어 우리의 길을 수정할 수 있다. 때로 겸손의 교훈은 나에게 있다고 인정하기 싫은 불안, 두려움, 편견들을 마주하게 만드는 껄끄러운 이야기를 듣는 데서 얻기도 한다. 나를 작게 만드는 경험을 활용해 내 생각과 접근법을 바꾸는 것은 릿에 도달하는 방법이며 이는 흥미진진한 일이다. 물론 그 과정에서 자존심이 다칠 수도 있다. 이에 대해 이렇게 말하고 싶다. 자존심이 다칠 기회를 최대한 잡아라!

내가 지나온 여정이 내게 깨우쳐준 교훈이 있다. 내가 만난 겸손의 기회들은 나를 절제시키고, 내가 모르는 것을 계속 인식시켜주는 배움의 기회에 꾸준히 둘러싸여 있을 때 내가 더 행복하고, 더 흥분하고, 더 열정적으로 일한다는 것을 알게 해주었다(나를 해방시켜주었다). 나 혼자라면 절대로 하지 않았을 일을 할 수 있다는 것은 흥분되는 일이다. 또한 연구실의 다른 사람들도 이런 방식으로 더 노력을 기울여 우리가 가장 중요시하는 목표를 향해 나아가는 것을 보는 것도 몹시 흥분되는 일이다. 이를 위해서는 절대로 안주하지 말고 연구실 일원들과 끊임없이 소통의 장을 열어두어야 한다. 내가 모든 것을 알 수는 없다. 그러나 위계질서를 최소화하고(그런 질서가 도움이 될 때만 사용하고), 중요한 작업에 초점을 맞추는 자유로운 환경을 조성하고, 내가 모르는 많은 것을 알고 있는 사람들을 채용한다면, 대화를 새로운 방식으로 진전시킬 수 있다.

한편, ADHD 성향이 있는 나로서는 평범한 날을 보낼 때도 끊임없이 겸손해질 기회가 생긴다. 내 마음은 갖가지 생각으로 정신없이 내달린다. 그러므로 나는 할 말과 하지 않을 말, 관여해야 할 것(그리고 물러나야 할 것), 내려놓아야 할 것에 관해 계속해서 많은 선택을 내려야 한다. 이렇게 하면서도 예측 불가능한 내 머릿속에 무엇이 남고 무엇이 지나쳐 갈지 전혀 모른다.

겸손을 실천한다고 해서 습관적으로 다른 사람들에게 결정을 맡겨야 하는 것은 아니다. 만약 그랬다면 릿 도구가 될 수 없을 것이다. 다른 사람의 전문 지식을 구하되, 질문할 준비도 해야 한다. 내가 잘 모르는 분야의 전문 지식을 갖춘 사람들과 일하다 보면 그들의 판단을 신뢰하거나 수용하는 경향을 보일 수도 있다. 그러나 모든 가정을 시험하고 그 밑에 무엇이 있는지 살펴보는 환경에서는 양쪽 당사자 모두 열린 자세로 서로가 제공하는 것을 존중해야 이득을 얻는다.

미국인 경제학자이자 예일대학교 교수인 로버트 실러Robert Shiller는 이것을 다음과 같이 표현했다. "인간의 판단에 담긴 오류는 과신, 세부 사항에 대한 주의력 부족, 타인의 판단에 대한 지나친 신뢰 때문에 가장 똑똑한 사람조차 감염시킬 수 있다. 이는 다른 사람들도 독립적인 판단을 내리지 않고, 그들 역시 다른 사람을 따르고 있다는 사실을 이해하지 못하는 데서 생기는 잘못이다."[4]

나도 모르는 것이 있고 모든 것을 매우 편협하게 생각한다는 것을 깨달을 때 느껴지는 불편함을 받아들이는 것이 중요하다. 설령 내가 그리 편협하지 않다고 생각하더라도 이런 자세를 가져야 한다. 나는 이것이 좋은 자극을 준다고 생각한다. 그러한 태도가 혁신적인 해법을 모색하는 데 유익한 에너지를 만들어내기 때문이다.

자연에는 미묘한 자기력이 있다. 우리가 무의식적으로 그 힘에 굴복한다면 그 힘이 우리를 올바르게 인도할 것이라고 믿는다.[5]

_헨리 데이비드 소로, '걷기'walking, 《애틀랜틱》The Atlantic

캘리포니아대학교 버클리의 대의과학센터_{Greater Good Science Center} 창립자이자 심리학과 교수인 대커 켈트너는 경외심과 우리를 바꾸는 겸손의 경험이 지니는 힘에 관해 적었다. 켈트너는 이러한 경험과 관련된 신경생리학적 의미를 최근 저서에서 논하면서, 이런 경험들이 ─심지어 그런 경험을 기억하기만 해도─어떻게 뇌를 바꾸는지 설명했다. 이에 관한 과학은 최신 정보이며, 이런 주제를 오랫동안 기피했던 현대 과학이 이룬 극적인 진전이다. 그러나 켈트너는 이 연구 결과들은 전통적인 토착민들의 가르침을 뒷받침하는 것이라고 지적한다. 토착민들의 가르침은 "우리는 생태계의 일부이며, 우리 몸도 그 일부다."[6]라는 뜻을 한결같이 지켜왔다. 켈트너에 따르면, 나는 다른 사람과 다르며 자연과도 다른 '분리된 자아'라는 생각들은 일면 진실이다. 그러나 더 큰 진실의 측면에서 보면, 우리는 다른 사람들 그리고 자연 세계 모두와 일치를 이룬다.

데이브 쿠첸 원로: 과학과 영성의 만남

나는 겸손을 중요한 능력으로 강조하고 자연, 영성과 맺는 우리의 관계에 이 능력을 곧바로 연결 짓는 토착민의 가르침이 깊은 울림을 준다고 생각한다. 신성한 법칙으로 여겨지는 이 원리들은 지구와 영혼이 살아 있는 힘이라는 생각에 뿌리를 두고 있다. 이 힘을 우리 삶에 온전히 통합하고 받아들인다면 좋은 삶을 누릴 수 있다.

캐나다 매니토바에 있는 아니시나베 부족의 저명한 원로인 고故 데

이브 쿠첸 박사는 팬데믹 기간에 가진 줌 대화에서 이렇게 말했다. "어머니 지구가 살아 있는 존재라는 것은 아주 단순하고 기본적인 진리입니다. 지구는 살아 있습니다. 당신과 나처럼 말이죠. 여기 앉아 있는 우리는 인류라는 생명 그물을 이루는 일부일 뿐입니다. 이 생명의 그물에는 다른 것들도 많죠. 사람들은 모두가 서로 연결되어 관계를 맺는다는 뜻에서 상호연결성을 이야기하는데요, 이것은 완전한 진리입니다. 생명 그물 안에 있는 한 생명체 일부에 무슨 일이 생기든 그것은 생명 그물 전체에 영향을 미칩니다."

늘 우리 곁에 있는 자연의 교훈을 깨달으려면 먼저 인식해야 할 것이 있다. 각자의 지식과 전문성과 관계없이 분명 우리가 놓치고 있는 필수 요소와 관점이 있다는 사실이다. 이는 다른 경험을 가진 타인만이 제공해줄 수 있다.

무엇보다도 다양한 앎, 다양한 지능 유형에는 과학적, 직관적, 영적인 것들이 포함된다. 어느 한 가지 문화나 앎의 방식이 다른 것들을 무의미하게 만들지는 않는다. 쿠첸 원로는 증거 기반의 고전 과학을 토대로 공동의 가정을 세워놓고 전 지구적 문제와 해법을 고민하는 과학자들은 물론 그 외 여러 사람과 벌여온 수십 년간의 토론에 관해 말했다. 그들이 가진 틀은 과거 수천 년간 인류의 생존을 뒷받침했던 다른 앎의 방식을 가진 타인들의 깊은 지식을 간과하거나 무시한다.

기후변화가 나타남에 따라 그간 턱없이 부족했던 대화가 급속히 이루어졌다. "사람들은 기후변화에 대한 해법을 알아내려고 저마다 노력하고 있습니다. 이를 위해 과학자 또는 지식인으로서 그들이 배운 것을 토대로 한 자기만의 관점, 자기만의 안락한 기반을 가지고 오죠. 그렇다면 토착민들은 과연 어디서 자신의 안락한 기반과 지성을 바탕으로 말을 꺼내겠습니까? 그들은 땅과의 관계를 정의할 때 다음의 단순한 사실을 알고 있습니다. 우리 부족 사람들이 늘 하는 말이 있죠. '네가 대지에 한 것이 곧 너 자신에게 한 것이다. 네가 곧 대지이다.' 오늘날 우리는 어느 때보다 이를 목격하고 있습니다. 우리가 땅에 한 일이 정말 우리 자신에게 한 일이라는 것을 말이죠."

> 감사하는 마음을 품고 일상적인 것에서 신성한 것을 찾아라. 그러면 반드시 찾을 것이다.[7]
>
> _ 세라 본 브래넉 Sarah Ban Breathnach

우리가 대화를 나눈 것은 2021년 여름이었고, 쿠첸은 그해 겨울에 세상을 떠났다. 그는 캐나다 매니토바에 있는 위니펙 호수 남쪽 끝에 있는 토착민 교육과 웰니스를 위한 터틀 로지 국제 센터 Turtle Lodge International Centre for Indigenous Education and Wellness 를 설립하는 데 평생을 바쳤다.

이제 터틀 로지는 전 세계 토착민 공동체뿐 아니라 수천 년에 걸친 토착민의 경험을 통해 전수된 지식과 지혜가 우리 모두에게 매우 중요하다는 것을 깨우치고 있는 많은 사람을 위한 활발한 문화의 중심지다.[8] 이와 비슷한 자원들이 세계 곳곳의 문화권에 존재한다. 그곳 사람들이 인간을 포함한 환경 요인들을 대하는 뿌리 깊은 경험은 생명을 지탱하는 지식과 전문기술의 보고다. 우리는 자만심을 겸손으로 바꾸는 데 필요한 모든 것을 가지고 있으며, 릿 사고방식이 앞으로 나아갈 새로운 길을 찾아줄 것이다.

어떤 사람들은 영성이 그 길을 만들어준다고 말할 것이다. 이로써 우리에게 주어진 초월적인 시금석을 품은 채 일시적인(잠깐 지내다 가는) 이 삶을 살아갈 것이라고 말이다. 특히 우리가 허락한다면, 우리를 겸손하게 만드는 자연이 이를 도와줄 것이다. 쿠첸에 따르면 오늘날의 문화적 풍토 속에서는 그러기가 어려울 수도 있다고 한다. "고도로 지적인 사람들에게 이런 내용을 전달하기란 쉽지 않습니다. 대개 그런 사람은 과학적 증거에 매우 익숙한 까닭에 영혼이 있다는 것을 보여줄 증거가 있어야만 합니다. 그건 우리가 찾을 수 없죠. 영혼에 관한 것은 완전히 다른 차원의 이야기입니다. 토착민들의 삶의 방식에서는 이것이 현실이지만요. 우리 중 많은 사람은 영적인 영향력이야말로 더 높은 차원의 영향력이라고 생각합니다."

쿠첸은 이렇게 말했다. "토착민으로서 말씀드리죠. 아시다시피 유럽인들이 처음 도착했을 때, 그들은 우리가 영적으로 매우 발달했고, 이 영성이 땅을 돌보는 방식, 아이들이 공동체의 중심을 이루는 방식에 반영되어 있다는 것을 인정하지도 존중하지도 않았습니다." 토착민들의 땅과 생명을 빼앗고 아이들을 빼앗고 모국어와 전통적인 관습과 의례를 금지하는 등 토착민들의 존재와 문화를 지우려던 식민지 개척자들의 체계적인 노력[9]에도 불구하고, 오늘날 신성한 법과 부족 교육의 핵심 가치들은 수천 년간 전수된 그대로다.

겸손이 필수적인 가르침으로 남아 있다는 사실은 관심을 끌어왔다. 과학계에서도 유구한 토착민의 지성을 익히기 시작했고, 점점 더 많은 사람이 이러한 지식 기반과 관점을 접하는 데 관심을 보인다. 재앙적인 환경 변화에 직면함에 따라 이러한 지혜를 얻어 자연 세계에 평형을 이루려는 것이다.

> 토착민들은 각각의 생명체가 특별한 역할을 맡고 있다고 이해한다. 모든 존재는 자기만의 재능, 지성, 영혼 그리고 이야기를 지닌다.[10]
>
> _로빈 월 키머러, 《이끼와 함께》

린 트위스트: 전제와 가능성을 변화시키기

세계 기아 문제를 종식하고자 노력하는 글로벌 활동가였던 린 트위스트가 기금 모금 방식을 대대적으로 바꿔야겠다는 영감을 받았을 당시, 자선활동은 전면적인 개혁이 필요했다. 전통적인 기부 모델에서는 돈을 기부한 후원자들이 문제를 규정하고 이에 대한 해법을 결정하는데, 이때 수혜자들의 의미 있는 의견을 고려하지 않는 경우가 많았다. 트위스트는 세계 곳곳의 토착민 문화권에 속한 사람들과 협력하면서 이러한 역학관계에 문제가 있다는 것을 알게 되었다. 암묵적인 편견이 명백하게 드러났다. 즉, 가진 사람들이 못 가진 사람들을 도와주는 것이며, 도움을 받는 사람은 그저 감사해야 한다는 것이었다. 투입된 돈이나 준비가 부족한 자원봉사자들이 공동체를 아무리 교란하더라도 말이다. 문제의 뿌리를 제대로 이해하지 못한 탓에 다수의 프로젝트가 실패하곤 했다.

이를 깨달으면서 마음이 겸손해지고 직관적인 감각의 안내를 받은 트위스트는 자신의 사명을 '마음으로부터 모금하기'라고 다시 개념 짓고, 문제해결 중심의 파트너십에 기반을 둔 자선 사업을 실행하고자 새로운 패러다임을 개척했다.

이 패러다임에서는 모든 사람의 자원을 소중한 기여로 여기고, 엄밀한 문제해결 과정을 거쳐 전략적인 행동에 나선다. 그러한 행동은 돈, 시간, 전문성 그리고 문제에 대한 깊은 지식을 사용해 가장 큰 영향력을 발휘하고자 한다. 이에 따라 트위스트는 아마존 열대우림의 토착민들과 파트너를 이루어 그들의 땅과 문화를 보존하는 파차마마 얼라이언스Pachamama Alliance를 공동 설립했다. 트위스트는 동등한 파트너십이 필수적이며, 이것이 사람들을 겸손하게 만들어준다고 설명한다. 특히 효과적이고 지속 가능한 변화를 이루는 데 보탬이 되고자 외부 문화권에서 찾아온 사람들에게는 더욱 겸손하게 만드는 효과를 낸다고 한다. 트위스트는 일찍이 사하라 이남 아프리카 및 아시아권 공동체들과 협력할 때 이런 교훈을 배웠다고 설명했다. 그곳 지역에서 굶주림과 가난을 해결하는 열쇠는 여성을 강력한 지역사회 및 비즈니스 리더로 육성하는 것이었다.

파차마마 얼라이언스가 아마존 열대우림의 토착민들과 처음 파트너십을 맺을 때, 트위스트는 아프리카, 아시아와 비슷한 역동을 예상하며 활동을 준비했다. 그러나 이곳에서 매우 다른 점을 발견했다. 아마존 공동체들은 가난하지도, 굶주리지도 않았다. 그리고 여성들은 서구식의 권한 부여나 발언권보다 변화의 주역으로서 자신들의 힘과 전략을 다르게 보고 있었다. 사실, 공동체의 특정 관습들을 바꾸려 했던 초기의 직접적인 행동들은 그곳 여성들이 직접 거절했다. 이후 10여

년간 이 파트너십은 공동체들이 당면한 난제에 대한 해법을 모색하는 데 집중했다. 이를테면 그들의 생존을 위협하는 삼림파괴 문제를 해결하고자 노력했다.

결국 이 여성들은 그들에게 필요한 도움을 찾아 나섰다. 그것은 더 안전한 임신과 출산을 지원하는 여성 교육과 관행을 극적으로 개선할 조산술 프로그램이었다. 그들은 이 프로그램을 파차마마 파트너들과 함께 만들어냈다. 지역 내 여러 부족에게 이 지식을 공유하자는 목표를 달성하기 위해, 그 여성들은 여성과 소녀를 위한 문해력 및 리더십 프로그램을 열었고, 곳곳의 공동체를 찾아다니며 관련 기술을 가르치기 시작했다. 출산 교육 프로그램을 진행한 결과, 출산 전후의 취약 기간에 여성과 신생아들의 사망이 크게 줄었다고 트위스트는 말했다.

자신의 선입견과 추정을 문밖에 놔두고, 존중을 바탕으로 관계를 형성하며, 배움을 얻기 위해 경청하는 것은 그때나 지금이나 중요한 태도라면서, 그녀는 이렇게 말했다. "그들이 무엇을 할 수 있고 무엇을 해야 하는지를 두고 내가 뭐라고 생각하든 그건 도움이 되지 않는다는 것을 절실히 배웠습니다. 자신들에게 어떤 기회가 있는지 그들이 생각하는 것이 중요하죠. 그들이 이 기회를 포착하고 나면 동등한 파트너십을 제공할 수 있습니다. '못 가진 사람들'에게 베푸는 것이 아니죠. 그 여성들은 그 지역을 잘 알고, 현지어를 알며, 무엇이 필요한지 알고, 수용할 수 있는 것과 그렇지 않은 것을 잘 알고 있습니다. 그것이 그들의 자산이죠. 우리의 역할은 그 프로그램이 효과를 내도록 재정적 자원을 제공하는 것입니다."

문제에 가장 가까이 있는 사람들이야말로 해결책에 가장 가까이 있을 때가 많다. 언제 발을 들여야 할지 아는 것만큼이나 언제 발을 빼야 할지 아는 것도 중요하다.

_레지날드 '레지' 슈포드, 노스캐롤라이나 저스티스 센터 사무총장

경외심과 겸손이 선사하는 릿

거의 매일 연구실에서 어떤 프로젝트를 진행면서 우리는 자연이 문제를 푸는 방식에서 실마리를 찾아내려고 노력한다. 지질학적 시간에 걸쳐 진화해온 패턴, 프로세스 그리고 독창적인 디자인에 비추어 볼 때, 거미줄은 그랜드 캐니언 못지않은 장관이라고 할 수 있다. 이러한 탐색에서 우리가 마주하는 것들은 그야말로 경외심을 자아내며, 문제의 해결자 그리고 멘토로서 자연이 발휘하는 본질적인 창의성과 정확성을 보노라면 겸손해진다. 그중 한 사례는 생각만 해도 전율이 온다. 그것은 바로 해파리 촉수다.

전이성 암 치료의 경우, 환자의 일차적 종양을 외과적으로 제거한 후라도 잔여 암을 죽이는 데 필요한 약물을 찾아내기가 여전히 어렵다. 한 가지 유망한 접근법은 환자의 몸에서 혈액 표본을 채취한 뒤, 이것을 기기에 통과시켜 전이성 암에서 비롯된 순환 종양 세포를 고립시키는 것이다. 문제는, 그 기기를 사용하려면 세포들을 한 표면에 포획해야 하는데 흘러 다니는 세포들은—한 올의 체모처럼—포획되지 않는다. 포획된 세포들은 (항체에 의해) 표면에 너무 단단히 붙어 있는 탓에 그것들을 온전히 떼어 이를 죽이는 데 필요한 약물을 찾아내기가

거의 불가능하다.

우리는 질문했다. 자연에 있는 생물체 중 멀리서 사물을 포획하는 것은 무엇일까? 해파리! 해파리는 몸체로부터 뻗어 나온 긴 촉수로 먹이와 먹잇감을 포획한다. 여기서 힌트를 얻은 우리는 DNA로 만든 합성 촉수를 개발했다. 이 촉수는 특히 암세포 표면에 달라붙어 그 세포를 감싼 다음, 그것들을 기기에 고정했다. 이렇게 해서 우리는 이전 방법들이 지닌 높은 효율을 맞추는 한편, 유속이 10배나 높은 상황에서도 거뜬했다. 즉, 같은 시간 동안 10배나 많은 혈액을 기기에 통과시킬 수 있었다는 것이다. 게다가 이 인공 촉수는 DNA로 만든 것이므로 간단히 효소만 첨가하면 세포들을 깨끗하게 풀어놓을 수 있었다. 덕분에 잔여 종양 세포를 죽일 약물을 찾아내는 연구를 진행할 수 있었다.

1년 정도 연구와 개발을 진행한 끝에, 암세포를 포획하는 DNA 촉수의 효과를 현미경으로 목격했던 그 순간은 정말 숨이 멎을 만큼 놀라웠다. 지금도 그 장면을 머릿속에 떠올리면 우리 모두를 휩쓸었던 경외심이 되살아날 정도다. 우리는 해파리의 생존을 위해 자연이 설계한 해법이 인간의 상상력을 거쳐 암 환자의 생존을 위한 새로운 도구를 개발하는 데 효과를 냈다는 사실에 전율했고, 또한 겸허해졌다.

자연에서 영감을 얻은 작업은 이런 식으로 우리를 꾸준히 겸손하게 만든다. 그러나 이는 이야기의 절반에 지나지 않는다. 사람들의 이야기도 같은 감동을 자아낸다. 시간을 내어 사람들의 이야기를 듣거나, 대커 켈트너가 '도덕적 아름다움'[11]이라 부르는 것 — 친절, 용기, 장애 극복, 생명 구조 — 을 일상에서 실천하는 그들의 모습을 목격할 때면, 사람들이 참 경이롭게 느껴지기도 한다. 켈트너는 책을 집필하기 위해 전 세계에서 수집하고 분석한 2,600개의 이야기를 토대로, 사람들이 말하는 경외심의 가장 흔한 출처를 확인하고 순위를 매겼다. 그는 이렇게 말했다.

"시간의 흐름과 관계없이 반복적으로 확인되는 가장 흔한 경외심의 원천은 타인이다. X와 인스타그램에 올라오는 게시물을 고려하면 그런 생각이 들지 않겠지만, 사람들이 무엇을 할 수 있는지 생각하면 가슴이 먹먹해지고 눈물이 나는, 깊은 경향성이 있다."[12]

이러한 경외심을 얻으려고 먼 곳을 내다볼 필요는 없다. 수많은 일터가 그렇듯이 우리 연구실에서도 가벼운 대화를 통해 꾸준히 서로의 이야기를 듣는다. 식구들에 관한 이야기, 개인의 희망과 꿈에 관한 이야기, 갖가지 도전과제와 좌절, 그들을 버티게 한 끈기에 관한 이야기 등이 그것이다. 이와 달리 의도적으로 자신의 이야기를 공유할 때도 있다. 수요일마다 열리는 우리의 정기 프로젝트 회의에서는 1년에 두세 번 정도 색다른 순서를 갖는다. 이날 우리는 사람들에게 3분이라는 시간을 주고 자신이 궁금해하거나 관심을 두는 주제를 발표하도록 한다. 주제는 어떤 것이어도 좋다.

최근 인상 깊었던 발표로, 어떤 연구원은 스탠드업 코미디에 관심이 있다면서 짧은 공연을 보여주었다. 또 어떤 사람은 코로나19가 확산하던 시기에 가족들이 오랫동안 운영한 베이커리를 닫아야 했지만, 가게를 인생의 미션으로 다시 일으켜 세우겠다고 결의를 다지며 회복력을 발휘했다는 이야기를 들려주었다. 어떤 사람은 경쟁적인 수중 발레에 관해 이야기했다. 너무 오랫동안 숨을 참아야 하는 까닭에 공연 도중 선수들이 기절하는 일도 벌어진다는 이야기를 들려주었다. 어떤 연구원은 고등학교 때 밴드로 활동했던 이야기를 전하면서 우리가 눈을 감고 밴드 음악을 듣게 해주었다. 가장 훌륭했던 발표는 햄버거 애호가(그리고 세포 생물학자)인 더스틴 아멘돌리아가 보스턴 최고의 햄버거에 관해 랩 비트를 가미해 음악적으로 비평한 발표였다.

내가 느끼기에 그 이야기들을 듣는 것에는 굉장한 무언가, 말하자면 일종의 몰입감이 있다. 그들의 열정과 호기심에는 매우 활력이 넘치는 무언가가 있는데, 이는 우리가 충분히 공감할 만한 경험이다. 그 주제가 생물학이든 햄버거든 말이다. 그 에너지를 직접 느끼고, 바로 옆에 있는 사람들에게도 그 에너지가 느껴질 때면 정말 황홀하다.

> 경외심은 밖에 나가 사물에 대한 관점을 넓히라고 우리에게 말한다.[13]
>
> _ 대커 켈트너, 과학자 겸 저술가

로버트 랭어: 시금석이 된 아버지의 유산

로버트 랭어는 압도적인 에너지와 결단력의 소유자이자 궁극의 혁신가이자 의학 전문 번역가로서 두루 존경받는 사람이다. 길고 뛰어난 경력을 쌓는 동안 그는 약물 전달 방식에 혁명을 일으키는 등, 의학 분야에 있었던 종래의 지혜에 도전하는 여러 돌파구를 만들었다. 그의 발명은 전 세계 인구의 약 25퍼센트에 긍정적인 영향을 끼쳤다. 그중 전 세계 39억 명은 그의 연구소에서 수십 년간 진행된 약물 전달 연구에 근거한 모더나 백신을 접종받았다.

랭어는 뛰어난 능력으로 찬사를 받지만, 그를 아는 사람들 사이에서는 그의 겸손한 품성도 이에 못지않게 전설적이다. 그는 모든 사람의 잠재력을 포착하고 이를 드러내준다. 모든 사람이 스스로 중요한 사람이라고 느끼게 해주고, 그들의 시간과 노력과 관심을 존중한다. 주저 없이 다른 사람들의 공을 인정하고, 그들 개인의 노력과 공헌에 감사를 표한다. 프로젝트를 진행할 때는 사람들에게 긍정적인 방향을 제시하고 임무에 맞게 사람을 배치한다. 그는 자신의 성취가 아니라 그의 연구소에서 훈련한 사람들이 가장 큰 자부심의 원천이라고 말한다.

그의 이런 태도는 친절과 같은 더 나은 천사들을 경쟁과 자존심이 밀어내는 학계에서 더욱 눈에 띈다.

랭어는 자신을 행복한 사람이라고 여긴다. 그 이유로 애정 어린 가족, 살면서 몰두하는 일에서 느끼는(그리고 일에 투여하는) 열정과 목적의식 그리고 타인의 선한 본성에 대한 자신의 신념을 꼽는다.

그는 말한다. "저는 운이 좋았습니다." 평생 가정을 돌본 그의 어머니는 지금도 궂은 날씨에 아들이 잘 챙겨 입었는지 확인하려고 전화를 걸어, 그를 아끼는 마음에 이런저런 잔소리를 한다. 랭어가 스물여덟 살일 때 예순 살의 나이로 세상을 떠난 그의 아버지는 그에게 두 가지 이야기를 남겼다. 랭어는 이 이야기들을 늘 마음에 새기고, 힘든 시기에 의지할 시금석이자 그의 세계관을 형성하는 영감으로 삼아왔다.

하나는 개인적인 이야기다. "제 아버지는 그야말로 혹독했던 대공황 시기에 자랐습니다. 성공한 사람들이 억만장자에서 빈털터리가 되면서 스스로 목숨을 끊는 것을 숱하게 보셨죠. 그 후 아버지는 제2차 세계대전에 참전해 전우들을 잃었고, 많은 사람이 돌아오지 못한 것을 보았습니다. 그것은 정말 견디기 힘든 일들이었고, 사람을 겸허하게 만드는 시절이었죠." 그 외에 무슨 일이 벌어지든 랭어의 아버지는 이렇게 말했다고 한다. "제 아버지는 늘 말씀하셨죠. 제2차 세계대전 이후로는 하루하루가 선물 같다고 말입니다. 그 말씀이 제게 도움이 되었습니다."

다른 이야기는 농구의 역사에 관한 것이지만 단순한 역사를 뛰어넘는다. 의학 혁신을 진전시키고자 노력하는 랭어가 보기에 이는 전혀 먼 이야기가 아니다. 뉴욕 양키스의 전설 루 게릭Lou Gehrig 은 루게릭병이라고도 알려진 근위축성측색경화증amyotrophic lateral sclerosis, ALS 으로 1941년에 사망했다. 그의 나이 겨우 서른일곱이었다. 심신을 쇠약하게 만드는 이 병으로 그는 농구계를 떠나야 했지만, 죽기 2년 전 그를 기념하는 날 그가 전했던 감동적인 고별사는 랭어의 아버지가 오랫동안 그에게 말해주었던 영감의 원천이었다.

"그는 이 엄청난 연설에서 그의 어머니와 아버지에게 감사의 인사를 전하고, 많은 사람에게 감사를 표했습니다. 이런 말을 했죠. '제게 불운이 닥쳤다고 생각하는 사람이 많다는 것을 알고 있습니다. 하지만 오늘 저는 지구상에서 제가 가장 운 좋은 사람입니다. 너무도 많은 것을 받았으니까요.' 이 말을 듣고 정말 멋진 인생관이라고 생각했습니다. 이 사람은 인생의 가장 좋은 시기에 끔찍한 병에 걸려 죽게 되었는데, 자기가 지구상에서 가장 운 좋은 사람이라고 세상 사람들에게 말한 겁니다. 이 이야기를 생각할 때마다 그리고 루 게릭 이후로 루게릭병에 걸린 모든 사람, 불운을 마주한 모든 사람을 떠올리면서 이렇게 생각합니다. 그럼에도 불구하고 얼마나 멋진 인생관인가."

겸손한 사람들은 과거뿐만 아니라 미래에도 관심을 가지는 자들입니다. 그들은 감사하는 마음으로 과거를 기억하고, 앞을 내다보면서 자신의 가지를 뻗어낼 방법을 알기 때문이죠. 반면에 교만한 사람들은 그저 반복하고, 점점 더 경직되고, 그 반복 속에 자신을 가둡니다. 자기가 알고 있는 것을 확신하고, 새로운 것은 통제할 수 없다는 이유로 전부 두려워하죠.[14]

_ 프란치스코 교황

집으로 가져오기

나를 겸손하게 만드는 가장 큰 교훈은 부모로서 배우는 것들이다. 아이들이 우리의 스승이 되겠다고 자처하는 것은 아니다. 그러나 우리가 운이 좋다면, 아이들은 우리가 지닌 최악의 성향을 극복하고 결국 우리에게 깨달음을 줄 방법을 찾아낸다. 문제해결의 과정이 그렇듯이 일도 때로는 우회로를 거친다. 나 역시 한때 아이였다. 나름 '전문 지식'이 있다고 생각했지만, 실은 이것이 장애물로 작용했다. 최상의 시나리오라면, 내 아이의 나이 때 내가 어땠는지를 기억하고 아이에게 공감해줄 수 있을 것이다. 최악의 시나리오 또는 최소한 문제시되는 시나리오라면, 공감이나 심지어 흥미 같은 것은 배제하고, 내가 그 나이 때 효과적이었던 것이 내 아이에게도 효과적일 수 있다고, 그럴 수 있을뿐더러 그래야만 한다고 가정하고는 이리저리 지시할 것이다. 만약 효과가 없다면 그건 내 탓이 아니라 아이 탓이다. 내가 직접 경험한 바로는 효과가 있어야 정상이니까.

나는 문제를 규정하고 해결하는 것으로 먹고사는 사람이니, 나라면 집에서도 그런 기술을 무난히 적용할 것이라고 가정하는 것이 지극히 당연해 보인다. 중요한 것은, 연구실을 비롯한 모든 업무 관계에서 문제해결의 필수 과정은 반복이라는 점이다. 구성원들이 함께 문제를 규정하고, 해결책과 앞으로 나아갈 길에 관해 함께 브레인스토밍하며 앞뒤로 계속 왔다 갔다 하는 것이 중요하다. 이 과정에 수많은 경청과 학습이 포함되어 있다. 한편, 가정에서는 중요한 것이 무엇인지 규정하다 보면 종종 길을 잃곤 한다. 부모인 우리는 오늘 이 순간 우리에게 중요한 것만 생각하면서 우리를 강조한다. 아이들이 중요하다고 생각하는 것을 확인해야 하는데 이를 놓치고 만다. 내가 가정이나 일터에서 경험했던 가장 큰 단절은 잠시 멈추고 다른 사람이 중요하다고 생각하는 것을 고려하지 않은 탓에 생겨났다. 때로 가장 중요한 것, 그들에게 필요한 것은 지지뿐이다.

이런 연유로 나는 조시가 7학년 때 함께 공부했던 가정교사가 나를 따로 불러내 전한 말을 듣고 깜짝 놀랐다. 그는 '훌륭하게 해내자'라는 기조로 최대한 잠재력을 개발하기를 독려하는 나의 태도를 다시 생각해보라고 권했다. 왜 그래야 하는지 내가 물었다. 그 교사는 나의 그런 태도가 아들의 노력에 도리어 방해가 된다고 말해주었다.

나는 오랫동안 생각해보았다. 나는 내가 겪었던 힘든 학교생활, 어렵게 배운 교훈들, 탁월함을 이루는 데 효과적이었던 전략들을 참고했다. 그것들이 충분히 검증된 방법이라고 생각했다. 그리고 우리 아이들만큼은 내가 어릴 때 겪은 고통스러운 일들을 피하게 해주고 싶어서 내 방법을 두 아이에게 강요했다. 아이들은 나와 분리된 독자적인 사람이므로 내게 맞는 노력이나 나의 성공 비법을 사용해봤자 소용없다는 것을 고려하지는 못했다. 이 (나만 빼고 모두에게) 뻔한 사실을 받아들인 후로는 나의 요령 따위는 던져버리고 새로운 전략을 배울 수 있었다.

이 일은 연습이 필요했다. 나는 대뜸 반응하지 않고 경청하고, 격려랍시고 지시를 내리기보다 대화를 주고받으며, 두 아이를 그 모습 그대로 인정하고, 자라나는 아이들을 즐겁게 바라봐주는 법을 배워야 했다.

지금도 우리 아이들은 내게 필요한 이런 겸손의 교훈을 계속 불어넣고 있다. 최고의 '릿'한 생각은 때로 그저 경청하고, 필요할 때 도와주고, 가까운 곳에 있어주고, 판단하지 말고 온전한 주의를 누군가에게—특히 우리 아이들에게—기울이기 위해 존재하는 것임을 나는 깨달았다. 한 가지 아이들에게 부러운 것이 있다. 두 아이 모두 열심히 노력하는 사람이지만, 일과 삶과 놀이의 균형은 나보다 훨씬 더 잘 잡혀 있다. 이 점을 나도 배우려고 노력하는 중이다.

내가 이 교훈을 몇 년 전에 깨닫고 내 신발을—그리고 내 자존심을—문밖에 벗어뒀더라면, (나를 포함한) 모든 사람의 불만을 덜 수 있었을 것이다. 다행히 나는 학습이 되는 사람이다. 겸허해지고 있으며, 배우고 있다.

실천 지침

진실한 소통을 위한 겸손 실천하기

나의 인간다움—그리고 그 일부인 겸손—을 릿 도구로 활용하는 것의 묘미는 아무런 사전 준비 없이 지금 있는 곳에서 시작할 수 있고, 활성화 에너지도 낮다는 것이다. 다음번에 누군가와 대화하거나, 어떤 상황이나 사람에 관해 생각할 때, 잠깐이라도 인정과 관심을 기울이겠다는 자세를 취해보자. 나와 대화하는 누군가가 소통을 꾀하지만 내 신경을 건드리기만 한다면 이렇게 생각해보자. 그 순간 확신이 없을 수도 있고, 자기만의 나쁜 습관이 만든 내면의 알고리즘이 돌아가고 있을지도 모른다고 말이다. 그리고 생각 없이 얼른 반응하려는 나의 충동을 줄이고 해소할 방법을 찾거나 더 진실한 소통을 할 수 있도록 대화의 틀을 조정해보자.

기회는 많다. 불쑥 저항감이 들거나 내가 옳다는 생각이 솟구칠 때는 잠시 멈추고 이유를 생각해보자. 그러면 당면한 상황의 무언가가 그 작은 자아의 요새를 수호하거나 보호해야겠다는 충동을 촉발했다는 것을 깨닫게 된다. 그럴 때는 그 이유를 고민해본다. 그러면 나의 반응이 잘못 발화된 어떤 원시적인 생존 본능일 것이라는 사실을 거의 항상 깨닫는다. '나' 중심의 틀에서 '너' 중심의 틀로 생각을 바꾸면 다른 사람들이 그 상황에서 무엇을 논하고 있는지 더 정확하게 파악하는 데 유리하다.

경외심을 느끼고 겸손을 실천하는 실용적인 방법으로 다음의 요령들을 시도해보자.

- 할 수 있는 한 자연에 주파수를 맞추자. 우리는 광막한 우주 속에 존재하는 작디작은 티끌이지만, 인류, 나아가 자연이라는 수레바퀴를 이루는 중요한 바큇살이기도 하다. 이 점을 깊이 음미하자. 생태계

속에서 우리가 맡은 부분을 인식하는 것은 영적으로 겸손해지는 경험이다.

- 일상에서 만나는 사람들이 드러내는 도덕적인 아름다움 — 친절, 용기, 장애 극복 — 을 찾아보고 이를 잘 간직하자. 그 느낌을 음미하자.

- 다른 사람을 칭찬할 때는 그들이 거둔 최종 결과가 아니라 그들이 보인 용기, 끈질긴 연습, 계속 전진하기 위해 선택한 태도, 역경 속에서도 무릅쓴 위험, 투여한 노력을 높이 평가하자.

- 나 한 사람만 칭찬의 대상으로 지목되었을 때는 얼른 다른 이들과 공을 나누자.

- 비판을 듣는 경우, 나의 선한 의도와 관계없이 다른 사람들에게 어떤 영향을 끼치고 있는지 배우려고 노력하자. 누군가가 나의 실수를 지적해주면 인정하려고 노력하고, 그 깨달음을 가지고 자신을 더 발전시킬 방법을 생각해보자.

- 실수를 저질렀다면 시간을 갖고 곰곰이 생각을 정리한 다음 진심으로 사과를 표하자.

- 다른 사람에게 없는 기술을 가지고 있다면, 그 기술을 갖추는 나만의 프로세스를 알려주고, 그들이 배우는 것을 기꺼이 돕자.

- 다른 사람의 좋은 점을 찾는 습관을 기르고, 그런 점을 인정해주자. 특히 아이들에게는 더더욱 표현하자.

- '나' 중심의 생각을 '너' 중심의 생각으로 바꿔보자. 다른 사람들에게 중요한 것이 무엇인지 귀 기울여 듣자. 관심을 가지고 질문하자.

- 내가 신뢰하는 사람들이 내 말이나 행동의 어떤 점을 '보이는 그대로

일러주면서' 내가 모르는 것을 깨우쳐주려고 할 때는 귀담아듣자.

• 나를 겸손하게 만드는 인생의 순간들을 감사히 여기려고 노력하자. 이런 노력을 지키려고 애쓸수록 그 순간들은 더 나를 겸손하게 만들고, 더 많은 깨달음을 안겨준다.

11

chapter

'멈춤' 버튼 누르기

머무르고 관찰할 시간을 지켜야 하는 이유

마음을 충전하는 느긋한 놀이, 고독, 침묵의 시간을 소중히 여기자

우리 모두는 자신의 진정한 본질과 꾸준히 소통하고, 길을 따라가면서 자신을 돌보고,
다른 사람들에게 손을 뻗고, 잠시 멈춰 감탄하고,
모든 것이 가능한 그 장소와 연결되어야 한다는 것을 되새겨야 한다.[1]

_ 아리아나 허핑턴 Arianna Huffington

비벡 라마크리슈난은 10년 전 친구의 소개를 받아 우연히 대화한 이후로 서로 말을 주고받은 적이 없었다. 그 후 코로나19 대유행 당시 줌 통화를 하다가 또 한 번 우연히 세 사람이 대화를 나누게 되었다. 통화를 마칠 무렵, 나는 코네티컷대학교의 벤처 개발 책임자였던 그에게 우리 연구소에서 강연을 맡아주기를 부탁했다. 벤처 자본과 의학 혁신과 관련된 그의 일보다는 남다른 그의 명상 수행[2]에 관해 듣고 싶어서였다.

줌 통화를 하는 동안 우리는 각자의 경력에 관해서도 대화했지만,

코로나19가 우리 모두에게 어떤 영향을 끼치고 있는지도 이야기했다. 라마크리슈난은 명상과 디폴트 모드 네트워크DMN 와의 교차점을 더 면밀히 연구하기 시작했다면서, 한 유명한 신경과학자와 주기적으로 브레인스토밍하고, 명상 워크숍에도 참석해 그만의 수행법을 개발하는 데 집중하고 있다고 했다. 당시 나도 나름의 명상 기법을 이제 막 실험하던 때였기에 보통 이상의 관심이 생겼다. 나는 라마크리슈난의 이야기에 큰 호기심이 생겼다.

늘 우리 연구실에 새로운 통찰과 아이디어를 불어넣을 방법을 찾던 나는 그가 화상 통화로 우리와 함께할 의향이 있는지 물었고, 이렇게 서로의 에너지가 한데 모였다. 우리 연구실에서 첫 강연을 한 후, 그는 열화와 같은 요청에 계속 이곳을 찾았고 지금은 몇 달에 한 번씩 우리와 함께하고 있다. 그는 오래된 철학적 물음인 일시성(비영구성)의 본질과 그의 블로그에 게시하는 사진 프로젝트, 이와 관련해 마음을 배회하게 만드는 뇌의 DMN에 의해 무기력하게 표류하거나 주의를 빼앗기기보다는 DMN을 다스릴 전략들에 관한 새로운 통찰을 전해준다. 일시성(비영구성) 프로젝트도 그 전략 중 하나다. 이 간단한 활동은 나와 카메라(휴대전화 카메라도 좋다) 그리고 집중하는 순간만 있으면 된다.

이 프로젝트에 관해서는 잠시 후에 이야기하기로 하자. 어쨌든 하루를 보내면서 주의를 집중하는 속도나 방향을 바꾸거나, 자신에게 의미 있는 휴식을 선사하는 등 어떠한 방식으로든 에너지를 옮기려고 선택하면 뇌, 마음, 몸, 정신을 다시 일치시키게 된다. 이것은 하나의 기술로서 속도를 늦추는 방법을 배우는 것이다. 단, 뇌가 주변 세상에서

(시각, 청각, 미각, 후각, 촉각을 통해) 쏟아져 들어오는 정보뿐만 아니라 내면에서 나오는 정보도 온전히 처리할 시간을 주어야 한다. 뇌는 우리 장기가 보내는 화학적, 전기적 신호와 더불어 정서적 원천과 그 외 더 미묘한 직관적 원천이 보내는 신호를 끊임없이 받고 있다. (무언가에 관한 직관적 감각을 가리키는 '직감'은 내장과 뇌 사이의 의사소통에 생물학적 토대를 두고 있다.) 마지막으로, 뇌는 이 정보를 통합해 실시간으로 반응을 조율해야 한다. 이 모든 것—수십억 개의 뉴런이 신호를 정리하고 내보내며 반응을 조율하는 과정—은 우리의 관찰 속도보다 빠르게 일어난다. 그러나 우리는 이 과정을 가로챌 수 있다. 뇌의 리듬이 그모든 놀라운 차원에서 자연의 가장 근본적인 리듬과 다시 연결되도록 잠시 멈추는 쪽을 택하면 된다. 또한 직관적인 신호들을 일종의 초대로 여겨 잠시 멈추고, 우리가 멈출 때 생겨나는 다른 에너지들을 받아들일 수 있다.

때로 자기 생각과 의도를 명확히 밝혀 진로를 바로잡는 데 필요한 것은 휴식뿐이다. 꽉 막힌 것을 풀 때도 휴식이 필요하다. 반응적인reactive (그때그때 감정에 따라 즉각적으로 반응하는 태도—옮긴이) 행동은 단순한 소통을 바랄 때 도리어 사람들과 멀어지게 만들어 우리를 꼼짝하지 못하게 하거나 과잉 반응하게 만들 수도 있다. 그럼에도 우리는 감정에 휩쓸려 반응하는 쪽을 택한다. 그쪽의 활성화 에너지가 낮기 때문이다. 이런 충동을 차분히 가라앉히는 것보다 폭발하는 쪽이 더 쉽다.

겨울의 지혜를 빌리기

자연의 리듬은 우리에게 비가동 시간을 보여준다. 공허한 시간, 허비하는 시간과는 거리가 먼 이 시간에는 보통 '행동'이라고 생각되는 것과는 다른 방식으로 생명을 지탱하는 활동이 풍성하게 이루어진다. 자연에 나타나는 겨울의 비가동 시간은 쓸모없고 척박해 보일지도 모르지만, 이 시기에 지구와 대다수 동식물은 자신을 보충하고, 봄여름에 이루어지는 창의적이고 에너지 집약적인 활동을 위해 준비한다. 이 영원한 순환은 디지털 속도, 스트레스, 끝없는 활동으로 점철된 부자연스러운 시대를 살아가는 우리에게 진화가 만들어놓은 생존 지능의 씨앗을 전달한다.

모든 생명은 멈춤이 발휘하는 회복의 힘에 의존한다.[3] 이에 관한 생물학적 신호가 우리의 24시간 주기 리듬에도 내재되어 있다. 수면에서 얻는 멈춤이 생존에 꼭 필요하다는 것은 우리가 직관적으로도 알고 있고, 과학이 확증하는 사실이기도 하다. 보통 우리 몸은 밤 또는 피곤할 때 잠을 자도록 신호를 보낸다. 이상적인 경우, 우리는 이 멈춤을 실행할 규칙적인 시간을 정해서 이를 지킨다.

수면 과학에 따르면, 수면은 뇌가 무엇보다도 시스템 차원의 유지보수와 재생 과정에 에너지를 쓰도록 자유롭게 놓아준다. 이를테면 주기적인 뉴런 관리, 세포 노폐물 처리, 새로운 재시동을 위한 시스템 준비 등의 작업을 하는 것이다. 우리가 개운하게 잠에서 깨는 데는 이유가 있다. 뇌가 활발하게 수면하며 분주하게 움직인 덕분이다! 많은 직장인, 갓난아기를 키우는 부모 그리고 어린아이들에게 자주 나타나는 만성 수면 부족이나 질 낮은 수면은 건강에 해로운 영향을 끼친다. 결국, 잠을 못 자면 죽는다.

수면이 주는 멈춤도 필요하지만, 최대한 원활하게 기능하고 정신 건강을 지키려면 낮 동안에도 멈춤이 필요하다. 그럼에도 우리는 이를 알리는 경고음을 수시로 꺼두거나 그 소리를 아예 듣지 못한다. 특히 디지털 시대의 소음 속에서는 더더욱 그렇다. 그 신호들이 여전히 다가오는데도 우리는 자연과 조율하는 일에서 점점 더 멀어져 이런 생활에 길들어버렸다.[4]

살면서 의도적으로 잠시 멈추는 전략이 필요하다. 겨울이 되면 지구상의 다른 모든 생명체가 그렇듯 우리도 에너지를 보존하고, 휴식하고, 회복하고, 새로운 에너지로 다시 기지개를 켜기 위해 시간을 떼놓아야 한다. 릿 방식으로 한 발짝 더 내디딘다면 에너지가 소진하고 있다거나 휴식이 필요하다는 신호를 기다릴 필요는 없다. 에너지가 고갈되기 전에 주도적으로 잠시 멈추면서 자신을 회복할 수 있다.

24시간 주기 리듬을 보내는 동안 자연은 우리에게 우선순위를 세우고, 문화적 요구가 부과한 인위적인 시간표를 중단하고, 인간으로서의 주체성을 사용해 반대로 움직여보라고 말한다. 이것이 인간의 다른 기본 욕구들보다 더 이기적이거나 제멋대로인 것이 아니다. 비가동 시간은 뇌의 에너지 순환에 필수적인 단계다. 선택 사항이 아니라 필요 사항이다.

싱가포르국립대학교의 김수열, 노스캐롤라이나주립대학교의 조성희, 일리노이대학교의 박영아 등 세 연구자는 잠깐의 휴식—일하는 낮 동안 아주 짧게 이완하는 시간—이라도 업무 몰입도를 높이고, 일을 마칠 때 느끼는 피로를 줄일 수 있다는 것을 밝혀냈다.[5] 그들은 잠깐의 휴식이 '일할 때 발휘하는 효과적인 에너지 관리 전략'이라면서, 조직들이 잠깐의 휴식을 도입해 '건강 친화적인 문화와 높은 자율성을 촉진하는 데 적극적으로 나설' 것을 장려했다.

음악 연습도 유용한 비유를 제공한다. 몰리 게브리언은 공연을 앞둔 연주자들에게 가장 적합한 연습 시간을 관찰했다. 연습은 뇌가 새로운 또는 더 강한 시냅스 연결을 만들도록 자극하지만, 연습 도중에는 이 작업이 일어나지 않는다고 게브리언은 말했다. "학습은 연습 사이사이의 휴식 동안에 일어납니다. … 뇌가 학습하려면 실제로 물리적 변화를 겪어야 하는데, 바로 휴식할 때 정보를 간직하게 되죠. 뇌가 이런 종류의 재구성을 할 수 있으려면, 바로 그 시간에 뇌를 써서는 안 됩니다." 바쁜 일상의 음표 사이에 갖는 탁 트인 '빈' 공간과 휴식은 창의성을 비롯한 우리의 모든 정신 프로세스에 필수적이다. 다음번 상시 근무를 위해 뇌가 에너지 비축량을 강화하고 회복하는 것은 멈춤의 시기에 이루어진다.

음악과 함께 휴식하면 더욱 좋다. 음악은 측정 가능한 효과로 우리 모두에게 반향을 일으킨다.[6] 음악의 빠르기 그리고 우리의 호흡과 음악의 박자가 일치하는 정도에 따라, 음악은 심혈관계와 호흡기계에 영향을 주고, 주의력을 일깨우거나 집중시킨다. 이를 살펴본 한 연구에서는 음악이 음악인과 비음악인에게 끼치는 영향을 비교해보았다. 두 집단 모두 음악을 들음으로써 유익한 효과를 거두었다. 그 증거로 음악이 멈출 때 이완 정도가 늘어나는 것을 확인할 수 있었다. 학습과 이완 모두 멈춤의 시기에 그루브를 타는 듯하다.

마음챙김은 하나의 멈춤—자극과 반응 사이의 공간—이다. 그곳에 선택이 놓여 있다.[7]

_타라 브랙Tara Brach

일시성에 관한 흥미진진한 실험

라마크리슈난은 이렇게 말한다. "뇌에서 일어나는 끊임없는 재잘거림, 내면의 독백, 무작위적인 생각의 흐름 때문에 대다수 사람은 장시간 동안 그 생각들을 끌어안고 홀로 앉아 있기가 어렵습니다." 그런 생각들에 포위당하는 느낌에 휩싸이기보다는 그 생각들과 친구가 될 수 있다. 의도를 사용해 잠시 멈추라는 신호를 보내면, 뇌가 멈춤을 실행하도록 재교육하여 그 기술을 기를 수 있다. 라마크리슈난은 말한다. "관찰하는 행위만으로도 뇌가 정보를 처리하고 자신의 우여곡절에 가치를 부여하는 방식이 달라집니다. 관찰이 인식의 역치를 바꿔놓죠. 상황이 매우 좋아야지만 즐거움을 얻는 것도 아니며, 일이 뜻대로 되지 않는다고 뇌가 임의로 낮은 점수를 주는 것도 아닙니다. 우리는 일상생활의 사소한 변화들을 알아차리도록 뇌를 훈련할 수 있습니다.[8] 변화가 얼마나 아름다울 수 있는지 알아보는 데서 미묘한 기쁨을 느끼는 거죠."

결국, 배회하는 마음도 나름의 방식으로 계속 움직이고 있다. 무작정 걷고 있는 것이라고 생각해보자. 초기 인류가 사바나를 가로지르며 했던 것처럼 말이다. 그때 그들은 주변 환경을 경계하고 인식하면서, 위협의 대상이나 관심을 가질 만한 것들을 세심히 살피며 걸었다. 신생 연구에 따르면, 이러한 무작위적인 생각의 흐름에는 적응적 가치가 있다고 한다. 무작위적인 연결 덕분에 통찰력을 얻을 큰 잠재력이 있다는 것이다. 초점을 맞추고 지속적으로 주의를 기울여야 하는 상황에 놓이는 것이 성가실 수도 있다. 그러나 그런 압박이 사라진다면 DMN은 하나의 자산이 될 수 있다. 이 자산은 자신에게 시간을 주면서 "거기 가 봐."라고 열의를 가지고 허락했을 때만 사용할 수 있다. 진짜 내 마음에 떠오르는 생각들의 생생한 흐름을 관찰하는 실용적인 도구로서 DMN은 항상 작동 중이다. 렙 상태(에너지를 적게 쓰는 뇌 상태)에서 우리는 이 흐름을 고정된 것으로만 듣는 경향이 있고, 과학자들도 한때는 그렇다고 생각했다. 이제 렙은 개인의 의지대로 이용할 수 있는 창조적 흐름이라고 인식된다.

우리 연구실 사람들이 일시성(비영구성) 프로젝트 활동을 가지고 실험할 때, 몇몇은 어떤 대상의 사진을 찍는 데 집중했다. 이 과정에서 그들은 사진을 찍는 동안 촬영 대상 및 자신의 감정과 연결되고자 잠시 멈췄다. 카메라가 있든 없든 자연의 미묘한 현상을 관찰하고자 어떤 방법을 선택할 때 가장 중요한 것은 감상이다. 감상은 더 깊이 몰입하도록 뇌의 배선을 바꿔준다.

나는 며칠 동안 같은 꽃을 찍으면서 내가 놓치곤 하는 미묘한 변화를 알아차리기로 마음먹었다. 나는 잎이 무성한 나무를 보면서도 잎이 절반은 떨어진 뒤에야 잎이 지고 있다는 것을 알아차리던 사람이었다. 날마다 같은 꽃을 찍다 보니 꽃의 색깔과 방향의 변화와 같은 흥미로운 많은 변화를 알아차리기 시작했다. 그것들은 꽤 두드러진 변화였으나 나로서는 그것을 매일 보면서도 알아채지 못할 뻔했다. 지금이라고 그 변화 하나하나를 빠짐없이 알아차리는 것은 아니다. 다만 자연이 드러내는 역동적인 활기에 익숙해졌고, 그런 것을 보면서 문득문득 경외감도 느낀다. 최근에는 나무 꼭대기가 바람에 흔들리는 것이 눈에 들어오기 시작했는데, 이는 의도적으로 시선을 두기 전에는 못 보던 것이었다. 이제는 아침마다 밥을 먹으면서 한쪽 시선을 창밖에 두고 자연의 변화를 알아차리고 작은 경이로움을 포착하며 하루를 시작하려고 노력한다.

하루하루를 빡빡한 압박 속에 보내는 우리는 이런 속도에 익숙해졌다. 다시 말하면 속도를 늦추고 잠시 멈추려면 우리 뇌가 더 큰 노력을 기울여야 한다는 것이다. 그런 기술을 익히고 그것이 몸에 배도록 연습해야 한다. 특히 제조된 것들로 이루어진 인위적 환경, 상업 매체, 메시지 등이 그토록 강력한 힘을 발휘하는 요즘에는 더욱 그렇다. 내가 무엇을 할 수 있는지, 내가 택한 길에서 어떻게 전진해야 할지 스스로 배우는 것도 인생의 중요한 일부다. 내 인생에서 점진적인 변화가 펼쳐지는 부분은 어디인지 확인하고, 자연의 신호를 따라 의도를 가지고 내가 가는 방향에 집중하기 위해서는 주기적으로 잠시 멈추는 것이 유익하다.

잘사는 삶이란 전혀 목표가 없는 것을 말하기도 한다. 내가 가장 매력을 느끼는 친구들은 그저 그때그때 주어지는 즐거움을 누리며 산다. 지평선 쪽을 내다보고, 하늘을 올려다보고, 반려견의 눈을 들여다보고, 그저 느끼도록 나 자신을 끊임없이 상기시켜야 한다.[9]

_다이아나 니아드

번아웃: 새로운 기준?

신경과학이 등장해 원인을 밝히기 한참 전부터 민간의 지혜는 이렇게 경고했다. "일만 하고 놀지 않으면 어리석은—지루하고 따분한—사람이 된다." 오늘날 우리는 그 이유를 알고 있다. 같은 이유에서 창의성, 참신성, 혁신적 사고를 장려하는 수많은 첨단 기술 회사 등 많은 직장에서 탁구대, 당구대, 테이블 축구대, 낮잠 자는 공간 등을 마련해두고 있다. 4만 년 전, 초기 인류가 매머드의 엄니로 피리를 조각한 것도 같은 이유에서다. 놀이는 뇌, 특히 소뇌를 밝혀준다. 한가롭게 즐기는 생각조차 무작위적인 생각과 이미지를 활용하고, DMN을 신선한 아이디어와 통찰의 원천으로 바꿔놓는다. 아이들은 놀이 속에서 집행 기능—감시하고 관찰하는 행동, 주의 집중, 계획, 의사결정, 과제 전환—을 발달시키는데, 성인들도 똑같이 할 수 있다. 빡빡한 업무, 복잡한 생각, 무거운 압박 속에서도 짧게나마 휴식을 취하면 뇌에 차분함과 활력을 불어넣을 수 있고, 새로운 정보를 통합하게 할 수 있으며, 어느 정도 자신을 다잡아 새로운 상태에서 작업을 이어갈 수 있다.

일만 하고 놀지 않으면 사실상 뇌를 렙 상태로 만든다. 그 결과, 뇌가 지나친 부담을 느낀 나머지 수월하게 에너지를 보존할 인지적 경로를 적극적으로 찾게 만든다. 이것이 지루함, 우울과 불안, 정신적 피로, 부적절한 수면을 초래한다는 것은 우려스러운 사실이다.

펜실베이니아대학교 정신의학부 수면 및 시간생물학과 교수 겸 학과장인 데이비드 딘지스David Dinges는 우리가 24시간 일해야 한다는 해로운 요구를 내재화했다고 한탄했다. "사람들은 시간의 가치를 중시한 나머지 종종 수면은 성가신 방해 거리, 더 열심히 일할 의지가 부족할 때 빠져드는 낭비 상태라고 간주합니다."[10] 그는 이렇게 지적했다. "수면은 깨어 있을 때의 인지력, 즉 명료하게 생각하고, 기민한 자세로 경계를 지키며, 주의력을 지속하는 능력을 위해 중요합니다." 달리 말하면, 수면은 스트레스를 다스리고 원활하게 기능할 수 있도록 하는 자기 조절에 필수다.

예술가이자 교육자이며,《아무것도 하지 않는 법》의 저자인 제니 오델Jenny Odell은 이 책의 많은 내용이 스탠퍼드대학교에서 오랫동안 스튜디오 아트를 가르치면서 디자인과 공학 전공생들에게 휴식의 중요성을 알리는 동안 만들어졌다고 했다.[11] "몇몇 학생은 제 말의 핵심을 알아차리지 못하더군요." 오델은 가볍게 하이킹하려고 디자인과 학생들을 데리고 현장 학습에 나갔던 일을 설명했다. 이 그룹은 하이킹 도중 어느 지점에서 15분간 잠시 멈추고 '아무것도 하지 않는' 시간을 가졌다. 몇몇 학생에게 이 활동은 혼란스럽거나 매우 괴로운 시간이었다. "제 학생들 그리고 제가 아는 많은 사람을 보면 에너지도 넘치고 의욕도 넘치는데 불안 수준도 매우 높습니다. 제가 보기에 사람들은 사로잡힌 것 같아요 … 생산성과 진보라는 신화에 말이죠. 그러다 보니 휴식을 누리기는커녕 지금 자기가 서 있는 위치를 보지도 못하죠."

나의 에너지 그리고 주어진 일에 대한 주의력을 결정짓는 것이 실은 자기 조절―뇌와 신체가 생리학적으로 스트레스를 다스리는 방법―이라는 것을 알아차린다면, 의지력을 발휘하려고 자신과 그토록 힘들게 싸울 필요는 없을 것이다. 회복을 선사하는 휴식은 효과적인 자기 조절에 필수적이다. 뇌가 원활한 기능을 위해 자극을 열망할 때조차 '과도한' 자극은 피해야 한다. 그러나 디지털 게임과 TV 시청을 지나치게 즐기는 행동에서도 알 수 있듯이, 의식적인 마음은 언제 설정을 바꾸어야 하는지 모를 때도 있다. 자기 인식은 자기 조절의 필수적인 측면이다. 내게 휴식이 필요하다는 신호를 알아차릴 수 있어야 하기 때문이다. 그렇지 않으면 그것들을 서둘러 지나치고는 결국 충분히 피할 수 있는 결과를 맞게 된다. 이에 따라 깨어 있을 때 삶의 질과 내가 이바지할 수 있는 일들이 피해를 받는다.

다행히 비가동 시간의 가치를 깨닫고 나면, 이를 우선순위로 만드는 데 필요한 활성화 에너지가 낮아지고, 무한한 선택지가 눈앞에 나타난다.

우리는 마음의 평화를 이야기하지만, 우리가 진정 원하는 것은 마음으로부터의 평화다.[12]

_ 나발 라비칸트 Naval Ravikant

내 속도를 늦추거나 나의 공간을 고요하게 만드는 일상의 대상을 찾는다.

↓

내 마음, 몸, 영적 감각을 비롯한 여러 감각이 변화를 시도할 때 어떤 반응이 나타나는지 살펴본다.

↓

한번 시도해보면서 그 변화를 음미한다.

↓

더 자주 '멈춤' 버튼을 눌러 나의 핵심을 이루는 부분과 소통하고 나의 존재 전체를 보살핀다.

마음이 배회하려 할 때는 문을 활짝 열어주자!

마음이 배회하게 만드는 뇌의 상태에는 한 가지 역설이 있다. 이런 상태는 주의를 흩뜨리는 성가신 것일 수도 있지만, 마음껏 배회할 시간을 허락한다면 이런 상태로부터 풍부한 자원을 의도적으로 얻을 수 있다. 긍정심리학 분야에서 광범위한 저술 활동을 펼치고 있는 심리학자 질 수티Jill Suttie는 이렇게 말한다. "배회하는 마음이 부정적인가는 많은 요인에 따라 달라지고, 지금 내 기분 상태에 따라서도 달라진다. 경우에 따라 배회하는 마음은 창의성, 기분 개선, 생산력 향상, 더 탄탄한 목표로 이어질 수도 있다."[13]

나는 소로의 '어슬렁거리기' 개념을 좋아한다. 소로는 어슬렁거리기를 가리켜 '사그라지지 않는 모험 정신을 가지고' 짧은 산책이라도 나서는 것이라고 설명했다. 신경과학에서는 자연을 자세히 관찰하는 것이 뇌와 몸에 부차적인 이득을 제공한다고 한다. 이런 점을 고려해 새로운 관심을 품고 자연을 자세히 관찰하는 것이 좋다. 나는 이것을 일종의 정신적 결합이라고 생각한다. 다시 말해, 자연이 관찰의 대상이 될 뿐 아니라 자연이 마음의 방황을 유도하는 상태에 몰입하는 것이다. 이렇게 자연을 앞세워 배회하는 이입된 마음 상태는 특히 뇌에 긍정적인 효과를 가져다준다. 뇌는 경험을 중심으로 형성되기 때문이다.

언젠가 주말에 내 딸 조던과 반려견들을 데리고 집 근처 숲으로 산책하러 갔다. 처음에는 안 가려고 했지만—숲에 들어가는 건 싫다고 했다—걷는 동안 온갖 종류의 다른 강아지들을 만나더니 좋아하는 게 눈에 보였다. 처음 가졌던 마음이 다른 마음으로 바뀐 것이다. 나는 이

산책이 그날 하루를 보내는 내게 영향을 끼치는지도 살펴보았는데, 정말 영향이 있었다는 사실을 발견하고 깜짝 놀랐다. 그날 밤 자리에 누웠을 때, 평소처럼 걱정거리들과 해결되지 않은 문제들이 머릿속에 떠오르긴 했으나 낮에 산책했던 일도 떠올랐다. 내 경험이 알려준 것은 이렇다. 낮 동안 우리가 스스로 접한 것들은 사색과 배회의 순간에 우리 생각 속에 새겨지고, 이는 쉬고 있는 마음을 훨씬 풍부한 자원으로 채울 수도 있다.

나는 산책하러 나가 자연에 내 감각을 열어두는 것을 사랑한다. 특히 해변을 걸으며 모래 위의 돌들을 보면서 수행하는 시각 명상을 좋아한다. 내 마음을 진정시키는 모든 것은 나를 회복시킨다고 생각한다. 짧은 낮잠도 내가 좋아하는 것이며, 내가 떠올린 최고의 아이디어 몇몇은 샤워 도중에 떠오른 것들이다. 조용한 방이든 산책이든 긴장을 내려놓게 하는 공간을 자신에게 주어야 한다.

_ 스테판 월크스

잠자는 뇌의 비밀

오랫동안 수면은 독특한 비가동 시간으로서 육체적, 정신적 건강에 필수적이라고 이해되었다. 하버드 의과대학 정신의학과 교수인 로버트 스틱골드Robert Stickgold는 중요하거나 혼란스러운 의사결정 상황에 부딪혔을 때, '하룻밤 자면서 생각해보라'고 권하는 데는 그럴 만한 이유가 있다고 한다. 수면은 뇌 가소성에 이바지해 뇌가 기억을 통합하고 새로운 신경 연결을 구축하도록 이끈다. 스틱골드와 그의 동료 매튜 워커Matthew Walker는《심리학 연례 리뷰》Annual Review of Psychology에 실린 '수면, 기억 그리고 가소성'Sleep, Memory and Plasticity이라는 논문에서 "수면이 학습과 기억 처리를 조정한다는 것은 이제 분명하다."[14]라고 결론지었다. 정신의학자이자 창의성과 노화를 연구하는 진 코헨은 골치 아팠던 방정식의 해답을 잠자는 동안 꿈속에서 얻었다면서, 그 해답이 알파벳 모양의 파스타를 넣은 수프의 글자로 보였다고 했다.[15]

그러나 릿의 렌즈로 볼 때 가장 흥미로운 점은 신생 연구에서 찾을 수 있다. 최근《네이처 커뮤니케이션스》Nature Communications라는 학술지에 논문을 올린 저자들은 자는 동안의 뇌를 '전부 아니면 아무것도 아닌 현상'으로만 간주했던 고전적인 개념에 이의를 제기했다. 이 연구자들은 뇌의 한 부분에서 '서파'—수면 상태로 이행할 때 특징적으로 나타나는 뇌 활동의 패턴—를 발견했는데,[16] 서파는 꿈과 몽유병과도 관련이 있고 기억을 통합하는 데도 중요하다고 여겨진다.

이 말인즉슨 뇌의 각 부분이 자는 동안 다른 단계—국소 수면local sleep—를 거칠 수 있다는 뜻이다. 세계의 모든 종교적 전통에서는 자아를 탈바꿈하고 영적 세계와 소통하는 데 꿈이 중요한 영적 사건이라고 말해왔다.[17] 서파 뇌 활동의 몇몇 측면은 공상하거나, 마음이 배회하거나, 갑자기 머릿속이 하얘지는 등 깨어 있을 때 주의력이 떨어지는 순간 뇌에서 일어나는 현상을 설명하는 데 유익할 수도 있다. 위 연구자들에 따르면, 국소적인 서파 수면 현상은 굼뜨거나 충동적인 반응에도 영향을 끼칠 수 있고, 이는 녹초가 된 사람들뿐 아니라 잘 휴식한 사람들이 이따금 정신적 결핍을 경험하는 이유가 될 수 있다.

이 모든 것은 뇌가 한 시점에도 다양한 방식으로 작용한다는 것을 강조한다. 즉, 현재 파동 상태가 어떻든 간에 한 영역에서 일어난 릿 효과가 주변의 피질 회로를 교차시킬 수 있다는 것이다. '멈춤' 버튼을 눌렀을 때—멈추는 방식에 따라—뇌의 가변적인 창의적 환경에서 매우 다른 효과가 나타날 수 있다는 점을 생각하면 더욱 흥미진진하다.

깨어 있을 때 내가 느끼고 기능하는 방식과 그 특별한 비가동 시간 사이의 연결성을 알아볼 수 있다. 수면 실험을 해보면 된다. 이를테면, 자신을 느긋하게 이완시켜주는 취침 의식을 실험한 뒤 얼마나 늦은 시간에 먹는지(즉, 다음 식사 때까지 금식하는 시간 길이를 재본다), 또는 스크린 기기를 사용하는지, 멜라토닌을 섭취하는지, 심박수를 떨어뜨릴 방법을 찾는지 확인하고 다음 날 어떤 기분이 드는지 살펴보자. 웨어러블 기기를 사용해 이완 시 심박수, 호흡수, 숙면/렘 수면 시간, 심박변이도를 확인해볼 수도 있다.

모든 사람은 아무 문제도 마주하지 않고 어떤 해결책도 찾지 않는 하루를 누려야 한다. 우리 모두는 도무지 우리에게서 떨어지려 하지 않는 걱정거리로부터 떨어져야 한다.[18]

_ 마야 안젤루 Maya Angelou

명상 실험

나는 대학원을 졸업하고 보스턴에 도착해 랭어 연구소에 몸담을 때까지 명상에 관해 생각한 적이 없다. 한껏 의욕에 차 내 잠재력을 최대한 펼치고, 더 많이 일하고, 다른 사람들의 접근법과 나만의 호기심을 좇고, 이 모든 것을 더 효율적으로 하고 싶었다. 그러다가 지나치게 열의를 쏟고 한꺼번에 온갖 일을 하려다 보면 버거움에 짓눌릴 수 있다는 것을 결국 깨달았다(이 교훈은 지금도 계속 깨닫고 있다). 처음에는 이를 무시하고 계속 밀어붙였지만, 시간이 지나면서 정신 건강이 나빠지기 시작했다는 것을 인식하게 되었다.

새로운 접근법을 찾아 명상 앱과 명상에 관한 팟캐스트를 들었다. 이렇게 반복하자 결국 명상 실험에 드는 활성화 에너지가 낮아졌다. 코로나19 유행이라는 뜻밖의 위기 상황 속에서 사람들이 기지를 발휘했듯이 말이다. 이렇게 하면 효과가 있겠거니 했다. 문득 고등학교 때 했던 최면 실험이 떠올랐다. 리더십 콘퍼런스 프로그램의 한 순서였던 그 시간에 나는 최면을 받겠다고 자원했다. 그때 내 뇌 속에서 어떤 느낌이 났었는지 지금도 기억한다. 최면에 걸려 있는 동안 의식이 느려졌고, 평소에 작동하던 억제나 필터가 사라진 느낌이었다. 추정컨대 내 잠재의식은 더 깨어 있고, 열려 있으며, 이용 가능했을 것이다. 그 몇 분 동안 나는 주의가 흐트러졌던 평소의 마음에서 벗어난 느낌이었다. 그 경험을 간직한 채 수년이 흘러 나는 다시 영성, 명상, 마음챙김 수행에 마음을 열고 있었다. 문득 제시카가 오랫동안 영성에 관한 책을 읽어왔다는 사실이 떠올랐다. 그 주제에 관해 제시카의 이야기도 들은 적이 있었지만, 나와 관련 있는 내용이라고는 전혀 생각하지 않았었다.

결국 나는 한 팟캐스트에서 제리 사인펠트Jerry Seinfeld의 이야기를 들고 초월명상Transcendental Meditation, TM 을 해보기로 했다. 보스턴에서 초월명상 스승을 찾았다. 앱을 내려받아 연습하고 영상도 시청했다. 이렇게 하루 두 번 20분씩 초월명상 수행을 시작했다. 덕분에 주의를 흐트러뜨리는 생각들에 집착하지 않는 법을 배웠다. 그 생각들을 내려놓을 수 있다는 것만으로도 해방감이 들었다. 나는 마음이 표류해 주의가 산만해진다고 느껴지거나 에너지를 바꾸고 싶을 때 초월명상을 활용한다. 그저 눈을 감고 나만의 만트라를 20초간 반복한다. 이렇게 하면 나를 끌어당기는 산만함이 사라지면서 상당히 강력한 효과가 나타난다. 이는 큰 그림에서 보면 대수롭지 않은 것들에 관한 생각에 덜 사로잡히기 위해 내게 간절히 필요한 멈춤을 만들어낸다.

마음챙김 명상을 심각하게 생각하지 말라. 간단한 명상 활동을 통해 원시적인 회로를 차단하고 통제감을 얻게 하는 도구는 이미 여러분의 것이며, 여러분의 다음 호흡처럼 가까이 있는 도구도 있다. 그저 조용히 머물러 주의를 모아보자. 명상 기법에 관해 불평하다 보면 명상의 기본을 활용해 누릴 수 있는 완벽하게 훌륭한 이완 휴식을 망칠 수도 있다.

스탠퍼드대학교의 신경외과 의사이자 연민을 연구하는 제임스 도티는 그저 방에 조용히 앉아 있기를 권한다. 곧은 자세로 앉아 양손을 무릎에 편안히 둔다. "편안하게 호흡만 할 뿐, 그 이상의 것은 아무것도 하지 마세요. 명상에 관해 생각하지도 마세요. 이미 명상하는 상태에 있으니까요. 코로 숨을 들이마시고 입으로 숨을 내쉬는 과정을 통해 천천히 그 상태에 들어가게 됩니다." (지금 당장 해봐도 좋다.)

여러 명상 전통과 수행법(예, 걷기 명상)은 심지어 앉은 자세를 요구하지도 않는다. 비벡 라마크리슈난은 그의 일시성(비영구성) 사진 수행을 하나의 명상으로 여긴다.

어떤 자세로 하든 명상 경험은 교감 신경계(경계를 세우고 신속히 반응하는 체계)에서 부교감 신경계, 이른바 '휴식과 소화'rest-and-digest 상태로의 전환을 가져온다. 이때 심박 변이도가 높아지고, 혈압이 낮아지며, 코르티솔 수치가 떨어지고, 면역체계가 강화되는 이점이 있다. 염증성 단백질의 번식도 현저하게 줄어든다. 나아가 뇌에서 집행 통제를 담당하는 영역에 접근해 훨씬 더 사려 깊고, 분별력 있는 의사결정을 내리게 된다.

> 거의 모든 것은 몇 분간 플러그를 뽑아두면 다시 작동한다 … 여러분도 그렇다.[19]
>
> _ 앤 라모트Anne Lamott

침묵 vs. 자극

어느 날 제시카와 차에 탄 후에 라디오를 틀었다. 나는 별생각 없이 늘 그렇게 한다. 제시카는 이것이 매우 흔한—사실상 해가 없는—습관이라면서도 내가 무슨 이유로 차만 타면 라디오를 트는지 궁금해했다. 그 말을 듣고 라디오를 껐다. 하지만 그때 내 주의를 끈 것은 그런 나의 의사결정 과정을 보는 것이었다. 목적을 고려하지 않고 자극을 향하게 끌어당기는 힘이 있다. 자극을 위해 자극을 찾는 것이다. 음악을 즐긴다거나 라디오 프로그램 또는 오디오북 청취를 원한다는 것만으로도 충분한 이유가 된다. 그렇지만 모든 공간을 빈틈 없이 채울 필요는 없다. 잠깐이라도 자극을 덜 받는 쪽을 의식적으로 선택할 수 있다. 때로 침묵은 과한 자극을 받는 자아에 무엇보다도 필요한 것이다.

그날 나는 차 안에서 그 흥미로운 침묵이 매우 개인적이고 자유로운 기분을 안겨준다는 사실을 깨닫고 깜짝 놀랐다. 다른 누구의 관심사도 끼어들지 않고, 마케터들의 홍보 메시지도 쏟아져 들어오지 않고, 내 하루의 분위기를 잡아주는 배경음도 없었다. 주의를 흐트러뜨리는 것 (의도가 좋은 것까지 포함해서)도 전혀 없었고, 뭔가 다른 이유로 내 주의력을 빼앗길 기회가 전혀 없었다―클릭하게 만드는 미끼도 없었다. 요컨대 내 모든 감각이 휴식을 취하며 기저 상태에 놓여 있었고, 그날 새로운 자극을 만나기 위해 재충전하고 있었다.

침묵은 매우 다양한 측면에서 풍요롭다. 어떤 면에서 침묵은 내 마음을 엿듣게 한다. 덕분에 붐비지 않은 공간이 생길 때까지 숨죽인 채 고요한 곳에 놓여 있던 생각들을 들을 수 있다.

침묵을 선택하면 내 생각에 접촉할 수 있다. 아무리 무작위적이고 실체가 없는 것일지라도 우리의 생각들은 의식과 무의식에 있는 생체지표이자 재고 항목들로서 우리 마음 상태에 관해 말해주는 정보다. 의사들은 이렇게 질병이나 상태를 드러내는 생체지표를 찾는다. 이와 비슷한 방식으로 조용히 우리 생각에 귀를 기울임으로써 릿의 생체지표를 찾는 법을 배울 수 있다. 이로써 바꾸고 싶었던 패턴 또는 내가 관여할 필요가 없는 온갖 주제를 탐지할 수 있다.

야외에서 갖는 침묵의 시간은 더욱 보람 있는 일이다. 대개 야외에서 침묵하면 자연의 소리가 공간을 가득 채우기 시작한다. 이에 귀 기울이면 그 소리들이 독특한 방식으로 내 안에 울려 퍼진다. 이는 엄밀한 의미의 침묵은 아니지만, 평소에 우리를 둘러싸고 있는 만들어진 환경에서 나는 소리를 잠시 멀리할 수 있다.

> 내가 말하는 듣기는 인간의 목소리를 넘어, 인간의 영역 너머에 있는 무언가를 듣는 것이다. 지구상에서 실제로 고요한 곳은 아무 데도 없다. 인간의 영역 밖에서 살고 있는 뭔가가 늘 뭔가를 하고 있으니 말이다. 분명 뭔가를 듣게 될 것이다. 인간의 목소리 너머의 소리를 듣기 시작할 것이다.[20]
>
> _판도라 토머스Pandora Thomas, 영속농업permaculture 과학 전문가 겸 사회변혁활동가

간단한 방법으로도 일상에서 접하는 감각 자극의 볼륨을 능동적으로 줄일 수 있다. 결국 이것이야말로 릿의 근본 전제—자기 생각을 가로질러 생각의 방향을 정하는 것—이다. 우리는 일상적으로 외부 영향—소셜미디어, 기사, 팟캐스트, 다큐멘터리, 심지어 광고—이 우리의 감정과 생각에 영향을 끼치도록 허용한다. 우리의 내면 자아에게도 얼마간의 방송 시간을 허락해야 한다. 고독이 우리를 지탱해준다. 휴식을 취하고, 디지털 기기를 비롯한 방해 거리 또는 주의를 흩뜨리는 것들을 꺼두겠다고 선택하자.

전前 미국 공중보건위생국장 비벡 머시는 《우리는 다시 연결되어야 한다》에 이렇게 적었다. "오늘을 살아가는 우리는 고독의 기회를 얻기 위해 큰 노력을 기울여야 한다. 지금 필요한 것은 어수선한 정신을 차분히 정돈하고 자기 생각과 감정을 온전히 경험할 여백이다. 오늘날 그런 자유는 쉽게 찾아오지 않지만, 그렇기에 주기적으로 고독의 시간

을 일부러 확보하는 것이 더더욱 중요하다."[21]

꾸준히 마음챙김을 실천하면 하루 동안 나의 진로를 바로잡을 수 있다. 자신이
놓인 장소에 익숙해지고, 시간이 지날수록 더 자연스럽게 멈추기 시작한다. 여기서
한 호흡, 저기서 한 호흡, 이렇게 짧게 가다듬는 것이다.[22]

_ 캐시 체리 Kathy Cherry , '멈추라는 알림' A Reminder to pause

뜻하지 않은 강력한 멈춤

나는 멈춤이 다른 여러 방식으로도 진행되는 것을 보고 큰 흥미를 느
꼈다. 우리가 만나는 사람들, 우리의 경험, 또는 우리가 배우는 것들
등 무작위적이라고 여겨지는 것들이 시간이 지나면서 우리 마음에서
점점 흐려져 무기한 '휴식'에 들어간다. 그런가 하면, 우연의 일치 또는
우연한 발견으로 보이는 일 속에서 우리의 경로가 새로운 맥락, 새로
운 경험을 따라 다시 교차하기도 한다. 마치 이동 경로를 되찾은 것처
럼 말이다. 이렇게 되면 갑자기 내 앞에 놓인 길이 전혀 무작위적이지
않고 새로운 에너지, 의도, 목적 속에 닦아놓은 길이 된다. 살다 보면
누군가 무슨 말을 할 테고, 그렇게 시간이 흘러 어느 순간엔가 그 말이
문득 의미 있게 다가올 때가 있다.

최근에 비영리 단체를 시작한 한 친구가 들려준 이야기가 있다. 수
년 전에 한 사람을 만났는데, 그는 은퇴할 때가 되면 개발도상국을 돕
는 일을 하고 싶다는 말을 꺼냈었다고 한다. 10년이 흘렀다. 최근에

문득 그 대화가 떠올라 그 사람에게 연락을 해봤다. 지금 그들은 아프리카 외딴 마을의 보건 서비스를 개선하기 위해 한 팀으로 활동하고 있다.

20년간 알코올 문제로 고군분투한 또 다른 친구 마이클 게일은 마흔이 되면서 제1형 당뇨를 진단받자 '멈춰야'겠다는 마음이 들었다. 거의 같은 시기에 그는 치료를 받기 시작했고, 처음으로 요가 페스티벌에 참가했고, 할아버지의 일기장을 발견했다(코로나19 유행 시기에 부모님 댁에 머무르던 중 찾아냈다). 이 경험들은 그가 미래의 손자들을 위해, 또한 자신을 탐색하기 위해 그만의 일기를 쓰도록 자극했다. 이 호된 시련의 시기에 그는 술자리에 가야 할 사회적 압박을 물리치는 데 필요한 변명과 멈춤 버튼을 누르고 깊이 성찰할 관점을 갖게 되었다. 갑자기 건강 상태가 급격히 나빠지고 자신의 인식도 높아지자 그는 다른 기회들을 찾아보게 되었고, 적극적으로 행동에 나서야겠다는 강한 의지를 느꼈다. 이때부터 삶이 달라지기 시작했고 그 변화는 지금도 계속되고 있다. 그는 자신을 더 잘 알기 위해 노력했고, 이러한 모험을 응원할 친구들로 주변을 가득 채웠다.

게일은 이렇게 말했다. "'아니오'라고 말할 줄 알고, 내면생활과 우리 가족 그리고 자연과 더 연결되는 법을 익히자 전혀 다른 세계가 펼쳐지고 새로운 마음가짐이 생겼습니다. 온갖 파티, 여행, 술자리, 새 친구에 '예'라고 말하던 과거의 삶은 서서히 사라지고 있고, 이제 내 마음에는 이 지구상에서 내 잠재력을 온전히 실현하려는 뚜렷한 의지가 있습니다. 사랑도 새로운 의미를 지닙니다. 이제는 나 자신 그리고 주변 사람들과 깊이 연결되고 싶다는 바람이 있죠."

게일은 이제 세 권의 일기를 쓴다고 했다. 하나는 날마다 쓰는 개인 메모, 하나는 브레인스토밍을 위한 기록, 마지막 하나는 업무와 관련된 할 일 목록이다. 이것들을 한데 모으면 그의 주의력과 의도가 일치하는 곳, 격차가 생겨 더 의식적으로 반성하고 새로운 통찰의 안내를 받아야 한다는 것을 보여주는 곳을 3D로 확인할 수 있다. 게일은 의사였던 그의 할아버지가 작성했던 일기장을 훑어보면서 자신의 변화하는 삶의 초점을 확증하는 뜻밖의 기회를 발견했다. 그의 할아버지는 열아홉 살 때 일기 쓰기를 시작해 대학 2학년까지 이 활동을 지속했다. 그 후로 잠시 끊겼던 일기는 그의 나이 65세에 (같은 일기장에서!) 다시 이어져 그의 삶이 끝날 때까지 10년간 계속되었다. 게일은 시간의 흐름에 따라 할아버지의 '반성'이 어떻게 달라졌는지 볼 수 있었다. 처음에는 대학 생활 중 일상에서 관찰한 것과 걱정거리를 썼다면, 생애 마지막 10년 동안에는 그의 생각에 깊이 침잠하는 내용들이었다. 나이가 많아지면서 거의 전적으로 자녀와 손주들에 관해 썼고, 이따금 그날 해변에서 발견한 것, 그가 만난 환자들의 병에 관한 이야기도 적었다. 그중에서도 마이클을 일깨운 것은 가족의 힘, 가족이 나눠야 할 사랑에 관한 메시지였다. 이는 게일이 지금 자신의 일기에서 의도적으로 초점을 맞추는 내용이다.

그는 이렇게 덧붙였다. "일기 쓰기와 자기반성 덕분에 식구들과 더 가까워졌습니다. 내가 가족들을 몹시 사랑한다는 깨달음, 그리고 호흡과 명상 수행으로 이루어진 아침 루틴과 치료가 더해지면서 나 자신도 사랑할 수 있으며 이것이 매우 중요하다는 것을 깨달았습니다."

살다 보면 수많은 시점에 사고, 질병, 부상, 상실 등 급변하는 상황을 맞닥뜨린다. 이때의 멈춤은 의도치 않았을뿐더러 반갑지도 않고 심지어 파괴적이기도 하다. "모든 일에는 이유가 있다."라는 위로의 말은 그 자체에 완전히 정교한 신념 체계가 담겨 있지만, 멈춤 자체가 지니는 둔탁한 힘은 매우 확실하다. 멈춤이 만들어내는 빈 도화지는 무엇이 됐든 우리가 선택하는 대로 채워진다. 이는 가장 사적이고 내밀한 멈춤의 경험부터 갖가지 이유로 수많은 사람에게 중요한 순간이 되었던 팬데믹 기간의 멈춤에 이르기까지 모든 경우에 해당한다. 원해서 멈추든 상황에 떠밀려 어쩔 수 없이 멈추든, 공간이 생겨나는 그 순간 가능성이 만들어진다. 뇌가 아는 것은 그뿐이다. 보건 서비스 향상을 위해 협력했던 두 사람처럼 그 멈춤이 단순히 피치 못할 시간의 경과든지 아니면 심대한 전환점이든지, 우리는 살면서 그러한 가능성의 패턴을 알아차리고, 새로운 의도와 목적을 가지고 다시 몰두할 기회를 기다릴 수 있다(그리고 만들어낼 수 있다).

내가 행복해지는 일

세계적으로 선도적인 생명과학 혁신가 중 한 사람이라는 로버트 랭어의 지위는 그가 최고의 작업을 실행하는 데 필수적이라고 말하는 일과에 달려 있다. 바로 운동 시간이다. 그는 운동용 실내 자전거를 타고, 일립티컬 머신elliptical machine(팔다리를 모두 움직이는 기구로 러닝머신, 자전거, 스텝퍼 등을 하나로 만들어놓은 듯한 기구 — 옮긴이)을 활용하며, 하루에 몇 시간씩 러닝머신 위에서 걷는다(느린 속도, 높은 경사로). 그에게 전화하면 뒤에서 운동 장비들이 내는 부드러운 윙윙 소리가 들릴 때가 많다.

랭어를 아는 모든 사람은 이런 모습을 알고 있다. 나는 운동이 그의 사고 과정에 어떤 역할을 하는지 물어보았다. 그는 어깨를 으쓱하며 이렇게 말했다. "뭐라고 답해야 할지 모르겠군. 그냥 운동하면 행복해지는 것 같네."

랭어의 창의적 사고는 그가 운동을 위해 잠시 휴식을 취할 때 부쩍 활성화되고 이것이 그를 정말 행복하게 한다. 한 예를 들어보자. 몇 년 전, 그는 미국심장협회에서 만찬 연설을 맡아 플로리다로 날아갔다. 강연에 앞서 90분간의 자유 시간이 생기자 그는 호텔 체육관으로 가서 운동용 실내 자전거를 탔다. 그리고 근처에 있던 《라이프》 잡지를 들고 재미 삼아 읽기 시작했다. "과거에 사람들은 미래를 상상하며 이런 말을 했지. 차 사고가 나서 차체 표면이 움푹 들어갔을 때, 차를 뜨겁게 데우면 그 자리가 원래대로 돌아온다는 식의 말들 말일세. 나는 혼자 이렇게 생각했다네. '우와, 그러면 나는 형상 기억이라고 불리는 것을 도와줄 중합체 물질을 발명할 수 있겠군.' 다시 말해 형상을 바꿔줄 물질을 발명하겠다는 게지. 뒤이어 이런 생각이 들더군. '가만, 그렇게 할 수 있다면 스스로 꿰매는 봉합술이나 그런 식의 온갖 것을 만들 수 있을 거야.' 자전거 타는 동안 이 모든 생각이 든 걸세. 뭐, 실제로 시도해보지는 않았지만."

(덧붙이자면, 그는 실제로 나중에 그것을 발명했다. 잠재적으로 생의학적 응용이 가능한 생분해성의 탄성이 있는 형상 기억 고분자 말이다.)

랭어가 생각하는 비가동 시간에는 수많은 자극이 포함된다. 따라서 대다수 사람이 생각하는 휴식 개념과는 맞아떨어지지 않을지도 모른다. 그러나 랭어는 보통 하루에 잡힌 모든 회의, 컴퓨터 앞에서 하는 모든 일에 대해 '멈춤' 버튼을 누른다. 그와 똑같은 일을 하든 그렇지 않든 그가 누리는 보상만큼은 목표로 삼을 만하다. 나를 행복하게 하는 일을 해야 한다! 그러면 내 뇌의 일꾼도 더 행복해질 것이다.

실천 지침

'멈춤' 버튼 누르는 연습

잠깐이라도 진정한 회복을 가져다주는 휴식을 누리고 싶다면, 눈앞의 할 일 목록을 완전히 치우자. 휴식 시간을 생산적인 보충 업무로 채우려는 욕구에 저항하자. 대기 중인 일로 넘어가고 싶은 마음이 들 때는 그런 욕구를 내려놓게 도와줄 정신적인 신호—'그 일은 나중에 해도 돼. 지금 여기 머무르자.'—를 준비하자. 잠시 멈추고 이 순간에 단단히 머무르는 기분을 느끼고, 내면과 주변 환경에서 오는 신호들에 마음을 열자. 아래 요령들을 다양한 상황에서 시도해보자.

- 속도에 대한 욕구를 다시 생각해본다. 서둘러 일을 완료하는 태도가 언제 습관으로 자리 잡았는지 살펴보자. 휴식을 위해 또는 변화를 일구는 데 필요한 시간을 밀어내지 말자.
- 카메라를 들고 밖에 나가 짧은 휴식을 취하면서 나무나 꽃을 촬영해보자. 집이나 사무실 식물을 찍어도 좋다. 버튼을 누르기 전에 잠시 멈추어 눈앞에 있는 생명체와 더 깊이 소통하자.

- 음미하자. 일상의 순간들이 안겨주는 감각 경험에 주파수를 맞추자. 그런 경험을 더 많이 쌓자. 온라인에서 스크롤을 움직이는 시간을 걷기로 대체하고, 음악을 들을 때는 두 눈을 감아보자. 패스트푸드로 때우는 식사를 슬로우푸드로 바꾸고, 먹는 시간만큼이나 준비하는 과정도 음미하자.

- 나만의 침묵 워크숍을 계획하거나 즉흥적으로 실행해보자. 워크숍의 목표는 자극을 씻어내는 것이다. 여행하거나 운전하는 시간에 뉴스, 논평, 팟캐스트 또는 음악이 배경에 깔리지 않게 하자.

- 비가동 시간이 필요하다는 것을 알리는 신호를 활용해 뇌와 몸이 기어를 바꾸게 하자. 어떤 것이 자신에게 가장 효과적인지 실험을 통해 알아보자. 창문을 열고 신선한 공기나 소리를 들어오게 하거나 향초를 켜는 것도 감각적인 신호가 될 수 있다. 긴장을 풀게 하는 머릿속 이미지나 기억들, 스트레칭, 명상도 에너지를 바꾸는 데 도움이 될 수 있다.

- 갖가지 휴식 중에서도 한 가지 방식에 이끌리는 근본적인 이유를 생각해보고, 릿 에너지를 높이기 위해 의식적으로 뭔가 다른 것을 고를 수 있는지 알아보자. 예를 들어, 내가 소셜미디어로 뛰어들 때는 지루하거나 불편하거나 환경에 변화가 필요한 경우가 많다. 이런 상황에 더 훌륭히 대처하는 방법으로 20초 명상, 잠시 눈을 감고 귀 기울이기, 물 마시기, 스트레칭, 집 주변 걷기, 다른 위치에 앉기 등을 택할 수 있다.

- 마음에 품은 여러 기대에 다른 가치를 부여한다. 어떤 경험을 대할 때는 짧은 휴식이라도 야무지게 누리고, 다른 경험을 대할 때는 더

긴 휴식을 즐긴다.

- 집과 일터 외에 '제3의 장소'를 마련해 다른 사람들과 가볍고 자연스럽게 의사소통하고, 생산성과 무관한 대화를 나누거나 그저 느긋한 여유 시간을 즐기자. 공원, 자연보호구역, 카페, 도서관, 서점, 체육관, 해변, 사람들을 환대하는 공공장소 또는 집 뒷마당도 좋다.

- 자연 세계가 내 생각, 정신적/육체적 활동, 표정에 영감을 불어넣도록 야외에서 일기를 써보자. 글로 쓰거나, 스케치를 그리거나 그냥 낙서를 끄적거려도 좋다. 자생 식물의 잎이나 꽃잎을 그 페이지에 꽂아 증거로 삼자.

- 호흡한다. 기술 분야의 개척자 린다 스톤은 우리의 과잉 경계, 쉼 없는 작동 상태가 끊임없는 위기라는 인공적인 감각을 만들어내고, 뒤이어 코르티솔과 노르에피네프린을 과잉 분비하도록 촉발한다고 말했다. 스톤에 따르면 이 부작용은 '스크린 무호흡증'screen apnea 이라는 증상으로 인해 더 악화한다. 스크린 무호흡 상태에 놓이면, 뭔가를 예상하거나 혹은 깜짝 놀랐을 때 수반되는 잘못된 자세와 부족한 들숨 때문에 호흡이 곤란해진다. 그 결과, 스크린 앞에서 일시적으로 숨을 참거나 숨을 삼킨다. 호흡은 주의력, 인지, 상상력, 기억을 다스리는 주 제어기다. 잠시 멈추고 숨을 고르자.

12 chapter

자연과 포옹하기

나의 뿌리를 소생시키는 방법

생명의 강력한 원천과 연결되어 번영을 누리자

우리는 자신의 상상력, 언어, 노래와 춤, 신성한 감각을 조성한
자연과 다시 연결되려는 갈망을 마음속 깊이 간직하고 있다.[1]
_재닌 베니어스 Janine Benyus

내가 어릴 적에는 들판과 숲 그리고 때로 우리 집 앞뜰에서도 밤이면
늑대 한 무리가 울부짖었다. 흐르는 개울물은 깨끗했으나 여름에도 맨
발로 놀 만한 곳은 아니었다. 개울 물속은 거머리, 가재 그리고 알을 낳
기 위해 우리 집 뒷마당까지 기어 올라오던 거북이가 사는 영역이었
다. 내가 기억하는 한 나의 아버지는 우리 남매와 어머니까지 한데 모
아, 딱히 정한 곳도 없이 드라이브를 나가 마주치는 것들을 보곤 했다.
내가 자란 곳은 6만 5,000명이 모여 사는 작은 도시였고, 치과의사였
던 아버지는 자연과 작은 마을들을 탐험하고 강과 호수가 있는 곳들을

걸어 다니는 것을 몹시나 흥미로워하셨다. 도시에서 멀리 떨어져 살다 보니 그렇게 드라이브를 나가면 농장과 시골을 다니기 마련이었다. 우리는 저 너머에 무엇이 숨어 있는지 보려고 전용 차선을 따라 차를 몰고 갔다. 농산물 가게 앞에 차를 세우고 신선한 과일이나 딸기류를 사기도 했다. 갖가지 예술 작품과 진기한 수제품을 파는 예술 축제와 공예 축제, 각종 벼룩시장에도 자주 방문했다. 결국 우리 가족의 현장 학습은 더 긴 도보 여행으로 변했고, 우리가 좋아하는 목적지는 호숫가에 있는 숲속 오두막이었다.

드라이브 여행은 단출했다. 딱히 거창한 목표가 있는 것도 아니었고, 진을 빼는 힘든 여행도 아니었으며, 누가 봐도 탐험이라 부를 만한 것은 아니었다. 그렇게 평범한 여행이라고 해서 자연과 나누는 가볍고 자유분방한 관계가 한 아이에게 미치는 영향을 감소시킨 것은 아니었다. 나는 오랜 시간 뒤에 인도, 이탈리아, 영국의 낯선 시골을 따라 외딴 도로를 여행했는데, 인간이 만들어낸 세상보다 자연 세계가 훨씬 생생하게 느껴지는 지구 한쪽을 지나갈 때의 감각은 어릴 때처럼 언제나 내 심금을 울렸다. 나는 과거나 지금이나 자연이 가까이 있다는 느낌, 자연을 관찰하고 그 속에서 편안히 머물 기회, 그 안에서 만나는 모든 것을 보면서 느끼는 감탄과 경외심에 이끌린다.

시인, 작곡가, 철학자, 또 경전이 논해왔듯이 자연은 늘 영혼의 안식처였다. 최근 이루어진 과학 연구는 경외심, 감탄, 그 외 우리가 영적, 초월적 경험이라고 여기는 것의 유익한 효과와 뇌 기능 사이의 신경 연결 및 신경 상관물에 관한 우리의 이해를 한층 진전시켰다.

나무들이 자기에게 말을 건다고 했던 판도라 토머스에게 그 말이 무슨 뜻인지 물어본 적이 있다(영속농업 활동가인 그녀에 관해서는 조금 뒤에 이야기하려고 한다). 약간의 차이는 있지만 그와 비슷한 경험을 들어본 적이 있기 때문이다. 이를테면 내면의 목소리, 자기에게만 들리는 휘몰아치는 소리, 더 높은 차원의 안내자가 현전한다는 깊은 정서적 감각, 보호하는 기운으로 마음을 든든하게 해주는 영적 존재에 관한 이야기 등을 들은 적이 있다. 어떤 사람은 이를 가리켜 '영혼의 명부'라고도 말했다.

나무의 노랫소리를 듣든 그렇지 않든, 자연과 대화하고 있다고 느끼든 그렇지 않든, 여러분은 존재 자체로 늘 자연과 깊은 대화를 나누고 있다. 그 대화를 귀담아듣고 마음에 새기자.

앞 장에서는 멈춤, 침묵, 신중한 마음챙김에 관해 길게 적었는데, 릿을 경험하는 데 매우 중요한 다른 단계들도 있다. 이 모든 것의 한 가지 측면을 자세히 설명할 필요가 있다. 우리가 자연과 상호작용하는 방식들과 이 상호작용이 우리의 정신 과정과 행복감에 큰 의미를 지니는 이유를 밝혀야 한다.

자연은 디지털 기기나 미디어가 하듯 극적인 도파민 분출이나 꾸준한 자극 및 다양한 보상을 주지 않는다. 그런 방식으로 우리의 욕망을 충족시켜주지 않는다. 반대로 별이 총총한 밤하늘을 올려다보거나, 푸른 왜가리 한 마리가 일출을 배경으로 서 있는 연못을 바라볼 때 느끼는 경외심을 온라인에서 느낄 가능성은 거의 없다. 새 둥지나 벌집이 보여주는 공학적 위업, 그것들을 지은 놀라운 생명체들에 관해 느끼는 경외심도 온라인에서는 느낄 수 없다. 시인이자 저술가이며 환경 운동가인 게리 스나이더Gary Snyder 는 그의 책《야생의 실천》에서 "자연은 질서정연하다."[2]라고 했다. "혼란스러워 보이는 자연의 모습도 실은 더 복잡한 질서일 뿐이다." 자연의 복잡성은 우리에게 내재한 특성이기도 하며, 때로 우리에게는 마냥 신비로워 보여도 우리의 행복에 필수적이다. 스나이더는 이렇게 말했다. "우리 존재의 그런 부분이 우리의 호흡과 소화를 안내한다. 이를 관찰하고 알아차리는 것은 깊은 지성의 원천이다."

수십 년 전부터 지금까지 늘어나고 있는 광범위한 연구들은 자연이 우리에게 이롭다는 사실을 확립해왔다. 자연에서 보내는 시간은 우리를 더 건강하고, 더 행복하고, 신체적·정신적으로 더 회복력 있게 만들어준다는 것이다. 또한 젊은 사람과 나이 든 사람 모두의 인지 기능을 강화하고, 특히 아동에게 중요한 건강한 성장과 발달을 돕는다는 신경학적 이점을 고려하면, 자연은 우리를 더 똑똑하게 만들어주기도 한다.

'녹색 시간'green time 은 몇몇 만성질환의 유병률을 낮추고, 불안과 우울에 측정 가능한 치료 효과를 나타낼뿐더러, 더 탄탄한 사회적·정신적 성장을 돕는다. 특히 고립이나 질병으로 분투하는 사람들의 정신 건강에 중요한 측면인 소속감을 높여주기도 한다. 그뿐만이 아니다. 자연의 약국—식물, 동물, 단세포 유기체 및 약효와 치유력을 가진 물질들—은 우리 인간의 피부를 지켜주었다.[3] 지구를 돌보고 깨끗하게 하는 자연의 여러 프로세스는 우리가 하나의 종으로서 생존하게 해주었다.

자연은 우리가 마음가짐을 바꾸고, 예리한 초점을 갖고, 자극에 반응하려는 마음을 진정시키도록 속도를 늦춰주고, 압도된 감각들을 다시 기저 상태로 되돌리도록 우리를 초대한다—더 정확히 말하자면, 그렇게 할 능력을 준다. 자연 속에 있으면 지루한가? 이 자체를 한번 곰곰이 생각해봐야 한다. 이것만 봐도 우리가 자연 세계의 우리 자리로부터 얼마나 멀리 표류했는지 알 수 있다. 역으로 이를 활용해 릿 요인을 찾을 수도 있다. 자연에서 받는 자극은 인공적인 환경에서 경험하는 자극과 다르다. 지루함을 포함해 우리가 자연에서 경험하는 모든 것은 마음가짐을 바꾸고, 초점을 예리하게 만들고, 자연환경과 어울리도록 우리를 재촉한다―쿡쿡 찌르고 톡톡 두드린다.

이렇게 한번 해보자. 밖으로 나가 지금까지 한 번도 살펴본 적이 없는 식물이나 꽃을 찾는다. 새와 곤충이 내는 소리, 바스락거리는 바람소리, 나무와 식물이 내는 더 작은 소리 등 우리의 나날에 조용한 배경으로 존재하는 소리들에 귀를 기울여본다. 이런 방식으로 현재 순간에 참여하면, 더 많은 감각 자극을 찾아 주의를 돌리려는 조바심이 줄어들면서 마음이 차분해진다.

자연이 내 기분과 에너지에 어떤 영향을 끼치는지 알아보는 실험에 나서보자. 다양한 야외 환경에서 신체적, 정서적으로 어떤 느낌이 드는지 살펴보자. 지루함, 차분함, 평온함, 불안함, 부정적인 생각 등이 나타날 수 있다. 주변 환경에 푹 잠긴 채 서 있거나 앉아 있기, 산책하기, 정원 가꾸기 등 다양한 방식으로 자연과 어울리면서 어떤 변화가 나타나는지도 살펴보자. 어떤 방법을 썼을 때 조금이나마 마음의 상태가 변하는가? 잠시 멈추고 연결의 느낌에 초점을 맞추자. 이것이야말로 온전히 몰두하는 지성의 모습이다.

자연의 속도를 배우자. 자연의 비결은 인내다.

_랄프 왈도 에머슨

언제나 존재하는 새로운 것

새 휴대전화나 디지털 기기 또는 게임을 익히는 데 썼던 시간을 한번 생각해보자. 처음에는 정말 기분이 좋다. 새롭거나 낯선 기능들을 살펴보고, 시스템 오류와 대비 방법을 발견하고, 때로는 기술 지원을 받으며 몇 시간을 보내기도 한다. 나 또한 그런 경험이 있다. 새로운 것, 더 많은 것, 더 좋은 것을 바라는 것은 자연스러워 보인다. '쾌락의 쳇바퀴'라고도 알려진 쾌락 적응hedonic adaptation 개념에 따르면, 우리는 얼마나 많이 가졌느냐와 관계없이 결국 자신의 생활 수준에 적응하고 더 많은 것을 원하게 된다. 행복해지려면 더 많은 것이 필요하다고 느끼고, 그것을 손에 넣지 않으면 불만족스러워한다. '새로운 것을 얻는' 것과 '새로운 것을 하는' 것 사이에는 차이점이 있다. 나는 이 점을 자주 되새기려고 부단히 노력하고 있다.

여기서 자연 세계가 도움이 될 수 있다. 우리는 소비자로서 아무런 의문 없이 소비를 조장하는 '새로운 것을 얻는' 환경에 푹 빠져 있다. 물질적인 것들과는 언젠가 헤어질 테고, 심지어 목적과 가치를 담고 있는 것들과도 언젠가는 작별할 것임을 알면서도 말이다. 그러나 '새로운 것을 하는' 경험을 위해 자연 속으로 발을 디디면(설령 전에 수없이 해봤더라도), 소비자의 역할을 내려놓고 단순한 연결을 선사하는 환경 속에 들어서게 된다. 새로운 경험이 뇌를 조성하고 우리 정체성의 일부로 통합된다는 사실을 우리는 잘 알고 있다. 따라서 우리 존재에 통합할 대상으로 자연 세계보다 나은 선택지는 없다.

잠시 멈추고 충분히 오랫동안 스크린과 기기로부터 거리를 둔 뒤,

여러분이 할 수 있는 모든 방법으로 자연환경과 어울려보라. 나를 둘러싼 인공물로부터 잠시나마 떨어져 있을 때, 자연이 나를 붙잡고 껴안을 수 있다. 자연은 언제든 우리 곁에 있다. 그렇지 못한 것은 바로 우리다! 자연의 포옹에 우리도 두 팔을 활짝 열어야 한다. 자연에는 항상 뭔가 미묘한 것, 뭔가 새로운 것이 있다.

초등학교 때 서바이벌 게임(천적/먹이 게임이라고도 불렸다)이라는 야외 놀이를 했던 기억이 난다. 나는 초식 동물이었던 것 같다. 사실 정보로 가득한 재미있는 보조 자료가 딸린(내 뇌는 이런 것들을 좋아했다) 이 게임은 나의 흥미를 사로잡았다. 숲속을 뛰어다니고, 교실이라는 평범한 사회적 생태계를 벗어나 완전히 다른 역동과 위계질서 속으로 옮겨 가는 것이 재미있었다.

이 게임은 생태계의 중요성, 다양성, 균형, 타인에 대한 의존을 더 잘 이해하도록 도와주었고, 중간중간 잠깐의 평온함과 안전을 누리는 동시에 도주할 때의 감각도 느끼게 해주었다. 게임에 참여하는 모든 사람은 장점과 한계를 안고 있었다. 이 게임을 할 때는 실제로 마음가짐을 바꿀 수 있었고 몹시 들떴다. 이 게임에서 다양한 방식으로 묘사된 생태계는 오늘날까지, 특히 릿의 맥락에서 내 기억 속에 남아 있다. 생명을 지속하기 위해 생태계는 균형을 이루어야 했다. 그렇다면 무엇이 생명을 뒷받침할까? 에너지와 생태계를 통한 에너지의 흐름이다. 생태계에 속한 각 유기체는 에너지를 획득하고 분출하는 방식에 따라 특정한 역할을 맡았다. 오늘날 우리가 생태계에 에너지—릿 에너지—를 기울이는 것은 몹시 중요한 일이다.

다수의 행위자가 다수의 플랫폼(숲속과 교실)에서 진행하는 이 게임은 흥미로웠고, 새롭고 매력적인 방식으로 정보를 제시했고, 뇌를 흥분시켰으며, 학습을 위한 통로를 열어주었다. 자연이 늘 이렇게 매력적인 방식으로 정보를 제시하는 것은 아니다. 무엇보다도 자연에는 비도 있고 벌레도 있다. 그러나 우리가 자연환경의 '언어'를 배우는 데 시간을 들인다면, 영적인 차원을 포함해 게임 하나로는 절대 알 수 없는 무수히 많은 것을 접할 수 있다.

나는 많은 사람이 자연의 필요성을 느끼면서도 이를 찾아 나서기를 회피한다고 생각하곤 한다. 시간이 나면 찾아보겠다면서 자연을 뒤로 미루고 낮은 우선순위 부여하는데, 그 시간이란 도무지 생겨나지 않는다. 그렇게 우리는 지금이 바로 그 시간이라는 신호—아프거나, 기진맥진하거나, 완전히 소진되는 순간—가 나타날 때까지 자신을 더 세게, 더 오래 밀어붙인다. 탈수될 때까지 물 마시기를 참는 것처럼 말이다. 또는 운동하러 가기에, 도움을 요청하기에, 건강검진 일정을 잡기에, 그 밖에 무엇이든 간에 좋은 시간이 생길 때까지 (무기한) 기다리는 것이나 마찬가지다. 자연과 단절되거나 멀어진 삶—그 삶이 얼마나 좋아 보일지는 모르겠지만—에 온통 집중하다 보면, 우리의 인지 프로세스들이 그런 활동에 너무 몰두한 나머지 자연과의 관계와 자연의 일부인 자신과의 관계에 활용할 대역폭을 풀어놓지 못한다. 재연결을 위한 우주의 신호를 기다리고 있다면, 이 책을 그 신호라고 여기길 바란다.

이번 장을 위해 어떤 사람들을 인터뷰할지 생각해보았다. 자연 세계와 관계 맺는 데 깊이 뿌린 내린 삶을 살아가는 사람을 떠올려보니 세 사람이 특히 머릿속에 떠올랐다. 곧 그들을 소개하려고 한다. 간단히 일러두자면 그들은 농부, 과학자, 영적 지도자로서 각각 자신의 영역에서 지구의 청지기이자 비전의 소유자로서 살아가고 있다.

생물영감bioinspiration(자연에서 발견한 구조와 패턴을 과학, 의학, 공학 등 다른 영역에 적용하는 것 — 옮긴이)은 아주 오래된 개념이다. 앞서 우리 연구실과 생활 속 이야기를 통해 나눈 것처럼, 생물영감은 오늘날 정교한 과학 분야로서 의학을 변화시키고 수많은 생명을 살린 여러 혁신의 원천이다. 다만 토착민 문화의 창조 이야기와 전통들이 우리에게 알려주듯이, 과학이 이 학문 분야를 공식화하기 오래전부터 자연은 인류가 가진 가장 우수한 지혜와 영감을 주는 행동의 가장 중요한 원천으로 이해되었다. 우리가 살며 일하는 일상의 모습이 그 요소와 아무리 멀리 떨어져 있다고 해도 우리의 삶은 자연과 맺는 관계로 규정되며, 릿을 누리는 삶을 만들어가는 역량도 이 관계 속에서 꽃을 피운다.

> 걷기는 위대한 모험이고, 첫 명상이며, 인류에게 가장 중요한 원기와 영혼의 실천이다. 걷기는 정신과 겸손의 정확한 균형이다.[4]
>
> _ 게리 스나이더, 《야생의 실천》

연구실 사람들과 숲속을 걸으며 자연을 탐색했던 현장 활동은 우리 작업을 진전시키는 데 필수적이라고 입증된 신선한 생각을 언제나 자극했다. 이러한 일화적 증거(여러분도 기억에 남는 경험이 있을 것이다) 외에도, 연구에 따르면 자연에서 보낸 시간은 다양한 신체적, 정신적 건강상의 유익뿐만 아니라 자기 조절과 영적 성장도 제공하는 것으로 나타났다. 일부 형태의 자연은 모든 릿 도구의 핵심을 이룬다. 앞서 말했듯이 우리는 자연과 분리되어 있지 않고, 우리가 자연이기 때문이다. 우리의 사고 과정에는 육체적, 정신적, 사회적, 정서적, 영적 차원들이 복잡하게 얽혀 있다. 이 중 어느 하나라도 무시하면 그 에너지 원천을 잃고 잠재력도 사라지게 된다. 이것들을 모두 관여시키자. 그것이 '릿'한 상태다!

데이브 쿠첸 원로: 하나의 비전, 하나의 퀘스트

우리를 구성하며 서로 얽혀 있는 에너지들의 깊은 역동성을 설명하려는 모든 과학과 철학 중 내가 가장 강력하다고 여기는 모델은 비전 퀘스트vision quest (북아메리카 대평원의 토착 부족의 소년들이 사춘기에 이르면 행하는 의례—옮긴이)다. 비전 퀘스트는 전통적으로 여러 토착 부족이 황야에서 행한 통과 의례이자 자연에 완전히 스며드는 경험이다. 늘 멘토의 안내가 함께하는 고독의 퀘스트는 삶을 변화시키고 초월적이라고 할 만한 것으로서 명료성, 열정, 목적의식을 심어주는 획기적인 경험이다.

고故 쿠첸 원로는 이렇게 말했다. "대지 위에 서 있으면 뭔가를 느낄 수밖에 없습니다. 분명 자연의 목소리를 들을 수 있고, 심지어 대지의 냄새도 맡을 수가 있습니다. 우리 인간이 부여받은 감각에는 많은 것이 담겨 있습니다. 그것을 자연 자체와 일치시키면, 이 세상에 존재하는 한 인간으로서 내가 지닌 진정한 목적을 향해 성장하고 더 나아가게 됩니다. 우리 모두는 보편적인 공동의 목표를 받았습니다. 그것은 대지의 진정한 청지기가 되어 대지를 돌보는 것입니다."

토착민 교육과 웰니스를 위한 터틀 로지 국제 센터에 관한 꿈과 비전은 몇 년 전 쿠첸 자신이 행했던 일련의 비전 퀘스트 동안 그에게 찾아왔다. 물론 그는 가장 먼저 치유 작업부터 해야 했다. 그의 할머니는 이 작업이 꼭 필요하다고 그에게 일러주었다. 쿠첸은 좌절과 분노에서 빠져나와 치유를 이루는 데서부터 그의 여정이 시작되었다고 말했다.

캐나다에서 자란 쿠첸 원로는 다른 토착민들이 경험했듯이 그의 부족 문화도 위력에 의해 거의 완전히 동화되는 것을 목격했다. 부족의 전통 의식, 언어, 그 외 문화적 정체성을 담고 있는 특징 중 다수가 강압적으로 제거되기도 했고, 그들의 존재를 적대시하는 정부가 부과한 학교 프로그램과 법 아래 힘을 잃었다. 성인 나이에 다다른 청년으로서 쿠첸은 전국의 토착민들에게 일어나는 일을 보고 분노했다. "뭔가를 하고 싶었지만 뭘 해야 할지 몰랐습니다." 이에 그는 자신이 속한 부족의 할머니들에게 조언을 구했다.

공동체 안에서 원로들은 멘토와 영적 지도자라는 명예로운 역할을 맡는다. 특히 할머니들은 도덕과 삶의 지침을 전수하는 특별한 원천이다. 토착민 사회에서 할머니들의 역할은 많은 부족이 오랫동안 가치 있게 여겼다. 쿠첸이 무엇을 해야 할지 할머니들의 조언을 구했을 때, 그는 비전 퀘스트가 그의 길에 중요한 의미가 될 것이라는 말을 들었다. 그 첫 단계는 숲속에서 홀로 머무는 것이 아니었다. 한 할머니는 이런 조언을 전했다. "우리가 해야 할 첫 번째 일은 자네의 분노를 없애는 것이라네. 분노는 자네 인생에서 긍정적인 것을 전혀 끌어내지 못할 테니까. 자신도 해치고 남도 해치겠지. 분노는 자네 마음에 파고드는 작은 흑점과 같다네. 쉽사리 퍼져나갈 걸세."

쿠첸 원로는 그분의 지혜를 마음에 새겼다. 그는 빠르게 단계를 밟아 20대 초반에 신성한 오두막 의식으로 들어갔다. 그는 자기 인생에서 대대적인 변화가 일어나는 것을 느끼기 시작했다. 자연에 기반을 둔 의식들, 특히 전통적인 북 치기 의식에서 그는 "뭔가가 좋게 느껴지기 시작했다."고 말했다. "제가 참석하고 있는 의식에서 어떤 위안을 찾았습니다. 그리고 우리 부족 사람들의 북소리에 진심으로 매료되기 시작했죠. 그 북소리를 들을 때마다 감정이 북받쳐 오르곤 했습니다. 눈물을 글썽거린 적도 여러 번이었죠. 그 많은 것들을 이해할 수는 없었습니다. 그래서 더 많은 원로분을 찾아가 더 많은 가르침을 받기 시작했습니다. 그 영향 덕분에 제게 기쁨, 위안과 더불어 많은 도전을 안겨주는 삶의 방식을 추구하게 되었습니다."

그는 자신의 어머니의 본보기를 보고 토착 문화의 일곱 가지 신성한 법을 깊이 배우기 시작했고, 이는 부족 의식과 관행 속에서 새롭게 이룬 그의 기반 속에 점점 자라났다. 그는 이렇게 말했다. "저는 편안한 기분을 얻으려고 시도한 일련의 비전 퀘스트에 들어서고 나서야 제가 찾고 있던 것을 발견했습니다. 터틀 로지의 비전을 보았죠. 그런 공간을 지어야겠다는 아름다운 꿈을 꾸게 되었습니다. … 돈은 없었습니다. 그저 꿈 하나를 품은 거죠. 바로 그 지점에서 제 삶이 정말로 치유되기 시작했다고 생각합니다."

내가 보기에 비전 퀘스트 전통(특히 쿠첸 원로의 사례)은 하나의 프로세스로서 릿의 경험을 구체적으로 보여준다. 쿠첸 원로의 경우, 그가 처음으로 할머니들의 조언을 구하도록 동기를 부여하고, 스위치를 바꿔 성가신 대상에 대한 인식을 행동으로 옮기게 한 애로사항은 분노였다. 원로들의 멘토링, 그가 속한 공동체의 의식과 가치는 모두 자연에 깊이 뿌리 내리고 있었고, 이를 통해 터틀 로지라는 쿠첸의 꿈이 탄생하고 지금 그 열매를 거두고 있다. 터틀 로지는 세계 곳곳의 다양한 문화권에 속한 사람들이 자연을 통해 치유를 얻는 신성한 길로서 토착민의 지식과 지혜, 각종 의식과 전통, 교육을 직접 접하는 공간이다. 무엇보다도 이 전통은 현대 생활의 대부분이 그렇듯 자연과 단절되는 대신 자연과의 관계에 뿌리를 두고 있다는 사실이 중요하다.

우리 부족 사람들이 늘 말하곤 했던 간단한 지혜는 이것입니다. "네가 대지에 한 것이 곧 너 자신에게 한 것이다. 네가 곧 대지이다." 이는 오늘날 우리가 어느 때보다도 선명히 목격하는 것입니다. 우리가 대지에 한 것이 실제로 우리 자신에게 돌아오고 있으니까요.

_데이브 쿠첸 원로, 아니시나베 부족

데이비드 스즈키: 생명의 그물에서 나의 자리 찾기

우리는 캐나다 출신 과학자이자 거침없는 환경 운동가인 데이비드 스즈키David Suzuki의 85세 생일이 지나고 얼마 되지 않았을 때 그와 대화를 나눴다. 그는 직설적으로 이야기했다. 그는 개발을 둘러싼 몇몇 쟁점을 논의하자고 요청한 유명 석유회사 CEO와의 회의 이야기를 들려주었다. 스즈키는 회의에 동의했지만 한 가지 조건을 내걸었다. 우선

인간 대 인간으로서 대화하면서—스즈키의 의제, 석유 대기업의 의제 외에는 어떤 의제도 없이—인간으로서 공동의 관심사를 찾고, 그 토대 위에 관계를 형성하고 대화를 더 이어가자는 것이었다. 결국 그의 말은 이런 뜻이었다. "우리가 합의를 이루지 못한다면 송유관, 탄소세, 탄소배출을 논의할 이유가 있겠습니까?" 결국 합의를 얻고 회의가 시작되었다. 그 자신의 말처럼 스즈키는 우선 가장 근본적인 인간의 공통점인 생물학을 언급했다. 그들은 네 가지 기본적인 생물학적 사실에 동의할 수 있었을까?

첫째, "3분간 공기가 없으면 당신은 죽습니다. 오염된 공기를 들이마시면 병에 걸립니다. 그렇다면 깨끗한 공기는 우리가 받아들이고 보호할 책임이 있는 자연의 선물이라는 데 동의하시겠습니까? 그 공기는 지구상의 다른 모든 동물도 사용하고 있으니 말입니다."

둘째, "우리 몸의 70퍼센트 이상은 수분입니다. 우리는 바닥에 줄줄 흐르지 않도록 충분한 농축제가 첨가된 수분 덩어리일 뿐입니다. 그렇지만 우리의 피부, 우리의 입, 우리의 코, 우리의 가랑이 밖으로 물을 흘리죠. 4일에서 6일만 물이 없어도 당신은 죽습니다. 오염된 물을 마시면 병에 걸리죠. 그렇다면 깨끗한 물은 깨끗한 공기와 같습니다. 우리가 보호할 책임이 있는 자연의 선물이라는 거죠."

그는 말을 이어나갔다. "음식은 좀 다릅니다. 음식이 없을 때는 이보다 훨씬 오래 버틸 수 있지만, 4주에서 6주간 음식을 먹지 않으면 우리는 죽습니다. 우리가 먹는 음식 대다수는 흙에서 나오죠. 따라서 깨끗한 음식과 흙도 깨끗한 공기와 깨끗한 물과 같습니다."

이런 식이었다. 그는 광합성을 신성하고 긴요한 자연의 한 요소라고 설명했다. 광합성은 식물이 햇빛(에너지)을 흡수해 화학 에너지로 저장하는 과정 —이 에너지는 우리가 식물이나 동물을 먹을 때 우리에게 전달된다—이라는 점에서 불을 의미한다. 우리는 식물 에너지를 태워 자신의 연료로 삼는다. 이는 우리가 화석 연료, 나무, 동물의 배설물, 이탄(토탄)으로부터 태양의 저장에너지를 얻는 것과 같은 이치다. 그는 말했다. "여기에 기적이 놓여 있습니다. 토착민들이 땅, 공기, 불, 물이라고 부르는 네 가지, 우리 생명의 원천, 이 요소들이 생명의 그물을 통해 우리에게 전달된다는 사실입니다. 제가 보기에 이 행성에 존재하는 생명의 기적은, 우리가 필요로 하는 것들이 생명의 그물을 통해 정화되고, 창조되고, 확대된다는 것입니다."

그는 그 CEO가 '좋은 사람'이었다면서도, 우리 모두가 이러한 기본적인 필요 사항을 공유하는 동물이라고 말하자 얼굴을 붉혔다고 말했다. 물론 스즈키는 내게 무덤덤하게 이렇게 말했다. "저는 생물학자잖습니까. 당신이 동물이 아니라면 식물일 수밖에요." 우리가 대화한 시점을 기준으로 하면 그날의 회의는 벌써 오래전 일이었다. 그러나 스즈키는 그 후로도 수십 년간 다수의 CEO와 유력 인사들, 그 외 다양한 사람들에게 이 변함없는 기본 사실들을 꾸준히 설명해왔다. 이야기를 듣고 나니 그가 인간의 오만함을 참지 못하는 이유를 알 수 있었다.

그는 자만심이 우리의 멸망을 재촉할 뿐이라고 말한다. 깨끗한 공기, 깨끗한 물, 안전한 음식, 햇빛을 우리가 섭취할 만한 에너지로 바꿔주는 식물이 없다면 우리는 먼지에 불과하다. 우리 존재를 떠받치는 생명을 둘러싼 생물학적 사실들은 변하는 법이 없다.

"우리는 스스로 얼마나 똑똑한지를 지나치게 내세운 나머지 우리가 창조한 것들을 자연 자체보다 위에 올려두었습니다." 그는 이렇게 말하면서 제조된 물품과 그것들을 지탱하는 시스템을 언급했다. 우리는 그것을 구축하겠다며 우리 모두의 생존에 필수적인 환경 체계를 희생해왔다.

연구자들은 이 행성에 존재하는 생명의 복잡한 상호연결성을 보여주는 새 증거를 꾸준히 발견하고 있다.[5] 그 결과 우리가 잊고 있던 생명체들—몇 가지만 말하자면 거미, 벌레, 달팽이, 바닷가재, 문어, 그외 곤충들—이 겪는 고통의 근원이 바로 우리라는 사실을 자주 깨닫고 있다. 그 생명체들이 고통에 면역이 없다는 것을 깨달은 지금, 전에는 상관하지 않았던 그 생명체들을 어떻게 우리의 도덕적 풍경에 포함시킬 수 있을까?

스즈키는 이렇게 말한다. "우리 시대의 도전과제는 인류가 존재한 대다수 시간 동안 알고 있었던 것을 재발견하는 것입니다. 이 관계의 그물 속에 있는 우리의 자리 말이죠. 그다음으로 우리의 행동 때문에 그 그물이 파괴되지 않도록 우리의 제도를 맞춰야 합니다."

자연에 주의를 기울일 때, 우리는 단순히 자연에 관해 읽거나 듣는 데서 벗어나 자연이 우리의 정신 건강과 생존에 얼마나 중요한지 알게 된다. 우리는 각자의 경험과 인식을 바탕으로 행동에 나설 수 있다. 물론 우리는 가파른 학습 곡선 위에 있다. 수십 년간 피해가 쌓인 까닭에 이제 환경 측면에서 임계점에 다다랐기 때문이다.[6] 그럼에도 우리가 할 수 있는 일이 있다. '우리 인간'이라는 틀에서 벗어나, 세상을 더 중요시하는 태도로 일반적인 의미의 '우리'를 생각할 수 있다.

세상과 사랑에 빠지는 것만으로도 세상을 더 나은 곳으로 만들기 시작할 것이다. 인간은 죽는 순간까지 자신이 사랑하는 것을 구하기 위해 노력할 것이다. 야생 세계와 사랑에 빠져라. 그러면 그 세계를 구하기 위한 첫발을 내디딜 것이다.[7]

_ 마거릿 렌클Margaret Renkl

판도라 토머스: 영속농업, 유산이자 청사진

판도라 토머스는 생애 대부분 동안 '변화를 거듭하는 사람 중 하나'로 살아왔다고 설명한다. 이 말인즉슨 언제나 우주가 들려주는 신호에 귀 기울여 다음 단계를 정한다는 뜻이다. 토머스는 생애 첫 30년 동안 이러한 안내를 받으며 연구하고, 가르치고, 공동체를 세우는 사람으로 살았다. 그녀는 이라크와 인도네시아 청년부터 산 쿠엔틴 감옥에서 복역하는 남성들, 출소 후 집으로 돌아가는 사람들까지 다양한 그룹을 대상으로 12개국 이상의 나라에서 커리큘럼을 설계하고 가르쳤다. 4개 국어를 공부했고, 다큐멘터리 영화에 출연했으며, 컬럼비아대학교의 인권 연구소Institute for the Study of Human Rights, 브롱스 동물원Bronx Zoo, 비영리 기관 '그린 포 올'Green for All 등에서 인턴십과 펠로십을 받았다. 도요타에서 6년간 근무하며 '도요타 그린 이니셔티브'Toyota Green Initiative를 설계하고 그 일원으로 활동했다. 최근에는 평생 해오던 선대에 대한 공경을 통해—즉, 그녀가 속한 아프리카계 미국인-아프리카계 토착민 가족이 지닌 유산의 목소리에 귀 기울임으로써—처음 활동을 시작했던 캘리포니아 버클리로 돌아왔다. 이 유산은 자연 세계와의 강한 유대를 포함한다면서, 그녀는 이렇게 말했다. "제가 방향을 물은 것은 우주만이 아니었다는 것을 깨달았습니다. 인간, 동식물 형태의 비인간 그리고 정신적인 세계까지 온갖 것이 그 대상이었죠."

스물여덟 살이 되었을 때, 뭔가를 번뜩 떠올리면서 명확한 해답을 얻었다.[8] 훗날 토머스는 이메일에 이렇게 적었다. "일을 그만두고 자연주의자가 되었습니다. 온 시간을 거기에 쏟았죠. 소득은 거의 없었어도 자연주의자가 된 것은 제가 실행한 최고의 일이었어요. 그 나무들이 저를 살려줬거든요. 그들은 제게 귀를 기울이고 저를 사랑해주고, 계속 저를 지지해주고, 저의 아름다움을 반영했죠. 그들이 우리에게 바라는 건 그들의 음식인 이산화탄소를 계속 뿜어내는 것밖에 없었어요." 토머스는 이메일 본문에 웃는 표정의 이모티콘을 덧붙였다. "나무들 덕분에 숨 쉴 수 있었어요!"

그녀는 조상들의 유산을 발전시키는 역할을 맡고 싶었다. 그녀는 혼자서가 아니라 글로벌 영속농업 운동을 통해 훨씬 더 광범위한 방식으로 일하고 싶었다. 영속농업은 농업 부문에서 지속 가능한 생활 또는 회복적, 재생적 관행에 관심을 두는 접근법으로, 인간과 농업과 사회를 자연 생태계의 일부로 본다.[9] 인간 중심으로 설계된 생태계—대다수 사람이 살아가는 생태계로 행동 대부분이 인간과 그들의 가축을 부양하는 목적을 띤다—와는 달리, 영속농업에서는 인간이 생태계의 작은 부분에 불과하다. 예를 들어, 지붕에 떨어진 빗물을 모으는 것은 자연과 더 통합된 방식으로 살아가는 한 가지 방법이다. 모든 동식물을 수혜자로서 공동체에 중요한 주체로 간주한다. 식량, 에너지, 거처가 전부 지속 가능한 방식으로 제공된다.

인간의 생존은 언제나 자연의 체계와 리듬에 맞출 것을 요구했지만, 현대화로 인해 자연과 토착민의 지혜가 밀려나게 되었다. 영속농업은 하나의 의도적 선택으로서 1970년대에 들어와 다시 관심의 대상이 되었다. 오늘날 영속농업은 인류를 위협하는 기후변화, 환경 악화, 사회경제적 불평등에 대처하는 전 지구적 방식으로 떠올랐다.

> 지구는 우리의 가장 오래된 스승입니다. 지구가 우리를 낳았죠. 그렇다면 우리의 일상생활을 어떻게 다스리는 것이 지구를 기리는 방법일까요?[10]
>
> _ 판도라 토머스

대학 시절에 토머스는 도시 계획자가 될 생각이었다. 오늘날 그녀는 사실상 행성 계획자로 살고 있다. 교사이자 커리큘럼 개발자, 아동도서 저술가, 디자이너, 활동가로 살아가는 토머스는 사회 설계에 생태적 원칙을 적용하고, 지속 가능성의 원칙을 실천하는 또 다른 방식으로 사회적 영속농업을 발전시키고 있다. 2020년에는 캘리포니아 소노마 밸리에 있는 와인 마을 한가운데에 약 1만 7,140평 규모의 영속농업 농장 및 교육, 워크숍 센터인 '어스씨드 영속농업 센터'EARTHseed Permaculture Center, EPC 를 설립했다. 이곳은 아프리카계 토착민이 운영하는 곳으로, 흑인이 모두 소유하고 관리하는 최초의 영속농업 농장이다. 토머스로서는 아프리카계 토착민 혈통을 가진 사람들이 지닌 지구에 관한 전통적인 지혜의 유산을 모두에게 수월하게 전수하려는 그녀의 의도에 딱 맞는 공간이다. 특히, 토머스는 Ma'at('마이-옛'으로 발음한다)이라는 선조들의 원칙, 고대 이집트인들이 가졌던 진리, 정의, 조화, 균형의 개념들을 통합한다고 설명했다. 특히, 우리가 자연과 맺는 관계에서 중요한 원칙은 다음과 같다. "신성한 장소에 결례를 범하지 말며, 인간이나 동물에게 어떤 해도 끼치지 말며, 너에게 맞는 공평한 몫 이상의 음식을 취하지 말며, 물이나 대지를 더럽히지 말아라."

두렵거나, 외롭거나, 불행한 사람을 위한 최고의 치료제는 밖으로 나가는 것이다. 혼자 머물며 하늘, 자연, 신과 함께할 수 있는 곳으로… 나는 자연이 모든 괴로움에 위안을 가져다준다고 굳게 믿는다.

_안네 프랑크, 《안네의 일기》

토머스는 영속농업의 원리에서 자기가 받았던 교육과 가족의 가치관들을 엿보았다. "우리 모두 조상의 유산을 조금씩 가지고 있지만, 저의 경우에는 아프리카계 토착민이었던 선조들, 인간과 비인간 모두가 저를 이 길로 이끌었습니다. 저의 부모님은 제게 듣는 법을 가르쳐주셨습니다. 두 분이 지닌 단점들도 제게 가르침을 주었죠. 덕분에 저는 타인, 지구 그리고 저를 넘어서는 영적인 존재를 사랑하는 법을 배웠습니다. 이처럼 저는 쉬지 않고 말하는 대신 들을 수 있었습니다. 제 삶에 귀 기울이고 삶을 관찰할 수 있었죠. 그 과정에서 영속농업을 접했는데 무척 흥미로웠습니다. 영속농업의 첫째 원리 중 하나가 관찰하고 상호작용하는 것이었거든요. 그래서 저는 귀담아들으려고 노력합니다. 여기에는—제가 귀를 기울인다면—저를 넘어서는 무언가가 저를 안내하고 있다는 믿음이 담겨 있죠."

자연에서 영감 얻기 vs. 자연을 착취하기:
나는 자연과 어떤 방식으로 관계 맺고 있을까?

사물의 자연스러운 질서를 따른다면, 전통적인 관점에서 인간은 천적으로서 아무런 영예를 누리지 못한다. 최상위 또는 알파 포식자 ─ 먹이사슬 꼭대기에 있어서 자연계에 포식자가 없는 포식자들 ─ 로는 사자, 범고래 그리고 가장 지배적인 조류와 파충류 중에서 이들에 견줄 만한 포식자들이 포함된다. 이러한 포식자 환경에서 전혀 무장되지 않은 인간은 위협보다는 식욕을 돋우는 상대에 가깝다. 한편, 환경적 영향 측면에서 다른 관점으로 바라보면 인간이라는 종은 사뭇 다르게 다가온다. 지나친 특권 의식, 이익에 따라 움직이는 우선순위, 우리만의 방식을 갖게 하는 산업 도구들로 무장했을 때, 우리는 모든 존재에게 치명적인 위협이다. (알고 보면 이 모든 존재에는 우리 자신도 포함된다. 우리가 살고 있는 공동체에서 천적들을 제거한 지금, 우리의 건강과 안전을 위협하는 유일한 존재는 다른 인간들뿐이니 말이다.)

인간, 비인간과의 관계에서 '사무적인' ─ 내가 얻는 건 뭘까? ─ 태도를 줄일 수 있다면, 우리는 더 효과적이고, 성공적이고, 번성하는 인간이 될 것이다. 이런 점에서 우리는 하나다. 자주 인용되는 토착민들의 지혜는 다음과 같이 표현한다. 우리가 지구에게 한 것이 곧 우리 자신에게 한 것이다.

일본인 농부이자 철학자인 후쿠오카 마사노부福岡正信에 따르면 우리는 '자연의 작업물'이다. 우리가 곧 자연이다. 모든 자연을 움직이고 지탱하는 순환들이 지구의 역동적인 평형 속에 담겨 있다는 것을 더 분명하게 이해할수록 건강, 안전 및 에너지 효율성을 고려해 설계한 거주지와 공동체를 만들 것이다. 또 지속 가능한 방식으로 식량을 재배하고, 두려움이나 탐욕보다는 자연의 힘을 깊이 이해하는 토대 위에서 새로운 도전에 대처하는 능력이 향상될 것이다.

> 우리 문화에서는 감사를 표하는 의식으로, 무언가 — 음식이든 옷이든 담배든 — 를 바치기 전까지는 절대로 대지에 들어가 무언가를 가져오지 않는다. "대자연이여 감사합니다. 우리가 당신에게 저지른 일들에도 불구하고, 당신의 무조건적인 사랑이 널리 가득 차 있습니다."라는 인사가 먼저다.
>
> _ 데이브 쿠첸 원로, 아니시나베 부족

데이비드 스즈키는 유전학자로서 경력을 막 시작하던 때를 기억한다. 1962년 그해는 레이첼 카슨의 책《침묵의 봄》이 출간된 해이기도 했다. 이 책은 살충제, 특히 DDT의 무차별적인 사용으로 파괴적인 결과가 나타날 것임을 보여주는 증거에 단단히 대비하라는 촉구를 담고 있었다. 생명체의 미시적인 입자 중에서도 극히 작은 일부에 몰두하던 신참 유전학자 스즈키는 충격에 빠졌다. "저는 한곳에 초점을 맞추는 태도가 오히려 애초에 우리의 연구 주제를 흥미롭게 만드는 맥락에 대한 모든 감각을 잃게 한다는 것을 깨달았습니다. 그 모든 것이 어떻게 작동하는지는 전혀 모르는 거죠. 그러던 중 폴 뮐러Paul Müller 가 DDT가 곤충을 죽인다는 것을 발견해 1948년 노벨상을 탔을 때, 모든 사람이 '와, 해충을 통제하는 대단한 방법이네!' 하고 생각했다는 것을 알게 되었습니다. 제가 놀라는 점은, 생태학자들이 나서서 '잠깐만요. 인간에게 해를 끼치는 곤충은 한두 종뿐이라는 것을 아실 겁니다. 그런데 해충 한두 종을 잡겠다고 지구 동물 중 가장 중요한 집단인 곤충을 전부 죽이는 물질을 사용하려는 이유는 뭡니까? 이는 위대한 혁신이라고 할 수 없습니다.'라고 말하지 않았다는 사실입니다. 유전학자들이 이렇게 말할 수도 있었겠죠. '잠깐만요. 이건 끝없는 쳇바퀴에 올라타는 겁니다. 이렇게 처음에는 몇몇 곤충을 선택하고, 나중에는 몇몇 돌연변이를 선택하겠죠. 그러다 보면 새로운 종류의 살충제를 계속 발명해야만 하겠죠. 이건 끝이 없습니다.' 그러나 당연하게도 우리는 주의를 기울이지 않았습니다. 그저 DDT의 놀라운 위력에 충격받았을 뿐이죠."

그는 말했다. "우리는 깜짝 놀랄 만한 아이디어에 거듭 눈을 돌립니다. 그러나 그 아이디어의 영향으로 결국 어마어마한 대가를 치르게 되는 전체 맥락은 보지 못하죠."

어떤 혁신들이 궁극적으로 생태계의 안정을 깨뜨릴 위험이 있을 때, 그 여파를 철저히 고려하지 않은 채 자연을 통제한다는 점에서 탄성을 자아내는 측면을 극복해야 한다. 어떤 상황에서든 이렇게 물을 수 있어야 한다. '이 점에 관해 자연은 우리에게 어떤 가르침을 줄까?'

바이오미미크리 연구소Biomimicry Institute의 공동 설립자 재닌 베니어스는 이렇게 생각한다. "우리 질문에 대한 해답은 사방에 존재합니다. 우리는 그저 세상을 바라보는 렌즈를 바꾸기만 하면 됩니다."[11] 그녀의 책《생체모방》에도 적었듯이, "우리의 세계가 자연 세계처럼 기능할수록, 우리 것이지만 우리 것만은 아닌 이 집에서 머물 확률이 더 커진다."[12]

지구의 아름다움을 묵상하는 사람들은 삶이 지속하는 동안 변함없이 남아 있을 힘의 원천을 발견한다. … 자연이 부르는 후렴구에는 뭔가 무한한 치유가 담겨 있다. 이는 밤이 지나 새벽이 오고, 겨울이 지나 봄이 온다는 확신으로 다가온다.[13]

_레이첼 카슨, 《센스 오브 원더》

쿠첸 원로는 이렇게 지적했다. "우리는 선택이라는 선물을 부여받았습니다. 동물은 그렇지 않죠. 당신은 아침에 잠에서 깰 때마다 선택권을 가집니다. 원하는 방식대로 살겠다는 선택이죠. 모든 사람에게 이 선택권이 있습니다. 그러나 제 생각에 어느 시점엔가 우리는 동작을 멈추고 이렇게 말해야 합니다. '지금 우리가 살아가는 방식은 정말 지속 가능한 것일까?'"

잘 보이는 곳에 숨어 있는 자연의 비밀

생물영감 분야에서는 지질학적 시간에 걸쳐 진화한 아이디어, 전략, 메커니즘, 적응을 찾아 자연에 눈길을 돌린다. 이때 자연이 제시하는 해답과 해결 방식을 활용하면 우리도 같은 문제를 해결할 수 있다는 것을 종종 발견한다. 그러나 단순히 자연을 모방하는 것만으로 문제를 풀 수 없는 경우가 대다수다. 불행하게도 제대로 묻는 법을 모를 때도 있으며, 자연의 작업에는 주요 색인이 붙어 있는 것도 아니다. 다만 실험을 통해 그 비밀을 발견해 적용 방법을 찾을수록, 다른 사람들이 활용할 만한 색인을 만드는 데 기여할 수 있다. 이것만으로도 흥미진진한 일이다.

한 예로, 우리 연구실은 흔히 나타나는 니켈 알레르기를 해결하는 데 도움이 되는 국소 크림을 만들기 위해 피부과 파트너와 함께 연구에 착수했다. 니켈은 여러 일상 제품에 사용되는 금속인 까닭에 피부에 닿기 쉽다. 자외선 차단제를 바르면 피부에 나노입자 층이 생겨 햇볕을 차단할 수 있듯이, 우리는 안전한 나노입자를 피부 위에 덮어 니켈을 붙잡아두고 피부 속에 흡수되지 않도록 하는 것을 목표로 세웠다. 결국 우리는 조개껍데기와 분필에 함유된 물질인 탄산칼슘을 피부 연고로 만들면 그런 기능을 할 수 있을 것이라 판단했다. 이에 다수의 분자 연구를 실행해 결합 프로세스를 시험하고, 효능과 안전성을 극대화하기에 적합한 크기의 나노입자와 공식을 알아냈다. 이렇게 만든 장벽 크림을 쉽게 사용할 수 있는 스킨케어 제품으로 만들어 환자들에게 제공했다.

얼마 후, 자연이 이 문제를 이미 해결해놓았다는 사실을 발견했다. 해답은 해양 생태계의 필수 요소인 식물성 플랑크톤에 있었다. 특정한 식물성 플랑크톤은 여러 해양 층에 사는데, 여기서 이들은 자연스럽게 형성되는 중금속에 노출된다. 알고 보니 이 플랑크톤들은 탄산칼슘을 사용해 외피에 보호 판막을 형성했다. 이 보호 판막의 다른 이점이 무엇인지는 몰라도, 이것은 중금속으로부터 플랑크톤을 보호할 확률이 높다.

이런 종류의 발견은 늘 일어나지만 신문 1면을 장식할 때도 거의 없고, 학술 잡지에 실리지 않을 때도 많다. 그러나 자연의 천재성은 끈기를 갖도록 영감을 줄 수도 있다. 10년 전쯤, 한 동료와 그의 팀은 침엽

수의 짚 모양 물관부 조직에서 아이디어를 얻어 물을 정화해(박테리아를 걸러내) 안전한 식수를 만드는 필터를 개발했다. 식물의 물관부에는 나무뿌리에서 다른 기관까지 물과 분해된 광물질을 운반하는 특수 세포가 있다.[14]

자연의 이 프로세스를 참고한 연구자들은 저기술 필터를 개발했고, 구하기 쉽고 저렴한 생분해성 일회용 물질을 사용해 시제품을 만들었다. 이 필터는 오염된 물로 인한 수인성 질병이 만연해 해법이 시급한 세계 곳곳에 어마어마한 영향을 줄 터였다. 최근 이 팀의 시제품이 인도에서 성공적으로 테스트를 마쳤고, 지역사회에서 널리 사용할 수 있도록 규모를 확대할 방법을 조사하고 있다.

> 내가 아무리 오랫동안 정원에 물 주는 것을 잊어버려도, 겨울 날씨가 아무리 추워도, 새싹들은 꾸준히 얼굴을 내밀며 나뭇잎들도 계속 모습을 드러내려고 노력한다. 수백만 년에 걸쳐 온갖 일들 —이를테면 소행성 충돌— 이 생명체에 벌어졌음에도 지구는 변함없이 아름다움과 경이로움을 만들어내고 있으며 앞으로도 계속 그럴 것이다.[15]
>
> _삼바프 산카르Sambhav Sankar, 환경단체 어스저스티스Earthjustice의 프로그램 수석 부대표

인류는 자연 세계의 비인간적 차원과 깊은 그러나 종종 주의가 흐트러진 대화를 나눈다. 그런데 우리는 여러 해법을 찾아 자연을 살펴볼 때조차 자연이 건네는 경고의 메시지를 무시한다. 쿠첸 원로는 이렇게 지적했다. "자연이 메시지를 보낼 겁니다. 아마 온화한 메시지겠죠. 만약 그것을 알아차리지 못하면, 세력을 키우거나 고통을 불려서 다시

올 겁니다. 고통은 정말 좋은 교사이자 대스승입니다. 고통을 겪게 되면, 그 고통을 없애려고 할 수 있는 것을 다하니까요. 영적 감각에서 고통을 느낀다면, 전령이 이렇게 말하는 것입니다. '아마 뭔가를 좀 생각해봐야 할 것 같은데. 뭔가 변화가 필요하겠네.'"

중요한 것은 자연이 우리의 반응을 기다리지 않는다는 사실이다. 자연의 메시지를 무시하는 것은 위험을 무릅쓰는 일이라는 점도 중요하다. 코로나19는 조심스럽게 입을 열어 말하지 않았다. 팬데믹이 일어난 첫 2년간 코로나19로 인해 1,500만 명에 가까운 사람이 목숨을 잃었다.[16] 이는 인류에게 울린 극적인 경종이었다. 다양한 분야에 걸친 과학자들—역학자들, 바이러스학자들, 공중 보건 관계자, 그 외—은 코로나19가 발병하기 몇 년 전부터 팬데믹의 가능성을 점점 더 심각하게 우려하는 목소리를 냈다. 항균 내성을 지닌 슈퍼박테리아가 나타나는 최악의 상황을 일으킬 여러 조건, 특히 산업화된 공장형 농장이야말로 코로나19와 같은 유행병을 일으키기에 알맞은 조건이라는 경고들이 나왔다. 과학은 거짓말을 하지 않았다. 자연에 명백히 드러난 패턴들이 확실히 말하고 있었다. 지금도 마찬가지다. 항균 내성을 지닌 슈퍼박테리아들로 인한 감염병들이 꾸준히 늘고 있으며, 전문가들은 또 다른 팬데믹이 일어날 조건들이 다시 한 번 무르익었다고 경고하며 상황을 예의주시하고 있다.

2021년 발표된 영국의 한 연구에 따르면 대다수 감염병은 동물에서 인간으로 옮아가는 인수공통감염병이다. 아직 관련 메커니즘이 확실히 밝혀진 것은 아니지만, 인수공통감염병의 전염은 인간과 야생 동물과의 밀접한 상호작용 및 공장형 농장에서 작용하는 듯하다. 이러한 전염은 물 부족, 생물다양성 감소 등의 상황과 밀접하게 관련되어 있다. 그럼에도 공적 논의들은 유기체 자체만 비방하는 경향이 있다. 이러한 집단적인 외면은 증거에 기반한 기존 정보와 미래의 팬데믹을 예방한다고 알려진 조치를 무시한다. 이런 문제로부터 자신이 얼마나 동떨어져 있다고 생각하든 간에, 그 문제들은 우리 모두가 풀어야 할 숙제다.

오늘날에도 마찬가지다. 코로나19가 우리에게 전하는 가장 중요한 교훈 하나는 벌써 대체로 외면당했다. 바이러스를 악당으로 만드는 것은 잘못된 생각이라는 교훈 말이다. 토머스는 말했다. "우리는 바이러스에 관해 이야기하면서 그것과 '전투를 벌인다'라는 식으로 말합니다. 제가 보기에 지금 우리가 인식해야 할 중요한 문제는 그게 아닙니다. 정말 중요한 것은 패턴을 이해하는 거죠. 패턴 인식이 관건입니다."

위스콘신대학교 매디슨의 역학자 토니 골드버그Tony Goldberg는 그 패턴이 분명하다고 말한다. "만약 모든 바이러스가 갑자기 사라진다면 세상은 하루 반나절 정도 멋진 곳이 될 겁니다. 그다음 우리 모두가 죽겠죠. 결론은 그렇습니다. 박테리아들이 이 세상에서 하는 온갖 필수적인 일은 나쁜 일보다 훨씬 중요합니다." 심지어 일부 박테리아는 균류와 식물부터 곤충과 인간에 이르기까지 모든 유기체의 건강을 유지해주기도 한다.

나는 종종 진화를 가리켜 최고의 문제해결자라고 부른다. 자연이 모든 지혜를 가지고 있기 때문이다. 우리 인간은 그 지혜의 극히 일부만을 이해할 뿐이며, 이 또한 우리의 제한된 이해력으로만 볼 수 있다. 시냇물 한 방울을 현미경으로 들여다보거나, 밤하늘의 깜박거리는 점 하나를 망원경으로 들여다보라. 그러면 더 크고 깊은 진리를 흘긋 볼 수 있을 것이다. 즉, 우리가 보거나 파악할 수는 없지만, 이미 존재하면서 시내와 우주에 ─ 그리고 우리에게 ─ 영향력을 행사하고 있는 것들이 아주 많다는 사실 말이다. 새로운 통찰을 얻기 위해 자연 세계와 교감하며 그것을 관찰하고 연구하고 귀 기울이며 그 진리를 깨달으려면 어떻게 해야 할까?

> 나는 몸을 숨기고, 흙에 딱 달라붙어, 잔디와 하나가 되는 것이 매우 만족스럽다.
> 내 영혼은 흙과 모래 속에서 편안하게 꼼지락거리며 행복해한다.[17]
>
> _린 위탕Lin Yutang, 《생활의 발견》

난해한 문제에 대한 확실한 해법

몇 년 전 보스턴 아동병원의 심장외과 과장 페드로 델 니도Pedro del Nido 에게 이메일을 받았다. 당시 그는 심방 사이에 구멍이 난(사이막 결손) 수많은 영아와 아동을 치료하고 있었는데, 봉합술로 구멍을 막다 보면 연약한 심장 조직이 찢어지곤 했다. 그는 심장외과에 보유한 기기들이 성인에게는 매우 효과적이지만 변형할 수가 없다고 설명했다. 그렇다고 무작정 기기를 소형화할 수도 없었다. 아동의 심장이 더 자라면 결국 기기보다 커지기 때문이다.

그는 이 문제를 풀 수 있는 무언가를 개발해줄 수 있겠냐고 물었다. 우리는 뛰는 심장 안에 붙일 수 있는 패치를 생각해보았다. 구멍을 메운 패치는 환자의 심장 조직이 구멍 위로 자라나면 분해되고, 그 결과 심장이 발달하면 그 매운 부분이 확대되는 형태였다.

연구실에 모인 우리는 여러 가능성을 생각해보았지만, 어느 것도 유효하게 만들지 못했다. 결국 원점으로 돌아갔다. 자연이 우리 주변에 여러 해결책과 문제를 풀 수 있는 아이디어들을 둘러놓는다는 것을 알았기에 호기심 넘치고 한껏 들뜬 새로운 마음이었다. 진화는 수백만 년의 연구와 개발에 버금가는 지혜를 제공한다. 이를 염두에 두고 우리는 이렇게 질문했다. 자연에서 습하고 역동적인 환경에 놓인 생명체로 무엇이 있을까? 그러한 환경이라면 우리가 패치를 부착할 부위와 비슷할 터였다.

당시 연구소에서 활동하며 이 프로젝트를 주도하던 대학원생 마리아 페레이라는 습지에 사는 끈적끈적한 생물 사진을 보내달라고 모두에게 부탁했다. 우리는 달팽이, 민달팽이 그리고 발 없이 꿈틀거리는 벌레들이 꿀처럼 찐득거리는 분비물과 소수성(물을 밀어내는 성질) 물질을 가지고 있다는 것을 발견했다. 우리는 이 작은 생물들로부터 배운 것을 활용해, 심장 표면으로부터 혈액을 밀어내 해당 부위에 가까이 닿는 접착제를 설계하는 일에 착수했다. 궁극적으로 습한 조직에 단단히 접촉하는 일을 성공시키려면 담쟁이덩굴의 방법을 따라야 했다. 담쟁이덩굴은 뿌리털을 내보냄으로써 건물 벽을 기어오른다. 이 뿌리털은 갈라진 틈에 들어가 오그라든 다음 서로 맞물린다. 반창고처럼 단순히 심장 조직에 붙을 뿐 아니라, 벽에 붙은 담쟁이덩굴처럼 벽 속에 파고들어 벨크로처럼 강력한 고리를 만드는 접착제를 개발한다면 어떨까?

우리는 작업에 착수했고, 프로젝트를 시작하고 몇 년 만에 접착제를 바른 탄력성 있고, 가늘며, 투명한 패치를 개발했다. 이 패치를 심장에 부착하고 빛을 이용해 올바른 자리에 봉인하면 접착제가 활성화되는 방식이었다. 이 접착제는 수술 도중 혈관을 봉인하는 혈관 재구성 과정에 사용하도록 유럽에서 승인받았고, 유럽을 넘어 사용 범위를 확대하기 위한 몇몇 연구가 진행 중이다.

앞으로 이 기술은 봉합 없는 신경 재건과 탈장 교정(고정 압정 제거)을 포함한 다양한 수술에 사용해 전 세계 환자들의 합병증을 줄이고 회복 속도를 높이게 될 것이다. 민달팽이부터 달팽이, 담쟁이덩굴에 이르기까지 자연의 작동 원리가 이기는 전략을 쥐고 있었다.

자연은 우리에게 도움이 되는 여러 차원을 제공하고, 우리는 이로부터 지속적인 이익을 거둔다. 우리는 대자연이 선사하는 것에 보답하고 감사해야 한다고 했던 쿠첸 원로의 말을 되새길 필요가 있다. 이를 실천하는 방법 하나는, 받아 누리기만 하는 데서 벗어나 더 온화하게 얻고 다시 돌려주는 것이다. 이는 과학자 겸 저술가이자 맥아더 펠로 프로그램의 '천재 그랜트' 상을 받은 로빈 월 키머러의 말이다. 키머러는 자신이 속한 포타와토미족의 뿌리로부터 얻은 토착민의 지혜와 자신의 과학적 접근법을 한데 엮는다. 그녀는 '무제한적 착취의 세계관'이 '우리를 둘러싼 생명의 최대 위협'이라고 묘사한다.[18] 우리와 지구의 관계를 바로잡는 데 필요한 근본적인 변화는 이 세계관을 바꾸는 데서 시작한다고 그녀는 말한다. 키머러는 '지구로부터 무엇을 더 얻을 수 있을까?'를 고민하는 대신 '지구는 우리에게 무엇을 요청하는가?'라는 질문이 더 필요하다고 말했다.

자연 속에 있을 때 어떤 기분이 드는지 확인한다.

↓

살아 있는 것들의 경이로운 그물을 관찰한다.

↓

그 상호 연결된 지지가 나를 들어올리게 한다.

↓

회복과 재생을 가져다주는 무한한 생명의 기적을 경험한다.

평소에 당연시하는 흔한 것들을 자연이 만들어놓은 본질적인 프로세스와 연결하면 자연의 경이로움을 더 많이 경험할 수 있다. 건강을 북돋는 운동의 효과? 그 뒤에 자연이 있다. 폭넓은 우리의 감정과 우리의 사회적, 정서적 욕구? 그 뒤에도 자연이 있다. 호흡 또는 우리가 날마다 섭취하는 음식과 물을 생각할 필요 없이도 살아남을 수 있는 우리의 능력? 자연에 답이 있다. 지지받고 평온하다고 느끼는 우리의 능력? 그 역시 무대 뒤편에 자연이 있다. 우리가 곧 자연이다.

자연 세계는 우리 마음의 정화제이고, 사물의 속도를 늦춰주는 온천이며, 우리를 기저선에 다시 가져다놓는 주체다. 따라서 당장 이들을 얻지는 못하더라도 그저 자연에 맡기면 회복하는 효과를 얻을 수 있다. 이는—약물, 알코올, 기기, 마케팅, 상품화의 주도 속에—우리가 만들어놓은 날카로운 인위적 경험으로부터 충분히 멀리 벗어나, 자연 세계에 발을 들여놓고 그저 그곳에 머물 때까지는 느껴볼 수 없는 효과다. 이러한 기본적인 생물학적 사실 외에 자기 연민의 측면에서도 놀라운 영향이 나타난다. 사실 우리는 자기 연민이 필요함에도 수

시로 이를 부인한다. 자연 속의 무언가를 알아차릴 때마다 우리는 본질상 우리 안의 무언가를 동시에 알아차린다. 우리가 바라보는 아름다운 일몰은 밖에 있는 것(환경)뿐만 아니라 우리 안에 있는 것(우리의 육체적 감각과 그보다 더 깊은 감수성)으로도 경험된다. 자연을 알아차리는 심대한 경험을 할 때 그 순간을 음미하는 자신의 아름다움을 알아차리고, 그 인간적인 차원을 음미하며, 나 자신과 타인에 대한 연민을 느끼려고 시도할 수 있다.

자연은 우리가 허락한다면 인내와 참을성을 기르도록 도와주기도 한다. 찰스 헨리 터너가 개미들의 행동을 관찰하면서 간신히 인지할 만한 차이를 발견했던 예에서 영감을 얻자. 개미는 기계적으로 움직일 것이라는 우리의 판단에도 불구하고, 터너가 했듯이 시간을 가지고 좀 더 자세히 들여다보면서 미묘한 차이에 대한 인식과 호기심을 기른다면, 사실 개미들은 창의적인 행동—개미의 신경다양성!—을 보인다는 것을 발견하게 된다. 우리는 절대로 우리의 신경다양성을 잃지 않으며, 이를 발현하는 법을 배우기에 너무 늦은 때는 결코 없다. 내가 가장 자연스럽게 세상을 경험하고 해석하는 데 주파수를 맞추는 방식을 생각해보라. 나의 뇌가 가진 고유한 화학적 성질과 신경계를 통해 내게 와닿는 것은 무엇이며, 몸과 마음에서 가장 진정성 있고 진실하다고 느껴지는 것은 무엇일까? 날마다 조금씩 그런 방식을 더 실험하면서 자연을 껴안는 연습을 해보자. 여러분의 신경다양성도 자연의 야생적이고 활기 있는 모자이크의 일부다.

언젠가 반려견들과 함께 숲속을 걷다가 한 엄마와 아들이 몸을 웅크린 채 돌멩이를 보고 있는 모습을 보았다. 엄마는 돌을 집어 들고 아들에게 이렇게 말했다. "오늘은 이 돌멩이 밑에서 어떤 벌레를 발견할지 궁금한걸!" 우리가 참고할 만한 정말 멋진 은유다. 오늘은 어떤 돌멩이를 뒤집어서 자연에 관한 우리의 선천적인 호기심을 자극할까? 돌멩이를 뒤집어 그 밑에 놓인 것을 보는 것은—별이 총총한 밤하늘을 올려다보며 경이감에 빠져드는 것처럼—순간적으로 스위치를 바꾸는 일이다. 우리는 이 습관을 기를 수 있고, 이런 기술을 즐겁게 연습할 수 있다.

실천 지침

해결사가 되자

판도라 토머스는 이렇게 말한다. "우리는 대담한 자세로 사물에 관해 배우기 시작하고, 우리에게 생명을 주는 체계들과의 관계에 관해서도 배워야 합니다. 다른 사람들이 나서서 문제를 해결해주기를 기대하지 말고, 우리가 '해결사'가 되어야 합니다. 우리가 자연과의 관계를 다시 세우는 주체가 되어야 합니다." 아래는 가볍게 시작할 만한 요령들이다. 토머스를 비롯한 생물영감주의자들이 권한 이 요령들은 모두 활성화 에너지가 낮은 것들이다.

- **속도를 늦춘다.** 하루를 천천히 보내자. 반응 속도도 늦추자. 속도를 늦추고 눈길을 주고, 관찰하고, 나의 감각들을 지금 순간에 온전히 집중하자.
- **나의 속도를 파악한다.** 내가 머무는 자리를 깊이 이해하고 파악하

는 것은 모든 면에서 기초가 된다. 땅과 가까운 곳에 살거나 일하는 사람들은 늘 이 사실을 알았다. 그들은 날씨, 흙과 식물의 생활, 동물들의 이동 패턴을 읽는 법을 배운다. 도시와 교외에 사는 사람들도 나름의 지식을 갖출 수 있다. 내가 마시는 물의 공급원과 이 물을 나에게 전달하는 체계들을 파악하자. 정원을 가꿔 우리에게 자양분을 주는 자연 체계와 교류하자. 토머스는 이렇게 말한다. "내 집이 있다면 태양 에너지와 전기 에너지로 바꾸세요. 이 모든 것이 어떻게 서로 맞아 들어가는지 전혀 모르면서 무작정 기술적으로 스마트한 집을 꾸며서는 안 됩니다."

- **내 눈으로 직접 본다.** 내가 사는 동네 또는 더 넓은 지역사회에 영향을 끼치는 것들에 관한 정보를 얻으려고 앱, 소셜미디어, 출간물 그리고 다른 사람들에게 얼마나 많이 의존하는지 생각해보자. 할 수 있을 때마다 자신이 직접 관여해보자.

- **주의를 기울인다.** 특히 자연과 연결된 친구 또는 가족들에게 집중하고, 그들에게서 배움을 얻고 함께 자연을 경험하는 기회를 마련하자. 다른 사람들이 자연과 소통하는 방법을 관찰하고 ─ 그러한 인식을 키우자 ─ 이에 관해 호기심을 표현하기만 해도 좋다.

- **학습 자원을 활용한다.** 내가 속한 지역사회 또는 다른 지역에서 열리는 재활용, 에너지, 정수장, 시범 정원, 지속 가능성 프로젝트 등에 관한 유익한 대중 투어를 찾아보자.

- **때를 묻힌다.** 할 수 있다면 정원에 나무를 심고, 여의찮다면 화분에 씨앗이나 알뿌리를 심고 그것을 가꿔보자. 식물을 다른 화분에 옮겨심기도 하고, 나뭇잎도 긁어모으고, 퇴비도 뿌려보자. 인위적이

지 않은 구조와 지성을 탐색하는 영속농업과 그 외 주제들을 공부해 보자. 토머스는 이렇게 말한다. "생태적 인식, 시스템 인식은 우리의 지역사회의 생존에도 유익하다는 점에서 중요합니다. 회복탄력성을 기르는 방법을 이해하려고 늘 전문가들을 불러올 수는 없는 노릇입니다. 그 전문가들이 떠나고 나면 그때는 어떻게 하겠습니까?"

• **질문을 바꾼다.** 자연과 거래적 관계 — 날 위해 뭘 해줄 건데? — 를 맺는 데서 벗어나, 우리의 삶과 운명이 자연과 연결되어 있다는 생각을 토대로 하는 관계를 맺자. 그리고 이런 질문을 던지자. 지구에 보답하기 위해 나는 무엇을 할 수 있을까? 자연 자원을 보존하고, 보호하고, 가꾸기 위해 내가 살아가는 방식을 어떻게 바꿀 수 있을까? 우리가 자연과 맺는 관계를 회복하고 강화하는 해법을 찾으려면 질문을 어떻게 바꿔야 할까? 숲속을 걷는 것을 넘어서, 이런 원칙들을 현대 생활의 현장 속에 통합하려면 어떻게 해야 할까?

• **한 번에 하나씩.** 주의 산만을 잠재우고, 자신의 인식을 예리하게 하고, 주어진 순간을 최대한 경험하는 연습을 하자. 여러 일을 동시에 하고 있다면 이를 알아차리고 한 가지 일 — 한 사람, 한 가지 과제, 한 가지 활동 — 에 온전한 주의를 기울이겠다고 의식적으로 선택하자. 이 기술은 연습과 함께 향상된다. 여러 일을 한꺼번에 하는 것은 우리를 비효율적이게 한다. 나아가 나의 벗 조슈아 플래시가 단언하듯이, 우리 마음을 어지럽히고 스트레스를 더하는 더 나쁜 영향을 미친다. 그 결과 불안한 에너지를 내뿜어 주변 사람들에게도 영향을 미치고, 소통을 위한 우리의 잠재력을 축소시키고 만다. 한 번에 하나씩 하는 연습은 속도를 낮춰 더 온전하고 충만한 경험을 하

도록 이끌며, 이 에너지를 다른 사람들에게도 전달하게 한다.

- **세상을 만들어가는 의식적인 리듬을 받아들인다.** 자신을 치유함으로써 주변 환경을 치유할 수 있다. 자신을 치유하는 일은 인간다운 속도로 생활하는 데서부터 시작한다. 이는 신중한 행동을 낳는 명료한 생각을 뒷받침한다.

13
chapter

세상을 비추기
대담하고 애정 어린 문화를 만드는 노력

세상에 대한 나의 깊은 바람을 충실히 지키자

내 질문은 간단하다.
우리가 속한 세상을 개선해야 한다는 도전을 지금 우리가 받아들이지 않는다면,
과연 이 도전을 누가 언제 받아들이겠는가?
_레지날드 '레지' 슈포드, 노스캐롤라이나 저스티스 센터 사무총장

지금부터 말할 디스토피아 스토리보드는 마블이나 유니버설 픽처스의 작가실에서 나올 법한 이야기이기도 하다. 산불로 지구가 불타고, 곳곳에서 홍수가 일어나고, 또 다른 곳에서는 농작물이 가뭄으로 쓰러진다. 한 차례 팬데믹이 일어나 수백만 명을 쓸어갔고, 또 다른 팬데믹이 닥쳐올 기미가 보인다. 전쟁과 자경단의 폭력이 두려움을 증폭시켜 수백만 명을 살던 집에서 몰아내고, 쫓겨난 사람들은 다른 곳으로 피난하지만 현지 자원은 이미 필요를 감당하기가 벅찰 지경이다. 복수심에 불타는 정계의 실세와 이데올로기들은 아무런 견제 없이 세상을

괴롭히고 대량 파괴를 일으키겠다고 위협한다. 이렇게 일부 과학자가 '인류세'Anthropocene epoch 라고 부르는 시기가 시작된다. 이제 막 동트고 있는 인류세는 지구의 지질과 생태계에 끼치는 인간의 영향이 이 행성을 멸종으로 몰고 가는 지질학적 시기를 가리킨다.

우리 모두는 이것이 영화가 아니라 우리가 살고 있는 현실이라는 것을 알고 있다. 그러나 이야기가 아직 진행 중이므로 결말을 알 수 없다. 전 세계적으로 우리에게 필요한 도구는 다 갖추고 있다. 자원, 기술, 창의력, 기회 등 모든 것이 있다. 그러나 이 이야기가 우리 세대뿐만 아니라 앞으로 여러 세대를 위해 우리가 바라는 유망한 쪽으로 펼쳐지려면 '릿'한 태도로 반응해야 한다. 책을 시작하면서 말했듯이, 릿한 태도로 생각하고 행동하는 능력은 우리 각자에게 내재되어 있다. 그 능력은 언제나 쓸 수 있고, 시간과 상황을 막론하고 나의 의지대로 사용할 수 있다. 릿 도구들은 우리 삶의 모든 측면을 작동시킬 에너지를 지펴준다. 그 도구들을 사용해 어떤 순간에 활력을 불어넣을 수도 있고, 전략적으로 방법을 짜서 내가 원하는 삶을 만들 수도 있다.

잠시 시간을 갖고, 우리의 가장 훌륭한 생각과 가장 영감을 주는 행동이 전 세계 재앙 시나리오를 변화시켜 우리를 벼랑 끝에서 구해내는 세상을 상상해보자. 릿한 에너지와 행동이 새로운 힘을 불러일으켜 지구 곳곳에서 선한 일들이 일어나는 세상 말이다. 어찌 보면 할리우드 작가실에서 찾아볼 법한 유토피아 스토리이지만, 이것은 공상 과학 스토리가 아니다. 이것은 우리가 써야 할 이야기다. 비전을 품고 세상을 만드는 작업은 우리 손에 달려 있다. 영화에서처럼 현실에서도 세상을 만드는 것은 의도를 담은 창의적인 행동이다. 지금 우리는 이 창의적인 도전과제를 함께 안고 있다. 우리는 세상을 만들고 있으며, 그 세상을 릿하게 만들 수 있다.

맨땅에서 시작하는 것은 아니다. 2021년 세계 정상회의에 모여 '우리의 행성, 우리의 미래'라는 성명문을 발표한 노벨상 위원회 및 선도적인 전문가들은 이렇게 말했다. "인류는 적극적인 지구 관리라는 도전과 기회 앞에 너무 늦게 눈을 뜨고 있다. 그러나 분명 눈을 뜨고 있다."[1] 성명문에서 그들은 자연과의 관계에 초점을 맞추고, 우리가 쓰는 에너지를 지구에 유익한 새로운 방식에 일치시키도록 시급히 행동에 나설 것을 촉구했다.

그들은 "우리는 지구라는 행성과 우리의 관계를 재창조해야 한다."라고 하면서 성명문에서 아래와 같이 논했다.

> 인간과 우리 사회를 포함해 이 행성에 존재하는 모든 생명의 미래를 위해, 우리는 세계 공동재─기후, 빙하, 육지, 해양, 담수, 숲, 토양, 지구의 상태를 조절하는 풍부한 생물다양성─를 효과적으로 지키는 청지기가 되어야 하며, 이것들을 결합해 독특하고 조화로운 생명 유지 시스템을 창조해야 한다. 이제 지구 시스템을 방해하기보다 이를 지원하는 경제와 사회를 수립해야 할 실존적 필요가 있다.
>
> 어떤 문제를 만들어낸 것이 인류라면, 그 문제에 대한 해답도 인류가 내놓아야 한다.[2]
>
> _모니카 비엘스키테Monika Bielskyte , '프로토피아 퓨처스'Protopia Futures 설립자

생물학자 겸 자연주의자인 에드워드 윌슨은 그의 책《지구의 절반-생명의 터전을 지키기 위한 제안》에서 지금의 시대를 가리켜, 지구에 닥친 곤경과 함께 유례없는 희망이 존재하는 시기라고 설명했다. 우리가 영향력 있게 행동할 독특한 위치에 서 있기 때문이다. "역사상 처음으로, 10년 이상 앞서서 생각할 수 있는 사람들 사이에서, 우리가 지구에 종말을 일으키고 있다는 확신이 생겨났다."[3]

이 시대는 이 모든 전선에서 새로운 지평을 열 전략과 행동 — 릿 행동 — 을 촉구하고 있다. 우리가 직면한 문제들을 해결하고, 우리를 기다리고 있는 가슴 뛰는 가능성을 개발하고 싶다면 이 촉구에 응해야한다. 단순한 노력을 넘어 끈질긴 노력을 통해 시대의 요구를 성공적으로 충족시키겠다는 의지는 개인의 행동에서 시작된다. 각 개인이 자신의 영향권 안에서 할 수 있는 일들을 해야 한다. 자기 삶에서 영양가있는 질문을 던지고, 날마다 내 주변에서 이루어지는 대화들이 책임감 있고 인정 어린 행동을 낳도록 주도해야 한다.

인간이 그러한 독창적인 문제해결자가 될 수 있다는 사실은 고무적이다. 생각해보면 항공 여행, 우주여행, 전 세계 사람들과의 즉각적인 의사소통이 환상에 불과하던 때가 있었다. 그러나 우리가 실제로 문제를 해결할 수 있다고 해서 그런 문제를 얕잡아 보거나 무시하면 곤경에 처하게 된다.

우리는 지금 맞닥뜨린 문제들을 해결하는 데 필요한 창의력과 문제해결력을 가지고 있다. 그 원료 그대로의 에너지가 거기 있다. 단, 우리가 활성화하지 않는 한 그것은 그저 잠재력으로 남아 있을 뿐이다. 세계 최고의 음향 시스템을 갖추고 있다고 해도 전원을 올리지 않으면 아무것도 들을 수 없다. 정원에 심을 씨앗이 한 꾸러미 있다고 해도 심지 않으면 자라지 않을 것이다. 활기찬 생활을 영위할 조건을 마련하고, 가장 시급한 문제에 자원을 집중시키는 문화를 조성해야 한다. 그런 문화를 만들려면 어떻게 해야 할까?

인류가 새로운 차원의 의식으로 옮겨 가라는 부름을 받는 시기가 찾아온다.[4]

_왕가리 마타이 Wangari Maathai

이 모든 것을 한 번에 ─ 문제들과 잠재력을 동시에 ─ 생각하려고 하면 벅차다고 느껴질 수도 있다. 공을 움직이게 만드는 첫발을 떼는 데는 저항이 따르기 마련이다. 그러나 사안을 인식하는 것 자체가 첫걸음이다. 아직 머릿속에 입력되지 않는 것을 두고 골치 아파하기란 매우 드문 일이다. 실제로 첫발을 내딛는 것만이 진척을 가져오는 것은 아니다. 남달리 그런 일을 쉽게 해내는 사람들이 있다. 사안을 인식하는 것도 동기를 불어넣는다. 어떤 것을 걱정스럽다고 인식하면 더 발전하는 데 드는 활성화 에너지가 낮아진다. 당장 행동할 태세를 갖추지 않았다고 자신을 얕보거나 무능하다고 여기지 말자. 그보다는 이렇게 문제가 있는데 자신이 행동하지 않는다는 데 마음을 쓰고, 이 에너지를 활용해 의도적으로 행동에 나서는 편이 낫다.

현실적인 측면에서는 세상을 구하는 것이 아니면 아무것도 아니라는 식의 이분법적인 생각 대신, 이 세상에 존재하고 이 세상의 일부인 나 자신을 인식하고, 이것이 어떤 의미인지 생각한 뒤, 날마다 '릿'한 삶을 사는 데 필요한 에너지와 추진력을 더해주는 선택을 하나씩 내릴 수 있다. 간단하게는 영속농업주의자 판도라 토머스가 권하는 것처럼 내 발밑의 땅과 맺는 관계에서부터 시작할 수도 있다. 영겁의 세월 동안 이 지구에서 지속 가능한 생활을 살도록 길잡이가 되어온 집단적인 지혜와 노력, 지구에 투여되어 결국 우리에게 전달된 인간적, 비인간적 에너지 유산을 깊이 생각하자. 그 에너지를 느끼고, 그 에너지가 나를 움직이게 하자. 드넓은 밭에 빼곡히 파종할 수는 없어도 씨앗 하나 정도는 심을 수 있지 않을까? 식물 한 그루라도 돌볼 수 있는 일이다. 또는 식물 하나를 관찰하면서 이 자연 세계에서 그 식물과 내가 차지하고 있는 자리를 인식하는 습관을 기를 수도 있다.

다른 사람들의 인식을 일깨우면서 어울리고, 어울리고, 또 어울리자. 거슬리는 일, 뭔가 잘못되었다는 느낌이 드는 것, 실행해야 하는데 아직 그대로 있는 일을 말로 표현하자. '금지된 질문'—어떤 상황에 꼭 필요한 질문인데 아직 아무도 묻지 않았던 것—을 던져보자. '금지된 질문'이라는 이 용어는 대통령의 지시에 따라 핵 공격을 활성화하라는 명령을 수행해야 하는 한 공군 소령이 1973년 당시 상관에게 이렇게 질문한 데서 유래되었다. "제가 받은 미사일 발사 지시가 제정신인 대통령에게서 왔다는 것을 제가 어떻게 알 수 있습니까?"⁵

어디에 있든 내가 할 수 있는 일을 하자. 능동적인 기회주의자가 되어 주변을 둘러보면서 영감, 아이디어, 기회를 얻어 최대한 관여하자. 우리 주변에는 영감을 불어넣는 본보기가 가득하다. 또는 잠재력을 실현하는 데 지원이 필요한 사람들에게 신뢰를 불어넣고 그들을 지원하는 것부터 시작해도 좋다.

인류의 선함을 깊이 의심하게 될 때, 이런 질문을 던져보라. 나의 슬픔과 분노 덕분에 이익을 얻는 사람은 누구일까? 나를 두렵게 만듦으로써 부를 얻는 사람들은 누구일까? 누군가는 그렇다.[6]

_ 마거릿 렌클

레지날드 슈포드: 가까운 곳에서 시작하고, 혼자 하지 말 것

'레지'라는 이름으로 불리는 레지날드 슈포드는 인터뷰 당시, 펜실베이니아 미국시민자유연맹American Civil Liberties Union, ACLU 사무총장이었다. 인권 변호사로서 그가 쌓은 경력은 모두의 평등과 정의를 위해 싸우라는 평생의 소명에서 나온 것이었다. 그는 우리 시대가 '어마어마한 도전과제를 짊어졌다는 이유'에서 엄청난 잠재력이 있다고 설명하면서, '우리가 시작할 곳은 정확히 개인 차원'이라고 했다.

슈포드는 말했다. "친절과 관용을 베푸는 작은 행동이 유의미한 도미노 효과를 일으킬 수 있습니다. '지구적으로 생각하고, 지역에서 행동하라.'는 일리가 있는 말입니다. 가까운 곳에서 시작하세요. 아는 것부터 시작하세요. 혼자 하지 마세요. 지역에서 나와 같은 가치관을 공유하는 개인, 조직과 소통하세요. 저 밖에 그들이 있습니다."

이 책에서 자신의 이야기를 공유했던 수많은 사람처럼, 현재 노스캐롤라이나 저스티스 센터의 사무총장을 맡고 있는 슈포드 역시 그와 가치관을 공유했던 몇몇 사람이 그의 인생 초반에 끼친 영향을 떠올렸다. 그 영향이 모든 변화를 일구어냈다.

어린 시절부터 십 대를 보내는 내내 학교는 그에게 험한 곳이었다. 그는 괴롭힘을 당했고, 집안의 여러 문제로 분투했으며, 특히 중학교 시절에 말썽을 많이 일으켰다. 그는 7학년 때, 여러 위반을 저질러 교장실이나 생활지도 상담사에게 보내졌다. 교사였다가 생활지도 상담사가 된 미니 윌리엄스라는 분은 슈포드를 문제아로만 보지 않았다.

"윌리엄스 선생님은 나를 잘 참아주셨지만 때로 좀 화를 내시기도 했습니다. 이렇게 말하시곤 했죠. '너를 어떻게 하면 좋을지 모르겠구나. 성적은 탁월한데, 너의 태도와 행동에는 아쉬운 점이 많으니 말이다.'" 그해 학년이 끝날 무렵, 선생님은 그를 어떻게 할지 정했다. "선생님께서 그러시더군요. '드디어 생각해냈어. 너에게 희망을 걸어볼 거야.'" 그분은 슈포드가 뭔가 도전할 만한 것이 없어 지루해하지만(사실이 그랬다), 행동이 그렇다 보니 대다수 사람은 이런 근본 문제를 고쳐야 한다는 사실을 미처 보지 못한다고 믿었다. 이듬해, 윌리엄스 선생님은 그를 영재 프로그램에 배치하고 행운을 빌어주면서 이렇게 덧붙였다. "나를 실망시키지 마렴."

슈포드는 말했다. "저에 대한 윌리엄스 선생님의 신뢰와 믿음 덕분에 저도 자신을 믿을 수 있었습니다. 전에도 숱하게 들은 말이었지만, 난생처음으로 정말 제가 똑똑하다고 믿은 거죠. 게다가 흑인 여성이었던 그분이 저를 위해 위험을 감수하신 것을 보고, 그분을 실망시키지 않기 위해 최선을 다했습니다. 저의 행동과 태도가 전부 몰라보게 달라졌고, 성적도 올랐습니다. 한번 상승 흐름을 탄 학업 능력은 멈출 줄 몰랐습니다. 제가 살면서 누린 모든 성공에 대해서는 윌리엄 선생님의 큰 공헌에 영원히 신세를 지고 있습니다."

고등학교 1학년 때 만난 영어 선생님 보니 대니얼스도 그에게 강한 영향을 남겼다. 슈포드가 영어를 사랑한다는 것을 알아보고 읽기와 쓰기에 관심을 가지도록 이끌어준 것이다. 슈포드는 대니얼스 선생님이 흑인을 주제로 한 연극 공연에 그를 데려가 '사비를 털어 관람료를 내줬고', 다른 여러 방식으로도 그의 잠재력을 이해한다는 것을 보여주었다고 했다.

슈포드는 무엇보다도 고인이 된 어머니 바버라 슈포드가 그의 인생에 가장 큰 영향을 미쳤다면서 이렇게 말했다. "어머니는 남달리 친절하고 너그러운 마음씨를 지녔고, 가진 것은 많지 않아도 인정 많고 재미있고 남을 판단하지 않는 분이었습니다. 당신의 삶이 그토록 고되었을지언정 모두에게 공감할 줄 알았고, 누구에게도 험한 말을 쓰지 않았습니다. 어머니는 저의 가장 큰 팬이자 응원 단장이었고, 언제나 제가 자랑스럽다고 주저 없이 말씀해주셨습니다." 민권 소송인이자 법정의 전사이자 멘토인 슈포드는 이러한 유산을 삶과 법에 불어넣고자 노력한다. 우리 역시 격려의 힘을 확실히 말할 수 있다. 삶을 돌아보며 우리를 격려해주었던 사람들을 떠올리고, 다른 사람과 상호작용하고, 그들을 알아주고, 가치 있게 여기고 격려하면서 그러한 유산을 만들어낼 방법을 생각해볼 수 있다.

나의 이야기 그리고 어디가 되었든 내가 시작점을 공유해 나를 따르는 사람들의 여정을 조금이나마 수월하게 만드는 것은 하나의 책임에 가깝다. 내가 느끼기에는 바로 이것이 우리가 지구상에 존재하는 이유인 것 같다.

_아담 리폰

환경 문제에 관한 소송을 전담하는 비영리 공익단체 어스저스티스의 대표인 변호사 애비게일 딜런Abigail Dillen 은 우리가 스스로 인정하는 것보다 훨씬 강력한 변화를 일궈낼 수 있는 기여자들이라고 말했다. 딜런은 강력하고 감동적인 문집《우리가 구할 수 있는 모든 것》All We Can Save 에 실린 에세이에서 이렇게 논했다. "우리는 바로 눈앞에 있는 문제의 일부를 해결하기 위해 자기 영향권 안에서 행동하는 것이 일으키는 기여의 힘을 과소평가합니다."[7]

> 수십 년 후에 상대적으로 편안하고 안전한 곳에서 뒤를 돌아보게 된다면, 전례 없는 위험을 알아차리고도 외면하지 않았던 사람들, 자기 힘을 들여 소통하고 이를 이용해 바닥에서부터 변화를 일군 수백만 명의 사람들을 기억하게 될 겁니다.
>
> _ 애비게일 딜런, 어스저스티스

한 사람의 활동가로서 슈포드는 참을성과 끈기의 시금석으로서 배웠던 교훈을 소중히 여긴다. 특히, 마틴 루터 킹 주니어가 "도덕적인 세계의 궤적은 길지만, 그것은 정의를 향해 구부러져 있습니다."라는 말로 암시했던 것을 깊이 새겼다.

슈포드는 말했다. "때로 승리는 예상했던 것보다 오랜 시간이 걸립니다. 그 과정에서 잃는 것도 있죠. 때로는 그 궤적에 약간의 자극을 줌으로써 그것이 올바른 방향으로 구부러지도록 확실히 해야 합니다." 그는 승리를 소중히 여기는 법을 배웠다. "때로 승리는 기대했던 것과 다른 모양일 수도 있습니다. 세상을 단번에 바꿔놓기보다는 점진적인 변화도 의미 있을 수 있죠. 한 사람의 삶 또는 관점을 더 낫게 만드는 데 보탬이 된다면 그것도 나름의 의미가 있습니다."

과학계에 통용되는 문화적 규범 안에서, 우리는 온갖 종류의 저항과 장애물을 맞닥뜨리는 데 익숙하다. 실험실에서 이룬 발전을 실생활로 옮기기까지 수년이 걸리기도 한다. 지연과 차질은 기운을 꺾어놓기도 하지만, 역사 발전의 긴 궤적을 보노라면 대다수 발전에 그런 뒷이야기가 있다. 여러분이 사용하거나 주변에 있는 기술을 아무거나 예로 들어도 마찬가지일 것이다. 이런 점을 이해하고 장기적인 목표가 결국 열매를 거둔다는 것을 알고 나면, 과정에 대한 확신을 품을 수 있고, 우리 일에 대한 지속적인 목적의식과 열정을 품을 수 있다.

자연도 우리에게 그것을 가르쳐준다. 진화란 만족을 지연하는 궁극적인 사례로서, 이는 지질학적 시간을 통해 측정되며 그사이에 느리고도 고통스러운 생존의 경로를 거친다. 반면 인간의 본성은 충동과 즉각적인 만족을 추구하도록 프로그램화되어 있다. 이 광란의 속도에 맞춰 우리의 문화를 바꾸는 동안, 우리는 무심코 지구 위기의 규모와 긴급성을 가속화했다. 이제 의도적인 마음가짐으로 충동과 행동 사이에서 잠시 멈추기를 선택하고, 충동의 회로를 극복한 뒤, 마음을 기울이는 릿 행동을 택할 수 있다.

진정한 비전의 소유자가 되려면, 상상력을 구체적인 현실에 뿌리내리게 하는 한편, 그 현실을 넘어서는 여러 가능성을 동시에 상상할 줄 알아야 한다.[8]

_벨 훅스 Bell Hooks

스위치를 바꾸는 한 사람의 힘

중개의학을 다루는 우리 연구에서 최대 관건은 영향력을 극대화하는 것이다. 이에 나는 연구실에서 해결하려는 문제에 대해 확장성이 좋은—가장 광범위하게 응용할 만한—해법을 내놓고자 늘 고민한다. 그러던 중, 이 책에 소개한 사람들을 비롯해 자기 이야기와 전략 및 제안을 공유한 여러 사람과 대화해보니 한 가지 중요한 점이 갈수록 두드러졌다. 즉, 주어진 상황에서 한 사람이 한 가지를 실행하기로 한 선택이 에너지를 바꾸고 더 많은 공간을 열어준다는 것이다.

다른 사람들을 설득하려는 의도가 있든 없든 릿을 실천하면 '릿'한 세상을 실현하는 일을 돕게 된다. 이렇게 함으로써 몇몇 사람이 자신을 믿고, 자신의 열정을 발견하고 추구하며 세상에 이바지하도록 영감을 불어넣는다면, 여러분은 실제로 세상을 변화시키는 것이다. 이를 상호연결된 하나의 힘이라고 여기고, 우리 모두가 서로 연결되어 있다는 사실을 기억하자. 이는 냉장고에 붙여놓는 스티커에나 적힌 말이 아니다. 이것이 바로 자연의 법칙이다. 하나의 힘은 생태계를 성장, 번성시키며 풍요롭게 만드는 씨앗 한 알의 힘이다. 도토리가 참나무가 되는 이야기이다. 우리 모두 하나의 세포에서 시작했다는 것을 생각해보라! 이 얼마나 어마어마한 사실인가! 씨앗을 심자. 그리고 잘 가꿔보자.

이와 비슷한 에너지 전환 패턴이 세포에서 토양, 해양에 이르기까지 자연 전체에 걸쳐 변화를 촉진한다. 거리에서도 마찬가지다. 성직자이자 사회정의 운동가인 마리안 버드 주교는 변화의 추진력을 만들어내는 '에너지 무리'를 설명했다. 그녀에 따르면 이 에너지들이 정점을 향해 올라가기 시작하면 다음과 같은 일이 벌어진다. "지금 표면에 드러난 몇몇 문제의 초점을 옮기려면 어떻게 행동해야 할까요? 이제 우리가 한 공동체로서 충분한 의도를 품고, 선한 세력이 충분히 오랫동안 뜻을 함께한다면, 한동안 이루지 못했던 것들을 성취할 수도 있습니다. 이런 사회적인 움직임은 우리 중 누군가가 완전히 이해할 수 있는 것보다 큰 힘들이 작용할 때 급격히 커집니다."

순수하고 긍정적이며 획기적인 릿 에너지는 모든 것의 관성을 뚫고 새로운 영감과 행동을 일으킨다. 우리 각자는 이런 종류의 에너지를 활용해 의도를 형성하고 이를 행동으로 바꿀 능력이 있다. 우리가 만들어내는 에너지는 특정한 시기에 우리의 길만을 비출 수도 있고, 다른 사람들과 함께 더 큰 잠재력을 발휘할 수도 있다. 에너지 무리의 융합 방식은 예측할 수 없다. 우리가 예측할 수 있는 것은 릿 에너지가 실려 있다면 단 하나의 행동으로도 더 많은 행동을 불러일으킨다는 것이다.

그러므로 질문을 던지고, 성가신 대상을 자각하고, 손을 뻗고, 주의를 집중하고, 능동적으로 움직이고, 실험하자. 색다른 통찰, 새로운 아이디어와 경험에 마음을 열자. 자연에 몸을 맡기자. 자신의 안전지대에서 벗어나 새로운 것을 시도함으로써 더 많은 놀라움과 우연한 발견을 삶에 초대하자. 자연 세계에 그 토대가 담겨 있다. 지구에 효과적인 해법은 우리 모두에게 효과적일 것이다. 창밖을 내다보고, 밖으로 나가고, 식물을 돌보고, 하늘을 올려다보자. 인간 중심적이고 자기중심적인 시스템을 생태계로 바꾸자. 생존과 번영을 위해 우리가 배울 수 있는 근본적인 삶의 핵심은 적응성과 다양성이다. 작디작은 생명체가 발휘하는 끈기에서도 영감을 얻자! 자연과의 사소한 재연결이라도 이 순간 여러분의 에너지를 바꿔 주변에 존재하는 더 큰 생명의 힘에 닿게 해줄 수 있다.

> 이 시대가 요청하는 것은 목소리들의 모자이크다. 우리가 상황을 어떻게 전환할 수 있는지에 관한 아이디어와 통찰력이 가득한 전체 스펙트럼이 필요하다.[9]
>
> _ 아야나 엘리자베스 존슨Ayana Elizabeth Johnson, 캐서린 윌킨슨Katharine Wilkinson,
> 《우리가 구할 수 있는 모든 것》

공동체를 회복하고 되살리기

불행한 사람은 불행한 사람과 함께 있기를 좋아한다는 뻔한 말을 거꾸로 뒤집어보자. 그러면 사랑, 기쁨, 흥분, 호기심, 발견도 마찬가지라는 진리가 드러난다. 나눔은 릿 경험을 증폭시킨다. 단, 우리가 속한 공동체와 자기 내면에서 공동체감을 기르려면 때로 갖가지 장애를 극복하는 데 힘을 보태야 한다.

사람들이 자기에게 익숙한 사교계 바깥에 있는 이들과 만나게 하고자 여러 마을과 도시가 나날이 노력을 더해왔다. 도시 사회학자 레이 올든버그Ray Oldenburg가 '제3의 장소'라는 용어를 만든 이후로 거의 50년이 지났다.[10] 제3의 장소는 사람들이 편하게 어울리면서 타인과 함께 있거나 대화하기를 즐기고, 공동체감을 공유하는 물리적 장소를 가리킨다.

올든버그는 이렇게 논했다. "많은 사람이 공동체 없는 삶을 살아온 결과, 주로 집과 일터를 끊임없이 오가는 형태의 생활양식이 출현했다. 사회적 행복과 심리적 건강은 공동체가 좌우한다."[11] 그는 모든 공동체의 핵심으로 공공장소를 다시 함께 상상하고 발명하도록 고무시킬 방법으로 '자리 만들기'를 장려한다. "사람들과 공유 장소 사이의 연결을 강화한다는 점에서, 자리 만들기란 협력 프로세스를 통해 우리의 공적 영역을 조성함으로써 공유 가치를 극대화하는 것을 말한다. 이는 단순히 더 나은 도시 설계를 촉진하는 것을 넘어선다. 자리 만들기는 어떤 자리를 정의하고 그곳의 계속된 발전을 뒷받침하는 물리적, 문화적, 사회적 정체성에 특별한 관심을 기울이며 창의적인 사용 패턴을 촉진한다."

스스로 하는 자리 만들기 활동이 복잡할 필요는 없다. 훌륭한 공공장소 프로젝트를 선보이는 웹사이트를 둘러보며 아이디어를 얻되 관찰하고, 참여하고, 실험하고, 협력하고, 그때그때 아이디어를 내겠다는 의도를 가지고 간단히 시작하자. 강아지를 산책시키거나, 친구들과 만날 계획을 세우거나, 새로운 사람들을 만나기 위해 교류하는 것도 좋다. 어떤 활동이든 그 장소를 소통, 교류, 창의성, 심지어 타인 속에서 고독을 느끼는 장으로 만들 수 있다.

공원이나 공공 영역에 마련된 콘크리트 체스판과 같은 야외 설치물은 낯선 사람들이 함께 게임을 하도록 이끈다. 개방된 공간에 대한 새로운 설계로는 더 많은 지역사회의 소통을 장려하는 '쌍방향 좌석' 및 기타 디자인 요소, 무료 야외 콘서트, 지역사회 정원 공간, 아이들이

야외에서 활발하게 같이 어울릴 만한 더 많은 스케이트보드 공원 등을 포함한다. 일부 지역사회와 온라인 책 모임에서는 독서와 토론을 위해 더 다양한 선택지를 마련했으며, 다양한 아이디어와 사람들을 한데 모으기 위한 다른 노력에도 탄력이 붙었다.

스미스소니언의 특별 프로젝트 담당 부간사인 리사 사사키는 포용성과 다양성이 우리를 한 공동체로서 공고히 해주지만, 이는 우리가 그런 특성을 기르려고 행동할 때만 가능하다고 말해주었다. 때로 그 기회가 우리 눈앞에 펼쳐진다. 새로운 관점과 의도를 가진다면 장애가 되어온 문제들에 대한 해법을 마련할 수 있다. 사사키는 캘리포니아 오클랜드 박물관Oakland Museum of California, OMCA 이전 작업에서 이를 확인했다. 당시 사사키는 박물관의 지역사회 참여 프로그램을 관장했다. 박물관이 지역사회의 일부로서 마땅히 해야 할 역할을 하지 못하고 저조한 이용률로 외면받던 그때, 사사키는 대대적인 프로그램을 이끌어 4년간 박물관 방문객 수를 두 배로 늘렸다. 박물관 자체를 변화시킬 뿐더러 박물관이 지역사회와 맺는 관계도 변화시켜놓았다.

오클랜드 박물관은 1960년대에 지었을 때만 해도 인기를 끌었던 잔혹한 디자인의 거대한 콘크리트 건물로서, 오클랜드 시내의 아름다운 호숫가 근처에 눈에 띄는 자리를 차지하고 있다. 하지만 당시 박물관의 존재는 사람들을 거의 끌어들이지 못했다. 사사키는 말했다. "사람들은 그 거대하고 흉측한 콘크리트 벽 뒤로 이 마법 같은 정원과 예술과 자연과학과 역사의 자리가 바로 그들을 위해 놓여 있다는 것을 깨닫지 못했습니다." 박물관 주변 지역은 이후 몇 년간 발전해나가며 중국계, 라틴계, 그 외 세계 곳곳에서 온 새로운 이민자들을 포함해 공동체가 늘어가면서 점점 더 문화적으로 다양해지고 있었다.

사사키는 설명했다. "여러 문화가 활기차게 어울리는 이 놀라운 장면이 박물관 주변에서 벌어지고 있었지만, 박물관 벽들이 일종의 장벽 구실을 하고 있더군요. 주변 마을에 가서 대화를 나눠보면, 마을 사람들은 그 박물관이 가치 있는 자원이라는 인식 자체가 없었습니다." 왜일까? 그들이 경험한 바로는 박물관이 가치 있게 느껴지지 않았기 때문이다. 인터뷰를 해보니 박물관이 고립된 이유가 뚜렷하게 드러났다. "제가 여러 번 똑같이 들은 말이 있었습니다. '이렇게 도시적인 공간에 살다 보니 식구들과 함께 모일 만한 안전한 장소가 없습니다. 늘 일을 하고 있잖아요. 아홉 시부터 다섯 시까지 일하는데, 박물관 개관 시간도 똑같습니다. 저녁에야 가족들과 함께 보낼 시간이 있는데, 그때는 마땅히 갈 만한 안전한 장소가 없는 거죠.'"

오클랜드 박물관은 서비스를 제공해야 할 지역사회와 명백히 고립되어 있었다. 이에 박물관 윗선에서 문제해결에 나섰다. 그들은 새로운 질문에서 문제해결의 실마리를 찾았다. "저 벽을 어떻게 무너뜨릴까? 사람들이 오지 못하게 막고 있는 장벽, 우리가 방문객의 흐름과 공유된 공간을 만들지 못하도록 막아서는 장벽들은 무엇인가?" 사사키는 지역사회 구성원들과 여러 그룹을 모아 진행한 토론에서 "사람들의 말을 매우 귀 기울여 들었다."고 말했다. 이렇게 오클랜드 박물관은 지역사회가 밝힌 필요 사항들을 충족시키기 위한 프로그램에 착수했다.

박물관 안에 교류 공간을 만들기 위해 'OMCA의 금요일 밤'이라는 프로그램을 시작했다. 박물관 측은 박물관을 고립시켰던 거대한 대문을 열어젖히고 소풍용 탁자를 내놓았다. 그러자 이곳은 푸드 트럭, 라이브 음악의 중심지가 되었고, 박물관 단지에는 무료 또는 할인된 입장료로 들어올 수 있었다. 평소 오클랜드 시내의 이 지역은 5시가 넘어가면 인기척이 없는 곳인 까닭에, 그들은 지역 소방서를 초청해 소방관들에게 무료 음식을 제공해 안전 문제를 해결했다. 만약을 대비해 응급 구조대원들이 있다는 것은 감사한 일이었다.

> 여러 면에서 볼 때, 최고의 모습을 갖춘 박물관은 부엌의 식탁 같다고 생각합니다. 우리나라의 부엌 식탁과 같이 될 수 있다고 생각하죠. 박물관이야말로 진지하고 중요한 토론에 기여하고 그런 토론을 일으키는 자리니까요.
>
> _ 리사 사사키

사사키는 말한다. "매우 다른 두 세계가 맞닿은 경계 공간을 만든 순간부터 일어난 일은 정말 아름다웠습니다." 비록 팬데믹 기간에는 'OMCA의 금요일 밤'이 중단되기도 했지만, 한참 성황을 이룰 때는 금요일 밤마다 최대 4,000명이 모였고, "그 결과 정말 지역사회가 박물관을 소유하고 있다는 느낌을 받게 되었습니다"라는 것이 사사키의 설명이다. 지역사회와 새롭게 관계의 물꼬를 트면서 박물관 측은 요새와 같았던 건물 구조를 바꾸기로 했다. 결국 건물 벽을 점검하고 장애물을 제거했으며, 사람들이 메리트 호수 정원에 자유롭게 들어와 공간을 사용할 수 있도록 새 입구도 만들었다. 사사키는 "말 그대로 벽을 허무는 일이었죠."라고 말했다.

개인 차원에서도 다양한 방식으로 문화적 장벽을 허물 수 있다. OMCA 사례가 준 교훈은 모든 마을에서 더 작은 규모로 적용할 수 있다. 또한 수많은 사람의 온전한 참여를 배제하고 그들의 소중한 공헌을 소외시키거나 착취했던 모든 분야의 장애물을 걷어내기 위해서 적극적으로 노력할 수 있다.

그 사례를 하나 살펴보자. 앞서 언급했던 곤충 행동 연구의 개척자이며, 1891년 새 뇌의 신경해부학에 관해 작성한 학부 논문이《사이언스》지에 실리기도 했던 찰스 헨리 터너는[12] 다양한 분야에 관한 70여 편의 논문을 발표했다. 연구 성과도 뛰어나고 1907년에는 시카고대학교에서 박사 학위까지 취득했음에도, 사회와 학계에 뿌리 깊이 박혀 있던 인종차별로 인해 터너와 같은 아프리카계 미국인을 위한 기회와 자원이 크게 제한되었다. 최근에 와서야 그의 과학적 공헌을 '수치스럽게 경시했던'[13] 유산을 해결하기 위한 공동의 노력이 나타났다.《네이처》지의 기고가 찰스 에이브럼슨Charles Abramson은 '헨리 터너를 기억하다'Henry Turner Remembered라는 글로 이를 밝히기도 했다. 과학계를 비롯한 여러 분야에서도 점점 더 많은 사람이 더 나은 것을 위해 노력하고 있다.

전례 없는 시대, 기술 그리고 기회

지금 우리는 건강, 교육, 환경, 인권 등 매우 많은 분야에서 '릿'한 세상을 위해 무한한 잠재력을 펼칠 흥분되는 지점에 서 있다. 역사상 어느 때와도 달리, 우리는 급속도로 발전하는 기술을 동원해 대규모 문제를 해결할 준비를 갖췄다. 한 예로, 분자와 원자를 조작할 수 있게 해주는 나노기술은 연구계 어디서나 활용된다. 모든 연구소가 이를 활용하고 있다. 또한 우리는 소셜미디어를 비롯해 전례 없는 과학, 사회 행동, 외교, 정부, 그 외 문화 간 교류를 가능하게 하는 특수한 플랫폼과 네트워크가 갖춰진 글로벌 의사소통 플랫폼을 갖추고 있다. 이토록 의사소통을 빠르고 손쉽게 만들어주는 고급 기술들은 한 번도 가져본 적이 없다.

코로나19 팬데믹 초기는 과학계와 의학계에 몸담은 많은 사람에게 이를 명확히 깨닫게 했다. 기술적으로 진보한 세계 사회는 지구상의 모든 사람에게 부정적인 영향을 미칠 수 있는 긴급한 세계적 난제가 일어난 모든 곳을 문제해결자들로 가득 채웠다. 이렇게 세계 공동체는 우리가 아는 대로 문명에 긍정적인 영향을 끼쳤다. 하나의 세계 공동체로서 우리는 떠오르는 난제들을 해결했고, 놀라운 해법들을 만들어냈다. 과거라면 백신, 마스크, 더 많은 환자에게 도움이 되는 개조된 인공호흡기, 새로운 치료법, 검사, 바이러스 확산의 추적 방법, 동료 검토 연구를 통해 진실을 알리고 미신을 깨뜨릴 방법 등을 마련하는 데 수개월, 수년은 족히 걸렸을 것이다.

코로나19가 몰아닥쳤을 때, 나는 코로나 혁신을 위한 매스 제너럴 브리검 센터Mass General Brigham Center for COVID Innovation의 N95 호흡기 실무단을 공동으로 이끌어 병원들을 위한 마스크 대안을 마련하는 일을 도와달라는 요청을 받았다. 실무단은 공학자, 기초 과학자, 학생, 관련 분야 관계자, 돕는 일에 관심이 있는 공동체에서 온 사람들을 포함해 320명으로 빠르게 성장했다.

우리가 노력한 분야 중 하나는 최전선 병원 노동자들을 위한 소형

N95 마스크 부족 문제를 해결하는 것이었다. (이 문제는 간호사의 90퍼센트 이상인 여성들을 적절히 보호하기 위해 대체로 더 작은 마스크가 필요하다는 형평성 문제도 드러냈다.) 공급량은 금세 소진되었다. 다른 문제보다 신경을 기울인 이 사안에서 매우 구체적인 문제가 생겨났다. N95 마스크를 실은 선적에 담긴 수천 개의 탄성 밴드를 수선해야 했다. 기부받은 이 마스크들은 저장 도중 훼손되었다는 사실이 드러난 상태였다. 신발 기업 뉴발란스가 도움을 자청했고, 우리는 신속히 제조 규모를 늘려 수선된 마스크를 병원들에 전달해 즉시 사용할 수 있도록 했다.

공동체의 견인력, 목적의식, 집단적인 에너지는 우리 모두에게 강력한 힘을 발휘했고, 우리 주변—세계 곳곳—에서 수많은 사람이 보여준 감동적인 헌신을 통해 증폭되었다. 곳곳에서 릿 에너지가 생생히 느껴졌고, 코로나19뿐만 아니라 향후 팬데믹 발생 시 질병 전염을 예방할 혁신에 초점을 맞춘 다른 분야에서도 더 많은 협력—릿 에너지의 효과—이 이루어졌다.

N95 실무단은 매우 다양한 팀이 강한 의도—코로나 위기에 대응하겠다는 의지—를 가지고 함께 움직여 작업 체계, 의사결정, 실행 프로세스를 신속하게 발전시킨 하나의 예에 불과했다. 에너지들이 모여 급속한 프로세스의 발전과 즉각적인 영향력의 잠재력을 한데 엮어주었다. 이 모든 것은 다양한 분야, 제도, 조직 체계에 걸친 복잡한 협력을 요구했다. 실시간으로 일어나는 위기에 대응하는 과정에서 불가피한 실수와 좌절도 있었지만, 우리 시대의 유례없는 협력의 잠재력도 그 모습을 드러냈다.

내게는 몬산토를 해체할 힘이 없다. 그러나 하루하루 내가 살아가는 방식, 세상에 관해 생각하는 방식을 바꿀 능력은 있다. 내게 필요한 것은, 우리가 생각하는 법을 바꾸면 갑자기 우리 자신과 주변 사람들의 행동이 바뀌고 이것이 곧 세상을 변화시킨다는 믿음뿐이다. 마음을 바꾸고 생각을 바꾸는 것이 비결이다. 그리고 이것은 전염성이 있다.[14]

_로빈 월 키머러

몇 년 전 스테파니 스트라스디가 들려준 이야기가 생각난다. 사람들이 힘을 합친 놀라운 대응 덕분에 그녀의 남편은 목숨을 건질 수 있었다. 당시 스트라스디의 남편은 항생제 내성이 있는 슈퍼버그에 감염되어 거의 죽음을 앞두고 있었다. 스트라스디는 선도적인 감염병 전문가로서 자신이 가진 지식과 네트워크를 동원해 많은 연구자와 임상의들(대부분 한 번도 만나보지 못한 사람들)에게 도움을 구하고, 남편의 목숨을 살리고 다른 많은 사람에게 희망이 될 실험적인 치료제를 만들기 위해 노력했다. 《완벽한 포식자》The Perfect Predator에서 밝혔듯이, 스트라스디는 아주 희박한 시간과 성공 가능성을 안고 이메일을 보내고, 소셜 미디어에 게시물을 올리고, 다른 가능성을 찾아 인터넷을 뒤졌다. 결국 여러 제안과 하나의 전략을 결합하고, 여러 과학자와 필수적인 다른 사람들과 팀을 이루어 실험적인 치료제를 만들어내 결국 남편을 살릴 수 있었다.

"저는 하나의 불꽃이었을 뿐입니다." 스트라스디는 이제 이렇게 말한다. 당시 경험한 시너지는 다른 사람들이 만들어냈다며 때로는 우연히, 정말 우연적인 대화와 만남의 결과로 그러한 시너지가 났다고 설명했다. 그녀는 말했다. "그들은 이 문제 속에 더 큰 유익, 일종의 집단 감각이 스며 있다는 것을 알아차렸습니다. 그 점이 보이더군요. 바로 여기에 정말 흥미로운 것이 있습니다. 살아 있다는 것이 두려운 시기지만, 개인이자 인간으로서 우리가 지닌 취약성이 도리어 우리를 하나로 묶어 문제에 대항하도록 만들었습니다."

이 원리는 예술과 문해 프로그램부터 사회적 책임을 다하는 기업 및 사회적, 환경적 행동주의에 이르기까지 인간의 노력이 담긴 모든 측면에 동일하게 적용된다. 이는 모든 사람이 내면에 지닌 이 무한한 잠재력으로 주변 사람들에게서 에너지를 끌어들인다. 누군가 문제를 규정하고 이를 해결하겠다는 의지와 열정을 보일 때, 그 에너지는 거대한 중력을 만들어낸다. 이렇게 특별한 상황에만 적용되는 것이 아니다. 누구든지 다른 사람들에게 이 일을 할 수 있다. 그것은 우리 모두에게 그럴 힘이 있다는 메시지를 보낸다. 이 같은 에너지의 힘은 터틀 로지의 쿠첸 원로, 남편을 살리고자 방법을 찾아 나선 스테파니 스트라스디의 이야기에도 나타났다.

누군가 대의를 위해 자신의 열정을 불태울 때, 다른 사람들도 힘을 보태고 싶어 하는 것은 인간의 본성이다. 이는 우리의 인간적인 DNA에 내재되어 있다. 때로는 첫발을 떼기가 몹시 어렵고, 그 모든 도움을 얻을 수 있을지 가늠하기 어려울 수도 있다. 그러나 일단 몸을 움직여 공을 굴리고 나면 그 물체에 속도와 추진력이 생긴다. 따라서 우리는 결단을 내릴 수 있다. 무언가 새로운 것을 시작하든지, 이미 움직이고 있는 어떤 일에 합류하든 둘 중 하나에 초점을 맞추겠다고 말이다.

다른 사람들이 행동하기를, 또는 내가 뛰어들기 전에 집단적인 추진력이 생기기를 기다리기보다는 일상의 기회를 활용해 추진력을 만들어낼 수 있다. 대화의 씨를 뿌리고, 가장 시급하다고 느껴지는 문제를 해결하는 쪽으로 행동하도록 에너지를 자극하는 것이다. 언제 나의 언행이 불꽃이 되어 다른 누군가가 손을 뻗고, 행동에 나서고, 필요한 변화를 만들어내는 에너지의 불을 댕겨줄지 알 수 없는 일이다. 한 사람의 열정과 헌신은 거대한 중력을 만들어내고, 문제를 해결하는 자리로 사람들을 신비롭게 불러 모은다. 이때 그들은 선을 목표로 하고, 연민에 단단히 뿌리를 내리고 움직인다.

환경 운동가 린 트위스트는 그녀의 책《헌신하는 삶》Living a Committed Life에서 이렇게 논했다. "위대한 리더는 타고나는 것이지 만들어지지 않는다고들 생각하곤 한다. 어쨌든 그런 사람들은 위대해질 운명이라고 말이다. 나는 반대라고 생각한다. 영감을 주는 목적에 헌신하는 태도가 그 사람을 위대한 인간으로 만든다. 그 목표를 성취하는 데 적합한 사람이 되는 것은 헌신적인 태도가 만들어준다. 충분히 똑똑하거나 재능이 있거나 지식을 갖추어야만 헌신할 수 있는 것은 아니다. 먼저 온 힘을 다해야 비로소 재능, 지식, 열정, 자원이 모습을 드러내고 나에게 다가온다."[15]

제임스 도티: 연민, 인간의 공통분모

연민의 신경학적 토대를 연구하는 프로그램에 착수한 스탠퍼드 신경외과 의사 제임스 도티에 따르면 연민의 능력은 타고난다. 그럼에도 우리는, 특히 스트레스를 주는 사람이나 상황을 마주할 때 반사적으로 연민을 느끼지 않는다. 누군가 안쓰럽고 공감할 만한 사람에게서 연민을 느끼기는 쉽다. 반면에 외모, 행동, 신념이 마음에 들지 않는 사람에게 연민을 느끼기는 더 어렵다. 도티와 다른 연민 운동가들은 이것이야말로 연민을 연습하고 기를 만한 비옥한 토대라고 말한다.

> 연민은 가능한 한 가장 관대한 눈으로 다른 인간을 바라보겠다는 의지입니다. 내가 극구 반대하는 일을 했거나 내가 끔찍한 잘못을 저질렀더라도, 그의 부모님 또는 매우 가까운 친구의 눈으로 그를 생각하고 바라보고 대하려고 노력하세요. 아니면 자신에게 이렇게 물어보세요. 만약 내가 사랑하는 사람이라면, 이 사람을 어떻게 대할 수 있을까?[16]
>
> _ 마리안 버드 주교

나는 연민을 공감 어린 릿—행동하는 공감—이라고 생각한다. 다른 사람의 눈으로 사안을 바라보고 그들의 관점을 이해할 뿐만 아니라 능동적으로 그 에너지를 바꾸어 변화를 만들어내는 것이다. 이는 실제로 공감의 잠재력을 운동 에너지, 활동적인 연민으로 전환하는 행위다. 개인, 가족, 일터, 공동체 차원에서 이를 실천할 수 있다.

새롭게 일어나는 연민 운동에 참여하는 도티와 다른 멘토들은 연민을 인간의 타고난 능력이자 우리가 주도할 수 있는 강력한 에너지원으로 보는 인식을 높이라고 제안한다. 그 시작으로 자기 연민을 실천할 수 있다. 나 자신과 나의 불완전함을 받아들이고, 자신에게 친절한 말을 건네는 것이다. 나는 종종 연민을 기르는 것에 관한 이야기, 연구,

실용적인 요령을 강조하거나 내게 정서적으로 와닿는 미디어 내용을 접하려고 노력한다. 우리가 잠시 여유를 가지고 자연을 음미하고, 동시에 우리 자신이 자연의 일부로서 충분히 연민 받을 가치가 있다는 점을 알아차리도록 자연 자체가 우리를 돕는다.

브레네 브라운Brené Brown은 연민을 실천했다고 잘 알려진 역사 속의 수많은 위대한 인물을 조사하고 한 가지 공통점을 발견했다. 그들 모두 자기 삶에 분명한 경계를 세웠다는 것이다. 예를 들어, 인정이 많은 사람들은 자신의 개인적 경계를 수호하는 경향이 있다. 이들은 자기만의 공간을 보호하는 한편, 다른 사람들을 위한 안전한 공간도 보호한다.

연민은 단순히 인정 많은 마음가짐을 갖는 데 그치지 않는다. 이것은 모든 감각을 활성화한 상태로 다른 사람들에게 더 세심히 귀 기울이도록 우리 뇌를 자극하는 것을 말한다. 또한 서둘러 문제를 해결하려는 참을성 없는 자신을 인정 어린 태도로 잠재우고, 편안한 방향 또는 내가 통제할 수 있는 방향으로 대화를 빨리 밀고 가려는 반응적인 욕구를 가라앉히는 것도 연민이다.

인간은 보살핌에 대한 소명을 타고났다. 인정 어린 의사소통은 상호성을 불러일으킨다. 업무 상황에서는 다른 사람들에게 공간을 개방하고 그들 말에 귀 기울이는 것에 더해, 나의 분투나 취약한 점들을 타인과 공유하는 것이 유익하다는 점을 발견하곤 한다. 내가 겪은 거절과 실패를 공개하고 조금 더 투명한 자세를 보이는 것은 상대도 나와 같이 행동하도록 안내한다. 또한 모든 것을 완벽하게 말할 필요는 없다는 사실을 받아들이고, 머릿속에 구상 중인 생각들도 공유할 것이다. 삶은 반복되며 나아지는 과정이니 말이다.

연구실 맥락에서 보면, 연구의 정밀함과 영향력을 극대화하고자 오랫동안 내가 개발한 도구와 분류법들이 나의 본능과 반응 속에 스며들었다. 그렇다고 이것들이 변화에 둔감한 것은 아니다. 결국 중요한 것은 개인의 발전, 즉 릿 프로세스다. 연민을 발휘하는 가장 간단한 방법은 릿을 기르는 것이다.

예를 들어, 나는 사람들을 만날 때 내가 그들에게 보이는 반응을 관찰하려고 노력한다. 나는 종종 급히 반응하는 면이 있다. 이를 바꾸고 싶은 마음에 연민의 기술을 기르려고 노력하고 있다. 우선 나 자신에게 연민을 베푸는 것부터 시작해 내면의 비판자를 잠재우고, 지금 상대하는 타인들과 그들의 경험에 초점을 맞춘다. 그들이 내게 어떻게 반응하고 있는지도 주의 깊게 살핀다. 회의 중에는 내가 쓰는 말, 어조, 몸짓 언어를 이리저리 실험하면서 조정하려고 노력한다.

많은 사람이 이를 일상처럼 해낼지도 모른다. 다만 때로 사회적 신호를 효과적으로 읽어내지 못하고, 주의를 기울였을 때 나올 법한 반응을 내지 못해 분투하는 사람들에게는 자기 연민과 연민 어린 듣기의 연습이 릿이자 출발점이다. 이 습관이 더 자연스럽고 수월하게 나오도록 연습하자.

영적인 자원을 활용하기

과학은 초월적이거나 영적인 것을 경험하는 우리 능력을 아직 설명해내지 못한다.[17] 이 분야는 비교적 최근에야 나타났다. 인지 또는 뇌 기반 지능에 못지않게 실제적인 영적 지능에 대한 개념은 오랫동안 침묵 속에 묻혀 있었다. 정량화할 수 없으므로 과학적으로 증명할 수 없다고 오랫동안 여겨졌던 이 분야는 정규 인정을 받지도 못했다. 그렇다고 인간이 그런 것—꿈의 상태부터 임사 체험, 번득이는 통찰력, 보편적 존재 또는 더 높은 차원과의 일체감 등—을 경험하고 이를 설명하기를 그만둔 것은 아니다.

영성에 관한 과학도 발전하고 있다. 명상을 비롯해 우리가 더 높은 의식이나 초월에 해당한다고 여기는 상태에 있을 때, 인간 뇌가 어떤 모습인지 MRI 뇌 스캔 영상을 비롯한 여러 연구가 보여주고 있다. 영적인 수련과 경험도 다른 모든 삶의 경험처럼 뇌 속에 입력된다. 어떻게 그러지 않겠는가? 쿠첸 원로의 지적처럼 영성과 과학은 서로를 무효로 만들지 않는다. 둘은 우리가 살고 있는 우주를 이해하는 두 가지 뚜렷한 접근법을 제공한다. 이는 현실을 대하는 두 가지 귀중한 통찰의 영역이다.

하나의 생태계가 제 기능을 다할 때, 구성원 모두가 회합에 참여한다.
광야에 관해 말하는 것은 곧 온전한 전체를 말하는 것이다.

_게리 스나이더, 시인 겸 저술가 및 환경 운동가

영성은 하나의 에너지원으로서 특별한 릿 요인을 제공한다. 자연, 문화적 전통, 질서를 갖춘 종교 등 영성을 추구하는 방식도 상관없다. 랄프 왈도 에머슨과 헨리 데이비드 소로의 글에 나타난 19세기 미국 초월주의 철학은 모든 창조물의 근본적인 일치, 인류의 선한 본성, 논리를 넘어서는 통찰과 영적 지능의 우세함 등을 설명했다. 그중 많은 내용이 자연을 우리의 영적 기반으로 삼는다.

오늘날 우리는 기후변화, 환경파괴와 같은 전 지구적 도전과제들을 초월적 문제라고 이야기한다. 장차 지구에서의 삶은 이러한 문제를 어떻게 해결하느냐에 달려 있기 때문이다. 나는 우리 삶의 독특한 자원이자 재생하는 에너지인 영적 능력과도 연결되어야 한다고 본다. 영적인 차원과 어울리는 것은 자연을 토대 삼아 체화된 우리 지능의 한 측면이다.

릿 반응은 우리가 영적 가치와 가르침들을 더 폭넓게 탐구해 이를 전 지구적 유익을 위해 사용할 방법을 찾도록 이끈다. 이 탐구에서 영적 공간을 가꾸는 것은 인류에게 발견과 진보를 안겨줄 흥미진진한 기회를 한껏 누리는 것이다.

오늘날 우리의 생존은 깨어 있고, 새로운 아이디어에 맞게 조정하고, 경계를 늦추지 않고 변화의 도전에 직면하는 우리 능력에 달려 있다.[18]

_마틴 루서 킹 주니어

마리안 버드 주교: 반성하고 살피는 삶

"영적인 길에는 하나의 보편성이 있습니다. 멀리 갈수록 그 길에서 더 특별한 사람이 되죠. 길에서 만난 가르침에 마음을 열고 진정한 변화를 경험하면, 그 길은 더욱 보편성을 띠게 됩니다." 마리안 버드 주교가 내게 말했다. "마틴 루터 킹은 침례교 설교자였지만, 그에게 가장 큰 영향을 준 사람은 인도의 마하트마 간디였지 않습니까? 남아프리카공화국의 성공회 대주교인 데스몬드 투투는 아파르트헤이트를 종식하기 위해 평생 싸웠지만, 그의 가장 친한 친구 중에는 달라이 라마가 있었습니다. 연결점들이 보이죠. 모든 영적 전통의 중심에는 위엄과 깊이를 가진 기본적인 진실이 놓여 있는데 그것은 보편적입니다."

이러한 영적인 길에 관해 버드 주교는 이렇게 말했다. "그 길의 무언가가 끊임없이 우리에게 성찰하는 삶을 권합니다. 반성하는 삶, 자신의 단점을 살펴보는 삶으로 우리를 초대하는 거죠. 온통 자신에게 초점을 두지 않는 태도로 삶을 살아가라는 초대입니다." 주교는 뒤이어 말했다. "이 초대를 받아들이면 나 또는 내 부족의 생존을 넘어 더 높은 목표를 추구하는 삶의 지향이 생깁니다. 영적 탐구란 이런 길을 걷는 것입니다. 어떻게 그 길에 이끌렸는지는 중요치 않습니다."

이 길은 사람마다 각기 다르게 찾아온다. 몇몇 사람은 기도나 명상, 공식적인 종교 활동이나 전통 및 타인과 지구를 위한 봉사활동 속에서 그 길을 탐구한다. 사진작가 스테판 윌크스는 사진의 시각적 언어 속에서 초월적인 경험을 추구한다. 이에 그는 자기 작품을 봐주는 사람들을 위해 감각적인 공간을 열어놓고자 노력한다. 일례로 그는 '엘리스 아일랜드 프로젝트'에서 "멋진 페인트, 르네상스를 연상시키는 그 방들의 색감, 매우 간단하면서도 우아한 구성"을 지닌 방들의 풍부한 시각적 질감을 포착하고자 노력했다.

한편 그 사진들에는 다른 것이 더 있다고 윌크스는 설명했다. 그것은 눈으로는 분명히 볼 수 없다면서 이렇게 말했다. "그 방들에서 살고,

그 방들에서 숨을 거둔 사람들의 역사가 담겨 있죠. 이주의 경험이 사진들 속에 살아 숨 쉬고 있습니다. 저는 그 섬에서 사진을 촬영하면서 이 점을 매우 생생하게 인식하게 되었습니다. 사진 몇 점을 가지고 돌아오면서 이런 감정도 함께 느끼게 되었죠. 그 방에서 가졌던 느낌, 거리에서 가졌던 느낌 말이죠. '네, 제 사진을 찍으셔도 됩니다. 아니요, 제 사진은 못 찍으실 거요.'라는 느낌이 들었죠. 사실 엘리스 아일랜드의 방들에는 사람이 없었습니다. 저는 빈방에서 손에 직접 닿는 듯한 인간의 감각을 느꼈습니다. 마치 빛이 그 방 안에 있던 역사에 다시 에너지를 불어넣는 것만 같았죠."

월크스는 그 경험을 더 깊이 탐색하기 시작할 때 벌어진 일을 다음과 같이 설명했다. "그곳에 엄청난 힘이 있다는 것을 알게 되었습니다. 건축 사진으로만 보면 텅 비어 있지만, 실은 문자 그대로 감정이 흘러넘치고 있었죠." 그는 수천 장의 사진을 편집해 마침내 76장의 최종 이미지를 만들어냈다. "사진 하나하나에 그 느낌이 담겨 있었습니다. 방 안에 있던 숨겨진 인간미 말이지요. 그 방 안에서 뭔가 다른 일이 벌어진 겁니다."

우리는 늘 진화의 한 단계에 있습니다. 우리는 끊임없이 진화하며, 항상 자신의 진화에서 매우 중요한 순간을 지나고 있습니다. 우리가 인간으로서 어떻게 살고 행동해야 할지 더 깊이 이해하는 데까지 진화하고 있죠. 이러한 영적인 이해가 늘 무시되어왔습니다.

_데이브 쿠첸 원로, 아니시나베 부족

릿의 영적인 연결을 기르기 위해, (논리에 기반한 뇌 대신) 내 마음과 영혼이 운전석에 앉아 하루의 순간순간을 지나고 있다고 상상해보자. 특히 스트레스를 받거나 마음이 조급해질 때 속도를 낮춰 어울리고, 경청하고, 반응할 수 있도록 영적인 부분에 기회를 주자.

릿 세계를 위한 저녁 식탁의 지혜

우리 집에서는 식구들이 늘 부엌 식탁에 둘러앉아 저녁 식사를 하지는 않는다. 다만 하루에 한 번은 한자리에 모여 식사를 함께하며 대화를 나누고 성찰하는 시간을 가지려고 노력한다. 늘 분위기가 화기애애한 것은 아니다. 때로는 명백한 의견 충돌이 벌어지기도 한다. 그럼에도 우리가 깨달은 한 가지는, 우리 생각 속에 있는 것, 때로는 우리 마음속에 있는 것을 꺼내놓고 자유롭게 말하는 일이 중요하다는 것이다. 이 시간에는 서로에게 의심할 자유를 허락하고, 호기심을 가지고 어울리려고 노력하며, 판단을 유보하고 연민을 베푸는 것을 연습하고, 다른 관점을 이해하기 위해 진심으로 경청한다. 특히 아이들의 말을 잘 들어주어야 한다. 전날 또는 과거 언젠가 어떤 사안에 대처한 것을 성찰하는 이 기회는 온 가족에게 무언가를 안겨준다. 이때 중요한 것은 우리의 생각과 행동이 진전하도록 조정할 힘이 우리 손에 있다는 것을 인식하는 것이다. 하루하루가 새로운 가능성을 안겨주며, 우리 각자는 새로운 잠재력을 안고 매 순간을 맞이한다. 이를 어떻게 사용해야 할까? 우리가 마주하는 일상의 도전과제, 우리가 내리는 선택, 우리를 인도하는 가치에 큰 문제, 보편적인 메시지를 녹여내면 된다.

> 유대감은 낙관주의와 창의성을 높인다. 사람들이 서로에게 소속감을 느낄 때, 삶
> 은 더 강하고, 풍성하고, 즐거워진다.[19]
>
> _비벡 머시, 《우리는 다시 연결되어야 한다》

그러므로 우리가 관심과 자원을 어디에 집중할지에 대한 질문이 내 가족을 위한 것이든 전 세계를 위한 것이든, 우리는 익숙한 대화의 틀에서 벗어나 발상을 전환하고 릿한 생각으로 비전을 세우며 새로운 세상을 만들어나가는 일에 참여할 수 있다. 심지어 가족이라는 비교적 작은 행동반경 안에서도 브레인스토밍을 하면 우리의 관심과 의지에 활력을 불어넣어 나 자신과 지구에 진정으로 유익한 선택을 내릴 수 있다.

나는 월트 디즈니의 '카루셀 오브 프로그레스'가 품은 의미를 '릿'한 시대에 맞게 한층 발전시키는 데 밥상의 지혜를 적용하는 것을 상상하곤 한다. 이를 머릿속에 그려보는 것은 전혀 무리가 되지 않는다. 우리는 기술적 진보를 아무런 의심 없이 추앙하는 태도를 내려놓고, 그러한 기술 혁신과 연관된 비용과 이득을 더 사려 깊고 철저하게 고려할 수 있다. 자연 세계를 심사숙고하고, 살아 있는 지구를 우리의 배경이 아니라 우리의 집이자 가족으로 대할 수 있다. 복잡성을 하나의 사실로 인정하고, 우리가 가진 최고의 문제해결 기술과 '릿'한 몰입력을 가지고 문제를 대할 수 있다. 그러면 행동하지 못할 핑계가 아니라 해결해야 할 도전과제를 보게 될 것이다.

세상을 비추기: 가까이 있으면, 열정이 목적을 발견할 것이다

우리는 마치 내면으로 이끌리는 듯 자기만의 세상에서 보호막을 치는 데 너무 많은 시간을 보낸다. 아마 이것은 온갖 잡음과 멈출 줄 모르는 자극에 대처하는 하나의 생존 메커니즘일 것이다. 그러나 생존과 번영을 극대화하려면, 결을 이루는 우리들의 세상 안에서 상호 연관성, 생각과 마음의 틀이 드러내는 다양성을 받아들여야 한다. 예를 들어, 지하철이나 버스를 타고 다닐 때나 식료품점이나 커피숍에서 줄을 설 때 귀마개를 꽂고 있으면 소통하고, 다른 사람의 삶을 관찰하거나 숙고할 만남의 기회를 잃게 된다. 물론 때로는 그런 상호작용으로부터 떨어져 있어야 한다. 특히 다른 사람들이 뿜어내는 부정적인 에너지에 취약하다고 느껴질 때는 고독한 시간을 가져야만 한다. 그러나 소통을 끊을 때 내가 진짜 차단하는 것이 무엇인지 잘 인식해야 한다. 연민을 기르는 일의 일부는 우리 내면에서 이루어진다. 시간을 들여 다른 사람들에 관해 생각해보고, 우연한 상호작용이 일어나도록 그대로 두고, 수시로 나의 관심과 감정을 자극해야 한다. 이는 자신의 편협한 사고방식에서 벗어나 개인의 발전을 돌보는 기회가 된다.

언제나 같은 저녁 식사 자리에 둘러앉을 수 없고, 같은 공동체 텃밭에 늘 모일 수도 없다. 그러나 이러한 근접성이 우리에게 열어주는 잠재력을 인식하고 더 큰 노력을 기울일 수는 있다. 이때 얻게 될 상에 주의를 기울이면 자신의 동기를 높이고, 첫발을 떼는 데 드는 활성화 에너지를 낮출 수 있다. 물리적으로 가까이 있을 수 없다면, 소셜미디어를 비롯해 대화에 참여하거나 멀리서도 서로의 존재를 공유할 만한 플랫폼들이 가지는 릿 가치를 높여보자. 중요한 것은 거리를 좁히고, 장애물을 제거하며, 진정한 애정을 가지고 관계를 맺는 것이다.

세계적인 관심사들은 다양하기도 하거니와 때로는 멀게 느껴질 수 있다. 이때 내가 누구이고 무엇인지를 생각하며 자연을 포용하면 행복감의 원천에 가까이 머물 수 있다. 주변에서 내게 영감을 불어넣는 모든 것이 인정 어린 소통을 키우는 수단이라고 여길 수 있다.

'릿'한 세계를 만들어낼 기회는 우리 주변에 가득하다. '기른다'는 것은 무언가를 보살피고, 대상의 성장을 도우려는 의도와 특별한 관심을 가지고 그것을 돌보는 것을 말한다. 농부는 농작물을 기른다. 정원사는 자신이 가꾸는 식물을 위한 최적의 성장 환경을 만들기 위해 토양을 먹이고 그것을 기른다고 말한다. 연구실에서는 치료 혁신에 활용할 생물학적 프로세스에 대한 통찰을 얻고자 세포를 배양하고 그것들을 기른다. 이보다 더 큰 세상에서는 아이디어, 관심사, 관계, 연결 등 온갖 것을 기른다. 같은 방식으로 관심과 의도를 기울여 릿한 삶, 릿한 세상을 기를 수 있다. 이때 내가 가진 도구를 활용해 선한 일을 위한 에너지를 발동시키고, 그것을 사용해 세상을 비출 수 있다.

실천 지침

불꽃 되살리기: 릿 도구에 관한 질문들

어떤 에너지 모음이 나의 하루에 새로운 에너지를 불어넣을 조건을 만들어줄까? 일, 가족, 야외에서 보내는 시간, 사람들과 어울리는 자리, 휴식과 이완? 무엇이 내 호기심, 연민, 의도를 최대로 높여줄까? 서둘러 답을 구할 필요는 없다. 이 질문을 비롯해 아래 제시한 질문들은 여러분의 의도를 정교하게 만드는 성찰에 활용할 수 있다. 어떤 생각이 떠오르든 아니면 답을 떠올리지 못해 난처한 상황이든 이 질문을 곰곰이 생각해보고, 과거의 기억이나 마음에 떠오르는 것을 자유롭게 탐색해보자. 자연 세계를 둘러보며 아이디어와 영감을 얻자. 이를 출발점 삼아 릿 상태에 도달해 이렇게 질문하자. '이제 무엇을 해야 할까?'

- **스위치 바꾸기.** 내가 일상적인 패턴을 깨고 간단한 변화를 실행해 공이 굴러가게 했던 때는 언제일까? 한때 자신에 관해 가졌던 의견이나 신념이 바뀌었던 경험도 포함된다. 내 삶에서 더 의도적으로 해보고 싶은 것은 무엇이고, 나를 망설이게 하는 것은 무엇일까?
- **질문에서 의미 찾기.** 내가 의도적인 질문을 던져 정신에 활력이 생겼던 때는 언제일까? '나의 사고방식에 관해' 나는 어떻게 생각하고 있을까? 나는 문제해결자, 학습자, 타인과 주변 세상에 대한 관찰자로서의 나 자신을 어떻게 이해하고 있을까?
- **성가신 부분에 집중하기.** 어떤 계기 덕분에 관심을 가지고 내 에너지를 무언가에 쏟았던 때는 언제일까? 나에게 동기를 불어넣는 '왜?'는 무엇일까?
- **능동적인 기회주의자 되기.** 기회주의와 연관된 릿 에너지는 대의를 위한 행동에 이바지하고, 연결과 관계를 가꾸는 데 토대를 둔다. 내가 이런 종류의 기회를 적극적으로 알아보고 적절히 대응했던 때는 언제일까? 이런 기회를 적극적으로 만들기 위해 나는 어떤 방법을 사용할까?

- **뇌를 자극하기.** 아무 의도 없이 마음이 표류하게 만드는 중력에 저항하고 내가 바라는 것에 주의를 기울였던 때는 언제일까? 지금 이 순간, 내 마음이 마음껏 배회하며 탐구하도록 허락하고 싶은 놀라운 것은 무엇일까?

- **움직임의 매력을 느껴보기.** 더 많은 활력을 얻고자 내가 실천했던 소소한 행동은 무엇이 있을까? 더 많이 움직이며 지내기 위해 내가 쉽게 할 만한 방법이 있다면 무엇일까?

- **연습과 사랑에 빠지기.** 내게 즐거움을 주는 기술을 연습했던 경험으로는 무엇이 있을까? 끈질기게 연습하도록 내게 동기를 불어넣는 것은 무엇일까?

- **새롭게, 다르게 하기.** 평소에 나를 망설이게 했던 것을 넘어서서 뭔가 새롭고 흥미로운 것 또는 기운을 북돋는 것을 시도했던 때는 언제일까? 나는 평소에 어떤 방식으로 뜻밖의 경험이나 놀라움을 마주할까? 해야겠다는 생각은 있었으나 실천하지 못하고 망설인 새로운 일은 무엇일까?

- **실패 너머에 초점 두기.** 좌절을 경험했지만 신선한 통찰을 얻어 마음가짐을 완전히 바꾸게 된 과거의 실패는 무엇일까? 정서적, 전략적 측면 모두에서 좌절에 대처하는 나의 반응은 어떤 것일까?

- **인간다움을 발휘하기.** 누군가의 언행에 반사적으로 반응하지 않고 마음으로 대응했던 때는 언제일까? 나 자신에게 조금 더 연민을 발휘하려면 어떤 요령을 실천해야 할까?

- **'멈춤' 버튼 누르기.** 분주한 삶에서 물러나 에너지를 보충하고 충전할 수 있었던 때는 언제일까? 나의 비가동 시간을 보호하기 위해 경

계를 설정할 때, 나는 어떤 어려움을 겪을까?

• **자연과 포옹하기.** 자연 세계의 무언가를 마주해 마음이 차분해지고 영혼이 위로를 받았던 때는 언제일까? 나와 자연의 관계는 어떻게 정의할 수 있으며, 이 관계는 시간이 지남에 따라 어떤 양상으로 (조금이라도) 발전해왔을까?

해답은 질문 속에 있다

이곳저곳을 여행하고 다양한 문화에 관한 다큐멘터리를 시청한 결과, 고정된 내 관점의 한계를 드러내며 북극성처럼 떠오른 질문은 이것이다. 우리가 평범하고 '정상'이라고 생각하는 것이 다른 문화권에서는 얼마나 다르게 인식될까? 달리 말하면 '정상'이란 문화적 구성요소이므로 충분히 변할 수 있다. 자연을 살펴보며 영감을 얻듯 다른 문화―전통과 혁신 모두―를 살펴봄으로써 아이디어를 얻어 우리의 생활과 일에 새로운 아이디어를 심을 수 있다. 경영 컨설턴트이자 교육자 겸 저술가인 피터 드러커의 말처럼, "중요하고도 어려운 일은 결코 옳은 답을 찾는 것이 아니다. 옳은 질문을 찾는 것이야말로 중요하고 어려운 일이다."[1]

나는 이 진리를 안고 날마다 연구실에서 일에 매진하며 이를 릿 도구 중 하나에 포함하기도 했다. 질문이 상상할 수 없는 통찰과 혁신을 펼쳐내게 한다는 것을 목격했기 때문이다.《어떤 질문은 당신의 벽을 깬다-세상을 바꾼 혁신가들이 던진 질문들》을 쓴 할 그레거슨Hal Gregersen은 이렇게 말했다. "질문은 우리 삶의 모든 측면에서 새로운 통찰과 긍정적인 행동을 펼쳐내는 흥미로운 힘을 가졌다. 어떤 문제로 분투하든지 질문은 사람들이 상황에 갇히지 않게 하고, 발전을 위한 새로운 방향을 열어줄 수 있다."[2]

앞서 말했으나 너무 중요해서 다시 한 번 꺼내야 할 질문이 있다. 어떻게 하면 우리는 자연과 모든 인간을 아우르는 마을을 규정하고, 온갖 종류의 다양성을 포용하고, 아직 모르거나 이해되지 않는 사람들과의 차단막을 세우기보다 우리의 연결성을 확대할 수 있을까?

아래는 이 책을 집필하기 위해 진행한 대화와 연구에서 나왔던 질문들이다. 이제 막 질문을 던져보는 초심자들에게도 유익할 것이다.

매일 한 사람의 삶을 개선하기 위해 아무리 작더라도 내가 발휘할 수 있는 영향력은 무엇일까?

_ 제임스 도티

충분하다는 것은 무엇일까?

_ 데이비드 스즈키

어떻게 하면 오늘 하루 동안 인간이 아닌 세계와 더 깊이 소통할 수 있을까?

_ 판도라 토머스

맺음말

어떻게 하면 우리 인류가 하나가 되어, 우리가 인간으로서 살아가고 서로를 인간으로 대하는 방법에 관해 더 강한 목소리를 낼 수 있을까?

_ 데이브 쿠첸 원로

우리는 지금 깨어 있고, 질문은 다음과 같다. 어떻게 하면 살아 있는 세상에서 깨어 있을 수 있을까? 어떻게 하면 자연의 조언을 구하는 행위를 일상의 창조 과정에서 당연한 일부로 만들 수 있을까?

_ 재닌 베니어스

어떻게 하면 이 사람을 내가 사랑하는 사람인 것처럼 대할 수 있을까?

_ 마리안 버드 주교

내 삶의 명료함을 달성하기 위한 나의 전략은 무엇일까? 명료함을 얻기 위해 나는 무엇을 할 수 있을까, 또는 무엇이 내게 명료함을 가져다줄까?

_ 제시카 시모네티

여러분만의 방식으로 만든 질문을 생각하며 살고, 그 질문이 열어주는 공간으로 들어가 대화와 성찰을 실천하고 결국 행동에 나서기를 권한다. 여러분만의 릿한 삶을 만들어보라!

나는 평생 크나큰 지지를 받아왔다. 내 아내가 지닌 무한한 인내와 이해심, 탁월한 깨우침과 사랑을 나는 잘 알고 있다. 고마워요.

나의 어머니 수지 밴스톤, 아버지 멜 카프, 누이 젠 카프에게도 감사의 인사를 전한다. 여러분이 없었다면 나는 학습 장애에 굴복한 채 고립되어 더없이 우울한 삶을 살았을 겁니다! 학교에서 분투할 때 내 손을 잡아주신 어머니, 감사합니다. 자연에 대한 호기심을 키워주신 아버지, 감사합니다. 그 호기심이야말로 저의 동력이었습니다!

나를 가르쳐주신 훌륭한 선생님 라일 카우치, 에드 매콜리, 글렌 맥멀렌 그리고 나의 멘토 로버트 랭어, 존 데이비스, 몰리 쇼이킷, 자로 소덱에게도 감사를 표한다. 여러분은 나의 잠재력을 알아보고, 호기심을 자극하며, 의학 혁신에 관한 열정과 흥미에 불을 지펴주었습니다.

나의 자녀 조단과 조시는 날마다 내게 큰 기쁨을 안겨주며 내게 영감을 불어넣는다. 둘에 대한 나의 사랑 그리고 카발리에 킹 찰스 스패니얼 견종인 우리의 반려견 라이더, 진저에 대한 사랑은 말로 다 표현할 수 없다! 내 아내 제시카 시모네티의 이야기를 다시 하자면, 제시카의 끝없는 지혜와 영적인 연결은 내가 자신을 더 알아가며 발전하도록 도와주었다. 영감을 불어넣는 그녀의 연민 그리고 나의 관점과 사고방식을 바꾸는 그녀의 능력은 특별한 재능이다. 아내의 가족, 또 마이크, 길, 제이슨, 라이언, 댄, 벤, 마이클, 코엔, 조시를 포함한 친구들 그리고 이제는 우리 곁에 없는 안젤라 헤인스와 딕 버터필드에게도 감사의 마음을 전한다.

내 놀라운 협력자 테레사 바커는 세상을 만들어나가는 일에 깊이 헌신하는 사람이다. 바커와 함께할 때 나는 마법과 같은 시너지를 낸다. 당신의 탁월함, 친절, 지지, 멘토십, 에너지에 감사를 표합니다. 목적을 담은 의사소통과 삶의 경이로움에 관해 당신에게 너무도 많은 것을 배웠습니다. 당신은 무엇이 가장 중요한지 규정하고 재정의하도록 나를 도와주었습니다.

마리스카 반 알스트, 앨리사 바우먼, 엘레인 세인트 피터, 스티브 와이너, 레베카 바커, 수 쉘렌바저, 아론 와이너와 로렌 와이너, 돌리 조에른에게도 인사를 전한다. 고맙습니다.

캐시 존스, 질 짐머만 그리고 '윌리엄 머로'William Morrow 에서 공헌하며 도움을 준 모든 놀라운 사람들에게도 깊이 감사드린다.

나의 에이전트 히더 잭슨에게 큰 박수를 보낸다. 잭슨은 항상 요긴한 조언을 건네주었고, 이 책이 훌륭한 집을 찾도록 도와주었다. 테레사의 에이전트 매들린 모렐의 열의 넘치는 지원에도 감사의 뜻을 표한다.

이 책을 위해 너그럽게 인터뷰에 응해준 모든 분께 감사드린다. 그분들의 이야기와 통찰과 열정은 내게 영감을 불어넣었고, 이제 그 릿불꽃은 더 많은 청중에게 전달될 것이다. 여기에는 우버 택시 기사부터 커피숍에서 만난 분들까지 우연히 마주치고 일상에서 소통하며 만났던 분들도 포함된다. 학생들과 협력자분들, 내 친척과 친구들에게도 감사드리며 브리검 여성병원, 하버드 의과대학, 하버드 줄기세포 연구소, 하버드·MIT 브로드연구소, 하버드대학교와 MIT가 공동 운영하는 교육 프로그램 HST Health Sciences and Technology 분과의 의료진과 행정 담당자분들께도 감사의 인사를 전합니다.

마지막으로, 자신의 무한한 잠재력이 다른 사람들 앞에 드러나지 않은 분들, 때로 자신이 뭔가 부족하다고 느꼈던 분들, 나처럼 "아니, 시선을 낮춰.", "지금 잘못하고 있잖아.", "그건 네가 못할 거야." 등의 말을 들었던 분들께 큰 박수를 보내드리고 싶다. 자연은 절대 판단하지 않으며, 여러분이 생명의 자연 생태계를 이루는 중요한 일부임을 알길 바란다. 친절하고 진실한 태도로 자연과 어울릴 때, 자연은 늘 여러분의 편이다.

머리말: 당신이 가진 진화적 잠재력을 일깨우는 '릿'의 힘

1. Eden Phillpotts, *A Shadow Passes*(New York: The Macmillan Company, 1919), 17.

2. Megan Brenan, "Americans' Reported Mental Health at New Low: More Seek Help", Gallup, December 21, 2022, https://news.gallup.com/poll/467303/americans-reported-mental-health-new-low-seek-help.aspx; Joan P. A. Zolot, "Depression Diagnoses Surge Nationwide", *American Journal of Nursing* 118, no. 8 (2018): 18.

3. Shriram Ramanathan, "Nickel Oxide Is a Material That Can 'Learn' like Animals and Could Help Further Artificial Intelligence Research", The Conversation, December 21, 2021, https://theconversation.com/nickel-oxide-is-a-material-that-can-learn-like-animals-and-could-help-further-artificial-intelligence-research-173048.

4. Krista Tippett, "The Thrilling New Science of Awe", February 2, 2023, *On Being*, podcast, https://onbeing.org/programs/dacher-keltner-the-thrilling-new-science-of-awe.

5. Library of Congress, "Life of Thomas Alva Edison", https://www.loc.gov/collections/edison-company-motion-pictures-and-sound-recordings/articles-and-essays/biography/life-of-thomas-alva-edison/.

6. David S. Yeager et al., "A National Experiment Reveals Where a Growth

Mindset Improves Achievement", *Nature* 573, no. 7774 (2019): 364–69.

7. David S. Yeager, *The National Study of Learning Mindsets, [United States], 2015–2016* (Ann Arbor, MI: Inter-university Consortium for Political and Social Research, 2021).

8. National Center for Education Statistics, "Students with Disabilities", U.S. Department of Education, May 2022, https://nces.ed.gov/programs/coe/indicator/cgg/students-with-disabilities.

9. Temple Grandin, "Temple Grandin: Society Is Failing Visual Thinkers, and That Hurts Us All", *New York Times*, January 9, 2023, https://www.nytimes.com/2023/01/09/opinion/temple-grandin-visual-thinking-autism.html.

10. Jessica Shepherd, "Fertile Minds Need Feeding", *Guardian*, February 10, 2009, https://www.theguardian.com/education/2009/feb/10/teaching-sats.

11. Ken Robinson, *The Element: How Finding Your Passion Changes Everything* (New York: Penguin, 2009), 238.

12. Ken Robinson, "Bring On the Learning Revolution!" TED Talk, 2010, https://www.ted.com/talks/sir_ken_robinson_bring_on_the_learning_revolution.

13. 과학자이자 저술가이며 자폐인 교육 지지자인 템플 그랜딘이 2018년 7월 6일에 제프 카프, 마리스카 반 알스트와 나눈 대화. 2021년 7월 19일 템플 그랜딘이 제프 카프, 테레사 바커와 나눈 대화.

14. Arthur Austen Douglas, *1955 Quotes of Albert Einstein*, ebook (UB Tech, 2016), 60.

15. Ed Yong, *An Immense World: How Animal Senses Reveal the Hidden Realms Around Us* (New York: Random House, 2022).

16. James Bridle, *Ways of Being: Animals, Plants, Machines: The Search for a Planetary Intelligence* (New York: Farrar, Straus, and Giroux, 2022), 10.

17. Lisa Feldman Barrett, "People's Words and Actions Can Actually Shape Your Brain–A Neuroscientist Explains How", ideas.TED.com, November 17, 2020, https://ideas.ted.com/peoples-words-and-actions-can-actually-shape-your-brain-a-neuroscientist-explains-how/.

18. Zahid Padamsey et al., "Neocortex Saves Energy by Reducing Coding Precision During Food Scarcity", *Neuron* 110, no. 2 (2022): 280–96.

19. Baowen Xue et al., "Effect of Retirement on Cognitive Function: The Whitehall II Cohort Study", *European Journal of Epidemiology* 33, no. 10 (2018): 989–1001.

20. Allison Whitten, "The Brain Has a 'Low-Power Mode' That Blunts Our Senses", Quanta Magazine, June 14, 2022, https://www.quantamagazine.org/the-brain-has-a-low-power-mode-that-blunts-our-senses- 20220614/.

21. 하버드 의과대학의 신경과학자로서 선도적인 알츠하이머 연구자이자 저술가이자 키보드 연주자인 루돌프 탄지가 2018년 9월 20일 제프 카프, 마리스카 반 알츠와 나눈 대화. 2020년 6월 26일과 2021년 6월 18일에 루돌프 탄지가 제프 카프, 테레사 바커와 나눈 대화.

일단 공을 움직이자!: 활성화 에너지 낮추기

1. Robin Wall Kimmerer, *Gathering Moss: A Natural and Cultural History of Mosses* (Corvallis: Oregon State University Press, 2003), 8.
2. Mingdi Xu et al., "Two-in-One System and Behavior-Specific Brain Synchrony During Goal-Free Cooperative Creation: An Analytical Approach Combining Automated Behavioral Classification and the Event-Related Generalized Linear Model", *Neurophotonics* 10, no. 1 (2023): 013511-1.
3. Lydia Denworth, "Brain Waves Synchronize When People Interact", *Scientific American* (July 1, 2023), https://www.scientificamerican.com/article/brain-waves-synchronize-when-people-interact/.
4. Annaële Charrier et al., "Clock Genes and Altered Sleep-Wake Rhythms: Their Role in the Development of Psychiatric Disorders", *International Journal of Molecular Sciences* 18, no. 5 (2017): 938.

chapter 1. 스위치 바꾸기: 무엇이 나를 망설이게 할까?

1. 비영리 단체 파차마마 얼라이언스의 공동설립자인 린 트위스트가 2022년 5월 3일 테레사 바커와의 대화에서 나눈 대화.
2. Eckhart Tolle, *A New Earth: Create a Better Life* (New York: Penguin, 2009), 274-75.
3. Marcus Aurelius, *Meditations*, Book 5.20, trans. George Long, http://classics.mit.edu/Antoninus/meditations.htm.
4. James Shaheen interview with Jan Chozen Bays, "How to Break Free of the Inner Critic", *Tricycle: The Buddhist Review*, August 7, 2022, https://tricycle.org/article/jan-chozen-bays-burnout/.
5. 조이스 로셰가 2021년 5월 26일 제프 카프, 테레사 바커와 나눈 대화.
6. 노스캐롤라이나 저스티스 센터의 사무총장인 레지 슈포드가 2022년 5월 10일 제프 카프, 테레사 바커와 나눈 이메일 대화.
7. 저술가, 동기부여 강연자, 장거리 수영선수인 다이아나 니아드가 2018년 5월 30일 제프 카프, 마리스카 반 알츠와 나눈 대화.
8. Tom Rath, *Strengths Finder 2.0* (New York: Gallup Press, 2007).

448

1. Krista Tippett, "Foundations 2: Living the Questions", October 20, 2022, *On Being*, podcast, https://www.ivoox.com/foundations-2-living-the-ques tions-audios-mp3_rf_94396875_1.html.

2. Frequency Therapeutics, April 8, 2023, www.frequencytx.com.

3. Julia Brodsky, "Why Questioning Is the Ultimate Learning Skill", *Forbes*, December 29, 2020, https://www.forbes.com/sites/juliabrodsky/2021/12/29/why-questioning-is-the-ultimate-learning-skill/?sh=7ff9bc2c399f.

4. jamesclear.com, https://jamesclear.com/quotes/if-you-never-question-things-your-life-ends-up-being-limited-by-other-peoples-imaginations.

5. Michael Blanding, "The Man Who Helped Launch Biotech", *MIT Technology Review*, August 18, 2015, https://www.technologyreview.com/2015/08/18/166642/the-man-who-helped-launch-biotech/.

6. Lily FitzGibbon, Johnny King L. Lau, and Kou Murayama, "The Seductive Lure of Curiosity: Information as a Motivationally Salient Reward", *Current Opinion in Behavioral Sciences* 35 (2020): 21-27, https://doi.org/10.1016/j.cobeha.2020.05.014.

7. Behnaz Nojavanasghari et al., "The Future Belongs to the Curious: Towards Automatic Understanding and Recognition of Curiosity in Children", *Proceedings of the 5th Workshop on Child Computer Interaction*, 2016, 16-22.

8. Pierre-Yves Oudeyer, Jacqueline Gottlieb, and Manuel Lopes, "Intrinsic Motivation, Curiosity and Learning: Theory and Applications in Educational Technologies", *Progress in Brain Research* 229 (July 2016): 257-84.

9. Margaret Ables and Amy Wilson, "Fresh Take: Katherine May on 'Enchant ment'," March 17, 2023, *What Fresh Hell: Laughing in the Face of Motherhood*, podcast, https://www.whatfreshhellpodcast.com/fresh-take-katherine-may-on-enchantment/#show-notes.

10. https://achievement.org/achiever/francis-ford-coppola/.

11. Vivek Murthy, "Protecting Youth Mental Health", *The U.S. Surgeon General's Advisory*, 2021, https://www.hhs.gov/sites/default/files/surgeon-general-youth-mental-health-advisory.pdf.

12. Clay Skipper, "Surgeon General Vivek Murthy Sees Polarization as a Public Health Issue", *GQ*, March 11, 2022, https://www.gq.com/story/surgeon-general-vivek-murthy-interview.

13. Karen Heller, "'Braiding Sweetgrass' Has Gone from Surprise Hit to Jugger

naut Bestseller", *Washington Post*, October 12, 2022, https://www.washing
tonpost.com/books/2022/10/12/braiding-sweetgrass-robin-wall-kimmerer/.

14. Natasha Gilbert, "Funding Battles Stymie Ambitious Plan to Protect Global
Biodiversity", *Nature*, March 31, 2022, https://www.nature.com/articles/
d41586-022-00916-8.

15. Dave Asprey, "Use Atomic Habits to Upgrade Your Decisions", *The Human
Upgrade*, https://daveasprey.com/wp-content/uploads/2019/11/Use-Atomic-
Habits-to-Upgrade-Your-Decisions-%E2%80%93-James-Clear-
%E2%80%93-645.pdf.

16. Henry David Thoreau, *Walden; or, Life in the Woods*(Boston: Ticknor and Fields,
1854), 6, http://www.literaturepage.com/read.php?titleid=walden& abspage=
6& bookmark=1.

17. Trisha Gura, "Robert Langer: Creating Things That Could Change the World",
Science, November 18, 2014, https://www.science.org/content/article/robert-
langer-creating-things-could-change-world.

18. Steven D. Goodman, "The Spiritual Work of a Worldly Life: Buddhist
Teachings Offer More than an Escape from the Samsaric World", *Tricycle: The
Buddhist Review*, August 14, 2020, https://tricycle.org/article/buddhist-
attitudes-worldly-life/.

chapter 3. 성가신 문제에서 실마리 찾기: 내가 원하는 것을 알아차리려면

1. 다이아나 니아드가 2018년 5월 30일 제프 카프, 마리스카 반 알스트와 나눈 대화.

2. 아니시나베 부족의 원로이자 터틀 로지(토착민 교육과 웰니스를 위한 센터)의 창립자인
데이브 쿠첸이 2021년 8월 8일 제프 카프와 나눈 대화.

3. 노스캐롤라이나 저스티스 센터의 사무총장인 레지 슈포드가 2022년 5월 10일 제프 카
프, 테레사 바커와 나눈 대화.

4. Carl Jung, *Psychological Reflections*, edited by Jolande Jacobi and R. F. Hull (New
York: Bollington, 1953).

chapter 4. 능동적인 기회주의자 되기: 사방에서 아이디어, 통찰, 영감을 발굴하는 방법

1. Lisa Feldman Barrett, "People's Words and Actions Can Actually Shape Your
Brain-A Neuroscientist Explains How", ideas.TED.com, November 17, 2020,
https://ideas.ted.com/peoples-words-and-actions-can-actually-shape-your-
brain-a-neuroscientist-explains-how/.

2. Daniel Câmara, *Bio-inspired Networking* (Washington, D.C.: ISTE Press, 2015), 50-51.

3. Hanne K. Collins et al., "Relational Diversity in Social Portfolios Predicts Well-Being", *Proceedings of the National Academy of Sciences of the United States of America* 119, no. 43 (2022): e2120668119.

4. Google English Dictionary. Google's English dictionary is provided by Oxford Languages. Oxford Languages is the world's leading dictionary publisher, with more than 150 years of experience creating and delivering authoritative dictionaries globally in more than fifty languages.

5. Michael Fricker et al., "Neuronal Cell Death", *Physiological Reviews* 98, no. 2 (2018): 813-80.

6. Câmara, *Bio-inspired Networking*, 81-102.

7. Câmara, *Bio-inspired Networking*, 81.

8. Annie Murphy Paul, *The Extended Mind: The Power of Thinking Outside the Brain* (Boston: Mariner Books, 2021).

9. "Thinking Outside the Brain, Interview and Q&A with Annie Murphy Paul", youtube.com, February 16, 2023. https://www.youtube.com/watch?v=Y6zgaSiDcFk.

10. James Bridle, *Ways of Being: Animals, Plants, Machines: The Search for a Planetary Intelligence* (New York: Farrar, Straus and Giroux, 2022), 10.

11. "Phillip A. Sharp-Interview", Nobel Prize, April 7, 2023, https://www.nobelprize.org/prizes/medicine/1993/sharp/interview/; Infinite History Project MIT, "Phillip Sharp", YouTube, March 8, 2016, https://www.youtube.com/watch?v=1ihodN7hiO0&t=214s.

12. "Phillip A. Sharp-Interview."

13. Michael Blanding, "The Man Who Helped Launch Biotech", *MIT Technology Review*, August 18, 2015, https://www.technologyreview.com/2015/08/18/166642/the-man-who-helped-launch-biotech/.

14. 필립 샤프가 2018년 6월 1일 제프 카프, 마리스카 반 알스트와 나눈 대화.

15. Becky Ham, "Phillip A. Sharp: Supporting Science and Engineering as Innovative Forces", American Association for the Advancement of Science, February 20, 2013, https://www.aaas.org/news/phillip-sharp-supporting-science-and-engineering-innovative-forces.

16. Neil Postman, *The Disappearance of Childhood* (New York: Vintage, 1994), xi.

17. 우주 비행사, 공학자, 전투기 조종사, 음악가인 크리스 해드필드가 2021년 6월 22일 제프 카프와 나눈 대화.

18. Edward O. Wilson, *Consilience: The Unity of Knowledge* (New York: Vintage, 1994), 294.

19. "What Are the Odds of Making a Hole in One?", American Hole'n One's Blog, https://www.ahno.com/americanhno-blog/odds-of-making-a-hole-in-one.

20. 통찰력 있는 풍경 사진작가 스테판 윌크스가 2018년 7월 5일 제프 카프, 마리스카 반 알스트와 나눈 대화.

21. Max Nathan and Neil Lee, "Cultural Diversity, Innovation, and Entrepreneurship: Firm-Level Evidence from London", *Economic Geography* 89, no. 4 (2013): 367-94.

22. Temple Grandin, "Temple Grandin: Society Is Failing Visual Thinkers, and That Hurts Us All", *New York Times*, January 9, 2023, https://www.nytimes.com/2023/01/09/opinion/temple-grandin-visual-thinking-autism.html.

23. 스미스소니언 특별 프로젝트 부간사 리사 사사키가 2021년 7월 15일 제프 카프, 테레사 바커와 나눈 대화.

24. Graham J. Thompson, Peter L. Hurd, and Bernard J. Crespi, "Genes Underlying Altruism", *Biology Letters* 9, no. 6 (2013); Jennifer E. Stellar and Dacher Keltner, "The Role of the Vagus Nerve", in *Compassion: Concepts, Research and Applications*, edited by Paul Gilber(London: Routledge, 2017), 120-34.

25. Dacher Keltner and David DiSalvo, "Forget Survival of the Fittest: It Is Kindness That Counts", *Scientific American*, February 26, 2009, https://www.scientificamerican.com/article/kindness-emotions-psychology/.

26. Edward de Bono, *Serious Creativity: Using the Power of Lateral Thinking to Create New Ideas*(London: HarperBusiness, 1992), 52-53.

27. Mark A. Runco, "Enhancement and the Fulfillment of Potential", in *Creativity: Theories and Themes; Research, Development, and Practice*, 2nd ed. (Burlington, MA: Elsevier Academic Press, 2007), 335-87.

28. Michael J. Poulin et al., "Giving to Others and the Association Between Stress and Mortality", *American Journal of Public Health* 103, no. 9 (2013): 1649-55.

chapter 5. 나의 뇌를 자극하기: 주의력은 나의 초능력

1. Alexandra Horowitz, *On Looking: A Walker's Guide to the Art of Observation*(New York: Scribner, 2014), 3.

2. Medical College of Georgia at Augusta University, "Scientists Explore Blood Flow Bump That Happens When Our Neurons Are Significantly Activated", ScienceDaily, July 15, 2019, www.sciencedaily.com/releases/2019/07/1907150

94611.htm; Amy R. Nippert et al., "Mechanisms Mediating Functional Hyperemia in the Brain", *Neuroscientist* 24, no. 1 (2018): 73-83.

3. Marcus E. Raichle and Gordon M. Shepherd, eds., *Angelo Mosso's Circulation of Blood in the Human Brain*(New York: Oxford University Press, 2014).

4. Herbert A. Simon, "Designing Organizations for an Information-Rich World", in *Computers, Communications, and the Public Interest*, edited by Martin Greenberger (Baltimore: Johns Hopkins Press, 1971), 37-72.

5. https://lindastone.net/.

6. Athanasia M. Mowinckel et al., "Increased Default-Mode Variability Is Related to Reduced Task-Performance and Is Evident in Adults with ADHD", *Neuroimage: Clinical* 16 (2017): 369-82; Luke J. Normal et al., "Evidence from 'Big Data' for the Default-Mode Hypothesis of ADHD: A Mega-analysis of Multiple Large Samples", *Neuropsychopharmacology* 48, no. 2 (2023): 281-89.

7. See, e.g., Melissa-Ann Mackie, Nicholas T. Van Dam, and Jin Fan, "Cognitive Control and Attentional Functions", *Brain and Cognition* 82, no. 3 (2013): 301-12; Marcus E. Raichle et al., "A Default Mode of Brain Function", *Proceedings of the National Academy of Sciences of the United States of America* 98, no. 2 (2001): 676-82.

8. Mackie, Van Dam, and Fan, "Cognitive Control and Attentional Functions."

9. Richard B. Stein, E. Roderich Gossen, and Kelvin E. Jones, "Neuronal Variability: Noise or Part of the Signal?", *Nature Reviews Neuroscience* 6, no. 5 (2005): 389-97.

10. Ayelet Arazi, Yaffa Yeshurun, and Ilan Dinstein, "Neural Variability Is Quenched by Attention", *Journal of Neuroscience* 39, no. 30 (2019): 5975-85; Ilan Dinstein, David J. Heeger, and Marlene Behrmann, "Neural Variability: Friend or Foe?", *Trends in Cognitive Sciences* 19, no. 6 (2015): 322-28; Mark M. Churchland et al., "Stimulus Onset Quenches Neural Variability: A Wide spread Cortical Phenomenon", *Nature Neuroscience* 13, no. 3 (2010): 369-78.

11. Arazi, Yeshurun, and Dinstein, "Neural Variability Is Quenched by Attention."

12. Paul Buyer, *Working Toward Excellence: 8 Values for Achieving Uncommon Success in Work and Life*, ebook (Morgan James Publishing, 2012).

13. Akṣapāda, *The Analects of Rumi*, ebook, 2019.

14. Sapna Maheshwari, "TikTok Claims It's Limiting Teen Screen Time. Teens Say It Isn't", *New York Times*, March 23, 2023, https://www.nytimes.com/2023/03/23/business/tiktok-screen-time.html.

15. Jonathan Bastian, "How Habits Get Formed", October 15, 2022, *Life Examined*,

podcast, https://www.kcrw.com/culture/shows/life-examined/stoics-self-discipline-philosophy-habits-behavior-science/katy-milkman-how-to-change-science-behavior-habits.

16. Michelle L. Dossett, Gregory L. Fricchione, and Herbert Benson, "A New Era for Mind-Body Medicine", *New England Journal of Medicine* 382, no. 1 (2020): 1390–91.

17. Vrinda Kalia et al., "Staying Alert? Neural Correlates of the Association Between Grit and Attention Networks", *Frontiers in Psychology* 9 (2018): 1377; Angelica Moe et al., "Displayed Enthusiasm Attracts Attention and Improves Recall", *British Journal of Educational Psychology* 91, no. 3 (2021): 911–27.

18. Patrick L. Hill and Nicholas A. Turiano, "Purpose in Life as a Predictor of Mortality Across Adulthood", *Psychological Science* 25, no. 7 (2014): 1482–86.

chapter 6. 움직임에 매료되기: 진화적 성공의 핵심 열쇠

1. Turtle Lodge Staff, "Indigenous Knowledge Keepers and Scientists Unite at Turtle Lodge", *Cultural Survival*, December 5, 2017, https://www.cultural survival.org/publications/cultural-survival-quarterly/indigenous-know ledge-keepers-and-scientists-unite-turtle.

2. Ran Nathan, "An Emerging Movement Ecology Paradigm", *Proceedings of the National Academy of Sciences* 105, no. 49 (December 9, 2008): 19050–51, https://www.pnas.org/doi/full/10.1073/pnas.0808918105.

3. Nisargadatta Maharaj, *I Am That: Talks with Sri Nisargadatta Maharaj*, 3rd ed. (Durham, NC: Acorn Press, 2012), 8.

4. Kelly McGonigal, *The Joy of Movement: How Exercise Helps Us Find Happiness, Hope, Connection, and Courage*(New York: Avery, 2019), 3.

5. Henry David Thoreau, "Walking", thoreau-online.org, Henry David Thoreau Online, https://www.thoreau-online.org/walking-page3.html.

6. Ellen Gamerman, "New Books on Better Workouts That Include Brain as well as Body", *Wall Street Journal*, January 11, 2022, https://www.wsj.com/articles/best-books-2022-workout-fitness-11641905831.

7. Valerie F. Gladwell et al., "The Great Outdoors: How a Green Exercise Environment Can Benefit All", *Extreme Physiology & Medicine* 2, no. 1 (2013): 3.

8. Krista Tippett, "The Thrilling New Science of Awe", February 2, 2023, *On Being*, podcast, https://onbeing.org/programs/dacher-keltner-the-thrilling-new-science-of-awe/.

9. Juan Siliezar, "Why Run Unless Something Is Chasing You?" *Harvard Gazette*, January 4, 2021, https://news.harvard.edu/gazette/story/2021/01/daniel-lieberman-busts-exercising-myths.

10. John J. Ratey, *Spark: The Revolutionary New Science of Exercise and the Brain* (New York: Little, Brown, 2008); "Physical Inactivity", National Center for Chronic Disease Prevention and Health Promotion, September 8, 2022, https://www.cdc.gov/chronicdisease/resources/publications/factsheets/physical-activity.htm.

11. Steven Brown and Lawrence M. Parsons, "So You Think You Can Dance? PET Scans Reveal Your Brain's Inner Choreography", *Scientific American*, July 1, 2008, https://www.scientificamerican.com/article/the-neuroscience-of-dance/.

12. Einat Shuper Engelhard, "Free-Form Dance as an Alternative Interaction for Adult Grandchildren and Their Grandparents", *Frontiers in Psychology* 11 (2020): 542.

13. Dana Foundation, "The Astonishing Effects of Exercise on Your Brain with Wendy Suzuki, PhD", YouTube, November 23, 2020, https://www.youtube.com/watch?v=Y0cI6uxSnuc &ab_channel=DanaFoundation.

14. Julia C. Basso and Wendy A. Suzuki, "The Effects of Acute Exercise on Mood, Cognition, Neurophysiology, and Neurochemical Pathways: A Review", *Brain Plasticity* 2, no. 2 (2017): 127-52, https://doi.org/10.3233/BPL-160040.

15. Basso and Suzuki, "The Effects of Acute Exercise on Mood, Cognition, Neurophysiology, and Neurochemical Pathways."

16. Yannis Y. Liang et al., "Joint Association of Physical Activity and Sleep Duration with Risk of All-Cause and Cause-Specific Mortality: A Population-Based Cohort Study Using Accelerometry", *European Journal of Preventive Cardiology*, March 29, 2023.

17. Arthur Austen Douglas, *1955 Quotes of Albert Einstein*, ebook (UB Tech, 2016), 60.

18. Daniel Lieberman, *The Story of the Human Body: Evolution, Health, and Disease* (New York: Knopf Doubleday, 2014), 20.

19. "Run as One: The Journey of the Front Runners", CBC, February 6, 2018, https://www.cbc.ca/shortdocs/shorts/run-as-one-the-journey-of-the-front-runners.

20. Jill Satterfield, "Mindfulness at Knifepoint", *Tricycle: The Buddhist Review*, March 21, 2019, https://tricycle.org/article/mindfulness-knifepoint/.

21. Bettina Elias Siegel, "Michael Moss on How Big Food Gets Us Hooked", Civil Eats, April 9, 2021, https:// civileats.com/2021/04/09/michael-moss-on-how-big-food-gets-us-hooked/.

22. Satchin Panda, "How Optimizing Circadian Rhythms Can Increase Health Years to Our Lives", TED Talk, 2021, https://www.ted.com/talks/satchin_panda_how_optimizing_circadian_rhythms_can_increase_healthy_years_to_our_lives/transcript?language=en.

23. May Wong, "Stanford Study Finds Walking Improves Creativity", Stanford News, April 24, 2014, https://news.stanford.edu/2014/04/24/walking-vs-sitting-042414/.

chapter 7. 연습과 사랑에 빠지기: '건강한' 뇌가 주는 기쁨

1. Nat Shapiro, ed., *An Encyclopedia of Quotations About Music* (New York: Springer, 2012), 98, https://www.google.com/books/edition/An_Encyclopedia_of_Quotations_About_Musi/rqThBwAAQBAJ?hl=en&gbpv=0.

2. Justin von Bujdoss, "Tilopa's Six Nails", *Tricycle: The Buddhist Review*, February 6, 2018, https://tricycle.org/magazine/tilopas-six-nails/.

3. K. Anders Ericsson, Michael J. Prietula, and Edward T. Cokely, "The Making of an Expert", *Harvard Business Review* (July-August 2007), https://hbr.org/2007/07/the-making-of-an-expert.

4. See JoAnn Deak, *The Owner's Manual for Driving Your Adolescent Brain: A Growth Mindset and Brain Development Book for Young Teens and Their Parents* (San Francisco: Little Pickle Press, 2013); JoAnn Deak and Terrence Deak, *Good Night to Your Fantastic Elastic Brain: A Growth Mindset Bedtime Book for Kids* (Naperville, IL: Sourcebooks Explore, 2022).

5. Molly Gebrian, "Rethinking Viola Pedagogy: Preparing Violists for the Challenges of Twentieth-Century Music", doctoral dissertation, Rice University, July 24, 2013, https://scholarship.rice.edu/bitstream/handle/1911/71651/GEBRIAN-THESIS.pdf?sequence=1&isAllowed=y, 31, 32.

6. Mark E. Bouton, "Context, Attention, and the Switch Between Habit and Goal-Direction in Behavior", *Learning & Behavior* 49, no. 4 (2021): 349-62.

7. Leonard Lyons, "The Lyons Den", Daily Defender, November 4, 1958, 5; E. J. Masicampo, F. Luebber, and R. F. Baumeister, "The Influence of Conscious Thought Is Best Observed over Time", *Psychology of Consciousness: Theory, Research, and Practice* 7, no. 1 (2020): 87-102, https://doi.org/10.1037/cns0000205.

8. C. H. Turner, "The Homing of Ants: An Experimental Study of Ant Behavior", *Journal of Comparative Neurology and Psychology* 17, no. 5 (1907): 367–434.

9. See Jim Dethmer, Diana Chapman, and Kaley Warner Klemp, *The 15 Commitments of Conscious Leadership: A New Paradigm for Sustainable Success* (The Conscious Leadership Group, 2015).

10. *Running the Sahara*, directed by James Moll, NEHST Out, 2010.

chapter 8. 새롭게, 다르게 하기: 놀라움과 우연한 발견을 부르는 법

1. "The Dog-Eared Page, Excerpted from *Walden* by Henry David Thoreau", *The Sun*, February 2013, https://www.thesunmagazine.org/issues/446/from-walden.

2. Ariana Anderson et al., "Big-C Creativity in Artists and Scientists Is Associated with More Random Global but Less Random Local fMRI Functional Connectivity", *Psychology of Aesthetics, Creativity, and the Arts*, 2022, https://psycnet.apa.org/record/2022-45679-001?doi=1. See also "How Practice Changes the Brain", Australian Academy of Science, https://www.science.org.au/curious/people-medicine/how-practice-changes-brain.

3. Brandon Specktor, "This 'Disappearing' Optical Illusion Proves Your Brain Is Too Smart for Its Own Good", Live Science, April 11, 2018, https://www.livescience.com/62274-disappearing-optical-illusion-troxler-explained.html.

4. Eleanor Roosevelt, *You Learn by Living; Eleven Keys for a More Fulfilling Life* (New York: Harper Perennial Modern Classics, 2011).

5. Deepak Chopra and Rudolph E. Tanzi, *Super Brain: Unleashing the Explosive Power of Your Mind to Maximize Health, Happiness, and Spiritual Well-Being* (New York: Harmony Books, 2012), 22.

6. Judith Schomaker, Valentin Baumann, and Marit F. L. Ruitenberg, "Effects of Exploring a Novel Environment on Memory Across the Lifespan", *Scientific Reports* 12 (2022): article 16631.

7. Francesca Rosenberg, Amir Parsa, Laurel Humble, and Carrie McGee, "Conversation with Gene Cohen of the Center on Aging, Health & Humanities and Gay Hanna of the National Center for Creative Aging", in *Meet Me: Making Art Accessible to People with Dementia* (New York: The Museum of Modern Art, 2009), https://www.moma.org/momaorg/shared/pdfs/docs/meetme/Perspectives_GCohen-GHanna.pdf.

8. Jon Schiller, *Life Style to Extend Life Span* (Charleston, SC: Booksurge, 2009), 180,

https://www.google.com/books/edition/Life_Style_to_Extend_Life_Span/ E92Kijnr9tQC?hl=en&gbpv=0p.

9. Denise C. Park et al., "The Impact of Sustained Engagement on Cognitive Function in Older Adults", *Psychological Science* 25, no. 1 (2014): 103-12.

10. Pádraig Ó Tuama, "*On Being* Newsletter", The *On Being* Project, May 22, 2021, https://engage.onbeing.org/20210522_the_pause.

11. Peter High, "The Secret Ingredient of Successful People and Organizations: Grit", Forbes.com, May 23, 2016, https://www.forbes.com/sites/ peterhigh/2016/05/23/the-secret-ingredient-of-successful-people-and- organizations-grit/?sh=6e79fe1862ef.

chapter 9. 실패 너머에 초점 두기: 에너지를 모아 새로운 행동에 나서는 용기

1. "Michael Jordan 'Failure' Commercial HD 1080p", YouTube, December 8, 2012, https://www.youtube.com/watch?v=JA7G7AV-LT8.

2. Matt Sloane, Jason Hanna, and Dana Ford, "'Never, Ever Give Up:' Diana Nyad Completes Historic Cuba-to-Florida Swim", CNN.com, September 3, 2013, https://edition.cnn.com/2013/09/02/world/americas/diana-nyad-cuba- florida-swim/index.html.

3. Peter Bregman, "Why You Need to Fail", *Harvard Business Review*, July 6, 2009, https://hbr.org/2009/07/why-you-need-to-fail.

4. Megan Thompson, "The Quirky 'Museum of Failure' Celebrates Creativity and Innovation", *PBS NewsHour Weekend*, November 20, 2021.

5. Allison S. Catalano et al., "Black Swans, Cognition, and the Power of Learning from Failure", *Conservation Biology* 32, no. 3 (2018): 584-96.

6. National Science Foundation, "Scientist Who Helped Discover the Expansion of the Universe Is Accelerating", NSF.gov, February 3, 2015, https://new. nsf.gov/news/scientist-who-helped-discover-expansion-universe.

7. Zoë Corbyn, "Saul Perlmutter: 'Science Is About Figuring Out Your Mistakes'," *Guardian*, July 6, 2013, https://www.theguardian.com/science/2013/jul/07/ rational-heroes-saul-perlmutter-astrophysics-universe.

8. R. J. Bear, "To Learn to Succeed, You Must First Learn to Fail", The Shortform, June 14, 2022, https://medium.com/the-shortform/to-learn-to-succeed-you- must-first-learn-to-fail-34338ac87c92#.

9. Nico Martinez, "NBA Insider Exposes Major Problem for the Milwaukee Bucks: 'There's a Thundercloud on the Horizon'," Fadeaway World, May 5, https://

fadeawayworld.net/nba-insider-exposes-major-problem-for-the-milwaukee-bucks-theres-a-thundercloud-on-the-horizon.

10. Nanomole, "I Forgot My Lines During a TED Talk (and Survived)!!!!", YouTube, October 13, 2020, https://www.youtube.com/watch?v=1Pfp QlRrqHg&ab_channel=nanomole.

11. Stuart Firestein, *Failure: Why Science Is So Successful*(Hong Kong: Oxford University Press, 2016), 47.

12. 신경외과 의사이자 스탠퍼드대학교 교수인 제임스 도티가 2012년 1월 22일 제프 카프, 테레사 바커와 나눈 대화.

chapter 10. 인간다움 발휘하기: 겸손의 미덕

1. John C. Maxwell, "'Have the Humility to Learn from Those Around You'-John C. Maxwell", LinkedIn, https://www.linkedin.com/posts/officialjohnmaxwell_have-the-humility-to-learn-from-those-around-activity-6785592172545617921-aIHB/.

2. Mark R. Leary, "Cognitive and Interpersonal Features of Intellectual Humility", *Personality and Social Psychology Bulletin* 43, no. 6 (2017): 793-813.

3. Christoph Seckler, "Is Humility the New Smart?" The Choice, January 11, 2022, https://thechoice.escp.eu/choose-to-lead/is-humility-the-new-smart/.

4. Robert J. Shiller, Irrational Exuberance. (Princeton, NJ: Princeton University Press, 2000), xxi.

5. Henry David Thoreau, "Walking", *The Atlantic*(June 1862), https://www.theatlantic.com/magazine/archive/1862/06/walking/304674/.

6. Krista Tippett, "The Thrilling New Science of Awe", February 2, 2023, *On Being*, podcast, https://onbeing.org/programs/dacher-keltner-the-thrilling-new-science-of-awe.

7. Sarah Ban Breathnach, *Simple Abundance: A Daybook of Comfort of Joy*(New York: Grand Central Publishing, 2008).

8. Grounded, "Why Protecting Indigenous Communities Can Also Help Save the Earth", *Guardian*, October 12, 2020, https://www.theguardian.com/climate-academy/2020/oct/12/indigenous-communities-protect-biodiversity-curb-climate-crisis.

9. Gleb Raygorodetsky, "Indigenous Peoples Defend Earth's Biodiversity-But They're in Danger", *National Geographic*, November 16, 2018, https://www.nationalgeographic.com/environment/article/can-indigenous-land-

stewardship-protect-biodiversity-.

10. Robin Wall Kimmerer, *Gathering Moss: A Natural and Cultural History of Mosses* (Corvallis: Oregon State University Press, 2003), 100.

11. Tippett, "The Thrilling New Science of Awe."

12. Tippett, "The Thrilling New Science of Awe."

13. Tippett, "The Thrilling New Science of Awe."

14. Nicole Winfield, "Pope Demands Humility in New Zinger-Filled Christmas Speech", Associated Press, December 23, 2021, https://apnews.com/article/pope-francis-lifestyle-religion-christmas-a04d3c12674a14127f8efbdaafd3ae97.

chapter 11. '멈춤' 버튼 누르기: 머무르고 관찰할 시간을 지켜야 하는 이유

1. Arianna Huffington, "Introducing HuffPost Endeavor: Less Stress, More Fulfillment", Huffington Post, January 25, 2017, https://www.huffpost.com/entry/introducing-huffpost-ende_b_9069016. Paraphrased quotation approved by Arianna Huffington in communication with author.

2. Vivek Ramakrishnan, "Rewiring the Brain for Happiness", The Awakening of Impermanence, February 27, 2022, https://www.awakeningofimpermanence.com/blog/rewiringthebrain.

3. "Circadian Rhythms", National Institute of General Medical Sciences, May 5, 2022, https://nigms.nih.gov/education/fact-sheets/Pages/circadian-rhythms.aspx.

4. Erin C. Westgate et al., "What Makes Thinking for Pleasure Pleasureable?", *Emotion* 21, no. 5 (2021): 981-89.

5. Sooyeol Kim, Seonghee Cho, and YoungAh Park, "Daily Microbreaks in a Self-Regulatory Resources Lens: Perceived Health Climate as a Contextual Moderator via Microbreak Autonomy", *Journal of Applied Psychology* 107, no. 1 (2022): 60-77.

6. Luciano Bernardi, C. Porta, and P. Sleight, "Cardiovascular, Cerebrovascular, and Respiratory Changes Induced by Different Types of Music in Musicians and Non-musicians: The Importance of Silence", *Heart* 92, no. 4 (2005): 445-52.

7. Tara Brach, *True Refuge*, ebook (New York: Random House, 2016), 61.

8. See Vivek Ramakrishnan, "Default Mode Network & Meditation", *The Awakening of Impermanence* (blog), April 10, 2022, https://www.awakeningofimpermanence.com/blog/defaultmodenetwork.

9. 다이아나 니아드가 2018년 5월 30일 제프 카프, 마리스카 반 알스트와 나눈 대화.

10. Susan L. Worley, "The Extraordinary Importance of Sleep: The Detrimental Effects of Inadequate Sleep on Health and Public Safety Drive an Explosion of Sleep Research", *Pharmacy and Therapeutics* 43, no. 12 (December 2018): 758-63.

11. Jenny Odell, *How to Do Nothing: Resisting the Attention Economy*(Brooklyn, NY: Melville House, 2020).

12. Naval Ravikant, "Finding Peace from Mind", Naval, March 3, 2020, https://nav.al/peace.

13. Jill Suttie, "How Mind-Wandering May Be Good for You", *Greater Good Magazine*, February 14, 2018, https://greatergood.berkeley.edu/article/item/how_mind_wandering_may_be_good_for_you.

14. Matthew P. Walker and Robert Stickgold, "Sleep, Memory, and Plasticity", *Annual Review of Psychology* 57 (2006): 139-66, https://doi.org/10.1146/annurev.psych.56.091103.070307.

15. See, e.g., Gene D. Cohen, *The Creative Age: Awakening Human Potential in the Second Half of Life*(New York: William Morrow, 2000), 34-35.

16. Thomas Andrillon et al., "Predicting Lapses of Attention with Sleep-like Slow Waves", *Nature Communications* 12, no. 1 (December 2021), https://doi.org/10.1038/s41467-021-23890-7.

17. Patrick McNamara and Kelly Bulkeley, "Dreams as a Source of Supernatural Agent Concepts", *Frontiers in Psychology*, no. 6 (2015): https://www.frontiersin.org/articles/10.3389/fpsyg.2015.00283.

18. Maya Angelou, *Wouldn't Take Nothing for My Journey Now*(New York: Bantam, 1994), 139.

19. Anne Lamott, "12 Truths I Learned from Life and Writing", TED Talk, 2017, https://www.ted.com/talks/anne_lamott_12_truths_i_learned_from_life_and_writing/transcript.

20. 영속농업주의자이자 환경 정의 활동가 판도라 토머스가 2021년 5월 18일 제프 카프, 테레사 바커와 나눈 대화.

21. Vivek Murthy, *Together: The Healing Power of Human Connection in a Sometimes Lonely World*(New York: Harper Wave, 2020), 206.

22. Kathy Cherry, "A Reminder to Pause", *Tricycle: The Buddhist Review*, December 30, 2022, https://tricycle.org/article/pause-practices/.

chapter 12. 자연과 포옹하기: 나의 뿌리를 소생시키는 방법

1. Janine Benyus, *Biomimicry: Innovation Inspired by Nature*, ebook (Boston: Mariner

Books, 2009), 298.

2. Gary Snyder, *The Practice of the Wild* (San Francisco: North Point Press, 1990), 93.

3. Nikita Ali, "Forests Are Nature's Pharmacy: To Conserve Them Is to Replenish Our Supply", Caribois Environmental News Network, March 3, 2021, https://www.caribois.org/2021/03/forests-are-natures-pharmacy-to-conserve-them-is-to-replenish-our-supply/.

4. Snyder, *The Practice of the Wild*, 18.

5. See, e.g., Frans B. M. de Waal and Kristin Andrews, "The Question of Animal Emotions", *Science*, March 24, 2022, https://www.science.org/doi/abs/10.1126/science.abo2378?doi=10.1126/science.abo2378.

6. See, e.g., Melissa R. Marselle et al., "Pathways Linking Biodiversity to Human Health: A Conceptual Framework", *Environment International* 150, no.1 (2021): 106420.

7. Margaret Renkl, "Graduates, My Generation Wrecked So Much That's Precious: How Can I Offer You Advice?" *New York Times*, May 15, 2023, https://www.nytimes.com/2023/05/15/opinion/letter-to-graduates-hope-despair.html.

8. 판도라 토머스가 2021년 5월 18일 제프 카프, 테레사 바커와 나눈 대화.

9. Sami Grover, "How Simple Mills Is Supporting Regenerative Agriculture", Treehugger, July 29, 2021, https://www.treehugger.com/simple-mills-supporting-regenerative-agriculture-5194744.

10. 판도라 토머스가 제프 카프, 테레사 바커와 나눈 대화.

11. Janine Benyus, "Biomimicry's Surprising Lessons from Nature's Engineers", TED Talk, 2005, https://www.ted.com/talks/janine_benyus_biomimicry_s_surprising_lessons_from_nature_s_engineers/transcript?language=en.

12. Janine Benyus, *Biomimicry: Innovation Inspired by Nature* (New York: Harper Perennial, 2002), 3.

13. Rachel Carson, *The Sense of Wonder* (New York: Harper, 1998), 98.

14. Jennifer Chu, "MIT Engineers Make Filters from Tree Branches to Purify Drinking Water", MIT News, March 25, 2021, https://news.mit.edu/2021/filters-sapwood-purify-water-0325.

15. Sambhav Sankar and Alison Cagle, "How an Environmental Lawyer Stays Motivated to Fight the Climate Crisis", Earthjustice, November 17, 2021, https://earthjustice.org/article/how-an-environmental-lawyer-stays-motivated-to-fight-the-climate-crisis.

16. Helen Branswell, "WHO: Nearly 15 Million Died as a Result of Covid-19 in First Two Years of Pandemic", STAT, May 5, 2022, https://www.statnews.

com/2022/05/05/who-nearly-15-million-died-as-a-result-of-covid-19-in-
first-two-years-of-pandemic/.

17. Lin Yutang, *The Importance of Living*(New York: William Morrow Paperbacks,
1998), v.

18. Karen Heller, "'Braiding Sweetgrass' Has Gone from Surprise Hit to Jugger
naut Bestseller", *Washington Post*, October 12, 2022, https://www.washington
post.com/books/2022/10/12/braiding-sweetgrass-robin-wall-kimmerer/.

chapter 13. 세상을 비추기: 대담하고, 애정 어린 문화를 만드는 노력

1. 노벨상 수상자 126명이 서명하고 G-7 정상회담에 앞서 세계 지도자들에게 전달한 성
명문. "Our Planet, Our Future", Nobel Prize Summit, June 3, 2021, https://
www.nobelprize.org/uploads/2021/05/Statement-3-June-DC.pdf

2. Joshua Needelman, "Forget Utopia. Ignore Dystopia. Embrace Protopia!" *New
York Times*, March 14, 2023, https://www.nytimes.com/2023/03/14/special-
series/protopia-movement.html.

3. Edward O. Wilson, *Half-Earth: Our Planet's Fight for Life*(New York: Liveright,
2016), 1.

4. Wangari Maathai, Nobel Lecture, Oslo, December 10, 2004, https://www.
nobelprize.org/prizes/peace/2004/maathai/lecture/.

5. Michael Rosenwald, "What If the President Ordering a Nuclear Attack Isn't
Sane? An Air Force Major Lost His Job for Asking", *Washington Post*, April 10,
2017, https://www.washingtonpost.com/news/retropolis/wp/2017/08/09/
what-if-the-president-ordering-a-nuclear-attack-isnt-sane-a-major-lost-his-
job-for-asking/.

6. Margaret Renkl, "Graduates, My Generation Wrecked So Much That's Precious.
How Can I Offer You Advice?" *New York Times*, May 15, 2023, https://www.
nytimes.com/2023/05/15/opinion/letter-to-graduates-hope-despair.
html?smtyp=cur&smid=tw-nytopinion.

7. Ayana Elizabeth Johnson and Katharine K. Wilkinson, eds., *All We Can Save:
Truth, Courage, and Solutions for the Climate Crisis*(New York: One World, 2021),
58.

8. Needelman, "Forget Utopia."

9. Johnson and Wilkinson, eds., *All We Can Save*, xxi.

10. "What Is Placemaking?", Project for Public Spaces, https://www.pps.org/
category/placemaking. See also Lowai Alkawarit, "Ray Oldenburg, Author of

The Great Good Place", YouTube, September 20, 2018, https://www.youtube.com/watch?v=5h5YFimOOlU&ab_channel=LowaiAlkawarit.

11. Ray Oldenburg, "Our Vanishing Third Places", *Planning Commissioners Journal* 25 (1997): 6-10.

12. Charles I. Abramson, "Charles Henry Turner Remembered", *Nature* 542, no. 31 (2017), https://doi.org/10.1038/542031d.

13. Abramson, "Charles Henry Turner Remembered."

14. James Yeh, "Robin Wall Kimmerer: 'People Can't Understand the World as a Gift Unless Someone Shows Them How'," *Guardian*, May 23, 2020, https://www.theguardian.com/books/2020/may/23/robin-wall-kimmerer-people-cant-understand-the-world-as-a-gift-unless-someone-shows-them-how.

15. Lynne Twist, *Living a Committed Life: Finding Freedom and Fulfillment in a Purpose Larger Than Yourself*(Oakland, CA: Berrett-Koehler Publishers, 2022), 18.

16. 주교이자 사회정의 운동가인 마리안 버드가 2021년 6월 11일 제프 카프, 테레사 바커와 나눈 대화.

17. Jack Fraser, "How the Human Body Creates Electromagnetic Field", *Forbes*, November 3, 2017, https://www.forbes.com/sites/quora/2017/11/03/how-the-human-body-creates-electromagnetic-fields/.

18. Martin Luther King, Jr., *Where Do We Go from Here: Chaos or Community?* (Boston: Beacon Press, 2010), 181-83.

19. Vivek Murthy, *Together: The Healing Power of Human Connection in a Sometimes Lonely World*(New York: Harper Wave, 2020), xxi.

맺음말: 해답은 질문 속에 있다

1. Peter F. Drucker, *The Practice of Management*(Bengaluru, Karnataka, India: Allied Publishers, 1975), 353.

2. Hal B. Gregersen, Clayton M. Christensen, and Jeffrey H. Dyer, "The Innovator's DNA", *Harvard Business Review* 87, no. 12 (December 2009): 4.